Johannes Bünderlin

von Linz

und

die oberösterreichischen Täufergemeinden

in den Jahren 1525—1531.

———

Von

Dr. Alexander Nicoladoni.

Berlin 1893.

R. Gaertners Verlagsbuchhandlung

Hermann Heyfelder.

SW. Schönebergerstrafse 26.

Herrn Dr. Ludwig Keller

gewidmet.

Vorwort.

Ich habe im Jahresberichte für 1889 des Museums Francisco-Carolinum, zugleich Gesellschaft für Landeskunde in Oberösterreich in Linz a. d. Donau, angeregt durch Carl Hagens bestbekanntes Buch: „Deutschlands religiöse und litterarische Verhältnisse im Reformationszeitalter" auf den Oberösterreicher Johannes Bünderlin, einen den Wiedertäufern zugerechneten Sektierer des 16. Jahrhunderts, aufmerksam gemacht und in grofsen Zügen die Gedanken, denen er in seinen Schriften Ausdruck giebt, sowie deren Zusammenhang mit den religiösen und philosophischen Ideen seiner Zeit darzustellen versucht. Dieser Versuch gab die Anregung zu dem hiermit veröffentlichten Buche, in dem, soweit dies die vorhandenen Quellen ermöglichen, die ursprüngliche Skizze ausgeführt und vervollständigt wird.

Bei der Veröffentlichung dieser Arbeit, welcher eine sorgfältige und gewissenhafte Benutzung einer umfassenden Litteratur und zahlreicher noch ungedruckter Quellen — zum Teil im Anhange veröffentlicht — vorausgegangen ist, leitet mich in erster Linie das Bestreben, meine Landsleute mit einem Manne bekannt zu machen, der die radikalsten religiösen Grundsätze seiner Zeit in sich aufgenommen und zu einem System auszubilden versucht hat, und ihnen eben damit ein Bild dieser Zeit und der Rückschläge, Stimmungen und Ereignisse, unter denen sie sich in unserem schönen Oberösterreich bethätigte, zu zeichnen.

Der Inhalt des Buches beschränkt sich auf jenen Zeitraum, in welchem ich auf Grund des vorhandenen Quellenmaterials die Schicksale Bünderlins verfolgen konnte, zugleich den Zeitraum, in welchem die Wellen der religiösen Bewegung in unserem Vaterlande am höchsten gingen.

Ich, der ich kein Gelehrter von Fach bin, wäre nicht in der Lage gewesen, meine Arbeit zu vollenden, wenn meine — wenigstens gutgemeinten Bemühungen nicht durch die liebenswürdige, uneigennützige und aufopfernde Hülfeleistung einer Reihe namhafter Fachgelehrten und Forscher unterstützt worden wären.

Allen diesen — es sind dies die Herren Prof. Albin Czerny in St. Florian, Archivrat Ludwig Keller in Münster, Prof. Loserth in Czernowitz, Direktor Erichson in Straßburg, Pfarrer Gustav Bossert in Oberkirchheim, Dr. K. Sudhoff in Hochdahl und Prof. Josef Jäkel in Freistadt — dann auch dem Stud. phil. Herrn Johann Hurch in Wien, der mir bei Auffindung der litterarischen Quellen und Abschriftnahme der Urkunden wesentliche Dienste geleistet hat, sage ich hiermit meinen besten Dank.

Linz, im Oktober 1893.

Der Verfasser.

Inhalts-Übersicht.

I.

Johann Bünderlin. — Name. — Familie. — Universitätsjahre. — Zustände an der Wiener Universität.

Am 19. September 1515 wurde Johannes Wunderl aus Linz als Hörer der artistischen Fakultät in die Matrikel der Wiener Universität eingetragen [1]). Dieser Johannes Wunderl entstammte einer in Oberösterreich ansässigen und daselbst zahlreich verbreiteten Familie [2]).

Über Wunderls Geburt, Eltern und sonstige Verhältnisse sagen uns die Matrikel der Wiener Universität nichts, nur so viel können wir aus denselben entnehmen, dafs er nicht mit Glücksgütern gesegnet war. Der Scholar Johann Wunderl besafs nämlich nicht einmal so viel, um die für die Erlangung der akademischen Würde eines Baccalaureus vorgeschriebenen Taxen bezahlen zu können. „Er mufste wegen gegenwärtigen Geldmangels

---

[1]) Spec. Mat. II. XVI, 1 fol. 89a u. Codex des Univ. Archivs in Wien, beginnend mit dem Jahre 1480. 169a und endend mit dem Jahre 1517. In demselben Codex findet sich sub fol. 128b:

Sebastian Winderlin de Gallneukirchen, inskribiert 1503.

Ein zweiter Codex desselben Archivs beginnend mit dem Jahre 1517 enthält fol. 17a einen Thomas Winderlin de Linz a. 1522.

Winderl oder Wunderl, auch Winderlin ist ein alter bayerischer Vor- und Familienname. Ein Friedrich Wunderl, Bürger zu Wasserburg, findet sich in den Monumenta boica B. XIX, 549 a. 1364, ein Niklas Wunderl zu Magenhausen im Eichstätter Bistum, seines Zeichens ein Bauer l. c. XXV, 38 anno 1439. Als Vorname kommt „Wunderl" vor in Wunderl Fischer. Urkunde des Chorherrnstiftes Bensberg in Bayern vom Jahre 1406 l. c. VI, 443.

[2]) Dafs Wunderl aus Linz in Oberösterreich stammt, bezeugt die oben genannte Specialmatrikel, in welcher Wunderl unter „natio austriaca" angeführt erscheint.

von der sofortigen Zahlung der hierfür zu entrichtenden Gebühr von 2 fl. dispensiert werden [1])".

Von 1519 an verschwindet Johann Wunderl aus den Akten der Wiener Universität.

Wenn nun auch bei der mangelhaften Beschaffenheit dieser Akten nicht mit voller Sicherheit darauf geschlossen werden kann, daſs Wunderl die Universität bereits mit diesem Jahre verlassen habe, ohne den Grad eines Licentiaten oder Doktors zu erlangen, so wird eine solche Annahme doch dadurch unterstützt, daſs weitaus die Mehrzahl der damaligen Scholaren die Studien mit erreichtem Baccalaureat aufgaben, und daſs Wunderl selbst sich weder in seinen Verhören, noch in seinen Schriften den Titel eines Baccalaureus oder Doktors beilegt, im Gegentheil in einer seiner Schriften selbst sagt, daſs er niemals nach dem Rufe eines Gelehrten gestrebt habe [2]).

Wir halten nämlich den Johann Wunderl aus Linz für denselben, der, dort auch Johannes Bünderlin aus Linz genannt, im Jahre 1529 in Straſsburg als einer der vielen daselbst versammelten, den Täufern mehr oder weniger nahe stehenden Sektierer und als Verfasser Aufsehen erregender Druckwerke theologisch-philosophischen Inhaltes verweilte [3]).

---

[1]) Archiv der Wiener Univ. Acta lib. IV fol. 1116.

[2]) Die betreffende Stelle ist enthalten in der Vorrede zu: Ein gemeyne Berechnung über der Heiligen schrifft inhalt etc. Straſsburg 1529 und lautet:

„Ich hab Zeit meines Lebens nicht darauf gedacht über Gott und seine Gesandten zu schreiben um meiner Unmündigkeit willen, die mich allerweg kleinmüthig gemacht hat und da ohnedem soviel gelernte und in der Sprach Gottes erfahrene Männer vorhanden sind, die unsere Zeit so viel als möglich vom Schatz ihres Herzens aus gespendet und die Schrift durch Erkenntniſs der Sprache erläutert haben."

[3]) Auszug aus dem Verzichtprotokoll der Stadt Straſsburg vom 16. März 1529 mit Joh. Bünderlin enthalten in der Wenkerschen Aktensammlung des Thomasarchivs daselbst, veröffentlicht durch Th. W. Röhrich, Zur Geschichte der Straſsburger Wiedertäufer in der Zeitschrift für histor. Theol. 1860 Heft I S. 48 und Dr. Cam. Gerbert, Geschichte der Straſsburger Sektenbewegung zur Zeit der Reformation, Straſsburg 1889. Weiters: Auszug aus den Straſsburger Ratsprotokollen. Org. Untersuchungsakten beginnend mit 18. März 1529 gleichfalls Thomasarchiv daselbst und gleichfalls durch Röhrich l. c. veröffentlicht. Siehe auch: Röhrich, Geschichte der Reformation im Elsaſs, Straſsburg 1830 1. T. 1. L. 10. Kap. und Gerbert loco citato S. 94.

Die Grundlage zu Bünderlins religiösen Ansichten hat bereits sein, wenn auch nur kurzer Aufenthalt an der Wiener Universität geliefert. In den Jahren beginnend mit der Regierungszeit Maximilians bis in die ersten zwanziger Jahre hinein hat diese Universität die alte, überlebte Zeit begraben und einer neuen die Wege geebnet. Nicht ohne gewaltige Stürme ging diese Arbeit von statten. Grollend und brummend wich die Vergangenheit zurück, polternd und lärmend hielt die Gegenwart ihren Einzug.

Infolge der Begünstigung, welche der Humanismus an allerhöchster Stelle genofs, einer Begünstigung, welche sich in zahlreichen einschneidenden Bestimmungen, alle Zweige des Hochschulwesens betreffend, äufserte, begann die Wiener Universität allmählich ihren klerikalen Charakter, der ihr so wie allen anderen Universitäten im ganzen Mittelalter eigen gewesen war, abzustreifen und das Aussehen einer weltlichen Schule anzunehmen.

Dafs der Name Wunderl mit Bunderl, Bünderlin oder Binderlin identisch ist, und sich deren Verschiedenheit aus dem Wechsel der Schreibart genügend erklärt, dafür liefert die Zeit, in der Bünderlin lebte, eine Reihe schlagender Belege:

In allen Handschriften vom 14. bis 17. Jahrhundert findet sich „W" im Anlaute häufig mit „B" vertauscht und umgekehrt. Ja, es ist diese Verwechselung geradezu ein Kennzeichen des bayerischen Dialektes bis zum Ende des 16. Jahrhunderts. Wir finden sie zahlreich in den Schriften von Nürnberg bis Trient. Mit Ende des 16. Jahrhunderts nimmt sie zusehends ab, ganz verschwunden ist sie aber auch heute noch nicht. Man sagt z. B. heute noch: „Wawerl" für „Barbara", „Waldhäuser" für „Balthasar", siehe bayerische Grammatik von Dr. Carl Weinhold, Berlin 1867, S. 127 § 124 und S. 140 § 136, sowie: Jacob und Wilh. Grimm, Deutsches Wörterbuch, Leipzig 1854, I. Sp. 1054. Dafs U leicht in Ü oder i überging und umgekehrt, ist allgemein bekannt und bedarf keines Beleges. So wird aus Munster (in alten Urkunden: Chremsmunster) Münster, aus Bund — Bündel, aus Chunz — Chünzl und Chünzlin. Die Silbe „lin" ist die Deminutivbezeichnung des bayer.-österr. Dialekts im Mittelalter, sie wird später zu lein, le, la oder blofsem l. Siehe Weinhold l. c. S. 173 und 245. Ein treffendes Beispiel für die Verhärtung von anlautendem „W" in B und für den Übergang von „u" in i bietet eine Eintragung der Wiener Universitätsmatrikel vom Jahre 1503. Dort erscheint Sebastian Winderlin. Es ist dies derselbe, der später als Humanist, als Mitglied des Collegium Principis und Universitätslehrer eine hervorragende Stellung am Hofe Maximilians einnahm. Dieser Sebastian Winderlin hielt im Jahre 1515 gelegentlich des Wiener Fürstenkongresses zu Ehren der Königin Marie, Gattin Ludwigs von Ungarn, und des Kardinals Mathäus Lang, Erzbischofs von Salzburg, zwei lateinische Reden, die mit anderen unter dem Titel:

Weltliche Tendenzen waren es, welche nunmehr an ihr und in ihr vorwiegend zur Geltung gelangten. Die theologische Fakultät büßte ihre Präponderanz ein, die juristische und medizinische Wissenschaft nahmen vorerst den von jener verlassenen Sitz ein, mußten denselben aber bald mit der neugeschaffenen Artisten-Fakultät, für deren Zustandekommen sich Maximilian, animiert von seinen humanistisch gesinnten Räten Bernhard Perger, Johann Krachenberger und Joh. Fuchsmagen lebhaft interessiert hatte, teilen.

Humanisten von Namen und Ruf wurden nunmehr von auswärts für die Lehrkanzel der artistischen Fächer berufen, so 1497 der berühmte Conrad Celtis, der in Verbindung mit dem fein gebildeten Superintendenten der Universität Cuspinian wohl in erster Linie das Verdienst in Anspruch nehmen darf, die Wiener Hochschule zu einer Humanistenschule ersten Ranges umgestaltet zu

---

Orationes Vienae Austriae ad divum Maximilianum Caes. Aug. aliosque illustrissimos Principes habitae in celleberimo trium regum ad Caes. conventu.
Anno MDXV.
im Jahre 1516 zu Wien auf Kosten des M. Alantsee im Druck erschienen sind. Siehe Panzers Annales typog. IX p. 30 N. 160. Ein Exemplar dieser Orationes besitzt die Stiftsbibliothek in St. Florian.

Diese Orationes enthalten sub fol. 22 ein Gedicht mit dem Titel: Ad illustrissimam Mariam Sebastiani Bunderlii carmen.

Fol. 28 beginnt die Rede an Mathäus Lang mit der Aufschrift:
Oratio ad Reverendiosissimum in Christo patrem etc.
In congratulatione adventus nomine florentissimae Universitatis Viennae Panoniae per Sebastianum Winderlium etc.

Gleich darauf folgt ein Gedicht eines Credorestio, welches mit den Worten schließt:
Hoc meus altiloquo Bunderlius credidit ore,
Tu lege qui tendis scandere quoque decus.

Dann folgt auf fol. 29 die Rede. Im Eingange derselben nennt sich der Sprecher, welcher soeben Bunderlius und Winderlius geheißen hat, wieder Sebastian Winderl.

Als weiteres Beispiel, wie W und B im Anlaut wechseln, möge der Steyrer Stadtrichter Wischofer vom Jahre 1527 gelten, der auch Bischoffer genannt resp. geschrieben wurde. Siehe Valentin Prevenhuber Annales Styrienses, Nürnberg 1740 S. 235 und 238: Darauf, daß der täuferische Schriftsteller Johann Bünderlin von Linz kein anderer ist, als der Mann, welcher sich in den Straßburger Verzichten auch Johann Wunderl von Linz nennt, hat bereits Pfarrer J. Bossert, Jahrb. der Gesch. des Protest. in Österreich 11. Jahrg. T. III, Juli—Sept. 1890 hingewiesen.

haben. Im Sinne seiner Vorschläge bestimmte eine am 8. August 1499 erlassene Regierungsverordnung, dafs für die Scholaren und Baccalaureen der artistischen Fakultät die Inskription zu den humanistischen Vorlesungen nötig sei, um den akademischen Grad eines Magisters zu erlangen. Das Universitätsstatut von 1509 wiederholt diese Vorschrift. Dasselbe enthält einen förmlichen Lehrplan für die humanistischen Studien, welchen sie der veralteten, abgeschmackten, unnützen, geisttötenden scholastischen Behandlung der Wissenschaften gegenüberstellt.

Es konnte nicht fehlen, dafs infolge solcher Mafsregeln sich ein freier und kühner Geist in den Universitätskreisen zu entfalten begann, und dafs eine Lauheit in Bezug auf kirchliche Fragen, welche im ganzen Mittelalter die Universitäten hervorragend beschäftigt hatten, sich zeigte. So fafste die Universitäts-Kongregation im Jahre 1511 den Beschlufs, der Einladung des Papstes zur Beteiligung am Konzilium zu Pisa keine Folge zu leisten. Ebensowenig beteiligte sich die Wiener Universität an dem 1514 von Papst Leo X. veranstalteten Laterankonzilium. Weiter machte sich der neue Geist nach aufsen hin durch Gründung gelehrter Gesellschaften, der Sodalitates, durch Einflufsnahme auf geistliche und weltliche Regierungsorgane und andere erfolgreiche Schritte bemerkbar.

Nicht selten liefsen die humanistischen Parteigänger an der Universität ihr Übergewicht und ihre Abneigung gegen veraltete Einrichtungen den Vertretern der Scholastik und insbesondere den Theologen gegenüber fühlen und gaben dadurch Anlafs zu mannigfachen Reibungen zwischen der theologischen und den weltlichen Fakultäten, zwischen Bischof und Universität, Kanzler und Superintendenten.

Die theologische Fakultät befand sich noch immer im Besitze des ihr im Jahre 1452 verliehenen Privilegiums der Ketzer-Justiz gegen Professoren und Prediger und machte von diesem Privilegium auch jetzt noch Gebrauch. Im Jahre 1492 wurde der Doktor der Theologie M. Joh. Kaltenmarkter, Professor der Universität und Offizial des Bischofs von Passau, über Anklage des Dekans der theologischen Fakultät M. Udalricus Zehentner nach Rom vorgeladen, um sich vor dem Papste Innozenz VIII. um seines Glaubens willen zu rechtfertigen. Er wurde zu öffentlichem Widerruf verurteilt und leistete ihn vor der versammelten Fakultät in Wien.

Johannes Kaltenmarkter ist nicht das einzige Beispiel dafür, daſs freisinnige Ideen auch in die theologischen Kreise eingedrungen waren. Die Universitätsakten berichten, daſs bereits im Jahre 1509 in der Kirche des Klosters zum heil. Geist ein Mitglied der theologischen Fakultät, der Kommentator Philippus Turianus wider den Ablaſs und im selben Jahre der Bernardiner Mönch Jacobus in der St. Peterskirche gegen die Reliquienverehrung gepredigt und die Priester beschuldigt hat, daſs sie Pferdeknochen anbeten lassen. Im selben Jahre eiferte wieder ein Mitglied der theologischen Fakultät, Wolfgang Sack, Pfarrer bei St. Stephan, von der Kanzel der Kathedrale gegen das Unwesen der Bettelorden.

Am 28. Juli 1515 gab eine jener gelehrten Disputationen, wie sie damals üblich waren, Gelegenheit, sich über die schwierigsten theologischen Fragen auszusprechen. Sie fand gegen Dr. Joh. Eck aus Ingolstadt, den nachherigen Gegner Luthers, statt.

Der Freisinn in der Auffassung kirchlicher Zustände und religiöser Verhältnisse, der damals bei nicht wenigen der Disputanten zu Tage trat, erregte das Aufsehen der Universitätskreise und die Verwunderung des strenggläubigen Ingolstädter Doktors.

So war denn in dem Augenblick, als der Augustiner Mönch Martin Luther seine Thesen an die Kirchenthür zu Wittenberg schlug und damit das Signal zu einem Kampfe religiöser Fragen und Meinungen gab, wie ihn Deutschland vor- und nachher kein zweitesmal gesehen hat, auch der Boden der Wiener Universität wohl vorbereitet, in diesem Kampfe — nicht zum Glück für ihr eigenes Gedeihen und das ruhige, freundliche Zeiten erfordernde Blühen der Wissenschaften — ihre Stimme zu erheben und ihr gewichtiges Urteil in die Wagschale der öffentlichen Meinung zu werfen.

Zwar solange Maximilian lebte, wuſste er die aufgeregten Geister zu bannen und zu verhindern, daſs irgendeine öffentliche Manifestation der Universität für oder gegen das neue Evangelium Partei nehme.

Kaum hatte jedoch der kluge Monarch, dessen vermittelungsfreudigem, tolerantem und fortschrittlichem Sinne es vielleicht gelungen wäre, die nun folgende kirchliche Bewegung in einheitliche, fruchtbringende Bahnen zu lenken, die Augen geschlossen, als der Sturm an der Wiener Hochschule losbrach.

Derselbe Dr. Eck, den wir bereits als akademischen Disputator des Jahres 1515 kennen gelernt haben, hat hiezu den Anlaſs gegeben. Er hat am 14. Oktober 1520 die päpstliche Bannbulle gegen Luther der Universität zugesendet und in einem diese Zusendung begleitenden Schreiben die Bitte um deren Publikation ausgesprochen. Der Rektor Johann Wentzlhauser legte Bulle und Schreiben den vier Fakultäten zur Begutachtung vor. Alle, mit Ausnahme der theologischen Fakultät, lehnten das Ansinnen der Veröffentlichung mit der Motivierung ab, daſs nur der Kaiser, nicht aber Dr. Eck zu solchem Begehren berechtigt sei. Die Theologen zogen für ihre gegen diesen Beschluſs zu ergreifenden Schritte den Bischof zu Rate und erregten damit den Unwillen der übrigen Fakultäten, welche darin den Versuch erkannten, dem Bischof eine Ingerenz in ihren inneren Angelegenheiten zuzugestehen, die ihm nicht gebühre. Der Rektor und das ganze Consilium academicum protestierten gegen solches Vorgehen und appellierten dagegen an den Kaiser. Erst Ende des Jahres 1521 traf die kaiserliche Antwort ein, welche die Publizierung der päpstlichen Bulle anordnete.

Mittlerweile hatte die allgemeine Aufregung den Kampf der Meinungen für und gegen Luther auch in Wien bereits auf die Straſse getragen. Das Buch Oecolampads: Iudicium de Dr. Mart. Luthero berichtet uns aus dem Jahre 1521, daſs die Dominikaner auf dem Universitätsplatze einen öffentlichen Scheiterhaufen errichtet haben, um die Schriften Luthers zu verbrennen, daſs Volk und Studenten jedoch für Luther Partei genommen haben, daſs sie zwar Bücher scholastischen Inhalts, aber nicht die Schriften Luthers zum Brande herbeigeschleppt haben und daſs es zwischen einem Karmeliter, welcher Luther öffentlich verhöhnte, und einem Studenten zu Gewaltthätigkeiten gekommen sei, weshalb der Student für kurze Zeit die Stadt verlassen muſste [1]).

---

[1]) Siehe Bernhard Raupach, evangelisches Österreich, Hamburg 1741, II. Band, Vorrede XXIX. Die Erzählung Oecolampads lautet:

Domini castri Lovonienses curaverunt suis pecuniis, ut opera Lutheri incinerarentur. Concursus factus est. Plures apportarunt libros, sed non Martini. Studentes itaque et plerique alii parato jam igne, libros comportant. Ille sermones Discipuli, alter Tartaretum, hic Dormi secure, Paratum et aliud id genus.

Ut plures ex illorum auctoribus combusti sint, quam ex operibus Martini Lutheri, venit postremus Carmelita nequissimus et postposita vere-

Weit über die Universitätskreise hinaus, denen Erzherzog Ferdinand durch die Entfernung des lutherischer Sympathieen verdächtigen Professors Victor Gamp seinen ernsten Willen, seiner Hochschule den katholischen Charakter zu erhalten, gezeigt hatte, wirkte das Auftreten des Paulus Speratus de Rutilis, welcher, einem alten, schwäbischen Adelsgeschlechte entstammend, in Paris und Italien gebildet, über Salzburg nach Wien gekommen war, und durch die eine Predigt, die er am 12. Januar 1522 in der Stephanskirche in lutherischem Sinne gehalten hat, der Gegenstand lautester Bewunderung von seiten der Neuerer, des heftigsten Anstofses von seiten der Konservativen geworden ist. Während die ersteren in ihm einen Mann von herrlichem Verstande und hinreifsender Beredsamkeit erblickten, erwirkten die anderen seine Verfolgung wegen Verbrechens der Ketzerei, der sich Speratus durch die Flucht entzog.

Über Betreiben der Wiener Theologen hat sodann der Papst die Exkommunikation wider ihn in contumaciam verhängt. Sein gegen dieses Urteil gerichtetes Buch zu widerlegen, erhielt Johann Camers, Professor der Theologie an der Universität, den Auftrag. Er brachte diesen in einer Weise zur Ausführung, welche deutlich zeigte, dafs seine Sympathieen auf Seite des ihm aufoctroyierten Gegners standen.

Aber nicht Camers allein, die ganze theologische Fakultät entwickelte in Verfolgung Luthers und seiner Lehre nicht jenen Eifer, welcher einer streng katholischen Überzeugung entsprochen haben würde. Den triftigsten Beweis hierfür liefert ihr Verhalten gegenüber den Befehlen, welche sie als privilegierter Ketzerrichter von Ferdinand erhielt. Mit Schreiben vom 4. Juli 1524 forderte der Erzherzog die Universität auf, kräftig in Wort und Schrift gegen die häretischen Richtungen aufzutreten. Die weltlichen Fakultäten beantworteten das Schreiben ausweichend, die theologische Fakultät suchte sich dadurch dem ihr unliebsam gewordenen Amte eines Ketzerrichters zu entziehen, dafs sie eines ihrer wichtigsten Privilegien, das der Büchercensur

---

cundia qua animum suum inquissimum cunctis patefaceret, in ignem publice et cinerem urinam projecit. Videns hoc Brassicanus junior, qui tam nefario spectaculo aderat, fratrem observat redeuntem ad monasterium.

Qui cum vellet intrare, apprehenso pallio fratris et gladiolo extracto, huc, huc mecum perge, frater: calcans, percutiens et semivivum relinquens, abiit. Nec illa nocte propter tumultum in civitate permansit. Sed exiens in crastino mutata veste rediit et conticuit omnis tumultus.

und Ketzerverfolgung, in seinen wesentlichsten Bestimmungen an den Wiener Bischof abtrat.

Kein Wunder, daſs unter solchen Umständen sich immer wieder Prediger fanden, welche unbekümmert um Verfolgung und Bannfluch das neue Evangelium verkündeten, so 1524 der Prädikant Johann Eckenberger, der sein Erscheinen vor dem Ketzergerichte mit Hülfe hochadeliger Gönner zu vereiteln wuſste, so Adam Sporer aus Heilbronn und der Magister artium Johann Rosinus, welche im Jahre 1526 vor das Ketzergericht gezogen wurden — auch bei dieser Gelegenheit weigerte sich die theologische Fakultät unter Berufung auf die Abtretung ihres Amtes an den Bischof, wenn auch erfolglos, an diesem Ketzergericht teilzunehmen —, so der Provisor der Bursa Rosea, Leopold Burchard, der im Jahre 1528 eine Untersuchung wegen Ketzerei zu bestehen hatte.

Wenn schon die mit dem Jahre 1520 in Wien beginnenden religiösen Wirren den geregelten Gang des Universitätslebens gestört, eine ruhige Weiterentwicklung der so viel versprechenden, von Maximilian geschaffenen Anfänge im Sinne des Humanismus gehemmt, und so manchen wissensdurstigen Jüngling, so manchen berufseifrigen Lehrer von der Stätte so aufregender Kämpfe vertrieben hatten, so that die zu Beginn des Jahres 1521 in Wien auftretende Pest-Epidemie das übrige, die Hallen der Hochschule allmählich zu veröden und die so viel versprechende Schule der Gefahr des Zerfalles auszusetzen.

Im Jahre 1519 haben an der Wiener Universität noch 661 Neueinschreibungen stattgefunden, im Jahre 1520 nur mehr die Hälfte, von 1520—26 nicht mehr hundert. Von 1529—32 lieſsen sich weniger als 30, im Jahre 1532 nur mehr 12 inskribieren. Zur Zeit der Pest-Epidemie flüchteten Studenten und Professoren in hellen Scharen vor dem grausen Gaste, neue Scholaren waren nicht zu finden, die Vorlesungen wurden unterbrochen, die Hörsäle geschlossen. In den Bursen und den Coterien für arme Studenten, für die wegen Mangels an Magistern und Baccalaureen kein Aufsichtspersonal aufzutreiben war, hatten sich wandernde Handwerksburschen und Kriegsleute einquartiert [1]).

---

[1]) Siehe Jos. R. v. Aschbach: Die Wiener Universität und ihre Gelehrten. Wien 1888.

Unter solchen Verhältnissen hat Joh. Bünderlin seine Studien in Wien betrieben und verlassen. Was er daselbst erfuhr und kennen lernte, war wohl geeignet, ihm den Geist der Unzufriedenheit mit den bestehenden religiösen Zuständen schon in der Schule einzuflöfsen und dadurch die Keime zu seinem reformatorischen Wirken in späteren Zeiten in seine Brust zu legen.

———

**Bünderlin verläfst die Universität. — Seine Wanderung als
fahrender Schüler. — Zustände in Oberösterreich. — Eindringen
der lutherischen Lehre. — Bünderlin als Prädikant. — Bünderlin
in Diensten des Barthol. von Starhemberg. — Verfolgung der
lutherisch Gesinnten. — Vertreibung der Prädikanten.**

Wohin sich Johann Bünderlin unmittelbar, nachdem er die
Universität in Wien verlassen hatte, gewendet hat, darüber fehlen
urkundliche Belege. Wir dürften wohl nicht allzuweit fehlgehen,
wenn wir annehmen, dafs der halbfertige Student, ausgestattet
mit höchst bescheidenen Mitteln an Geld und Bildung, der Sitte
der damaligen Zeit gemäfs, privatisierend und jeden Erwerb er-
greifend, der sich ihm bot, von Ort zu Ort gewandert ist, bis
er in seiner oberösterreichischen Heimat ein bergendes Dach gefunden hat. Dort finden wir ihn nachweisbar zu Beginn des
Jahres 1526.

Der Geist der neuen Zeit und der neuen Religion war, als
er den heimatlichen Boden wieder betrat, auch dort bereits eingekehrt. Wenn auch bei dem schwerfälligen Gange, den die Verbreitung der wichtigsten Ereignisse zu nehmen damals gezwungen
war, die kühne That Luthers in den entfernten Gauen der Ost-
mark erst Monate nach ihrem Entstehen bekannt geworden sein
mag, so hat sie doch die Geister und die Herzen der österreichischen Erbländer in nicht geringere Erregung versetzt, wie
die Brüder in Sachsen, Schwaben, Franken und all den anderen
deutschen Gauen. Dort wie hier war Luthers Auftreten ein Be-
dürfnis geworden, das die Entwicklung, die der Katholizismus und
insbesondere dessen mifsbräuchliche Anwendung und Auslegung
durch einen Teil der Geistlichkeit im Laufe des Mittelalters genommen hatte, erzeugt hat, hier wie dort ist die von Luther aus-
gestreute Saat nicht auf ungeackerten, sondern auf einen wohl

vorbereiteten Boden gefallen, in dem die religiöse Reformations-
idee seit Jahrhunderten lebendig war.

Spätestens die Ereignisse und Beschlüsse des Augsburger
Reichstages haben die Kunde von dem kühnen Beginnen des
Wittenberger Mönchs in den letzten Winkel Deutschlands getragen. Es gab mindestens von diesem Zeitpunkte an keine
deutsche Bauernhütte, keinen deutschen Adelspalast und keine
deutsche Burg mehr, in der die That Luthers nicht der Gegenstand lebhafter Erörterung, eingehender Erwägung und tief-
greifender Aufregung gewesen wäre. Zu Beginn des Jahres 1519,
sagt Döllinger[1]), gehörten alle Gebildeten Deutschlands zu Luthers
Bewunderern, selbst die späteren Bekämpfer der Reformation.

In Oberösterreich, dem Vaterlande Johann Bünderlins, war
es der Adel, der zuerst für das neue, „reine“, „wahre“ Evangelium Propaganda machte. Er hat bereits 1521 an die
Reform der Kirche durch ein allgemeines Konzil gedacht[2]).
Kaum ein berühmtes Adelsgeschlecht des Landes ist zu nennen,
das der neuen Lehre nicht sofort nach deren Bekanntwerden
begeistert die Thore seiner Burgen geöffnet hätte. Die Jörger,
die Schaunberger, die Starhemberger, die Zelkings und viele
andere gaben den zahlreichen Priestern, die um der neuen
Lehre willen und aus anderen Gründen ihre Pfründen aufgaben
und ihre Klöster verliefsen, Zuflucht und Anstellung und schufen
insbesondere dadurch wirksame Stützpunkte für die Ausbreitung
des lutherschen Evangeliums unter ihren Unterthanen. Ihre
Söhne sendeten sie hinaus nach Wittenberg, um dort die Lehre
des verehrten Reformators ihren Ohren und Herzen einzuprägen
und sich die zur Verbreitung derselben nötige Begeisterung im
persönlichen Umgang mit ihm zu holen. Der eine oder der
andere stiftete wohl auch Stipendien für mittellose Wittenberger
Studenten — bereits 1522 und 1523 waren Söhne oberösterreichischer Bürger mit solchen beteilt — und fühlte sich glücklich, wenn er für seine Liebesgabe ein eigenhändig geschriebenes
Dankeswort des rede- und schriftgewandten Mönches sein eigen
nennen konnte.

Wir finden bereits 1521 den Sohn Wolfgang Jörgers, des
Besitzers der Herrschaft Tolet und Landeshauptmanns von

---

[1]) Joh. Döllinger, Die Reformation etc. Regensburg 1846—48, I. S. 516.
[2]) Siehe Landtagsannalen des Linzer Landesarchivs Bd. A.

Oberösterreich, Christoph als Schüler Luthers am sächsischen Hofe [1]). Dorothea Jörger, die Witwe Wolfgangs, sendet 1527 fünfhundert Goldgulden an Luther zur Gründung eines Stipendiums für arme Theologen. Zeit ihres Lebens ist sie mit ihm in lebhaftem Briefwechsel gestanden, ist er ihr Gewissensrat in allen wichtigen Angelegenheiten geblieben [2]).

Luther benutzte diesen Briefwechsel mit der Familie Jörger und anderen Aristokraten des Landes, so Barthol von Starhemberg, von dem wir noch hören werden, um durch Zuspruch, Ermahnung, Tröstung und Ermunterung das Interesse an seiner Sache, die seiner nicht anzuzweifelnden Überzeugung nach die rechte und beste war, auch im Osten des Reiches wachzuhalten.

Am langsamsten hat die Lehre Luthers in den Städten Oberösterreichs Wurzel gefaßt, sowie es auch die Bevölkerung der Städte war, welche seine Sache am ersten wieder verließ, teils um zur katholischen Kirche zurückzukehren, teils um auf eigenem Wege zur Wahrheit, wie sie ihnen vorschwebte, zu gelangen. Doch ward z. B. Gmunden schon 1523 als lutherisches Nest verschrieen, schon 1522 und 1523 ließen Bürger, also Städtebewohner, wie wir bereits gehört haben, ihre Söhne in Wittenberg studieren, 1524 verliehen die Ennser einem beweibten Priester, Kaspar Schilling ein beneficium [3]).

Die erste Emanation der Landeshauptstadt Linz, welche sich offen zum Evangelium des Wittenberger Reformators bekannte, ist die Abhandlung eines Linzer Schullehrers, Leonhardus Eleutherobius (Freileben). Er veröffentlichte 1524 eine deutsche Übersetzung eines Büchleins von Joh. Bugenhagen, Pfarrer zu Wittenberg, unter dem Titel: „Was und welches die Sünde sey in den heil. Geist, davon Math. im XII. Cap. redet, die nicht vergeben wird. Auch wie man die Psalmen lesen soll und muß. Eine Unterrichtung. Mit der Vorrede Leonardi Eleutherobii, teutschen Schulmeisters zu Lintz, an alle Geistliche zu Lintz, Mönche und Pfaffen auch andere Schwestern und Brüder.“

---

[1]) A. Czerny, Der erste Bauernaufstand in Oberösterreich 1525. Linz 1882. S. 52 und 53.

[2]) Die Briefe Luthers an die Mitglieder der Familie Jörger befinden sich heute im Besitze der oberösterreichischen Adelsfamilie Graf Weißenwolf.

[3]) Siehe Landtagsannalen des Linzer Landesarchivs Bd. A.

In der Vorrede giebt Eleutherobius seiner Freude darüber Ausdruck, daſs endlich wieder das wahre Wort Gottes vorgetragen werde, und eifert gegen die katholischen Geistlichen, welche mit der Jungfrau Maria Abgötterei treiben und Aristoteles über das Wort Gottes stellen.

Diese Kundgebung blieb nicht lange vereinzelt. Daſs das neue Evangelium sich bald auch in Linz groſser Sympathieen erfreute, beweist insbesondere die Thatsache, daſs selbst der Vikar der Pfarre Linz lutherische Predigten hielt. Er wurde diesbezüglich im Jahre 1526 beim Administrator des Erzbistums Passau verklagt, welcher sich dadurch veranlaſst sah, den Herrn der Linzer Pfarre — er hieſs Valentin Freisinger — zur Aufklärung über das Verhalten seines Vicari — nach Passau vorzuladen. Es ist sicher bezeichnend für die Stimmung im Lande, daſs sich die oberösterreichischen Stände des Linzer Vicari gegen seine Ankläger annahmen und sich seiner Abberufung von der Linzer Pfarre energisch widersetzten [1].

Diejenige oberösterreichische Stadt, welche von vornherein dem lutherischen Evangelium ihre Sympathieen zuwendete, in welcher überhaupt alle kirchenreformatorischen Regungen seit Jahrhunderten günstigen Boden gefunden haben, war Steyr. Auch dort waren es in erster Linie die Priester, welche in ihren Predigten zuerst Zeugnis für das „wahre“ und „reine“ Wort Gottes abzulegen wagten. Bereits im Jahre 1520 erregte Patricius, ein Mönch des Barfüſser-Ordens durch den Inhalt seiner Predigten das Miſsfallen seiner Oberen. Seiner Abberufung durch dieselben opponierte der Rat von Steyr mit Erfolg, denn Patricius blieb noch die ganzen Fasten in Steyr [2].

In seine Fuſsstapfen trat im Jahre 1525 Michael Forster, Conventuale des Klosters Garsten. Auch er wurde des lutherischen Inhalts seiner Predigten halber von seinem Abte zur Rechenschaft gezogen und gegen die Bitten der Bürgerschaft, welche einstimmig versicherte, daſs er das Wort Gottes rein und

---

[1] Linzer Landesarchiv, Landtagsannalen Bd. A. Es gehörte zu damaliger Zeit durchaus nicht zu den Seltenheiten, daſs die Pfarrherren, auch Oberpfarrer genannt, ihre Pfarre von einem von ihnen bezahlten Vikar verwalten lieſsen. Die gerade dadurch erzeugten Miſsbräuche trugen nicht wenig zur Verbreitung der lutherischen Lehre bei.

[2] Städt. Archiv in Steyr. fasc.: Religionsangelegenheiten zur Zeit der Reformation.

lauter verkündige, vom Predigtamte entfernt[1]). Bald darauf, noch im Laufe des Jahres 1525, wußte Calixtus, Mitglied des Barfüßer-Klosters St. Theobald in Wien, der einer hergebrachten Sitte zufolge über die Bitte des Rates als Fastenprediger nach Steyr gesendet worden war, die Stadt in gewaltige Aufregung zu versetzen. Wenn er sich auch nicht offen als Anhänger Luthers, ja selbst gegen denselben und sein Auftreten erklärte, so zeigen doch die Ideen, denen seine Predigten Ausdruck gaben, daß er von reformatorischem Geiste erfüllt war. Er riet seinen Zuhörern von der Teilnahme an allerlei damals gebräuchlichen Ceremonieen ab, empfahl ihnen die Errichtung eines gemeinen Kastens statt der üblichen Kirchenopfer und giebt insbesondere in den Rechtfertigungsschriften, welche er, wegen seiner Predigten zur Rede gestellt, an seine geistlichen Oberen gerichtet hat, Meinungen Ausdruck, welche eine gewisse Verwandtschaft mit der Lehre der Brüdergemeinden nicht verkennen lassen. So will er nicht nach der neuen, sondern nach der alten, ja ältesten Lehreransicht gepredigt haben. „Ich habe oft, sagt er, die nichts anderes thun, als sich an Ceremonieen halten, Schänder des Evangeliums gescholten, da der Grund des Evangeliums nicht darin gelegen. Ich habe das Volk vermahnt, daß sie niemand injurieren, sondern alle Sach dulden sollten, bis es von der Gemeinde werde brüderlich beigelegt. Das Wort Gottes, wo es recht vorgetragen werde, sollte frei und keinem Gesetz unterworfen sein."

Calixtus wußte mit Hülfe der ihm begeistert anhängenden Bürgerschaft seine Abberufung von Steyr lange zu vereiteln; noch 1526 wirkte er dort als Fastenprediger. Mit Hülfe derselben Bürgerschaft, als deren überzeugungstreuer Sprecher, als deren berufener Vertreter der Rat von Steyr sich seiner annahm und schriftlich und mündlich, in Berichtschreiben und durch Deputationen bei kirchlichen und weltlichen Obrigkeiten für den beliebten Prediger zu wirken versuchte, ist es Calixtus auch gelungen, sich dem persönlichen Erscheinen vor dem erzbischöflichen Richterstuhle in Passau und der zweifellos geplanten Verurteilung wegen Ketzerei durch die Flucht zu entziehen[2]).

---

[1]) s. Raupach l. c. B. V. S. 39.
[2]) s. Valentin Prevenhuber: Annales Styrienses, Nürnberg 1740, S. 226

Zugleich mit Calixtus predigte in Steyr ein Weltpriester, Peter Fredengast, das „reine" Evangelium und erregte dadurch das Mifsfallen des Erzherzogs Ferdinand. Aber auch Laien fühlten sich bereits berufen, zur Verbreitung dieses „reinen" Evangeliums selbstthätig beizutragen. Sigismund Wunder, Doctor medicinae in Steyr, brachte 1526 ein Gesuch beim Rate ein, es möge ihm die Bewilligung zu Vorlesungen über die hebräische, griechische und lateinische Sprache erteilt werden, da er beabsichtige die Bibel aus dem hebräischen Text, die Briefe aus dem griechischen zu erklären [1]). So wie die Steyrer, dachte zu Ende des Jahres 1525 ganz Oberösterreich. Am heftigsten gärte es unter den Bauern. Der Aufstand, welcher Ende März 1525 in Oberschwaben zum Ausbruch gelangt war, warf seine Schatten auch nach Oberösterreich.

Wo alles ringsum, in Kärnten, in Tirol, in Salzburg in heller Rebellion stand, wäre es wahrlich ein Wunder gewesen, wäre das durch und durch lutherisch gesinnte Erbland ruhig geblieben. Im Mai 1525 fingen die Bauern auch hier an Vorbereitungen für die gewaltsame Durchführung des Programmes der 12 Artikel zu treffen. Der Attergau, die Gegend zwischen dem Schafberg und dem Hausruck, liefs zuerst die Sturmglocken ertönen. Doch es blieb bei mehr oder minder ernst gemeinten Versuchen. Der Religionskrieg kam damals, abgesehen von Besprechungen und Versammlungen, Forderungen, Drohungen und Rüstungen, sowie einigen unblutigen Putschen, noch nicht zum Ausbruch. Es genügte, dafs die kaiserlichen und ständischen Truppen das Schwert aus der Scheide zogen, um den Bauernbund auseinander fallen zu machen. Ende Juli 1525 gab es in Oberösterreich keinen Bauernaufstand mehr. Dagegen nahm die friedliche Unterstützung der lutherischen Sache ihren Fortgang. Am 14. Juni 1525 sendeten die drei weltlichen Stände, die Repräsentanten der öffentlichen Meinung ihrer Zeit in politischen und religiösen Angelegenheiten ihre Abgesandten nach Innsbruck und liefsen an den dort weilenden Ferdinand die Bitte richten, er möge dafür sorgen, dafs der Predigt des reinen Evangeliums kein Hindernis in den Weg gelegt

---

und städtisches Archiv in Steyr, fasc.: Religionsangelegenheiten zur Zeit der Reformation.

[1]) s. Steyrer Stadtarchiv, fasc.: Religionsangelegenheiten zur Zeit der Reformation.

und niemand durch die Uneinigkeit der Priester in Irrtum geführt
werde. Solchem Ansinnen ist Ferdinand keineswegs wohlwollend
entgegen gekommen.

Von der ehrlichen Überzeugung durchdrungen, daß es sein
Herrscheramt erfordere, das Ansehen der alten Kirche und der
alten Lehre zu erhalten und dieses Ziel mit allen Mitteln, nötigen-
falls mit Aufwendung aller ihm zustehenden Macht und Gewalt
zu erreichen, dachte er vor allem andern daran, die wirklich vorhandenen Schäden innerhalb der herrschenden Kirche, insbesondere
die Lebensführung der Geistlichkeit und die mißbräuchliche Aus-
beutung des Laienpublikums mit Hülfe der geistlichen Obrigkeit,
und wo dieselbe nicht zu haben war, ohne dieselbe zu beheben.
Es kann nicht behauptet werden, daß seine Reformbestrebungen
in dieser Richtung ganz ohne Erfolg geblieben wären. Dagegen
hat die von ihm eingeleitete und mit barbarischer Strenge und
Rücksichtslosigkeit durchgeführte Ketzerverfolgung die gehoffte
Besserung nicht herbeigeführt. Ihre Wirkung ist an dem ein-
mütigen Widerstand der Bevölkerung gescheitert. Nachdem sie
in Niederösterreich ihren Anfang genommen hatte, — der Wiener
Bürger Caspar Tauber fiel am 24. September 1524 als ihr erstes
Opfer, indem er wegen Verbrechens der Ketzerei auf der Bastei
hinter dem Stubenthore verbrannt wurde — begann sie in
Oberösterreich, da Abmahnungen, Kirchenbußen und sonstige
Quälereien der verschiedensten Art ohne Erfolg geblieben waren,
ihre systematische Wirksamkeit.

Vorerst erging der Befehl an alle Herrschaftsbesitzer, welche
in ihrer Eigenschaft als Kirchenpatrone sich nach eigenem Belieben ihre Prediger gewählt hatten, den Bischof um seine Approbation für die von ihnen bestellten Geistlichen anzugehen und sie
zum Examen vorzustellen, diejenigen aber zu entlassen, welche die
Approbation nicht erhielten oder das Examen nicht bestanden.

Dieser Befehl zwang als einen der ersten Michael Stiefel, den
Kaplan des Herrn von Jörger auf Tolet, den eine Empfehlung
Luthers dort eingeführt hatte, zur Auswanderung.

Im Jahre 1527 erschien das Generalmandat Ferdinands vom
30. August, mit welchem nicht nur alle, die in diesem oder jenem
besonderen Punkte von der römischen Kirche abgewichen sind,
sondern auch alle diejenigen, welche ihnen Vorschub leisten, insbesondere aber die Gerichte und Obrigkeiten, welche ihre Pflicht

in Verfolgung der Ketzer nicht erfüllen, mit schwerer Strafe bedroht wurden [1]).

Bald darauf loderte innerhalb der Diözese Passau, in dem damals zu Bayern gehörigen Schärding der erste Scheiterhaufen zur gröfseren Ehre Gottes auf.

Am Freitag vor Laurenzi 1527 wurde Leonhart Käser, Hülfspriester in Weizenkirchen, wegen seiner Hinneigung zu Luther, mit dem er in Briefwechsel stand, und seiner lutherisch gesinnten Predigten des Verbrechens der Häresie von dem Ketzergericht in Passau für schuldig erkannt und in Schärding verbrannt. Im Laufe desselben Jahres wurden noch 12 lutherisch gesinnte Unterthanen des Bistums Passau hingerichtet [2]).

Möglich ist es, dafs durch die erste von Ferdinand veranstaltete Verfolgung der lutherisch Gesinnten auch Johannes Bünderlin gezwungen wurde, seine Heimat wieder zu verlassen. Er war damals Prädikant im Dienste des Herrn Bartholomäus von Starhemberg [3]).

Die von den oberösterreichischen Aristokraten der damaligen Zeit besoldeten Prädikanten, nebst ihren Brotherren die eifrigsten, nicht selten fanatischen Verfechter der lutherischen Lehre, rekrutierten sich entweder aus den Abtrünnigen der katholischen Geistlichkeit, aus Weltpriestern und Mönchen, welche hingerissen von der allgemeinen religiösen Begeisterung oder angezogen von der Ungebundenheit, welche nach gewissen Richtungen hin die Gefolgschaft Luthers versprach, zu Beginn der zwanziger Jahre scharenweise ihre Kirche verliefsen, oder aus jungen Leuten, die einerseits nicht die nötige Vorbildung hatten, um eine Stufe in der festgefügten katholischen Hierarchie zu erklimmen, andererseits aber doch dem Zuge der Zeit folgend, theologischen Studien, der Ausübung des Predigtamtes und Erklärung der heiligen Bücher ihr ganzes Interesse zuwandten.

Zu den letzteren wird wohl auch Johann Bünderlin gehört haben.

---

[1]) s. Raupach l. c. Bd. II, Anh. S. 60 u. folg. Beilage VI.

[2]) s. Raupach l. c. Bd. II, S. 39 u. 40.

[3]) s. Untersuchungsakten des Rates zu Strafsburg, Thomasarchiv, Verhör des Hanns Wunderl von Linz von März 1529: dort hat Wunderl angegeben, dafs er vor 3 Jahren Prädikant des Herrn Barthol. von Starhemberg war. Siehe C. Gerber l. c. S. 94.

Wir dürfen mit Recht aus seinen späteren Schriften schliefsen, dafs er unzufrieden mit den in den Reihen der oberösterreichischen Geistlichkeit herrschenden, verderbten Zuständen und begeistert von den Reformationsgedanken der Freiheit des Evangeliums und der Nachfolge Christi, wie sie Luther, durchaus noch in den Bahnen der deutschen Mystik wandelnd, in den ersten Jahren seines Auftretens verkündet hatte und wie sie, wenn auch verfolgt und zeitweilig unterdrückt, seit langen Jahren im Volke gelebt hatten, den Gedanken seine Studien fortzusetzen und eine Leuchte der katholischen Theologie zu werden aufgegeben und es vorgezogen hat, als Prediger des reinen Evangeliums im Solde eines angesehenen, reich begüterten Landsmannes seinen idealen und materiellen Bedürfnissen genüge zu thun.

Bartholomäus von Starhemberg, geboren 1460 als Sohn des Johann von Starhemberg und dessen Gattin Agnes Elisabeth von Hohenberg, Besitzer der Herrschaften Lobenstein, Wildberg, Dachsberg, Riedegg und anderer Güter in Oberösterreich und der Schlösser Schönbiehl, Rappoltenstein, Arbesbach, Kilb und Wolstein in Niederösterreich, war im Jahre 1490 kaiserlicher Feldhauptmann in dem Lager von Melk gegen König Mathias Corvinus von Ungarn und 1506 Mitglied der Deputation, welche die Aufgabe erhalten hatte, die Beschwerden der Steyrer Bürgerschaft gegen ihren Rat zu untersuchen und darüber Bericht zu erstatten. Er wurde 1509 vom Kaiser zum Rate und Regenten der niederösterreichischen Lande, 1519 von den Ständen der oberösterreichischen Lande zu einem der 12 Landräte ernannt.

Als einer der ersten unter den oberösterreichischen Adeligen beteiligte er sich eifrig an der Propagierung der lutherischen Kirchenreformation. Wir finden ihn bereits 1524 im Briefwechsel mit Luther.

Dieser ermahnt ihn in einem anläfslich des Todes seiner Gemahlin an ihn gerichteten Kondolenzschreiben, für die Seele der Verstorbenen ja keinen Gottesdienst, Vigilien, Seelenmessen oder tägliche Gebete halten zu lassen, und empfiehlt ihm dann einen Mann Namens Wernstorf, der ihm weitere Nachrichten bringen werde. Starhemberg starb am 10. April 1531 und wurde an der Seite seiner Gemahlin in der Familiengruft in Hellmondsödt begraben [1]).

[1]) s. Joh. Schwertlin, Geschichte des Hauses Starhemberg, Linz 1830, S. 146—150.

Wir haben keine urkundlichen Belege darüber, wie und wann Joh. Bünderlin in die Dienste Starhembergs getreten ist.

Vielleicht dürfen wir daraus, daß der Brief Luthers aus dem Jahre 1525 des Prädikanten Bünderlin nicht erwähnt, schließen, daß dieser erst später sein Amt angetreten habe. Ist der Humanist Sebastian Wunderl, der aus Gallneukirchen stammte und am Wiener Hofe eine einflußreiche Stellung bekleidete, ein Verwandter unseres Bünderlin, so dürfte wohl dessen Protektion ihm den Dienst bei Starhemberg verschafft haben. Hatte er doch vermöge seiner Stellung am Wiener Hofe reichlich Gelegenheit, mit den hervorragendsten Vertretern der angesehenen Adelsgeschlechter der Erblande, insbesondere mit Bartholomäus v. Starhemberg, dem Regenten der niederösterreichischen Lande zu verkehren.

Vielleicht war es gerade der Geburtsort des Humanisten Wunderl, Gallneukirchen, wo der bedürftige Verwandte ein Unterkommen fand. Daselbst besaßen ja die Starhembergs die Herrschaft Riedegg. Auch wissen wir, daß sich dort bereits in den ersten zwanziger Jahren des 16. Säkulums eine lutherische Gemeinde gebildet hatte [1]).

---

[1]) Die Behauptung in F. B. Buchholz, Geschichte der Regierung Ferdinands I, Wien 1838, S. 136, daß Bünderlin in Oberösterreich nicht thätig gewesen zu sein scheint, hat demnach nicht viel für sich. Wenn es auch richtig ist, daß B. Starhemberg auch Herrschaften in Niederösterreich besaß, so ist mit Rücksicht auf die Landsmannschaft Bünderlins und den Umstand, daß Starhemberg seit 1519 bis zu seinem Tode in Oberösterreich residierte, so lange anzunehmen, daß Bünderlin in Oberösterreich thätig war, als sich nicht das Gegenteil erweisen läßt. Zudem bildeten die Prädikanten immer die nächste Umgebung ihres Brotgebers.

III.

Luther über die Wiedertäufer. — Die Wiedertäufer in Oberöster-
reich. — Joh. Hut in Steyr. — Hut nicht der Gründer der
Steyrer Täufergemeinde. — Die Täufergemeinde in Freistadt. —
Die Gmain im Land ob der Enns. — Wiedertäufer in Wels, Enns,
Gallneukirchen, Gmunden, Grein, Perg, Lembach. — Verbreitung
des Täufertums unter den Handwerkern. — Der oberösterreichische
Adel und die Wiedertäufer.

Im Jahre 1525 schrieb Luther an die Christen zu Antwerpen:

„Überall treibt jetzt der Teufel sein Spiel mit Rumpelgeistern
und Rumorern. Dieser will keine Taufe haben, jener leugnet das
Sakrament, ein anderer setzt noch eine Welt zwischen sich und
dem letzten Tage.

Etliche lehren, Christus sei nicht Gott, etliche sagen dies,
etliche das und sind schier so viel Sekten und Glauben als Köpfe.
Kein Rülze ist jetzt so grob, wenn ihm etwas träumt oder
dünket, so muß der heilige Geist es ihm eingegeben haben und
will ein Prophet sein.“

Dies lutherische Wort richtete sich gegen jene Konventikel,
deren Mitglieder, sich Brüder oder Christen nennend, unter dem
Bundeszeichen der den Erwachsenen gespendeten Taufe zu besonderen Gemeinden sich vereinigten und diese als eine eigene
Kirche, als die wahre Kirche Christi, ebenso verschieden von der
katholischen, als der lutherischen oder zwinglischen betrachteten
und welche die Gegner mit dem Spottnamen der „Wiedertäufer“
bezeichneten.

Um das Jahr 1525 haben auch in Oberösterreich viele derjenigen, welche, angeekelt von den in der katholischen Kirche
herrschenden Zuständen, doch auch mit den Bahnen nicht ein-

verstanden waren, welche die von Luther ins Leben gerufene
Reformation genommen hat, und welche in einer auf dem
mystischen Evangelium des deutschen Mittelalters aufgebauten
Kirche und in einem gottseligen Lebenswandel die einzige Rettung
der menschlichen Gesellschaft erblickten, in dem Verbande bereits
bestehender oder nach dem Muster solcher sich neubildender
Brüdergemeinden sich zusammengefunden. Sie rekrutierten sich
zum gröfsten Teil aus den unzufriedenen Elementen der Städtebevölkerung, insbesondere aus Handwerkerkreisen.

Die ältesten Nachrichten über den Bestand von Täufergemeinden in Oberösterreich führen auf das Ketzernest Steyr
zurück. Am St. Veitstag (15. Juni) des Jahres 1527, berichtet
Prevenhuber, der Chronist der alten Eisenstadt[1]), schlich sich
Johann Hut[2]), ein wandernder Buchhändler und Wiedertäufer,
nebst dreien seiner Jünger heimlich in Steyr ein. Ein Bericht
des von der niederösterreichischen Regierung gegen die Wiedertäufer in Oberösterreich bestellten öffentlichen Anklägers W. Künigl,
den wir noch kennen lernen werden, datiert Steyr 4. November
1527, gerichtet an seine Auftraggeber, den Statthalter und die
Regenten von Niederösterreich[3]), besagt, Johann Hut sei von
Nikolsburg, wo er sich im Laufe des Jahres 1527 zweifellos
aufgehalten hat, über Wien nach Melk gekommen und habe sich
von dort in Begleitung namhafter und wohlhabender Bürger nach
Steyr begeben. „Hut wurde, fährt Prevenhuber fort, durch Bruder

---

[1]) Valentin Prevenhuber l. c. S. 233 ff.

[2]) Hanns Hut, geboren zu Hain bei Schweinfurt, war seit 1517 Küster
des Ritters Hanns von Bibra zu Schwedenheim bei Biber. Er weigerte sich
1521 sein neugeborenes Kind taufen zu lassen, verlor deshalb seine Stelle,
wurde gefangen genommen und dann ausgetrieben. Nun wurde er fahrender
Buchhändler, als welcher er ganz Deutschland bereiste und mit den vornehmsten Häuptern der Wiedertäufer in Verbindung trat. Nachdem er zuerst
beeinflufst von Münzer — er hat mit diesem auch im Lager der Bauern vor
Frankenhausen verkehrt — einer extrem radikalen, enthusiastischen Richtung
gehuldigt hatte, wurde er von Denk für die Partei der Gemäfsigten gewonnen und hat seither überall, wo er taufte und predigte, insbesondere aber
in Österreich, das Evangelium der christlichen Nächstenliebe und Gelassenheit verkündet. Er starb im Herbste 1527 zu Augsburg im Gefängnis. (S.
Vergichte des Joh. Hut vor dem Untersuchungsrichter in Augsburg in
Zeitschrift des hist. Vereins für Schwaben und Neuburg I. Jahrg. 2. Heft,
Augsburg 1874.)

[3]) s. Albin Czerny, Der grofse Bauernaufstand in Oberösterreich 1525,
Linz 1882.

Jacob, des Herrn von Roggendorf Kaplan und Schloſsprediger im
Schloſs allhier[1]), bei Hanns Wiſshauer einquartiert, er predigte
Sonntags hernach in des Veit Pfefferl Haus, jetzt die Rethl-
hammersche Behausung am Grünmarkt, darinnen gedachter Jacob
ein Zimmer in Bestand hatte. Von da führte er den Hut in
Leonhart Köberls und dessen Schwieger, Dorothea Rauchenbergerin
Haus, mit Vermelden, wie dieses ein Mann sei, in Gottes Wort
hochverständig, den sollten sie hören, wie er, Jacob denn auch
zu solchen Predigten viele Leute und darunter sonderlich etliche
fürwitzige Bürgersfrauen gebracht hat. Der Hut predigte hernach
auch in einem Ziegelstadel auſserhalb der Stadt, hielt nach der
Wiedertauff das Abendmahl und Brotbrechen, da sich dann bald
eine Anzahl von gemeinen Handwerksleuten bei ihm eingefunden,
die solche Lehre angenommen und sich wiederum haben taufen
lassen."

Eine andere Quelle[2]) erzählt, daſs Hut im Schloſs zu Steyr
öffentlich gepredigt habe. Diese Quelle scheint von der Ansicht
auszugehen, daſs Johann Hut die Wiedertäufergemeinde in Steyr
gegründet habe, und daſs also vor dem Jahre 1527 — alle Täufergemeinden in Oberösterreich haben sich erwiesenermaſsen später
konstituiert, als die in Steyr — keine Täufergemeinde in Oberösterreich existiert habe.

Diese Ansicht ist unrichtig. In Steyr hat zweifellos lange
vor Huts Eintreffen eine Täufergemeinde bestanden. Es berichtet
nicht nur der öffentliche Ankläger Wolfgang Künigl an seine
vorgesetzte Behörde[3]), daſs die Hut'sche Sekte, wie er die Täufergemeinde nennt, seit 1525 in Steyr heimisch sei, wir wissen auch,
daſs fast zu gleicher Zeit, als Hut in Steyr einlangte, andere Anhänger des Täufertums aus verschiedenen Gegenden in Steyr zusammenströmten, was denn doch nur daraus zu erklären ist, daſs

---

[1]) Dürfte wohl identisch sein mit Bruder Jacob, geboren zu Meiſsen,
dem späteren Apostel der Täufergemeinde in Freistadt. s. Dr. Joh. Beck,
Die Geschichtsbücher der Wiedertäufer in Österreich-Ungarn etc. Wien 1883
in fontes rer. austr. herausg. von d. hist. Komm. d. k.k. Akademie d. Wissenschaften in Wien, 2. Abt., XLIII. Bd. S. 88 Anm. 1.

[2]) Bericht der Regierung der niederösterr. Lande an Ferdinand vom
12. November 1527. S. Akten im Archiv des k. k. Ministeriums für Kultus
und Unterricht in Wien, Anh. I.

[3]) Bericht an den Statthalter und die Regenten v. N.Ö. v. 4. Nov. 1527
Akten des Kult.-Min. in Wien, Anh. I.

die Existenz einer Brüdergemeinde in Steyr in Täuferkreisen bekannt war. So ist bereits um Pfingsten 1527 Leonhard Schiemer[1]), der nach seinem Abgang von Nikolsburg sich nach Wien gewendet hat und dort mit Johann Hut und Oswald Gleit[2]) zusammengetroffen ist, von welchem letzteren er auch bei einem der in einem Hause der Kärntnerstraße stattfindenden Konventikel die Taufe empfing, in Steyr eingetroffen, wurde dort zu einem Lehrmeister gewählt und ausgesendet, das Volk zu lehren[3]). Zur selben Zeit fanden sich Thoman Waldhauser, gen. der lange Thoman, gewesener Kaplan der Herren von Hardegg auf Kreutzen[4]), Jacob Wiedemann[5]) und Philipp. Jäger[6]), die

---

[1]) Leonhard Schiemer, geboren in Vöcklabruck, hat in Wien studiert, wurde dann kathol. Pfarrer in Oberösterreich. Da ihm das Leben in den Kreisen der Weltpriester nicht gefiel, trat er in den Barfüßerorden als Mönch ein. Auch hier enttäuscht entfloh er nach 6jährigem Aufenthalt aus dem Kloster in Judenburg und zog nach Nürnberg, wo er das Schneiderhandwerk lernte. Dort scheint er auch mit dem Täufertum Bekanntschaft gemacht zu haben, denn wir finden ihn im Jahre 1527 bei Hubmayr in Nikolsburg. Taufen ließ er sich jedoch erst in Wien, wohin er mit Joh. Hut von Nikolsburg gewandert war. Von dort kam er nach Steyr, wo er zu einem Apostel gewählt wurde. Aus Steyr hat ihn die gegen die Hut'schen Gesellen eingeleitete Verfolgung vertrieben. Er durchwanderte taufend und predigend Oberösterreich, Salzburg und Tirol. In Rattenberg wurde er gefangen genommen und verbrannt (Januar 1528). siehe Beck l. c. S. 59 bis 61.

[2]) Oswald Gleit, auch Oswald von Jamnitz genannt, ist geboren in Cham in der bayer. Oberpfalz. Er war erst kathol. Priester, dann evangel. Prädikant zu Leybm (?), schließlich Wiedertäufer. Mit Spittelmayr, dem Pfarrer des Herrn v. Lichtenstein, war er in Nikolsburg, schloß sich jedoch später Joh. Hut an und zog mit ihm nach Wien; dort wurde er 1546 ertränkt.

[3]) Akten der Innsbrucker Statthalterei, Anhang VII, siehe auch Beck l. c. S. 61.

[4]) Thomas Waldhauser, geboren in Oberösterreich, verließ als Kaplan in Grein die katholische Kirche, um als Pfleger in die Dienste des Herrn v. Hardegg auf Kreutzen zu treten. Er ließ sich 1527 in Steyr taufen und zählte als Thoman von Grein oder der lange Thoman zu den angesehensten unter den österr. Wiedertäufern. Er wurde am 10. April 1528 zu Brünn hingerichtet. s. Beck l. c. S. 65.

[5]) Jakob Wiedemann, ein Gegner des Nikolsburger Predigers Hanns Spittelmayr, der in Verbindung mit Philipp Jäger einen Teil der Nikolsburger Gemeinde, die sogen. Stäbler, zur Abtrennung und Auswanderung nach Austerlitz bewog. Beck, l. c. S. 70 ff.

[6]) Philipp Jäger, gleichfalls ein Gegner des Nikolsburger Predigers

beiden letztgenannten die Abgesandten aus Oberösterreich, welche dem Gespräche auf dem Schlosse zu Nikolsburg beigewohnt haben.

Dieses Gespräch, dessen Wortführer Joh. Hut und Dr. Balthasar Hubmayr gewesen sind, hat vor dem Eintreffen Huts in Steyr stattgefunden. Sicher aber hat die zahlreichste und vornehmste Täufergemeinde Oberösterreichs — und das war bis zum Jahre 1528 die in Steyr — jene Abgeordneten erwählt, welche die Brüdergemeinden Oberösterreichs bei der für die Zukunft der Täufersache so wichtigen Disputation zu vertreten hatten. Endlich ist Balthasar Hubmayr selbst, der bedeutendste unter den österreichischen Täufern vor Hut in Steyr gewesen, um bei der dortigen Täufergemeinde Schutz vor der Verfolgung Ferdinands, welche ihn zur Flucht aus Waldshut gezwungen hatte, zu finden. Dafs dies, wie Beda Dudik[1]) annimmt, bereits im Jahre 1525 geschehen sei, und dafs er bereits in diesem Jahre Bücher in Steyr gedruckt habe, läfst sich allerdings nicht halten, denn Balthasar Hubmayrs zweite Flucht aus Waldshut fällt erst auf den 5. Dezember 1525[2]); doch ist Hubmayr, nachdem er auf seiner Flucht an verschiedenen Orten Deutschlands, wo ihm die bereits bestehenden Brüdergemeinden Schutz gewährten, vorübergehend geweilt hat, sicher in den ersten Monaten des Jahres 1526 nach Steyr gekommen, von wo er im März 1526 von Leonhard von Lichtenstein nach Nikolsburg eingeladen wurde[3]).

Dafs Hubmayr gerade Steyr aufsuchte, ist uns ein vollgültiger Beweis dafür, dafs bereits zu Beginn des Jahres 1526 eine Täufer-

---

Hanns Spittelmayr, der in Verbindung mit Jacob Wiedemann einen Teil der Nikolsburger Gemeinde, die sogen. Stäbler zur Abtrennung und Auswanderung nach Austerlitz bewog. Beck l. c. S. 70 ff.

[1]) P. Beda Dudik, Geschichtl. Entwicklung des Buchdrucks in Mähren vom Jahre 1486—1621.

[2]) J. Loserth, Die Stadt Waldshut und die vorderösterreichische Regierung in den Jahren 1523—1526, Archiv für österreichische Geschichte Band 17, I. Hälfte.

[3]) Dr. F. X. Hosek, Balthasar Hubmair a počátkové novo Křestanstva na Moravě v Brně r. 1867 S. 83.

Balthasar Hubmayr, auch Hubmör und Hiebmaier, ist in den achtziger Jahren des 15. Jahrhunderts in Friedberg bei Augsburg geboren. Er studierte Theologie an der Universität in Freiburg und erlangte den Doktorsgrad an der Universität zu Ingolstadt, wo er die Professur der Dogmatik und nebstbei die Stelle eines Pfarrherrn an der Marienkirche bekleidete. Von dort folgte er 1516 einem Rufe als Dompfarrer in Regens-

gemeinde daselbst bestanden hat, denn Hubmayr, der von der österreichischen Regierung als Ketzer und Aufrührer verfolgt wurde, und auf dessen Kopf ein Preis ausgeschrieben war, durfte es sicher nicht wagen, sich in einer inmitten der Erblande gelegenen Stadt blicken zu lassen, ohne auf die thatkräftigste Unterstützung begeisterter Gesinnungsgenossen rechnen zu können.

Hanns Hut ist also dem Gesagten zufolge nicht der Gründer der Steyrer Täufergemeinde. Um die Stärkung und Erweiterung derselben hat er sich jedoch Verdienste erworben, welche ihm von vornherein einen ersten Platz unter den österreichischen Wiedertäufern sichern und ihn unmittelbar neben Hubmayr stellen.

---

burg, das er jedoch, nachdem seine Predigten wegen der in ihnen zum Ausdruck gelangten lutherischen Sympathieen Mifsfallen erregt hatten, 1522 verliefs, um Pfarrer in Waldshut zu werden.

Dort lebte er nach kurzer Abwesenheit in Ingolstadt und Regensburg bis zum August 1524. Nachdem Hubmayr von hier aus den Baseler Konventikeln und der zweiten Züricher Disputation vom 16. bis 27. Oktober 1523 beigewohnt hatte, und insbesondere mit Zwingli und dem Schweizer Humanistenkreise in enge Fühlung getreten war, trat er offen auf die Seite der kirchenreformatorischen Partei und wufste auch seine Gemeinde zu veranlassen, die evangelische Lehre anzunehmen und sich für dieselbe und ihre Prediger einzusetzen. Dadurch kam die Stadt Waldshut in Konflikt mit ihrer Obrigkeit, der vorderösterreichischen Regierung, welche schliefslich zu ihrer Einschliefsung und Belagerung führte. Im Laufe derselben gesellten sich zu den kirchenreformatorischen Ideen Hubmayrs auch sozialpolitische Bestrebungen.

Er wurde ein Berater der aufständischen Bauern und schmiedete Pläne zur Herstellung einer neuen Verfassung, welche auf dem Prinzip der Volkssouveränität beruhen sollte. Bald war ihm auch in religiöser Beziehung Zwingli nicht mehr radikal genug. Er schlofs sich den Wiedertäufern an und wirkte für ihre Sache mit dem ganzen Eifer seiner gewaltigen Persönlichkeit in Wort und Schrift. Nach seiner Flucht im August 1524 nach Schaffhausen kehrte er bereits im Oktober desselben Jahres nach Waldshut zurück, konnte jedoch den Fall der Stadt nicht aufhalten. Sie wurde anfangs Dezember 1525 von den kaiserlichen Truppen erobert.

Hubmayr floh in der Nacht vom 5. bis 6. Dezember nach Zürich, wurde dort gefangen gesetzt und zum Widerruf seiner wiedertäuferischen Lehren gezwungen, entkam aber nach Constanz, von wo er sich über Augsburg und Regensburg nach Österreich begab. Er fand schliefslich im Jahre 1526 in Nikolsburg ein Asyl, gründete dort eine Täufergemeinde, welche zum Mittelpunkt der gesamten täuferischen Bestrebungen in Österreich geworden ist, wurde aber im Frühjahr 1528 über Begehren Ferdinands der Regierung ausgefolgt, welche ihn am 10. März 1528 in Wien verbrennen liefs. Allgem. D. Biogr. Hubmayr.

Hanns Hut hat nicht nur durch seine mystisch anregende, ja hin-
reifsende Persönlichkeit und seine begeisternde, von echter Überzeugung durchdrungene Predigt die Brüder im Ausharren bei dem
reinen Evangelium bestärkt, er hat der Gemeinde auch zahlreiche
neue Mitglieder zugeführt und für die Verbreitung der Täuferlehre überhaupt in umfassender Weise gesorgt. Hut hat sicher
nicht geprahlt oder gelogen, wenn er vor dem Inquisitor in
Augsburg angegeben hat, er habe in Steyr 10—12 Personen getauft. Darunter befanden sich, wie wir aus den Passauer Vergicht-
protokollen des Jahres 1528 [1]) entnehmen:

Ein Buchbinder, Namens Kaspar, ein Schmiedgeselle Namens
Jakob und Leonhart Dorfbrunner von Weifsenberg, Messerer.

Bei Ausübung des Apostelamtes in Steyr wurde Hut von
zwei Gehilfen, Hieronymus von Mannsee [2]) und Carius Binder,
einem Tischler aus Coburg [3]), welche beide gleichfalls von ihm in
Steyr getauft worden sind, unterstützt. Mehrere der mit ihm in
Steyr weilenden Täufer, so den genannten Hieronymus, dann
Leopold Schiemer, von dem wir bereits gehört haben, Jacob
Portner, den Kaplan des Herrn von Roggendorf, und einen
deutschen Herrn aus Nürnberg, Joachim, liefs er in Steyr zu
Aposteln auslosen, damit sie hinausgehen in die Welt und seine
Lehre verkündigen [4]).

Es ist selbstverständlich, dafs eine so umfassende Thätigkeit,
die sogar das Schlofs von Steyr zu ihrem Schauplatz gemacht

---

[1]) Passauer Reformationsakten, Münchener Reichsarchiv, abgedruckt im
Anhang III.

[2]) Hieronymus von Mannsee war ein Mönch aus dem Kloster Rans-
hofen, der im Oktober 1527 in Salzburg verbrannt worden ist. Beitr. l. c.
S. 57 Anm. 1.

[3]) Carius Binder, ein Tischler aus Coburg. Er wurde am 25. Oktober
1527 in Salzburg verbrannt, wird deshalb auch Carius von Salzburg genannt.
Beck l. c. S. 57.

[4]) Vergicht mit Hanns Hut in Augsburg, 26. November 1527. Dort
spricht Hanns Hut selbst von 4 Personen, die er in Steyr zu Aposteln auslosen liefs. Nebst den von ihm selbst genannten macht Leonhart Dorfbrunner in seinem Passauer Verhör vom 31. Januar noch einen Achatius aus
Frankenland als einen der von Hut bestimmten Apostel namhaft. Doch
dürfte darunter wahrscheinlich Carius Binder von Erfurt zu verstehen
sein. Eben dieser Dorfbrunner nennt als einen anderen dieser Apostel
Joachim, wohl den Namen des deutschen Herrn aus Nürnberg, von dem Hut
selbst spricht.

hatte, die Aufmerksamkeit der Obrigkeit erregen mufste. Der
Rat von Steyr liefs, wie er selbst sagt, sofort nachdem er von
den Umtrieben Kenntnis erhalten hatte, Hut nachstellen; doch
waren diese Nachstellungen derart, dafs es ihm, sowie seinem
Protektor und Helfershelfer Jacob Portner gelang, zu entfliehen.
Wann die Flucht stattfand, ist nicht genau zu ermitteln. Um
Bartholomäi 1527 befand sich Hut bereits in Passau, wo er den
dortigen Bürger Herrmann Kheil getauft hat[1]). Im September
1527 finden wir ihn in Augsburg, wo er bekanntlich verhaftet
worden ist. Der Aufenthalt Huts in Steyr dürfte also circa zwei
Monate betragen haben. Von Steyr scheint er sich direkt nach
Linz gewendet und von dort aus Ausflüge nach Gallneukirchen,
Freistadt und Salzburg unternommen zu haben, wo er überall
taufte und predigte[2]). Nachdem er glücklich aus Steyr entronnen
war, hat der Rat von Steyr auf Veranlassung Ferdinands und der
Wiener Regierung die Verfolgung seiner Anhänger eingeleitet
und betrieben, wovon in einem nächsten Kapitel die Rede
sein wird.

Gleiches Alter und Ansehen, wie der Gemeinde in Steyr,
dürfte der Täufergemeinde in Freistadt zuzusprechen sein. Hut
hat dieselbe, wie wir gehört haben, von Linz aus besucht. Bereits
unterm 12. August schreibt König Ferdinand an den Freistädter
Rat, er sei glaubhaft berichtet worden, dafs Hut bei ihnen gewesen sei[3]).

Ehe Hut selbst die Freistädter Gemeinde besuchte, um sie
im Ausharren bei dem wahren Evangelium trotz der schweren
Zeiten, die über die Täufer gekommen waren, zu stärken, sendete
er den von ihm in Steyr getauften und zum Apostel ausgelosten
Jacob Portner zu ihnen. Er wird von den in Passau gefangenen
österreichischen Wiedertäufern als Vorsteher der Gemeinde in
Freistadt bezeichnet.

Unter den Untersuchungsakten des Freistädter Rates findet
sich auch ein Traktat des Wiedertäufers Hanns Schlaffer[4]). Es

---

[1]) Vergicht mit Herrmann Kheil, Passau 4. Febr. 1528 Passauer Akten
im Münchener Reichsarchiv, Anh. III.

[2]) Augsburger Vergichtprotokoll vom 16. September 1527, veröffentlicht
von Christ. Mayer l. c. S. 207 ff.

[3]) Akten im Archiv des Kultusminist. in Wien, Anh. I.

[4]) Hanns Schlaffer ist ein geborener Oberösterreicher, wahrscheinlich
Linzer, war Seelsorger in Oberösterreich, erregte aber durch seine Predigten

scheint also, daſs auch dieser in Freistadt gewesen ist. Ist dies der Fall, so fällt seine Anwesenheit daselbst in den Beginn des Jahres 1527, als er die Gastfreundschaft der Herren von Zelking auf dem Freistadt nahen Schlosse Grein oder auf einer andern der sämtlich im unteren Mühlviertel gelegenen Besitzungen dieses Geschlechtes genoſs, denn er ist zu dem Religionsgespräch zwischen Hubmayr und Hut, das bekanntlich vor dessen Aufenthalt in Steyr stattfand, aus Deutschland, wahrscheinlich von Regensburg gekommen. Von Freistadt wanderte er über Linz, wo er erkrankte, nach Tirol.

Bald nachdem Hut Freistadt wieder verlassen hatte, wurde der Prozeſs auch gegen die dortigen Wiedertäufer eingeleitet. Ein Teil derselben fiel der Obrigkeit in die Hände, ein anderer entfloh. So sagt der in Passau am 1. Febr. peinlich verhörte Täufer Lienhart Stiglitz, Sattler daselbst, daſs er mit zwei Webern aus Freistadt gefänglich eingezogen worden sei[1]). Hanns Babemberger, eines Nadlers Sohn aus Passau, giebt an, daſs ihm zu Ostern (1528) der Schneider Wolfgang von St. Niklas, der einen Bruder in Linz habe, Briefe an einen Schuster zu Freistadt mitgegeben habe, worin er ihn bittet, er solle die dort Gefangenen trösten und ermutigen[2]).

Von dem Bestehen einer Täufergemeinde in Linz hören wir erst, nachdem die Gemeinde in Steyr aufgelöst und deren Mitglieder hingerichtet oder vertrieben waren. Es scheint, daſs sie erst von solch flüchtig gewordenen Steyrer Täufern gegründet worden ist. Wenigstens nennt die erste Nachricht über in Linz vorgenommene Wiedertaufen einen in Steyr ausgelosten Apostel,

---

das Miſsfallen seiner geistlichen Oberen, weshalb er den geistlichen Stand verlieſs und sich den neuen Lehren zuwandte. Nach seinem Abfalle von der alten Kirche (1526) hielt er sich eine Zeitlang bei den Herren von Zelking auf, ging dann nach Deutschland, wo er mit den vornehmsten Häuptern des Täufertums in Verbindung trat, wohnte dem bekannten Religionsgespräch in Nikolsburg bei, von wo er über Linz nach Tirol wanderte. Dort wurde er in Schwaz gefangen und im Januar 1528 hingerichtet. Beck l. c. S. 63.

[1]) Passauer Akten im Münchener Reichsarchiv fasc. C/b. (fasc. C/a. inseriert.) Anh. III.

[2]) Passauer Akten im Münchener Reichsarchiv. Vergicht vom 5. Juni 1528. Der Schneider Wolfgang ist identisch mit Wolfgang Brandhuber aus Linz. Anh. III.

den Bruder Jacob aus Meifsen, als Spender derselben. Kaspar
Weinberger, ein in Passau gefangener Wiedertäufer, hat nämlich
seinem Untersuchungsrichter bekannt, dafs er und mit ihm ein
Schuhknecht Namens Wolfgang, dann die Linzer Bürger Prill-
mayr und Sigmund Kuffner, sowie des letzteren Hausfrau zu Ka-
tharina 1527 in Linz getauft worden seien [1]).

Erst mit dem Jahre 1528 beginnen die Nachrichten über die
„Gmain im Land ob der Enns" reichlicher zu fliefsen. So hiefs
nämlich die Linzer Täufergemeinde unter den Brüdern, und es ist
damit wohl nichts anderes gesagt, als dafs sie nach Zerstreuung
der Steyrer Gemeinde der Mittelpunkt aller Täuferverbände im
Lande ob der Enns geworden ist, und dafs von nun an der ganzen
heimischen Täuferbewegung Richtung und Ziel von der Landeshauptstadt aus gegeben wurde. In Linz residierte seit dem Jahre
1528 auch der erste Täuferbischof in Österreich Wolfgang Brandhuber, ein Schneider aus Passau, der von dort herbeigeeilt war,
um die Linzer Gemeinde für die ihr nach der Steyrer Katastrophe
zugefallene Aufgabe zu kräftigen und sie zu leiten. Wie eifrig
Wolfgang Brandhuber seinen Pflichten als Vorsteher schon während
seines Passauer Aufenthaltes nachgekommen ist, zeigen uns eine
Reihe von Belegen, insbesondere das Zeugnis, welches ihm seine
Verfolger bei seiner Gefangennahme in Linz im Jahre 1530 aus-
gestellt haben: „Einer der Gefangenen, sagt Herzog Ernst, der
Administrator von Passau, in seinem an den Landeshauptmann von
Oberösterreich gerichteten Schreiben, dat. Passau Samstag Erhard,
1530, soll der Schneider Wolfgang Brandhuber sein, der vor
längerer Zeit vor dieser Stadt (Passau) in der Hofmarch bei
St. Niklas gewohnt hat. Dieweil nun dieser Schneider in der
Stadt und in der Umgebung derselben, auf dem Lande, durch
Verführung des Volkes Übel angestiftet und das Gift seiner verführerischen Lehren so mannigfach ausgegossen hat, da wir aus
vielen Anzeigen besorgen müssen, dafs solches Übel, wo nicht mit
grofser Fürsichtigkeit dawider gehandelt wird, in unsern Gebieten
abermals wie zuvor einwurzele, was wir aber, so viel an uns ist, verhindern möchten, so bitten wir, es wolle uns durch diesen unsern
Boten des gemeldeten Schneiders Vergicht oder Bekenntnifs-
abschrift, zugeschickt werden." Nach Brandhubers Gefangennahme

---

[1]) Passauer Akten, Münchener Reichsarchiv. Vergichtprotokoll vom
31. Januar 1528. Anh. III.

erkundigte sich auch Ferdinand nach dessen Verhörsprotokoll (Schreiben dat. Budweis 10. Jan. 1531 an Herzog Ernst in Passau).

Ciriac Freiherr von Pollheim, Landeshauptmann von Oberösterreich, beantwortet das Schreiben des Passauer Bistumsverwesers am 12. Januar desselben Jahres dahin, daſs Wolfgang Brandhuber die Exekution seiner bösen Übelthaten wegen bereits überstanden habe [1]). Er wurde mit seinem Gesinnungsgenossen Hanns Niedermayr, einem Diener des Wortes, in Linz verbrannt. Dasselbe Schicksal haben noch im selben Jahre eine groſse Zahl seiner Anhänger daselbst — die Chroniken sprechen von ca. 70 — geteilt [2]).

Wolfgang Brandhuber hat, solange er lebte und die Fesseln der Gefangenschaft nicht seine Kräfte lähmten, seine Thätigkeit nicht auf die Gemeinde seines jeweiligen Aufenthaltsortes beschränkt, als Bischof spendete er Rat und Hülfe in seinem ganzen Sprengel, der wohl die gesamten österreichischen Erblande und die Diözese Passau umfaſst haben dürfte. Wir haben bereits gehört, daſs er die gefangenen Wiedertäufer von Freistadt trösten lieſs und sie zum Ausharren in ihrem Glauben ermunterte. Von Linz aus richtete er im Laufe des Jahres 1529 einen Brief an die Brüder in Rattenberg, voll der ernstesten Ermahnungen und liebevollsten Trostsprüche und entbietet in ihm die Grüſse der Kindlein in Linz, denen er vorstehe. Der Brief enthält wichtige Aufschlüsse über die Lehre der Täufer und wird von demselben in einem nächstfolgenden Kapitel die Rede sein.

Nebst Wolfgang Brandhuber gehörte noch eine Anzahl angesehener Brüder der Linzer Gemeinde an, so Andrae Fischer, auch Vischer, ehemaliger Schreiber Starhembergs, ein geborener Linzer, dessen Vater ein Haus daselbst vor dem Thore besaſs. Er wird von den in Passau gefangenen Wiedertäufern als ein Vorsteher bezeichnet, der viele von ihnen getauft hat [3]), so Lienhart, den Schulmeister von Wels und dessen Bruder in Linz. Auch Lienhart hat zwischen Linz, Wels und Passau eine emsige Wirksamkeit entfaltet. Er scheint zu Anfang des Jahres 1528 Linz verlassen zu haben und den Inn hinab nach Passau gezogen zu

---

[1]) Passauer Akten, Münchener Reichsarchiv. Anh. III.

[2]) J. Beck l. c. S. 88.

[3]) Passauer Akten im Münchener Reichsarchiv. Vergicht des Math. Dorsauer vom 24. September 1535, des Hanns Stiglitz jun. vom 4. Febr. und 25. Febr. 1528, des Herrmann Kheil vom 4. Febr. 1528. S. Anh. III.

sein. Wir finden ihn nämlich Ende Januar samt zwei seiner Brüder, von denen einer eine Lehrerstelle in Linz, der andere eine in Burghausen bekleidet hatte, in Obernberg[1]).

Vielleicht bezieht sich auf die beiden Brüder Lienhart der Brief Luthers an Wenzeslaus Linck in Nürnberg aus dem Jahre 1528, in welchem er schreibt, daß ihm Michael Stiefel mitgeteilt habe, daß zwei Flüchtlinge aus Wels sich nach Nürnberg gewendet haben, welche scheinbar Katholiken, in Wirklichkeit heftige Wiedertäufer (Sacramentarii) seien, und vor ihnen warnt.

Auch Thoman von Grein (Waldhauser), Bruder Jacob aus Meißen und Peter Riedemann aus Hirschberg gehörten zur Gmain im Lande ob der Enns. Letzterer ist nach der Gefangennahme Wolfgang Brandhubers an die Spitze der Brüder getreten und hat gleich seinem Vorgänger den Lohn seiner Thaten auf dem Scheiterhaufen gefunden. Er wurde zu Gmunden im Jahre 1529 verbrannt. Noch werden Ambrosius und Hanns Spittelmayr, auf die wir noch zu sprechen kommen werden, Bruder Albrecht, Wolfgang Winter, Schneider in Mistelbach und Hanns Schuster von den in Passau und an anderen Orten gefangenen Täufern als Mitglieder der Gemeinde in Linz genannt.

Die Gmain im Lande ob der Enns hat mit Eifer und Erfolg für die Verbreitung des reinen Evangeliums im Lande gesorgt. Sie hat noch im Laufe des Jahres 1527 die Botschaft des Heiles über die Mauern der Stadt Linz hinausgetragen und in diesem und dem folgenden Jahre an allen bedeutenderen Orten des Landes, so in Wels, in Enns, Gallneukirchen, Gmunden, am Attersee, in Vöcklabruck, in Grein, Perg, Lembach und an anderen Orten ihre Konventikel gegründet.

Insbesondere in der nächsten Nähe der Landeshauptstadt, in Wels, Enns und Gallneukirchen scheint die Proselytenmacherei schwunghaft betrieben worden zu sein. Zahlreiche Gläubige haben sich in diesen Orten dem Täufertum angeschlossen und damit die Gefahr unausgesetzter Verfolgung und eines qualvollen Todes auf sich genommen. Mit gleicher Gewalt, wie die sittliche Einfachheit und prunklose Größe des verkündeten Evangeliums haben die Persönlichkeiten seiner Verkünder, Männer, denen selbst ihre Feinde sittsames Betragen, Bedürfnislosigkeit und Ergebung,

---

[1]) Passauer Akten im Münchener Reichsarchiv. Vergicht des Herrmann Kheil vom 4. Febr. 1528. S. Anh. III.

endlich aber Überzeugungstreue, Begeisterung und seltenen Opfer-
mut zugestehen mußten, auf die Gemüter gewirkt.

In Wels wirkten zwei bereits genannte Apostel von hervor-
ragendem Rufe, der Schulmeister Lienhart und Hanns Fischer,
der Schreiber des Herrn von Starhemberg. Von ersterem sagt
Lienhart Stiglitz, ein Passauer Bürger, in seinem Verhör vom
30. Jan. 1528, er sei der erste Meister und Anführer in Wels gewesen und habe ihn, seine Hausfrau, seinen Sohn, Eidam und
Tochter getauft[1]). Der Sohn des Lienhart Stiglitz scheint ein
besonders eifriger Schüler dieses seines Meisters geworden zu sein,
denn er rühmt von sich, daß er in Wels 13, in Perg 1, in Enns
20 Personen getauft habe[2]). Daß auch der hervorragendste Apostel
der österreichischen Wiedertäufer, Hanns Hut sich wenigstens
vorübergehend in Wels aufgehalten und dort getauft hat, bestätigt der in Kadolzburg bei Erlangen gefangene Bruder Ambrosius Spittelmayr von Linz[3]).

Bereits im Jahre 1528 wurden dort mehrere Personen unter
dem Verdachte, der wiedertäuferischen Sekte anzugehören, verhaftet. Ein Bericht des Bürgermeisters, Richters und Rates der
Stadt Wels an den Landeshauptmann vom 5. Juni 1528 sagt uns
hierüber, daß die verhafteten Personen keine Verschreibung
geben, noch Eid schwören wollen, daß sie zwar von der Kindertaufe, dem Sakrament des Altars und der Beicht nichts halten,
aber doch keine Aufwiegler, Vorsteher oder Lehrer gewesen seien,
auch Niemanden getauft haben und kein anderes Bündnis bekennen, als daß sie gesagt, sie wollten vom bösen Wesen abstehen und ihrem Nächsten, soviel möglich, helfen, der Obrigkeit
aber mit Leib und Gut gehorsam sein[4]). Sie scheinen deshalb
verbannt worden zu sein. Das Stadtarchiv in Wels bewahrt nämlich eine Urkunde aus dem Jahre 1528, aus welcher wir erfahren,
daß Georg Goldbrunner und Johann Weingartner, sowie deren
Frauen, welche als Wiedertäufer relegiert worden waren, nach Ab-

---

[1]) Passauer Akten im Münchener Reichsarchiv. Stiglitz sagt: der
Schulmeister von Wels habe Jacob geheißen und sei eine lange Person gewesen. S. Anh. III.

[2]) Passauer Akten im Münchener Reichsarchiv. Verhör von Hans Stig-
litzens Sohn vom 1. Febr. 1528. S. Anh. III.

[3]) Anspacher Rel.-Akten, Tom. 38. N. 16 im Nürnberger Stadtarchiv.
Anh. IV. Neues Verhör des Amb. Spittelmayr, ohne Datum.

[4]) Original im Haus-, Hof- und Staatsarchiv in Wien. Kopie v. Herrn
Prof. Czerny in St. Florian besorgt. S. Anh. II.

schwörung der Sekte und Rückkehr zur katholischen Kirche nach Wels zurückkehren durften[1]).

Daſs das Täufertum auch in Enns Eingang gefunden hat, wissen wir bereits aus dem Verhör des Passauer Bruders Stiglitz jun. Ein anderer, in Passau gefangener Wiedertäufer, Hanns Staillberger, Leinweber aus der Freistadt, erzählt uns, daſs er am Valentinstage, das ist 7. Juli 1527, in Enns, wo er bei Schuster Scheidegk bedienstet war, durch zwei seiner Mitbrüder getauft worden ist[2]). Stiglitz jun. hat die Taufe in einem Wirtshaus am Aichlberg gespendet erhalten. Vielleicht ist damit der Eichberg bei Enns gemeint, wahrscheinlicher jedoch Aichberg bei Oftering Bez. Wels, da er von dem Schulmeister von Wels und seinem Bruder in Linz die Taufe empfing.

Zu Gmunden wirkte Peter Riedemann, der zweite Bischof der österreichischen Wiedertäufer und Vorsteher der Gmain im Land. Dort scheint sich die Sekte auch über die Umgebung unter den Bauern verbreitet zu haben. Wenigstens entnehmen wir einem Briefwechsel zwischen Ernst, dem Administrator des Bistums Passau, dem Pfarrer Johann Althammer in Münster (Altmünster), und dem Ritter Wolf von Stauffenberg, Besitzer der Herrschaft Ort am Traunsee, von 1528/29, daſs im Mai 1528 eine 16jährige Dirne aus Ort als Wiedertäuferin verhaftet worden, jedoch ihren Fehler eingesehen und Buſse gethan habe, sodann begnadigt worden sei[3]).

Die Existenz von Wiedertäufern im Bezirke des Stiftes St. Florian bezeugt ein Auftrag des Landeshauptmanns von Oberösterreich an den Propst Peter von St. Florian, einen dort aufgegriffenen Wiedertäufer nach Linz abzuliefern, deren Vorkommen im Bezirk des Klosters Garsten ein Erlaſs desselben Landeshauptmanns an den Abt Pankraz daselbst, worin derselbe ersucht wird, seine Aufmerksamkeit auf das Täuferunwesen in der Umgebung seines Klosters zu richten[4]).

---

[1]) Konrad Meindl, Geschichte der Stadt Wels, Wels 1878, S. 79.

[2]) Passauer Akten im Münchener Reichsarchiv. Verhör vom 31. Januar 1528. S. Anh. III.

[3]) Passauer Akten im Münchener Reichsarchiv. Schreiben des H. Ernst an Pfarrer Joh. Althammer in Münster, dat. Linz 22. August 1529, Antwort Althammers, dd. Münster 30. August 1529, Schreiben des H. Ernst an Wolf von Stauffenberg, 1. September 1529. S. Anh. III.

[4]) Die bezüglichen Erlässe des Landeshauptmannes von Oberösterreich

Dafs auch das untere und obere Mühlviertel von der die Gemüter mit magischer Gewalt ergreifenden Täuferlehre nicht verschont geblieben ist, geht aus den Verhören der im Jahre 1528 in Passau gefangenen Brüder mit voller Bestimmtheit hervor. In Grein war es insbesondere der frühere Priester und nachherige Pfleger des Herrn von Hardegk auf Kreutzen, der dort seine Thätigkeit entfaltete und auch dort gefangen genommen wurde. In Perg hat der Vorsteher Hans Stiglitz, ein Passauer Bürgerkind, in Lembach Mathäus Dorsauer von Herzogenburg getauft, letzterer ist auch im Jahre 1528 in Passau gefangen gelegen[1]).

So gab es denn bereits zu Ende des Jahres 1527 sicher keine Stadt und keinen Marktflecken im Lande Oberösterreich, in dem sich Bekenner der täuferischen Lehre nicht dauernd oder vorübergehend aufgehalten haben, ja selbst eigene Täufergemeinden dürften sich um diese Zeit fast in jedem gröfseren Orte des Landes gebildet haben. Wie grofs der Wiedertäufer Zahl zu dieser Zeit bereits war, geht aus der Korrespondenz hervor, welche der von der Regierung in Wien ins Land gesendete öffentliche Ankläger Wolfgang Künigl und seine Auftraggeber in Ansehung der Unterdrückung des Täufertums in Oberösterreich gewechselt haben. Künigl schreibt am 6. November 1527 an die Regierung in Wien, dafs unglaublich viele Männer und Frauen, darunter wohlhabende Leute unter den Wiedertäufern sich befinden. Er rät die Strafe gegen diejenigen, welche gutwillig von ihrem Irrtum abstehen, zu verringern, wenn nicht eine grofse Empörung im Lande und in Stadt Steyr insbesondere daraus werden soll. Er fürchtet seines Lebens und Leibes nicht sicher zu sein, wenn er strenge gegen sie auftrete. In einem anderen Berichte vom selben Monate sagt Künigl, sie (die niederösterreichische Regierung) könne gar nicht glauben, wie viele Männer und Weiber allenthalben herum mit dieser verführerischen Lehre behaftet seien, die aber noch nicht gefangen genommen worden seien[2]).

---

befinden sich im Originale in den Archiven des Stiftes St. Florian und des aufgehobenen Klosters Gleink bei Steyr.

[1]) Passauer Akten im Münchener Reichsarchiv. Verhör des Herrmann Kheil vom 4. Febr. 1528, des Hanns Stiglitz von demselben Datum und des Mathäus Dorsauer vom 24. März 1535. S. Anh. III.

[2]) Akten im Archiv des Ministeriums für Kultus und. Unterricht in Wien. Auszüge angefertigt von Herrn Professor Czerny in St. Florian. S. Anhang I.

3*

Es ist eine merkwürdige und nur durch die geschichtliche
Entwicklung des Täufertums erklärliche Erscheinung, daſs sich
die Mitglieder der Täufergemeinden des 16. Jahrhunderts fast
ausschlieſslich aus der Städtebevölkerung rekrutierten. Die Handwerker stellen das Gros der Bekenner. Weltgeistliche und Mönche,
welche vom katholischen Glauben abgefallen, ihre Pfründen und
Klöster verlassen hatten, um dem Lutherschen Evangelium anzuhängen, durch dessen Entwicklung in den zwanziger Jahren aber
ihre religiösen Bedürfnisse nicht befriedigt fühlten, sowie einige
wenige Gebildete anderer Stände, darunter viele Schullehrer, waren
in der Regel die Führer und Lehrer, die Vorsteher, Apostel und
Bischöfe.

Der Bauernstand und der Adel hielt sich von der täuferischen
Bewegung fern, ja letzterer, der der Lutherschen Lehre mit soviel
Sympathieen entgegenkam, unterstützte die weltliche und geist-
liche Obrigkeit in Verfolgung der Wiedertäufer mit Eifer und
Erfolg. Ein einziges Mitglied der heimischen Aristokratie, Frau
Dorothea Jörger auf Tolet, scheint eine Zeitlang der täuferischen
Lehre sich zugeneigt zu haben, wenigstens kommt in ihrem Testa-
mente, welches sie Luther zur Prüfung und Redigierung vorlegt,
eine Stelle vor, welche darauf hindeutet. Es heiſst darin, daſs
sie der Wiedertäufer- und Schwärmerlästerung wider die heiligen
Sakramente (des Altars und der Taufe) von Herzen abschwört und
ihren Irrtum verwirft [1]).

---

[1]) Raupach l. c. tom. II. S. 60 ff.

IV.

Versuche, die Entstehung der oberösterreichischen Täufer-Gemeinden auf die Täuferbewegung in Zürich zurückzuführen. — Lehre der Wiedertäufer. — Auffassung der Obrigkeit. — Die Geschichtsbücher der Wiedertäufer. — Bekenntnisse der Wiedertäufer. — Wiedertäufer in Freistadt. — Wiedertäufer in Steyr. — Oberösterreichische Wiedertäufer in Passau. — Lehre der oberösterreichischen Wiedertäufer. — Jörg Schoferls Traktat. — Die Steyrer Artikel. — Die Verantwortung der Angeklagten im Steyrer Prozesse. — Bekenntnis des Hanns Schlaffer — des Leonhard Schiemer — des Wolfgang Brandhuber — des Ambrosius Spittelmayr. — Alte Brüdergemeinden in Oberösterreich. — Ihr Bestehen im Mittelalter, zu Ende des 15. und im 16. Jahrhundert. — Verfolgungen derselben. — Einfluſs der husitischen Bewegung. — Einfluſs der böhmischen Brüder. — Einfluſs der Bauhütten.

Der jüngste Chronist der oberösterreichischen Wiedertäufer, Josef Jäkel[1]), ist der Meinung, daſs das Täufertum aus Tirol und Oberdeutschland, wohin sich die im Jahre 1525 aus Zürich vertriebenen Mitglieder der dortigen Gemeinde geflüchtet haben, nach Oberösterreich gekommen sei, und führt demnach die Entstehung der oberösterreichischen Täufergemeinden auf das schweizerische Täufertum und auf die im Jahre 1523 von Grebl, Stumpf und anderen gegründeten Züricher Konventikel zurück.

Jäkel begründet seine Ansicht, die wohl bisher überhaupt die allgemein herrschende war, damit, daſs die Verfolgungsdekrete Ferdinands I. und seiner Regierung, wenigstens in den ersten

---

[1]) Josef Jäkel, Zur Geschichte der Wiedertäufer in Oberösterreich und speziell in Freistadt, im 47. Jahresberichte des Mus. Franc. Carolinum in Linz, 1889.

Jahren der Verfolgung konsequent den schweizerischen Ursprung
der oberösterreichischen Wiedertäufer betonen, und dafs die dem
Schofse des Täufertums selbst entwachsenen Quellen, die Geschichtsbücher der Wiedertäufer derselben Überzeugung Ausdruck
geben.

Was nun Ferdinand I. und die Wiener Regierung, ja selbst
die Provinzial- und ständischen Obrigkeiten anbelangt, so ist es
richtig, dafs die bis zum Jahre 1528 (inkl.) ausgegangenen Schreiben,
Dekrete und Verordnungen derselben den schweizerischen Ursprung des Täufertums in den österreichischen Erblanden und in
Mähren als unanfechtbare Thatsache annehmen. Schon in dem
ersten Mandate Ferdinands, welches sich mit den Wiedertäufern
befafst, datiert Wien, 20. August 1527, wird die Lehre der
Wiedertäufer in einem Atem mit den Lehren Zwinglis, Oecolampads und deren Anhänger über das Altarssakrament genannt.
Viele nachfolgende Dekrete Ferdinands bezeichnen die Wiedertäufer geradezu als die Bekenner der ketzerischen und verführlichen „zwinglischen" Lehre.

Auch Wolfgang Künigl, der Ankläger im Prozesse gegen die
Steyrer und Freistädter Täufer, spricht sowohl in seinen an den
Stadtrat in Steyr gerichteten Schreiben, als in der vor dem Steyrer
Schrannengerichte erhobenen Anklage von ihren (der Angeklagten) bösen, ketzerischen, hutisch, oecolampadisch und zwinglischen Lehren, Sekten und neuen Ordnung. In gleichem Sinne
drücken sich die Erlässe des Landeshauptmanns Ciriac Freiherrn
von Pollheim und der Wiener Regierung, sowie die Berichtschreiben der städtischen Obrigkeiten aus. Sie alle befassen sich
übereinstimmend mit jenen Bürgern, welche sich Hanns Hut'scher
und seiner Mitgesellen, Zwinglischer, verführerischer Lehre und
Irrtums teilhaftig gemacht haben. Vom Untersuchungsrichter
in Freistadt wird den Gefangenen vorgehalten, dafs sie Hanns
Hut'scher, Zwinglischer und anderer verführerischer Lehre halber
angeklagt sind, und das kondemnatorische Urteil des Schrannen-
gerichts in Steyr gründet sich auf die wegen Annahme und Verbreitung zwinglischer Lehre erhobene öffentliche Anklage.

Die allgemeine Meinung scheint also mindestens in den ersten
Jahren des Bestehens der Täufergemeinden allerdings dahin gegangen zu sein, dafs das Evangelium dieser neuen Ketzerei aus
der Schweiz zu uns herübergekommen sei. Die allgemeine Verbreitung dieser Meinung ist aber kein Beweis für ihre Richtigkeit.

Sie gründet sich in erster Linie auf die königlichen Dekrete als die zur Verfolgung und Bestrafung des Verbrechens der Ketzerei berufene Autorität. Dieser Autorität aber war es bei allen ihren gegen die Wiedertäufer unternommenen Schritten keineswegs um die Erforschung und Feststellung des Ursprungs ihrer Lehre und Gemeinden, sondern um die Konstatierung ihres ketzerischen, antikatholischen Charakters zu thun. Wie wenig verläfslich die Angaben der ferdinandeischen Dekrete und der sich hierauf gründenden obrigkeitlichen Erlässe über die Entstehung der Täuferlehre und Gemeinden sind, geht ja gerade daraus hervor, dafs sie das Täufertum als zwinglisch darzustellen suchen, während es doch gerade in der Schweiz aus der Opposition der radikalen Richtungen gegen das bedächtige und zaudernde Vorgehen Zwinglis hervorgegangen ist.

Ferdinand I. und seine Regierung dachten eben, als die Wiedertäufersekte zu so rascher Verbreitung in Österreich gelangte und die Gemeinden wie Pilze aus dem Boden wuchsen, sofort an das Treiben jener Schwärmer, welche zweifellos angeregt durch Schweizer Emigranten in Süddeutschland ihr Unwesen trieben und durch ihr tumultuarisches Wesen den Anlafs zu der allerdings bis heute unerwiesenen Beschuldigung die unter dem Namen des Bauernkrieges bekannte soziale Revolution angezettelt zu haben, gegeben haben. Nur daraus ist es zu erklären, dafs Ferdinand und die Wiener Regierung die österreichischen Wiedertäufer, welche ausnahmslos ruhige, allen politischen Umtrieben abholde Menschen waren, und denen auch nicht ein Fall einer Aufruhrstiftung nachzuweisen ist, als der Ruhe des Staates gefährliche Elemente ansahen und verfolgten.

Doch kehren wir zur Frage nach dem Ursprunge der Täufergemeinden in Österreich zurück.

Treffender als die Mandate Ferdinands I. und die Sendschreiben seiner Beamten scheint eine aus dem Täufertum selbst hervorgegangene Quelle, die Geschichtsbücher der Wiedertäufer, die Annahme ihres schweizerischen Ursprungs zu bestätigen. So heifst es dort: „Aber gleich zu dieser Zeit (1525), weil Gott ein einiges Volk abgesondert von allen Völkern haben wollte, hat er den rechten, wahren Morgenstern des Lichtes seiner Wahrheit in völligem Schein wieder hervorbringen wollen — im letzten Alter dieser Welt — besonders in teutschen Nationen und Landen, dieselben mit seinem Wort heimzusuchen und den Grund göttlicher

Wahrheit zu offenbaren. Damit sein heilig Werk vor jedermann bekannt und offenbar würde, hub es sich im Schweizerland, aus besonderer Erweckung und Einrichtung Gottes also an: Es begab sich, daſs Ullrich Zwingli und Conrad Grebl, einer vom Adel und Felix Manz, alle drei fest erfahrene und gelehrte Männer in teutscher, lateinischer, griechischer und auch hebräischer Sprach, zusammenkamen und anfiengen sich mit einander zu besprechen in Glaubenssachen und haben erkannt, daſs die Kindertaufe unnöthig sei und der Einsetzung Christi ganz zuwider und dieselbe für keine Taufe erkannt. Conrad und Felix haben im Herrn erkannt und geglaubt, man müsse und solle nach christlicher Ordnung und Einsetzung des Herrn recht getauft werden, dieweil Christus selbst sagt, Wer glaubt und getauft wird, der wird selig. Das hat Ullrich Zwingli, welchem vor Christi Schmach, Kreutz und Verfolgung gegraust, nicht gewollt und vorgegeben, das werde ein Aufruhr ausgeben. Die andern zwei aber, Conrad und Felix sprachen: Man könne seinetwillen nicht Gottes lauteren Befehl und Angaben unbeachtet lassen. Da begab es sich, daſs Einer von Chur zu ihnen kam, nämlich ein Pfaff mit Namen Georg von Haus Jacob, den man sonst genannt: „Blaurock". Dieser Blaurock ist aus besonderem Einfall, den er gehabt, auch zu Zwingli gekommen und hat von Glaubenssachen viel mit ihm gehandelt und geredet, aber nichts ausgericht. Da ward ihm gesagt, daſs andere Männer da seien, die eifriger seien als Zwingli. Diesen Männern hat er fleiſsig nachgefragt und ist zu ihnen gekommen, nähmlich zu Conrad Grebl und Felix Manz und hat mit ihnen sich besprochen, Glaubenssachen halber. Sind auch der Sachen eins geworden mit einander und haben in reiner Furcht Gottes erkannt und befunden, daſs man aus göttlichem Wort und Predigt einen rechten in der Liebe thätigen Glauben müſst erlernen und auf den erkannten Glauben die rechte, christliche Taufe in Verbindung mit Gott guten Gewissens empfangen, in aller Gottseligkeit und heiligen christlichen Lebens, hierfür Gott zu dienen, auch in Trübsal beständig zu bleiben bis an das Ende. Und es hat sich begeben, daſs sie bei einander geblieben sind, bis sie die Angst überkam und sie in ihren Herzen bedrängt wurden. Da haben sie angefangen, ihre Kniee zu beugen vor dem höchsten Gott im Himmel und ihn anzurufen, als den der Herzen kundigen und gebeten, daſs er ihnen kundgebe seinen göttlichen Willen und daſs er ihnen Barmherzigkeit erweise. Nach dem Gebet ist der

Georg vom Hause Jakob aufgestanden und hat um Gottes Willen
gebeten, daſs der Conrad Grebl ihn wolle taufen mit der rechten
christlichen Taufe, auf seinen Glauben und seine Erkenntniſs und
nachdem er niedergekniet mit solcher Bitte und Begehren, hat
der Conrad ihn getauft, weil dazumal sonst kein verordneter
Diener solchen Werkes zur Hand war. Wie nun das geschehen,
haben die andern gleicher Weis von dem Georg begehrt, daſs er
sie taufen soll, was er auf ihr Begehren auch that und haben
sich alle in solcher Furcht Gottes mit einander dem Herrn ergeben, Einer den Andern zum Dienst des Evangeliums bestätigt
und angefangen den Glauben zu lehren und zu halten. Demnach
haben sich bald andere mehr zu ·ihnen gethan, als Balthasar
Hubmer von Friedberg, Ludwig Hetzer und andere mehr, wol-
gelehrte Männer in deutscher, lateinischer und hebräischer Sprache
als auch der Schrift kundig und sonsten Predicanten und andere
Leut, die es bald auch mit ihrem Blute bezeugt haben."

Nach einer kurzen Schilderung der Leiden einzelner dieser
Züricher Täufer fährt dann die Chronik fort:

„Also hat es (das neue Evangelium) sich durch Verfolgung
und viel Trübsal ausgebreitet, die Gemeinde hat sich täglich gemehrt und des Herrn Volk hat zugenommen. Dieſs mochte der
Feind göttlicher Wahrheit nicht leiden und gebrauchte den
Zwingli als ein Instrument, der dann auch mit Fleiſs anfieng zu
schreiben und auf der Kanzel zu lehren, daſs die Taufe der
Gläubigen Unrecht sei und weiter nicht geduldet werden dürfe.
Er hat auch die Obrigkeit bewegt, daſs sie, die recht Gott ergeben und mit gutem Verstand einen Bund des guten Gewissens
mit Gott aufgerichtet haben, als Wiedertäufer kraft kaiserlichen
Rechten verfolge. Zuletzt hat er es auch dazu gebracht, daſs
man auf einmal 20 Männer, Wittfrauen, schwangere Frauen und
Jungfrauen elendiglich in den finstern Thurm geworfen, daſs sie
fürdann weder Sonne noch Mond sehen sollten und sie verurtheilte,
ihr Leben lang, mit Wasser und Brot ihr Ende beschlieſsen und
also in dem finstern Thurm alle, todt und lebendig, bis ihrer
keiner mehr übrig sei, bei einander zu bleiben, zu sterben, zu er-
sticken und ersaufen. Auch sind bald ernstliche Mandate durch
des Zwingli Anregung ausgegangen. Wo Jemand im Züricher
Gebiet weiter wurde getauft, der sollte von Stund an ohne
weiteres Verhör, Verantwortung und Urtheil in das Wasser ge-
stoſsen und ertränkt werden. Weil aber das Werk, von Gott ge-

fördert, nicht mag geändert werden, wie Gottes Rathschlag in keines Menschen Gewalt steht, zogen die obgenannten Männer aus göttlicher Anregung aus, das evangelische Wort und den Grund der Wahrheit auszukünden und zu predigen. Der Georg von Haus Jacob oder Blaurock zog in die Grafschaft Tyrol[1]).“

Andere Geschichtsbücher lassen „die letzte Periode der wahren Lehre Christi auf Erden“, unsere letzte Zeit, wie sie sich ausdrücken, mit Jacob Hueter beginnen[2]). Der Codex P. XI. 29 der Graner Primitial-Bibliothek, betitelt: Rechenschaft unserer Religion, Leer und Glaubens von den Brüdern, so man die Hueter'schen nennt, ausgangen durch Peter Riedemann[3]), bezeichnet als die ersten verordneten Diener der Gemeinde Jacob Hueter aus Tyrol, Hanns Aman aus dem Bayerland, Peter Riedemann aus Schlesien, Lienhard Lanzenstiel aus Bayern und Peter Walbot aus Tyrol.

Diese Nachrichten ließen darauf schließen, daß das Täufertum aus der Schweiz nach Tirol, Bayern und Süddeutschland und von hier aus nach den österreichischen Erblanden gewandert sei. Es stellen auch eine Reihe von Geschichtsbüchern der Wiedertäufer geradezu die Behauptung auf, daß aus Zürich vertriebene Wiedertäufer nach Tirol und Süddeutschland geflohen und von dort aus ihre Lehren weiter verbreitet haben.

Die objektive Glaubwürdigkeit der „Geschichtsbücher“ in dieser und anderer Richtung ist jedoch keineswegs über allen Zweifel erhaben. Die ersten und ältesten Geschichtsbücher stammen aus der ersten Hälfte des 17. Jahrhunderts, sie gründen ihre Erzählungen teils auf schriftliche Mitteilungen von Glaubensgenossen früherer Zeiten, teils und nicht zum kleinsten Teil auf mündliche, in den Gemeinden lebendig erhaltene Überlieferung. Einer Überlieferung aber, die mehr als 100 Jahre alt ist, konnte und mußte wohl der wahre und wirkliche Zusammenhang der Ereignisse verloren gehen, jedenfalls haben darauf basierende Nachrichten dann keinen Anspruch auf unbedingte Verläßlichkeit, wenn andere mit ihnen im Widerspruch stehende zuverlässige Zeugnisse aus der Zeit, auf welche sie sich beziehen, vorhanden sind und gewichtige innere Gründe andere Annahmen fordern.

[1]) J. Beck l. c. Chronik G. H. J. M. und B—H. L—M. P. Q. R.
[2]) J. Beck l. c. Vorrede XXIII ff. Codex R ex 1650.
[3]) J. Beck l. c. Vorrede XXIII ff.

Beides ist in Bezug auf die Geschichte der österreichischen Täufergemeinden der Fall. Überdies aber stimmen die Berichte der Geschichtsbücher in vielen Angaben, so insbesondere über die Zeit der Entstehung der ersten Gemeinden, auch unter sich nicht überein, sie nennen die Jahre 1523, 1524 und 1525, sie sind auch, selbst in betreff der wichtigsten Ereignisse nicht erschöpfend und vollständig. Sie enthalten zum Beispiel fast nichts über die Hinrichtung von 12 Glaubensgenossen in Linz im Jahre 1529, nichts vom Steyrer und Freistädter Prozeß. Männer, welche eine so bedeutende Rolle in ihren Kreisen gespielt haben, wie Johann Bünderlin, Ambrosius Spittelmayr und andere, finden in ihnen keine Erwähnung. Dagegen werden Glaubenshelden, welche nicht ihre Lehre bekannten, für das Täufertum reklamiert, so Leonhart Käser, der in Schärding verbrannte Kaplan von Weizenkirchen, der bis an seinen Tod dem lutherischen Evangelium treu geblieben ist.

Als die wichtigste Quelle über den Ursprung des Täufertums in Österreich sind wohl die Bekenntnisse jener Männer anzusehen, welche ihr Wirken im Interesse der Gründung, Kräftigung und Verbreitung der ersten Gemeinden mit Gefangenschaft und fast regelmäßig mit dem Tode beschlossen haben. Diese Bekenntnisse nun, abgegeben zur Zeit der ersten Verfolgung in den Jahren 1527—1530 bestätigen in keiner Weise, daß die Wiedertäufer der österreichischen Erblande und insbesondere die Oberösterreichs, das Vorbild ihrer religiösen Gemeinschaft in der von Grebl, Manz und Stumpf in Zürich gegründeten Sonderkirche, deren Mitglieder in den Akten der schweizerischen Gerichte Spiritualen genannt werden und die sich selbst die Bezeichnung „Evangelische" geben, sahen und daß von einem Mitgliede oder Abgesandten dieser Sonderkirche auch nur eine Gemeinde in Oberösterreich gegründet worden sei. Kein einziger der oberösterreichischen Täufer, der in der Heimat oder außerhalb derselben seiner religiösen Überzeugung halber gefangen gesetzt worden ist, hat sich auf den schweizerischen Ursprung seines Glaubens berufen.

Hören wir vorerst die Gefangenen von Freistadt[1]): Sie wissen alle zusammen nichts von dem schweizerischen Ursprung ihrer

---

[1]) Die citierten Verhörsprotokolle und sonstigen Aktenstücke befinden sich sämtlich im städt. Archiv in Freistadt in Oberösterreich (abgedruckt im Anhang dieses Buches sub V).

Lehre. So citiert Jörg Schoferl im Verhöre vom 3. Oktober 1527 allerdings den ihm vom Untersuchungsrichter gemachten Vorhalt, daſs er sich „Hanns Huts, Zwinglis etc. verführerischer Lehre halber" zu verantworten habe, seine Verantwortung über diesen Vorhalt geht aber dahin, daſs ihn weder Huts, Zwinglis, Luthers, noch Anderer Lehr bekümmern soll, auſser dem Worte Gottes. Auch die weiters in Freistadt gefangenen Wiedertäufer Heinrich Panreyter, Hanns Eckhart, Wolfgang Tuchscheer und Hanns Tischler verwahren sich energisch gegen den Vorwurf, daſs sie ihre Lehre von Hut oder anderen angenommen, und erklären es mit schwerem Herzen vernommen zu haben, daſs sie Hanns Hut'scher, Zwinglischer oder anderer verführerischer Lehr angeklagt seien.

Ebensowenig kann man sich zur Bekräftigung des schweizerischen Ursprungs des oberösterreichischen Täufertums auf die Angaben der in Steyr gefangenen Wiedertäufer berufen. Paul Hertlmayr, Hufschmied, Hanns Pachinger, Klingenschmied, Hanns Schützenecker, Schleifer, Leonhard Alexberger, Bürstenbinder, Michael Gruber, Pogner, Hanns Muhr, Kämmler, Mathäus Pürchinger, Messerer, Hanns Heher, Schuster und Sigmund Peutler erklären vor dem Untersuchungsrichter bei der Lehre zu bleiben, die ihnen Bruder Hanns Hut aus Gottes Wort vorgetragen hat, dieweil die schriftgelehrten Pfaffen in der Lehre selbst untereinander uneinig wären[1]), keinem jedoch fällt es ein zu behaupten, daſs die Züricher Konventikel das Vorbild für ihre eigene Gemeinde gebildet haben oder überhaupt irgend eine Beziehung zwischen diesen Konventikeln und ihrer Gemeinde bestünde. Ebenso schlieſst die Verantwortung derjenigen unter den Gefangenen, wider welche es zur öffentlichen Verhandlung gekommen ist, — es waren dies:

Hans Schützenecker,
Sigmund Peutler,
Math. Pürchinger,
Hanns Muhr,
Hanns Penzenauer und
Leonhart Alexberger —:

„Ihre Lehre darinnen sie unterwiesen, sei keine neue, sondern die Lehre Christi Marci 16, Math. 28, Actor. 2. 8. 10, Joan. 3. 4,

---

[1]) V. Prevenhuber l. c. 233 u. 234.

Rom. 6, I. Corinth. 15, Luc. 12, Joan. 5"[1]) alle und jede Annahme des schweizerischen Ursprunges der oberösterreichischen Täufergemeinde geradezu aus.

Nicht zu übersehen sind endlich die Bekenntnisse der in Passau gefangen gesetzten Brüder[2]). Sie sind zum weitaus gröfsten Teile aus Oberösterreich gekommen und waren dort von den Vorstehern der oberösterreichischen Gemeinden getauft worden. Keiner derselben ist sich des schweizerischen Ursprungs der ihm vorgetragenen und von ihm angenommenen Lehre bewufst.

Während also die Mandate Ferdinands und seiner Regierung, die Erlässe der städtischen und ständischen Behörden, sowie die eigenen Chroniken der Wiedertäufer nicht als verläfsliche Quelle für den Nachweis des schweizerischen Ursprunges ihrer Gemeinden angerufen werden können und sich die Bekenntnisse der am Beginne des Täufertums in den Jahren 1527—1530 gefangen gesetzten Wiedertäufer keineswegs dafür aussprechen, dafs die Wiege der oberösterreichischen Gemeinden des 16. Jahrhunderts in Zürich zu suchen sei, so liegen andererseits eine Reihe von Gründen vor, welche solche Annahmen geradezu ausschliefsen.

Der wichtigste Grund hierfür ist die charakteristische Verschiedenheit in der Lehre. Grebl und seine Gesinnungsgenossen haben ihren Anhängern ein radikales Evangelium verkündet, das entstanden ist aus der Opposition gegen das gemäfsigte, von Opportunitäts-Rücksichten geleitete Vorgehen Zwinglis. Es enthielt die Keime all jener exaltierten Strebungen, welche bereits in den nächsten Jahren das Täufertum so arg kompromittiert haben, von allem Anfang an in sich und unterschied sich eben dadurch wesentlich von der Lehre der aus waldensischen und mystischen Bausteinen aufgebauten Brüdergemeinden.

Gerade die Übereinstimmung mit den Hauptgrundsätzen dieser Brüdergemeinde und die dadurch bedingte Innerlichkeit des Glaubens und des Kultus, welche von vornherein jede radikale Strömung ausschlofs, ist aber das wesentlichste Kennzeichen des österreichischen und insbesondere des oberösterreichischen Täufertums. Ein Blick auf seine Glaubenssätze, wie sie uns durch eine Reihe verläfslicher Quellen überliefert sind, beweist dies.

---

[1]) V. Prevenhuber, l. c. S. 236.
[2]) Passauer Akten im Münchener Reichsarchiv. S. Anh. III.

Unter den Freistädter Akten befindet sich ein Traktat, betitelt: „Anfang eines christlichen Lebens [1]).“ Er enthält das Glaubensbekenntnis des Jörg Schoferl. In diesem Glaubensbekenntnis fällt vor allem die Bedeutung auf, die der Einkehrung der Menschen in sich selbst, vollbracht durch die Unterstützung Gottes und durch ein gottseliges Leben, welches allein im geduldigen Ergeben in Leid und Trübsal besteht, im Gegensatz zur Befolgung des geschriebenen Wortes beigemessen erscheint.

„So ein begieriges Herz der Wahrheit geneigt ist, so muſs es Einkehr halten bei sich selbst“, heiſst es dort, „und bekennen seine Tage von Jugend auf. Wie aber ein Waldbaum nicht gedeihen mag ohne Gärtner, so vermag auch der Mensch seine Bestimmung nicht zu erreichen, ohne das Wort Gottes. Wie gerade das verachtete Tierlein dem Menschen am liebsten ist, so muſs auch der Mensch, um Gott zu gefallen, demütig sein, sich ihm unterwerfen, ergeben und seinen Willen leiden.

Durch Leiden und Trübseligkeit gelangt der Mensch zu seiner Bestimmung. Nur durch Kreuz und Leiden kann der Mensch selig werden“.

Was die Bedeutung der Schrift anbelangt, so meint der Traktat, daſs Christus den Laien das Evangelium gepredigt hat und nicht viel mit Büchern umgegangen ist. Allein nur der halsstarrigen Schriftgelehrten wegen habe er die Schrift gebraucht, nicht um des gemeinen Mannes willen. Denn der gemeine Mann wird mehr durch sich selbst, durch seine eigene innere Stimme — Kreatur nennt sie der Traktat — als durch die Schrift unterwiesen.

Über die Bedeutung der Taufe spricht sich das Bekenntnis Schoferls in einem Sinne aus, welcher zeigt, daſs sie den oberösterreichischen Täufern nur als Bundeszeichen gegolten hat.

„Er (der Christ) nimmt an das Zeichen von einem Diener des Evangeliums, und wird dadurch gewiſs, daſs er ein Kind Gottes, ein Bruder oder eine Schwester Christi, ein Glied der ganzen Gemeinde ist.“

In dieser Gemeinde sahen die oberösterreichischen Wiedertäufer keineswegs eine Gemeinde von Auserwählten und Sündlosen, wie Grebl, Manz und Stumpf. Man werde durch die Annahme des Zeichens keineswegs gerechtfertigt, sagt der Traktat, es sei

---

[1]) Siehe Anh. V.

dies nur der Anfang der Rechtfertigung. Um zur Gerechtigkeit zu gelangen, müsse man erst probiert werden im Leiden. Solches Leiden sei dann Christi Leiden.

Solche Lehren standen den Ansichten der fortgeschrittensten Geister der damaligen Zeit, so eines Joh. Denk, eines Sebastian Frank und eines Joh. Bünderlin überraschend nahe.

Mit diesem Bekenntnisse, dessen hauptsächlichste Stütze die Freiheit des Evangeliums, die Auffassung der Religion als etwas Innerlichen, Subjektiven, verbunden mit einem praktischen Christentum, sind, stimmt aber vollkommen überein, was uns sonst noch von den religiösen Ansichten der oberösterreichischen Wiedertäufer überliefert ist. Derselbe Jörg Schoferl, der als Urheber des oben besprochenen Traktats genannt wird, erklärt in seinem Verhöre, daß ihn nicht Hut, Zwingli oder eines anderen Autorität verführt habe, sondern daß er nur dem Worte Gottes glauben wolle. Die Taufe habe er nur zur Besserung seines Lebens angenommen. Er, wie die andern in Freistadt gefangen gesetzten Täufer legen der an ihnen geschehenen Taufe keine große Bedeutung bei und geben die Möglichkeit zu, daß sie sich diesbezüglich geirrt haben; sie sind auch bereit, sich diesbezüglich unterweisen zu lassen, denn die Seligkeit bestehe nicht in der Taufe, sondern in einem wahren christlichen Leben. Dazu gehört ihnen auch der Gehorsam gegen die Obrigkeit. Den Vorwurf, daß ihre Religion sie etwas anderes lehre, weisen sie entschieden zurück.

So erklärt Heinrich Panreyter in seinem Verhör, das Wort Gottes zeige ihm klar an, daß er sich Gott unterwerfen und der Obrigkeit gehorsam sein soll. Darauf habe er das Zeichen angenommen. Paul Goldschmidt verwahrt sich dagegen, daß ihm die Lehre zum Aufruhr gedient habe, Wolfgang Tuchscheer beteuert, er sei gelehrt worden, der Obrigkeit gehorsam zu sein.

Reichlicher als über die Freistädter fließen die Nachrichten über die Steyrer Gemeinde. Wolfgang Künigl, der von der Wiener Regierung bestellte öffentliche Ankläger, berichtet im Schreiben dat. Stadt Steyr, 4 Nov. 1527[1]) über eine Inquisition, die er vor Beginn des eigentlichen Prozesses in Gegenwart des Bürgermeisters, des Richters und des Rates der Stadt mit den Gefangenen angestellt hat, und legt als Resultat derselben die von

---

[1]) Steyrer Akten im Archiv des Kultusminist. in Wien. S. Anh. I.

den Inquisiten auf seine Fragen gegebenen, von dem Stadtschreiber zu Papier gebrachten Antworten als:

„Artigkl der gemainen vergichten und bekhanntnussen aller widergetaufften, so befragt worden" begleitet mit eigener ausführlicher Auslegung vor [1]).

Hieraus ergeben sich folgende Sätze als hauptsächlichster Inhalt der Lehre der oberösterreichischen Wiedertäufer, welche Künigl „die neue leer und ordnung des bruder Hannsen Hutten und seiner discipul und mitverwandten" nennt:

1. Niemand soll getauft werden, es sei ihm denn zuvor das Wort Gottes verkündet worden und er glaube dasselbe. Die Kindertaufe ist unnütz und kein Sakrament, aber auch die Taufe der Erwachsenen sei nur ein Zeichen der Aufnahme in die Brüderschaft, dadurch sie sich Gott ergeben, und ihr Gemüt, Kunst, Gab und Gut der Gemeinde Gottes opfern.

2. Diese ihre Bruderschaft sei die „christenlich Gemaindt, oder die gemaindt Gottes", die aufserhalb ihr stehen, seien die Gottlosen.

3. Die Gemeinden erwählen aus sich etliche, welche predigen, andere Brüder und Schwestern aufnehmen und taufen sollen.

4. Diese Erwählten taufen mit den Worten: „Ich taufe dich im Namen des Vaters, Sohnes und heiligen Geistes" und benetzen den Täufling mit Wasser an der Stirn.

5. Keiner soll eigenes Vermögen haben, sondern alle Dinge ihnen gemeinsam sein.

6. In die Kirche zu gehen, dort öffentlich Bufse zu thun, dort Predigt und Amt zu hören, sei verboten.

7. Auf bezahlte Messen ist nichts zu halten.

8. Die Fürbitte der Heiligen sei zu verwerfen. Nicht die Toten sollen den Lebendigen helfen, sondern diese, die Brüder und Schwestern für einander bitten und Gnade erwerben.

9. Man soll seine Sünden nicht dem Priester in der Kirche beichten, wohl aber seine Sünden dem Nächsten anzeigen, damit er Gott für uns bittet.

---

[1]) Steyrer Akten im Archiv des Kultusministeriums in Wien. Siehe Anhang I.

10. Christi Leib ist nicht im Sakrament des Altars, sondern im Himmel, und kommt nicht herab bis zum jüngsten Tag. Er hat seinen Jüngern, als er sie zum Nachtmahl um sich versammelte, Brot und Wein gegeben und nicht seinen Leib. Das Andenken hieran feiern sie, bevor sie von ihren Zusammenkünften auseinandergehen.

11. Sie glauben nicht an die 7 Sakramente.

12. Der jüngste Tag sei nahe, als dann werden sie mit Christo regieren auf Erden.

13. Niemand kann selig werden, denn durch Leiden, das ist die rechte Taufe des Blutes, in die sie durch Empfang der Wassertaufe willigen.

Diese Artikel erhalten ihre notwendige Ergänzung durch die schriftliche Verantwortung, welche die vor das Schrannengericht gezogenen Brüder wider die Anklage Künigls einbrachten[1]). Sie enthält nachstehende wichtige Sätze:

„Ihr Gemüth und Meinung sei niemals gewest, wider Kais. Majestät ausgegangen Mandate, brüderliche Lieb und christlich Ordnung zu handeln. Sie wüßten sich des göttlichen Befehles zu erinnern: Gebt dem Kaiser, was des Kaisers ist und I. Pet. am 2. Seid unterthan aller menschlichen Ordnung um des Herrn willen, in welchem Gehorsam sie mit Leib und Gut, bis an ihr Ende beharren wollten. Sonsten sei wahr, daß sie zu mehreren Malen zusammen gekommen seien, in brüderlicher Liebe Einer den Andern in Gottes Wort zu unterrichten, aber nicht in der Meinung Böses zu stiften oder Aufruhr zu erwecken. Ihre Lehre sei keine neue, sondern die Lehre Christi etc. Und wüßten sie außerhalb derselben keine andere Tauf. Dabei gedächten sie bis an's Ende zu verharren.

Vom Sakrament des Altars werde in der Schrift nichts gelesen, aber vom Abendmahl, wie er es eingesetzt, halten sie viel. Aus den Worten solcher Einsetzung nun, wie solche die heiligen Evangelisten und St. Paulus beschrieben, sei lauter und klar zu verstehen, daß unter der Gestalt des Brotes der Leib des Herrn Christi nicht sei, sie glauben es auch nicht —

Gott, der die Welt gemacht und alles was drin sei, sintemalen er ein Herr des Himmels und der Erden, wohnt nicht in Tempeln mit Menschenhänden gemacht, wird auch nicht mit

---

[1]) V. Prevenhuber l. c. S. 236 ff.

Menschenhänden gepfleget, als der Jemandes bedürfte, so er selber Jedermann Leben und Odem giebt. So bete auch die christliche Kirche: Vater unser, der du bist im Himmel, da er sitzet zur Rechten seines himmlischen Vaters. Und dieser heiligen Schrift glaubten sie".

Dieses Evangelium nun verkündeten die aus den oberösterreichischen Täufergemeinden ausgehenden Sendboten aller Orten.

Hanns Schlaffer, der Schützling der Herren von Zelking, hingerichtet in Schwaz in Tirol, beruft sich noch unter der Folter auf die Schriftgemäfsheit seiner Lehre und den Befehl Christi. Aus ihm folge die Taufe der Erwachsenen an diejenigen, die das Wort Gottes kennen gelernt haben und es annehmen, und nicht an die Kinder, die ohne Taufe selig werden. Noch auf der Folter verwahrt er sich dagegen, dafs er Aufruhr und Empörung jemals im Sinn gehabt habe, er habe im Gegenteil stets ein Haus gemieden, in dem Unfrieden herrschte. Es sei nicht das geringste Gebot der von ihm verkündeten Lehre, deren er keinen anderen Vorsteher kenne, als Jesum Christum, dafs man der Obrigkeit gehorchen soll in allem Guten, und dies Gebot folge aus der von jedem Anhänger dieser Lehre übernommenen Pflicht, das Leben zu bessern und vom lasterhaften, ungerechten Leben der Welt abzustehen[1]).

So will auch Leonhard Schiemer von Vöcklabruck nichts anderes gelernt haben, als das Wort Gottes, Glauben und christliche Liebe, Geduld und Treu aneinander zu beweisen und nach Gottes Geboten zu leben[2]). In gleichem Sinne spricht sich Wolfgang Brandhuber, der Vorsteher der „Gmain im Lande ob der Enns" in seinem an die Gemeinde zu Rattenberg gerichteten Sendbrief aus dem Jahre 1529[3]) und in seinen hinterlassenen Schriften aus[4]). Auch er legt das Hauptgewicht der Täuferlehre in den schriftgemäfsen Glauben, der zu seiner Bethätigung keiner äufserlichen Zeichen bedarf, sondern in einem geistlichen, aller

---

[1]) Siehe J. Beck l. c. S. 61 u. 62 und Akten des Statthalterei-Archivs in Innsbruck. S. Anh. VII.

[2]) Bekenntnis Leonhard Schiemers im Innsbrucker Statthalterei-Archiv, dat. 14. Januar 1528. S. Anh. VII.

[3]) Sendbrief Wolfgang Brandhubers a. 1529 im Innsbrucker Statthalterei-Archiv. S. Anh. VII.

[4]) J. Beck l. c. S. 88 u. 89.

weltlichen Pracht abgewandten Leben, in gegenseitiger Hülfeleistung und in geduldigem Ertragen von Leiden sich äufsert. So
wie er es mit einem wahren christlichen Leben unvereinbarlich
findet, Kaufmannschaft und Wucher zu treiben, Rache zu üben,
in den Krieg zu ziehen, so hält er es doch für geboten der Obrigkeit in allem zu gehorchen, was nicht wider Gott ist. Besonders
beachtenswert ist seine Auslegung des Gebotes der Gütergemeinschaft.

„In der Gemeinde", sagt er, „soll nicht ein Jeder selbst Haus-
hälter und Säckelmeister sein, sondern des Armen und Reichen
Vermögen soll austheilen der, so von der Gemeinde dazu verordnet oder erwält ist, alle Dinge sollen so zum Preise Gottes
dienen, man soll sie gemein machen, so Gott Ort und Statt giebt,
es vergönnt und zuläfst."

Die tiefsten Blicke in die Lehre und das Wesen des österreichischen Täufertums gestatten die Verhöre des Ambrosius
Spittelmayr in Cadolzburg aus dem Jahre 1527 [1]). Seine Antworten auf die ihm vorgehaltenen Fragstücke sind getragen von
gottinniger Überzeugungstreue und zeugen von einem tiefen,
philosophisch geschulten Geiste, der die Grundsätze der deutschen
Mystik ganz in sich aufgenommen hat.

Ambrosius Spittelmayr ist zu Ende des 15. Jahrhunderts
(etwa 1497) in Linz geboren, wo seine Eltern noch im Jahre
1527 lebten. In demselben Jahre bezeichnet er sich als einen
Studenten, das heifst wohl als einen, der eine Universität besucht, aber seine Studien nicht vollendet hat. Am 25. Juli
1527 empfing er von dem damals in Linz weilenden Johann Hut
die Wiedertaufe und wurde dadurch ein Mitglied der Gmain im
Lande ob der Enns.

Er selbst nennt als gleichzeitig mit ihm in Linz anwesende
Wiedertäufer: Lienhart, einen deutschen Schreiber, Christophorus,
seinen Bruder, den Schulmeister von Wels, Hanns Kirschner gleichfalls von Wels und das Ehepaar Schuster. Bald nachdem er die

---

[1]) Siehe Nürnberger Stadtarchiv. Anspacher Religionsakten Tom. 38,
N. 14. Ambrosius Spittelmayr's Wiedertäufer's Antwort uf die furgehalten
Fragstugk. Actum Cadolzburg am Freitag nach Ursula (25. Oktober 1527).
Diese Akten wurden teilweise bereits von Dr. Jos. Jörg in seinem „Deutschland in der Revolutionsperiode von 1522—1526", Freiburg 1851, jedoch in
tendenziöser Weise benutzt. Die vollständigen Bekenntnisse folgen im Anhang sub IV.

Wiedertaufe empfangen und durch Hut die Bestimmung erhalten hatte, das Evangelium zu predigen, wurde er mit anderen aus Linz vertrieben (er selbst sagt in seinem Verhör vom 25. Oktober 1527: 4 Wochen vorher) und wandte sich, von Ort zu Ort und Stadt zu Stadt ziehend und überall das Wort Gottes verkündigend und taufend, vorerst nach Augsburg, um dort andere Brüder aufzusuchen, von dort nach Nürnberg, wo er in der Sattlerherberg über Nacht blieb, um über Schwabach und Gunzenhausen Erlangen zu erreichen, wo er die ihm von Hut empfohlene Familie Nadler zu finden hoffte. Hier wurde er gefangen genommen, hatte eine Reihe von Verhören zu bestehen, in denen er ein umfassendes Bekenntnis seiner religiösen Ansichten abgelegt hat, und wurde schließlich, nachdem man vergeblich versucht hatte, ihn zum Widerruf zu bewegen, mit Urteil vom 1. Februar 1528 des Erkinger von Seckendorf, Amtmann zu Erlangen, welches der Herrschaft Onolzbach der Markgrafen von Brandenburg unterthan war, als ein christlicher Rottierer und Aufrührer zum Tode verurteilt. Der Untersuchungsrichter hat ihn für einen Pfaffen gehalten, und in der That zeigt der Inhalt der von ihm abgelegten Aussage, daß er über ein umfassendes theologisches Wissen, das freilich von der Innigkeit seiner religiösen Überzeugung bei weitem übertroffen wurde, verfügte.

Die Grundpfeiler dieser Überzeugung waren seine Auffassung von der Innerlichkeit des Glaubens als eines in der tiefsten Tiefe der menschlichen Seele wohnenden Gottesbewußtseins, und die Bedeutung, welche er der Nachfolge Christi beilegte. Auf diesen Grundpfeilern baut er sich mit unerschütterlicher Konsequenz und strenger Logik ein ganzes umfangreiches theologisches System auf. Von diesem Standpunkt ausgehend, ist ihm der Glaube kein von einer äußeren Autorität abhängiges Bekenntnis, sondern das Erkennen der Gottheit aus der Kreatur, das ist aus seinem eigenen Innern und der uns umgebenden Natur. Er verwirft jede Überlieferung, jede Autorität des Theologen und läßt auch die Schrift nur als einen der Wegweiser, um zum Wort Gottes zu gelangen, gelten.

Wenn einer begehrt, unsern Glauben zu wissen, sagt er, so zeigen wir ihm den Willen Gottes klar an in aller Creatur, einem Jeglichen, darnach er ein Handwerk hat, durch sein eigenes Werkzeug, wie denn Christus gelehrt hat, daß der Mensch durch sein Handwerk, als durch ein Buch, das ihm Gott gegeben hat, seinen Willen erkennen kann, also einem Weib durch den Flachs, den sie spinnt, und durch die Arbeit, die sie im Haus verrichtet. In Summa ist unsere Lehre nichts anderes, als daſs wir alle Menschen den Willen Gottes durch die Creatur, als unsichtbare Dinge durch sichtbare erkennen lehren, die uns Gott vor Augen gestellt hat. Dieser Wille Gottes aber geht vor allem dahin, einen christlichen Wandel zu führen. Dies ist das Hauptgebot seiner Lehre.

„Ist unsere Lehre nichts anderes, sagt er, denn von dem ewigen lauteren Wort Gottes. Also wenn ich oder ein anderer zu Einem kommt, der dieses Glaubens nicht ist, so frag ich ihn zuerst, ob er ein Christ sei, was sein christlicher Wandel sei, wie er sich gegen seinen Bruder halt, ob er mit sammt anderen alle Ding gemein hat, ob keiner unter ihnen an Speise und Kleidung Mangel leidet, ob sie brüderliche Strafe unter einander halten.“

Die Brüderschaft, die sie aufgerichtet haben, bezeichnet er als die gegenseitige Verpflichtung, sich einander zu ermahnen und auf den rechten Weg zu leiten, wenn einer oder der andere in Irrung sich befindet, so wie es Christus befohlen hat, daſs sie in keiner Widerwärtigkeit einander verlassen, daſs keiner den andern ärgere, daſs keiner dem andern das Nötige vorenthalte, sondern daſs sie alle Dinge gemein haben, sowohl die geistlichen, als leiblichen Gaben, daſs sie keinem ein Leid thun wollen.

Arm sein und in Geduld sein Leiden ertragen ist ein Thema, das Ambrosius Spittelmayr an verschiedenen Stellen seiner Bekenntnisse variiert. „Wer als Glied Christi am Tage des Gerichtes das himmlische Reich einnehmen will, muſs dermaſsen leben, leiden und sterben, wie Christus, das Haupt für uns gestorben ist; wer nicht mit ihm leidet, wird nicht mit ihm erben, er muſs trinken den Kelch, den er getrunken hat. Wer aber hier nicht leiden will, der muſs dort leiden im ewigen Feuer.“

Aus diesem Gebote der Gelassenheit floſs Spittelmayr, gleichwie den alten Brüdergemeinden, die Forderung der Gemeinsamkeit des Eigentums. Daſs er diese, wie die Brüdergemeinden, nicht im Sinne eines organisierten Kommunismus, sondern nur als die durch Christus gebotene Nächstenliebe verstand, zeigt folgende Stelle: „Ein rechter, wahrhaftiger Christ soll auf dem ganzen Erdreich nicht so viel haben, als worauf er mit einem Fuſs mag stehen. Das heiſst aber nicht, daſs er keine Herberge haben soll

und im Walde schlafen, daſs er keinen Acker oder kèine Wiese
sein eigen nennen und nicht arbeiten soll, sondern allein, daſs er
nicht glaube, das, was er habe, dürfe er nur für sich brauchen,
und daſs er spreche, das Haus ist mein, der Acker ist mein, der
Pfennig ist mein. Er muſs vielmehr glauben, sein Besitztum sei
das aller seiner Brüder.

In diesem Sinne soll ein Christ nichts Eigenes haben, sondern
alle Dinge mit seinem Bruder gemein halten, d. h. ihn nicht
lassen darben. Nicht deshalb soll der rechte Christ arbeiten,
damit sich sein Haus und sein Hafen fülle, sondern damit auch
sein Mitbruder was habe. Ja! ein Christ schaut mehr auf seinen
Nächsten, als auf sich selbst.

Wer aber hier auf Erden reich sein will, der sich nichts ab-
gehen läſst am Leibe und an Gütern, wer von den Menschen hoch
angesehen und gefürchtet sein und sich nicht dem Herrn zu Füſsen
legen will, der wird dort erniedrigt werden.“

In der Bedeutung, welche Spittelmayr der Nachfolge Christi
beilegte, wurzelt seine Auffassung von der Persönlichkeit und
Mission Christi. Er unterscheidet zwischen Christus, dem Sohne
Gottes, der zur Rechten des Vaters thront, und Christus, dem
Menschen, der ganz Mensch und nur Mensch geworden ist. Die
Aufgabe dieser Menschwerdung war ebensowohl, uns durch Lehre
und Leben ein Beispiel sittlichen Wandels zu geben, als die Erlösung der mit der Erbsünde behafteten Menschheit. „Wir halten
und glauben,“ sagt er, „daſs Christus hier auf Erden ein rechter
wesentlicher Mensch gewesen ist, so wie wir sind, von Fleisch
und Blut, ein Sohn Marias, die ihn jedoch ohne männlichen Samen
empfangen hat. Nach der Gottheit aber ist er gewesen ein natür-
licher Sohn Gottes von Ewigkeit und in Ewigkeit, geboren in
dem väterlichen Herzen durchs Wort. Er hat den ewigen Zorn
des Vaters gegen uns mit seinem Leiden ausgelöscht und uns
seine Zufriedenheit erworben. So ist er unser Mittler geworden
und hat uns mit seinem Leiden und Sterben das Himmelreich,
um das uns Adam gebracht hat, aufgeschlossen.

Wenn wir jedoch als seine Glieder am Tage des Gerichtes
das Himmelreich einnehmen wollen, so müssen wir auch dermaſsen
leben, leiden und sterben, wie er gestorben ist.“ Und an einer
anderen Stelle: „Christus hat nicht genug gethan für die Sünden
der ganzen Welt, sonst würde keiner verdammt. Christus sprach
beim Abendmahl-Essen: das ist der Kelch des neuen Testaments,

mit meinem Blut, das für euch und für viele wird vergossen werden zur Nachlassung der Sünden. Er sprach aber nicht, daſs die Sünde allen Menschen nachgelassen sei; die Sünde, die wir mit unserm Leib verüben, die müssen wir auch selbst büfsen"! und endlich: „So oft Christus in der Schrift mit diesem Namen genannt wird, so wird er als ein lauter Mensch mit Fleisch und Blut, leiblich und sterblich wie wir zu verstehen sein, also daſs er nicht Gott ist, sondern ein Mensch, ein Werkzeug, durch welches Gott uns sein Wort verkündet hat."

So sehr Spittelmayr den Wert der Nachfolge Christi hervorhebt, so wenig hält er in durchaus logischer Entwicklung seines Systems auf jede äuſserliche Religion, auf Sakramente, Heiligen- und Reliquienverehrung etc. Er erklärt ausdrücklich kein Sakrament gelten zu lassen. Die Taufe und zwar die der Erwachsenen — von der Kindertaufe hält er nichts, denn sie ist nicht von Gott oder seinem Sohne Jesu Christo eingesetzt, sondern nach der Apostelzeit durch die Fürwitzigkeit der Päpste in die christliche Kirche eingesetzt worden — ist ihm der Bund, welchen Gott mit den Seinigen macht, indem er sie zu Kindern aufnimmt. Der Täufling muſs zur Erkenntnis der Bedeutung dieses Bundes gelangt sein, ehe er getauft wird. Deshalb hält er seine erste Taufe für wirkungslos, ja er erklärt jede Kindertaufe als eine Lästerung Christi, aber auch für überflüssig, denn das Kind ist, trotzdem es in der Erbsünde empfangen ist, solange rein, bis sein Verstand Gutes und Böses zu unterscheiden vermag.

Die Vornahme der Taufe an den Erwachsenen beschreibt er in folgender Weise: „Sie brauchen nicht andere Worte denn: Ich taufe dich im Namen des Vaters, des Sohnes und heiligen Geistes und nehmen Wasser in einer Schüssel oder einem Becher, tauchen zwei Finger ein und machen mit ihnen dem Täufling ein Kreuz auf der Stirn. Zuvor aber predigt man das Wort Gottes in den Creaturen und fragt den Täufling, ob er denn daran glaube. Wenn er sagt, daſs es also sei, dann tauft man ihn, doch ungezwungen."

Vom Nachtmahl sagt er, daſs im Brot und Wein, welches die Pfaffen in ihrer Messe brauchen oder als Sakrament des Altars spenden, mit nichten der Leib und das Blut Christi enthalten sei. Wer dies behauptet, betreibt Spiegelfechterei und Gaukelspiel, durch welches er die Menschen betrügt und ihre Seelen mordet. Erbarm es Gott!, daſs alle Welt so blind geworden ist!

Das Nachtmahl, das Christus mit den Aposteln gehalten, und das heute die Pfaffen halten, ist so verschieden als schwarz und weifs. Die Worte Christi: „Wer da ifst mein Fleisch und trinkt mein Blut, der wird haben das ewig Leben, sind nicht nach dem Buchstaben, sondern nach dem Sinn aufzufassen und heifsen nichts anderes, als dafs man ein Glied Christi im geistlichen Sinne werden und Christo nachfolgen und alles das thun mufs, was er als Mensch, ein Fleisch, sichtbarlich gethan hat. In einem solchen Menschen ist das Wort Christi Fleisch geworden und wohnt in ihm. Das Blut Christi aber hat der getrunken, welcher sich willig unter die Zucht Gottes giebt und mit Christus jede Stunde bereit ist den Kelch zu trinken, den er getrunken hat.‘‘

Ein Sakrament des Altars kennt Spittelmayr deshalb ebensowenig, wie ein Sakrament der Taufe. Wie dieses ist es ihm vom Papste eingesetzt.

Wie die Sakramente sind ihm auch die anderen katholischen Kirchengebräuche, so insbesondere die Heiligen- und Reliquienverehrung ein Greuel. „Maria,‘‘ sagt er, „ist allein ein Werkzeug zur Menschwerdung Christi gewesen, denn er hat von ihr genommen Fleisch und Blut. Sie ist ebenso Mensch gewesen wie wir, leiblich und sterblich wie wir, in Erbsünde empfangen und geboren, durch die Vermischung der Samen Annens und Joachims. Dafs wir sie aber lange Zeit neben Gott gesetzt haben und noch setzen, und dafs wir sie heifsen eine Mutter Gottes, eine Mutter der Barmherzigkeit, unser Leben und unsere Hoffnung, unsere Frau, eine Königin des Himmels und der Engel, eine Fürsprecherin für uns und dergleichen mehr, das wird Gott an dem Tage des Gerichts strafen, denn er spricht durch den Propheten Esaia 42: „Meine Ehre will ich keinem Andern geben.‘‘ Wie mit Maria aber haben wirs gehalten mit allen Heiligen, mit den Nothelfern, mit dem hl. Kreuz, das doch nichts ist als ein Stück Holz und deshalb, weil Christus daran gehängt ist, nicht mehr gilt, als ein anderes Holz.‘‘

Wo wir hineingreifen in die Bekenntnisse unseres Wiedertäufers, überall stöfst uns die Verwandtschaft seines Glaubens mit der Lehre der Brüdergemeinden auf! Bezeichnet er doch selbst als sein ideales Christentum das Apostelchristentum der ersten christlichen Jahrhunderte, und stellt sich damit offen als Mitglied jener Brüdergemeinden dar.

Für dieses Apostelchristentum legt eine Reihe von Grundsätzen, welche er vor dem Untersuchungsrichter breit und klar entwickelt hat, beredtes Zeugnis ab. Er kennt nur eine Gemeinde von Christen oder Brüdern in Christo, in welcher einer dem andern gleich ist und es keinen Obersten giebt. Er kennt nur ein Amt unter denselben, das der Apostel, womit jedoch keineswegs eine hierarchische Rangstufe, sondern nur ein Mehr von Pflichten verbunden sei. Sie haben die Brüder und Schwestern zu unterweisen, und andere mehr zu christlichem Glauben zu bringen. Sie haben, wie es Christus von seinen Jüngern haben will, Weib und Kind, Haus und Hof zu verlassen, in die ganze Welt zu gehen und das Evangelium zu predigen.

Dieser Mangel jeder Hierarchie zeugt ebenso wie der Mangel jedes äufseren Gottesdienstes, die Art und Weise ihrer Zusammenkünfte und ihrer Erkennungszeichen von der innigsten Verwandtschaft mit den Gebräuchen der mittelalterlichen Brüdergemeinden. „Wir haben,“ sagt Spittelmayr, „ein äufseres Zeichen nicht, das sichtbarlich wär, sondern ein unsichtbarlich Zeichen, das uns Gott gegeben hat, daran uns auch Gott erkennt. Mit dem Grufs, den Gott den Juden gegeben hat, grüfsen wir einander und mit dem heiligen Kufs, davon Paulus viel sagt, da kennen wir einander, wie Maria und Elisabeth sich gekannt haben und Christus, da er sprach: „Der Friede sei mit Euch.“ An anderer Stelle bekennt er: „Wir haben kein solches besonderes Loos, dadurch wir einander erkennen. Wenn ich zu Einem komme, ist meine erste Frage, ob er ein ernster Christ sei, sagt er: Ja, so frag ich ihn weiter, ob er Christum im Fleisch oder im Geist erkenne. Aus der Antwort auf solche Frage werde ich bald erkennen, ob er auf einem rechten christlichen Weg sei oder nicht. Finde ich ihn gerecht und nimmt er das göttliche Wort an, so bleibe er bei ihm, bis Einer den Andern erkenne.“

Dann fährt er fort: „Besondere Orte, wo sie zusammenkommen, haben sie nicht. Wo Friede und Einigkeit herrscht und wo von denen, die wiedergetauft wurden, noch keiner vertrieben wurde, da kommen sie mit ihren Gesinnungsgenossen zusammen. Sie verständigen sich durch gelegentliche Boten, Buben oder Mädchen. Bei diesen Zusammenkünften geschieht nichts anderes, als dafs sie das göttliche Wort lernen, und es Einer dem Andern erklärt. Also ist unter ihnen eine emsige Übung göttlichen Wortes, wobei Niemand etwas zu leid geschehe; was sie essen und trinken, bezahlen sie."

Gegen jede Gewaltthätigkeit oder darauf zielende Absicht verwahrt sich unser Inquisit wo und wie er kann, und schiebt insbesondere den Verdacht, als hätten er und seine Anhänger jemals etwas gegen die weltliche Obrigkeit im Schilde geführt, weit von sich. Spittelmayr zählt vielmehr überhaupt zu der ruhigen, jeder Exaltation abholden Sekte der österreichischen Wiedertäufer, und es ist tendenziöse Darstellung, wenn ihm imputiert wird, er habe sich für einen von Gott mit Gesichten begnadeten Propheten gehalten und ergriffen von chiliastischem Taumel seine Anhänger zum Bußkriege gegen die sündige Welt aufgefordert. Die weitere Entwicklung seiner Ideen wird diese Unterschiebung widerlegen.

„Es ist unsere Meinung fürwahr nicht," versichert Spittelmayr, „daß wir Land und Leute verleiten und übergeben wollen oder Aufruhr machen, das sei weit von uns, der Aufruhr, der noch über alle Menschen kommen wird, der wird von Gott sein, von wegen der Sünde, die täglich haufenweis geschieht wider Gott." — „Alle Obrigkeit, die gewesen ist von der Zeit Adams her und jetzund ist, ist alle von Gott eingesetzt worden, aber nicht in Gott geblieben, denn sie hat sich ihrer Gewalt übernommen und übernimmt sich noch heut. Die Obrigkeit ist von allem Anfang an von Gott eingesetzt worden, damit sie soll richten Wort und Werk, die wider Gott und den Menschen geschehen, aber sie richtet allein Wort und Werk, die wider den Menschen geschehen, darum ist sie blind und ein Führer der Blinden, denn sie sucht nur, was ihr ist und nicht dasjenige, was Gott zugehört, und darum ist ihr Urteil falsch."

Spittelmayr ist also mit dem Walten der Obrigkeiten seiner Zeit keineswegs zufrieden und übt scharfe Kritik an demselben, auch meint er, daß die rechten wahrhaftigen Christen, die milden Herzens sind, keiner Obrigkeit, keines Schwertes oder Gewalt bedürfen, denn sie thun freiwillig die Gerechtigkeit. Dem Gerechten sei kein Gesetz gegeben, und nur die Christen, die nur mit Worten Christen sind, die brauchen zu ihrer Frommheit die Obrigkeit, sonst stäch einer dem andern die Augen aus, welche gezwungene Frömmigkeit aber Gott nicht gefällt. Trotz dieser Kritik und trotz der zweifellos richtigen, wenn auch auf utopistischen Voraussetzungen beruhenden Ansicht von der Entbehr-

lichkeit der Obrigkeit, will er keineswegs den Kampf gegen dieselbe. „Wir wissen um keinen Anschlag nicht," sagt er, „den
wir gegen die Obrigkeit gemacht haben oder noch hinfüro
machen wollen. Der soll man nach der Lehr Christi geben, was
ihr zusteht. Ihr Fürnehmen sei nicht Aufruhr zu stiften, sondern
ihr Gemüth allein dahin gerichtet Fried und Einigkeit zu ver-
breiten und das göttlich Wort zu lernen und zu begehren, damit
alle Menschen zur Erkenntnifs Gottes geführt werden. Wenn
ihrer gleich hundert in der oder in einer andern Stadt wären und
es wären dagegen solcher, die nicht ihres Glaubens sind, nur 10,
so begehrten sie doch nicht auch nur Einem was zu thun oder
zu nehmen, sondern Gott für sie zu bitten, dafs sie auch er-
leuchtet werden mit dem göttlichen Licht." Dafs sie im Besitze
dieses göttlichen Lichtes seien, war Spittelmayrs und seiner
Glaubensgenossen tiefste Überzeugung. Dieses göttliche Licht im
Innern der Menschenseele war ihm jedoch keineswegs gleich mit
wunderthätiger, magischer Erleuchtung im Wege von Gesichten
und Offenbarungen. „Nicht durch sichtbare Gesichte," meint er,
„sondern durch den Geist Gottes stärkt, leitet und lehrt Christus
seine Gesellschaft."

Tief durchdrungen war Ambrosius Spittelmayr von dem Gefühle der Sündhaftigkeit seines Geschlechtes. All die religiösen
und politischen Wirren seiner Zeit, besonders aber die drohende
Türkengefahr, erschienen ihm als Strafgerichte Gottes. So ver-
derbt schien ihm seine Zeit zu sein, dafs er den jüngsten Tag
nahe wähnte. Das Eintreffen desselben, für welches er keinesfalls
einen bestimmten Termin oder Tag ansetzt, schildert er ganz im
Sinne und mit dem Buchstaben der Schrift und knüpft an diese
Schilderungen eindringliche Bufspredigten an alle, die den Weg
zu Gott noch nicht gefunden haben. „Die Zeit ist da," sagt er,
„in welcher Gott alle Dinge durch Feuer, Erdbeben, Blitz und
Donner purgiren wird, alle Gebäude zu Boden stofsen und zu
nichte machen, wie geschehen ist mit der grofsen Stadt Babylon.
Da mufs aller Trutz und alle Weisheit der Welt und aller Reich-
thum schmelzen, damit das Reich der Himmel kann aufgerichtet
werden. Nachdem alle Dinge zu Boden gestofsen und alle
Menschen gestorben sein werden, dann wird Christus kommen in
seiner Heiligkeit, zu richten die Lebendigen und die Todten, wie
uns die Schrift die Sache erzählt."

An einer anderen Stelle seiner Bekenntnisse heifst es: „Der
Tag und die Stund der Zukunft Christi ist allen Menschen verborgen, selbst seinem eingeborenen Sohn, aber dafs das Ende der
Welt nahe, dafür sind auswendige Zeichen genugsam vorhanden.
Es ist ein Reich wider das Andere, ein Volk wider das Andere,
das Papstthum ist in den Grund gestofsen und aller Hochmut
dieser Welt zum guten Teil gestillt."

„Der Feigenbaum ist blühend geworden mit anderen Bäumen,
es wird der Sommer bald nachkommen, und der Gottseeligen Erledigung. Schau ein Jeder auf sich selbst und halte bereit seine
Rechnung und sein Register, damit er vor seinem Herrn bestehen
kann. Denn es mufs ein Jeder Rechnung legen über alle seine
Worte, Werke und Tritte, um jeden Tag und jede Stunde, wie
er sie verzehrt hat, und um jeden Pfennig, wie er ihn eingenommen und wieder ausgegeben hat, wie er alle Kreatur benutzt
hat, wie er sein Brot gegessen hat, auch die Gewaltigen dieser
Welt, die Fürsten und Herren, Bischöfe und Pfarrer am allermeisten, wie sie ihre Unterthanen regiert haben als ihre Schäfchen,
davon sie die Wolle nahmen, wie sie die Erde besafsen und ihre
Gewalt gebraucht haben, da wird kein Ansehen der Person sein
und kein Prokurator helfen, nicht Silber, nicht Gold." „Wenn aber
das Ende der Welt sein Ende haben wird," prophezeiet Spittelmayr aus der Schrift, „alsdann werden die Gerechten aus allen
Enden der Welt zusammenkommen, und alle Gottlosen, die noch
leben, zweimal 10000 erschlagen. Solcher Anschlag wird durch
Gott den Seinigen kundgethan."

Des Ambrosius Spittelmayrs Ansichten waren im grofsen und
ganzen auch die derjenigen Wiedertäufer, welche in der ersten
Hälfte des Jahres 1528 in Passau gefangen gesetzt und verhört
worden sind. Waren sie auch keine Oberösterreicher, so hatten
sie doch alle daselbst die Wiedertaufe empfangen und hatten im
Schofse oberösterreichischer Gemeinden die Kenntnis des „wahren
Evangeliums" erhalten.[1]

Wenn wir nun mit den soeben entwickelten Grundsätzen des
Glaubensbekenntnisses der oberösterreichischen Wiedertäufer die
Lehren und die Aufführung der Züricher und der andern, mit

---

[1] Siehe die Verhörsprotokolle dieser Wiedertäufer im Münchener Reichsarchiv sub Passauer Religionsakten. S. Anh. III.

ihnen enge verwandten Schweizer und süddeutschen Täufer vergleichen, so ergeben sich folgende Resultate:

Eine Reihe wesentlicher Punkte, so insbesondere diejenigen,
welche als der Ausdruck oppositionellen Strebens gegen die vom
ursprünglichen Reformationsgedanken sich entfernenden Ziele
Luthers und Zwinglis sich darstellen, so die Aufstellung einer Ge-
meindekirche ohne Priesterschaft, die Gründung eines innerlichen,
alles äufsern Zierats entbehrenden Glaubens, die Betonung der
Notwendigkeit des sittlichen Lebens zeigen im Osten und Westen,
Süden und Norden vollkommene Übereinstimmung.

Andererseits aber fehlen den oberösterreichischen Wiedertäufern alle jene radikalen Züge, welche der Züricher Gemeinde
bereits in der Wiege ihr Gepräge aufdrückten. Solche Züge sind
die Ansichten von der Gemeinschaft der Heiligen und die Betonung der besonderen Erleuchtung, deren die Wiedergetauften
teilhaftig werden. Aber auch die Gemeinschaft der Güter ward
von den Zürichern viel radikaler gedacht und durchgeführt, als
dies jemals und irgendwo bei den oberösterreichischen Brüdern
geschah. Es kann nicht verkannt werden, dafs gerade die Grundsätze einer exklusiven, sich von aller Aufsenwelt streng sondernden
sündenlosen Gemeinschaft und der kommunistisch aufgefafste Gedanke
einer allgemeinen Vermögensgemeinschaft alle jene Ausschreitungen
veranlafst hat, welche den schweizerischen und süddeutschen
Täufern den Vorwurf einer revolutionären Partei eingebracht, ja
sie sogar als Anstifter des Bauernkrieges und als Reichsfeinde,
welche sich nicht scheuten, den Erzfeind des Reiches, den
Türken, ins Land zu rufen, gebrandmarkt haben. Wenn auch
Grebl, Stumpf, Manz und insbesondere Balthasar Hubmayr, der
nachherige Vorsteher der Gemeinde im mährischen Nikolsburg,
sicher nicht für alle die Ausschreitungen verantwortlich gemacht
werden können, die diejenigen, welche sich auf sie berufen, be-
gingen, wenn sie sich z. B. jene Gemeinschaft der Heiligen, deren
Mitglieder der Herr mit Gesichten stärke, nur von einem im
tiefsten Herzen wurzelnden Gefühle der Gottinnigkeit und Gott-
einheit erfüllt dachten, so lag doch schon in der allzugrofsen Betonung des Unterschiedes zwischen echten, sündlosen und erleuchteten
Christen, von solchen, die es nicht sind, die Gefahr, dafs naive,
weniger mystisch angelegte Naturen diesem Unterschied eine
gröbere in die Sinne fallendere Deutung gaben und von heiligen
Träumen und Gesichten, von Wahrsagern und Propheten sprachen.

Darauf sind alle die späteren Ausschreitungen der Züricher Gemeinde, die Visionen und Extasen, die buchstäbliche Nachahmung biblischer Tracht und biblischer Gebräuche, aber auch die Ausschreitungen grobsinnlicher Natur, die man ihr, zum Teil sicher mit Recht, zum Vorwurf gemacht hat, zurückzuführen.

Und auch die chiliastischen Träumereien von einem 1000jährigen Reich, in dem die Frommen und Gerechten allein herrschen und alle Gottlosen erschlagen werden, und das mit Gewalt herbeizuführen, Gott die Täufer berufen habe, Träumereien, wie sie in Thomas Münzer und später in der furchtbaren Münster-Tragödie lebendig waren, sind auf das Mißverständnis der von den Schweizern verkündeten Ideen zurückzuführen.

Von dem Vorkommen solcher Ideen in Oberösterreich findet sich keine Spur. Selbst Johann Hut, der sie aus seinem Verkehr mit Münzer in sich aufgenommen zu haben scheint und ihnen noch unmittelbar vor seinem Tode vor dem Untersuchungsrichter in Augsburg Ausdruck gab, hat, solange er in Oberösterreich lebte, mit ihnen hinter dem Berge gehalten.

Sowohl dem Bekenntnis der Steyrer, als dem der Freistädter Wiedertäufer fehlt jeder radikale Zug. Es ist dies wohl der schwerwiegendste Grund, welcher gegen die Gründung der oberösterreichischen Täufergemeinden durch Züricher Sendlinge spricht. Die enge Verwandtschaft ihrer Lehre mit dem Evangelium der mittelalterlichen Brüdergemeinschaften macht es viel wahrscheinlicher, daß die Reste dieser Gemeinden, welche zur Zeit von Luthers Auftreten in Oberösterreich und insbesondere in Steyr noch vorhanden waren, den Zeitpunkt, in dem die Überzeugung, daß Luther den reinen Reformationsgedanken verlasse und an die Gründung einer Kirche gehe, welche dem ursprünglichen Ideale keineswegs entspreche, viele Geister ergriff, für geeignet hielten, um sich als selbständige Religionsgesellschaft neben die katholische und lutherische zu stellen.

Sie hatten sich ganz und voll Luther angeschlossen und hatten wohl gedacht, in der evangelischen Kirche gänzlich aufzugehen, solange Luther die Reformationsgedanken der Freiheit des Evangeliums, der Innerlichkeit des Glaubens und Gottesdienstes und die Bedeutung des sittlichen Lebenswandels als wahrer Nachfolger Christi hochhielt. Sie veränderten jedoch sofort ihre Stellung und rangierten sich wieder in eigene Gemeinden, als er, den verschiedensten Opportunitätsrücksichten Rechnung tragend, sich von diesen im Volke lebenden Reformationsgedanken immer weiter entfernte.

Daſs noch zur Zeit Luthers Brüdergemeinden, hervorgegangen aus den Waldesiern und beeinfluſst durch die deutsche Mystik, in Oberösterreich und insbesondere in Steyr existierten, dafür liegen eine Reihe von Anhaltspunkten vor. Ihr Vorhandensein im ganzen Mittelalter ist urkundlich bezeugt. Ein um 1260 verfaſstes Werk des sogen. Passauer Anonymus schildert die Zustände der österreichischen Armen (Waldesier) in anschaulicher Weise. Es ist der älteste urkundliche Beleg für das Bestehen von Waldesiern in Österreich [1]). In 42 Gemeinden der Diözese Passau, zu welcher damals ganz Oberösterreich und ein Teil von Niederösterreich gehörte, traf die damals thätige Inquisition die Sekte an, nämlich:

Ad sanctum Oswaldum (Mühlviertel),
„ „ Georgium (St. Georgen im Attergau),
„ Wichlatim (Wegleithen im Innkreis),
„ Haag im Hausruck,
„ Wolfspach (unbekannt, bei Steyr?),
In Stiria (Steyr),
Ad Sanctum Florianum (bei Steyr),
In Sirnich (Sirning bei Steyr),
„ Weizenkirchen,
„ Chemmat (Kematen an der Krems),
„ Niuwenhove (Neuhofen an der Krems),
„ Welse (Wels),
„ Pupping (bei Eferding),.
„ Grizchirch (Grieskirchen),
„ Anaso (Enns bei Steyr),
„ Puchkirch (bei Wels),
„ Chammer (Kammer im Attergau).

Darunter werden Stiria, Sirnich, Niuwenhove und Chemmat als solche Orte genannt, wo sich „Scole" befunden haben. Von Chemmat wird gesagt: „et ibi scole plures". Scole aber sind die Versammlungsplätze (Bethäuser) der Brüder. Wenn die Lehrer aus Italien kamen oder die heimischen Apostel auf ihren Rund-

---

[1]) Preger, Wilh., Beiträge zur Geschichte der Waldenser im Mittelalter. Abhandlung der histor. Klasse der kgl. bayer. Akademie der Wissenschaften in München. 1877 X. Bd. 179—250.

reisen an solchen Orten eintrafen, strömten daselbst die Brüder
der Umgebung zusammen, ihren Worten zu lauschen [1]).

Es ist bemerkenswert, dafs wir an vielen der genannten Orte,
in denen die ältesten Waldesier-Gemeinden ihren Sitz hatten,
oder doch in deren nächstem Umkreis, die ersten Täufergemeinden
finden. Und gerade diejenige Gegend, wo die meisten Schulen
sich befanden, die Gegend von Steyr (Stiria), Sirnich, Niuwenhove
und Chemmat war auch der Herd der oberösterreichischen Täuferbewegung.

Dafs die zu Ende des 13. Jahrhunderts im Passauer Bistum
wirkende Inquisition, welche uns die ersten Nachrichten über
Waldesier-Gemeinden in Oberösterreich gebracht hat, die Sekte
nicht auszurotten vermochte, dafür zeugen neuerliche Mafsregeln,
welche bald darauf geistliche und weltliche Obrigkeiten gegen
die Ketzer zu treffen sich veranlafst sahen.

Bereits zu Anfang des 14. Jahrhunderts (1311) tagte ein
neues Inquisitionsgericht zu Steyr. „Anno 1311,“ erzählt die Steyrer
Chronik, „haben Erzbischof Conrad von Salzburg und Bischof
Bernhard von Passau, dieser ein geborener Österreicher von
Adel, von Braubach, jener von Vanstorff, zwei Inquisitoren, „bonos
Theologos“, in die Stadt Steyr gesandt, die allda herfür grünende
Ketzerei auszureutten. Fecerunt sicut boni hortulani, qui extirpant
spinas et tribulos et bonum semen postmodum inserunt suis hortis.
Die Schuldigen flohen theils, Etliche wurden verbrennet, theils
mit dem Kreutz gezeichnet. Signaculo Sanctae crucis in veste
superiori perpetuo consignati, ut ab universis nostris et ignotis
noscerentur et sic ab errore fidei ad calles ducerentur Christianos.
Viele darunter sind zu ewigem Gefängnis condemnirt worden [2]).“

„Was dies für Ketzerei gewesen, meint der Steyrer Chronist,
ist zwar nicht benennet, vermuthlich aber sind es die Waldesier
gewesen.“ Durch die Forschungen Pregers ist dies seither wohl
aufser Zweifel gestellt worden. Als Inquisitor in Steyr nennt
unsere Quelle den Conradus von Marpurgo.

Wie zahlreich die Sekte der Waldesier damals in Österreich
verbreitet gewesen sein mufs, beweist der Umstand, dafs zu gleicher
Zeit an verschiedenen Orten, in Taiskirchen, in Krems, in St.
Pölten, in Wien sich Ketzertribunale aufgethan hatten, und dafs

---

[1]) Preger l. c. S. 224.
[2]) Prevenhuber l. c. S. 47.

ein um diese Zeit verbrannter Waldesier Bischof, Neumeister, die Zahl seiner Schäflein im Herzogtum Österreich mit 80 000 beziffert [1]).

Reichlicher fliefsen die Nachrichten über Verfolgungen der österreichischen Waldesier zu Ende des Jahrhunderts. Es ist ein Bericht des von Papst Gregor XI. gesandten Inquisitors Petrus, eines Coelestiner Provinzial aus dem Jahre 1395 [2]), der uns erzählt, wie damals in Steyr gegen die Ketzer vorgegangen wurde. In Steyr, welches das Herz aller oppositionellen, gegen die herrschende Kirche gerichteten Bestrebungen im ganzen Mittelalter war, hatte er, wie andere Inquisitoren vor ihm, sein Tribunal aufgeschlagen. Dort inquirierte, verhörte und verurteilte er mit Hülfe der ihm von Albrecht III. von Österreich beigestellten und nach dessen Tode von Wilhelm und Albrecht IV. bestätigten Beamten. Petrus ist der Ansicht, dafs die Waldesier in Österreich seit mehr als 140 Jahren bestehen. Er knüpft an diese Konstatierung die Hoffnung, dafs es ihm gelingen werde, mehr als 1000 Ketzer im Bereiche seines Gerichtssprengels dem Schlunde Leviathans zu entreifsen. Dafs Petrus seine Pflicht als Ketzerrichter ernst genommen und eifrig erfüllt hat, bezeugen eine Reihe von Quellen, unter anderen das Chronicon Austriac. Viti Arenbeck, ap. Pez. script. rer. Aust. I p. 1244, welches uns erzählt, dafs im Jahre 1397 durch das Inquisitionsgericht in Steyr 100 Ketzer verbrannt worden sind.

Aus den Berichten der Inquisition entnehmen wir weiter, dafs es damals zu heftigen Zusammenstöfsen zwischen Verfolgten und Verfolgern gekommen ist. In Wolfern bei Steyr steckten die Waldesier das Pfarrhaus in Brand, wobei der Pfarrer mit seinem Gesinde umkam, und selbst an den Pfarrhof in Steyr sollen sie den Brand gelegt haben, weil der Pfarrherr den Inquisitor darin beherbergt hatte. Am Stadtthore befestigten sie ein verkohltes Holz und ein blutiges Messer, ein Zeichen der Warnung vor weiterer Verfolgung.

Dieses aggressive Vorgehen der Waldesier beweist, dafs sie sich aufserordentlich stark fühlten und ihre Lehre tiefe und ausgebreitete Wurzeln im Volke geschlagen hatte. Mehrere der vor

---

[1]) Hermann Haupt, Waldensertum und Inquisition im südöstlichen Deutschland bis zur Mitte des XIV. Jahrh. (Deutsche Zeitschr. f. Geschichtswissenschaft 1889, I. Bd. S. 285 u. 330.)

[2]) Preger l. c. S. 231 f.

Gericht gezogenen Personen haben angegeben, daſs sie schon von ihren Eltern die Lehre empfangen haben, derohalben sie jetzt Verfolgung leiden müssen, auch ein Beweis, wie lange das Waldesiertum im Lande seſshaft war.

Der Inquisitor Petrus wendete sich Ende 1395 in einem Manifeste an den Papst, die Kardinäle, den gesamten Klerus, die weltliche Obrigkeit und speziell an die österreichischen Herzöge, schilderte ihnen die Gefahren, welche die Kirche von seiten der Waldesier zu fürchten hätte, in beweglichen Worten und forderte die Ergreifung strengster Maſsregeln zur Unterdrückung derselben. Werde seinen Worten nicht Gehör geschenkt, sagt er, so werde die waldesische Sekte, die seit länger als 150 Jahren in den österreichischen Landen eingewurzelt und jetzt bis zu offenem Aufruhr, Mord und Brand gegen die Diener der Kirche gediehen sei, immer weitere Kreise der Kirche entfremden.

Neuerliche und heftigere Verfolgungen der Waldesier, veranlaſst durch die regierenden Herzöge Albrecht und Wilhelm, waren die erste Frucht dieses Aufrufes. Die Steyrer Chronik nennt als den vom Landesherrn bestellten Ketzerrichter den Hans Kammerhuber, einen Enkel des Steyrer Bürgers Kunz. Von Steyr aus berichtet man über die Thätigkeit des geistlichen Inquisitors Petrus aus dem Jahre 1397, daſs durch ihn mehr als 1000 Personen eingezogen wurden. Etliche wurden verurteilt, das Kreuz zu tragen, viele, sowohl Männer als Frauen, dem weltlichen Gerichte übergeben und von diesem in ewige Gefangenschaft gesetzt, 80—100 aber auf der Weide oder Au im Früxenthal auf Befehl des Landesfürsten verbrannt, woher die Gegend den Namen Ketzerfriedhof erhalten habe[1]).

Daſs auch diese mit Energie und Umsicht betriebene Inquisition die Waldesier in Österreich nicht vernichtet hat, beweisen bereits die Ereignisse der nächsten Jahre: Schon um 1400 loderte die Sekte in heller Glut neuerlich auf, und die Chroniken berichten von neuen Verfolgungen. Nunmehr hatte das Inquisitions-Tribunal seinen Sitz in Krems in N.-Ö. aufgeschlagen. Dort fanden in den Jahren 1400—1408 mehrfache Ketzerjustifizierungen statt.

Wenn auch die Angabe eines damals 1411 zum Tode verurteilten Waldesiers, daſs mehr denn 80 000 seiner Glaubensgenossen

---

[1]) Prevenhuber l. c. S. 72 f.

sich im Lande befänden, eine Übertreibung sein mag, ist sie doch in
Verbindung mit zahlreichen anderen Umständen ein Beweis dafür,
daſs die dauernden und heftigen Verfolgungen im Laufe eines
Jahrhunderts nicht im stande waren, die Brüdergemeinden zu ver-
tilgen, daſs jede politische und religiöse Bewegung, welche das
Land in Erregung versetzt und die Leidenschaften geweckt hat,
ihnen neue Bekenner zugeführt hat.

So drang zu Beginn des 15. Jahrhunderts die evangelische
Lehre des Engländers Wiklef in den Kontinent ein. Hieronymus
von Prag hat sie von der Oxforder Universität in seine Heimat
mitgebracht. Ihr eifrigster Verkünder wurde bekanntlich Hus,
dessen am 6. Juli 1415 erfolgter Märtyrertod die husitische
Glaubensrevolution entfachte.

Obwohl die österreichischen Waldesier an dem Auftreten der
Husitischen Stürmer sicher kein besonderes Gefallen fanden, so
wirkte doch die auch die husitische Bewegung belebende Opposition
gegen Rom befruchtend auf die österreichischen Brüdergemeinden
ein. Sicher sind auf diese Bewegung die mit dem Beginn des
15. Jahrhunderts zusammen fallenden Versuche der Waldesier
Gemeinden, sich auch formell von der herrschenden Kirche zu
trennen, Versuche, welche, wie wir gesehen haben, zu einer Reihe
blutiger Ketzerverfolgungen den Anlaſs gaben, zurückzuführen.
Als der bedeutendste unter den Führern dieser Bewegung erscheint der Waldesier Bischof Friedrich Reiser, der in Straſsburg
residierte. Bei ihm traf im Jahre 1435 der Apostel Stephan aus
Österreich, derselbe, welcher im Jahre 1459 zum Nachfolger
Reisers gewählt und im Jahre 1467 in Wien verbrannt worden
ist, zu Besuch ein. Auch er war Zeuge eines Ketzerprozesses in
Österreich, er hat im Jahre 1445 in Steyr sich abgespielt, durchaus Beweise dafür, daſs auch in der zweiten Hälfte des 15. Jahrhunderts das Waldesiertum in Österreich noch fortlebte[1]).

Wurde doch noch im Jahre 1447 in Tabor in Böhmen, das sich
damals vollkommener Gewissensfreiheit erfreute, von einer Versammlung deutscher und österreichischer Waldesier eine neue Organisation
beraten, deren wesentlichste Bestimmung darin zu suchen ist, daſs
von nun an 4 Bischöfe an der Spitze der Gesamtheit der deutschen Waldesier stehen und von Zeit zu Zeit Zusammenkünfte

---

[1]) S. Dr. Ludwig Keller, die Reformation etc. Leipzig 1885, S. 277 und
Hermann Haupt l. c. S. 285 ff.

der Ältesten abgehalten werden sollen. Die nächste Zusammen-
kunft hat bereits 1450 zu Engelsdorf im Münsterschen, die darauf
folgende im Jahre 1459 in Strafsburg stattgefunden[1]).

Eine engere Verwandtschaft als zwischen Husiten und Waldesiern bestand zweifellos zwischen diesen und den böhmischen
Brüdern. Dafs insbesondere die österreichischen Brüdergemeinden
lebhaften Verkehr mit den Brüdern in Böhmen pflegten, berichtet uns Camerarius in seiner hist. narratio de ecclesiis in
Bohemia et Moravia (p. 104). Dort erzählt er uns, dafs im Jahre
1467, also 50 Jahre vor Luther, eine Gesandtschaft österreichischer
Waldesier sich bei den böhmischen Brüdern in Prag eingefunden
hat, um wegen Einigung des Glaubens mit ihnen zu unterhandeln.
Von da an allerdings schweigen die Quellen über die Thätigkeit
der Brüdergemeinden in Oberösterreich. Es mag dies wohl daher kommen, dafs ihnen das stets über ihnen hängende Schwert
der Verfolgung die gröfste Vorsicht auferlegte, ja sie sogar, wie
dies in früherer Zeit geschehen war, zwang, sich an den gottes-
dienstlichen Übungen der Katholiken zu beteiligen. Zu Grunde
gegangen aber sind die Brüdergemeinden in Oberösterreich nicht.
Im Gegenteil, eine Reihe von Ereignissen zu Ende des 15. und
Anfang des 16. Jahrhunderts verstärkte die Zahl ihrer Anhänger.
Im Jahre 1444 begann auf Anregung Papst Innozenz IV. die
planmäfsige Verfolgung der böhmischen Brüder. Vor ihr flohen
zahlreiche Gläubige in die Gebirge Oberösterreichs und verstärkten
dort die Reihen der Waldesier. Dafs insbesondere in jener Stadt,
welche im ganzen Mittelalter der Mittelpunkt aller ketzerischen
Bewegungen in Österreich gewesen ist, in Steyr, die Brüdergemeinde
nicht ausstürbe, dafür sorgte schon der Umstand, dafs dort seit 1443
eine Bauhütte bestand. Gerade die Bauhütten waren es ja, welche
einer mehr als 100jährigen Tradition zufolge den verfolgten
Brüdergemeinden Schutz und ihren Mitgliedern unter den Reihen
der Freunde des Handwerks ein sicheres Asyl und die Bürgschaft
für die Möglichkeit der Aufrechterhaltung ihres Glaubens boten.

Diejenige deutsche Stadt, in welcher der oberste Bischof der
deutschen Waldesier residierte, Strafsburg, war zufolge einer am
Martinstage des Jahres 1459 getroffenen Vereinbarung und einer
daran sich schliefsenden neuen Kodifikation der Hüttenordnungen
auch zum Vorort aller Bauhütten gewählt und zugleich selbst der

---

[1]) Keller l. c. 276.

Sitz der grofsartigsten Bauhütte Deutschlands. Der Werkmeister des Münsters zu Strafsburg und seine Nachkommen sollten des Steinwerks oberste Richter sein. Als weitere wichtige Sitze deutscher Bauhütten zu damaliger Zeit werden aber genannt: Köln, Augsburg, Nürnberg, Wien und Steyr[1]). Dies waren aber auch die Vororte der Waldesierbewegung.

Im Jahre 1443 hat Rat und Gemeinde in Steyr beschlossen, an dem Ort, wo vorhin die alte Kirche gestanden hatte, ein grofses Gotteshaus zu Ehren der heiligen Bischöfe und Märtyrer Aegidius und Coloman zu errichten. Mit dem Bau wurde sofort begonnen, der Turm im Jahre 1479 vollendet, im selben Jahre jedoch durch eine Feuersbrunst wieder zerstört. Der erste Baumeister war Puxbaum, gest. 1454. Ihm folgte Martin Krauschach, nach ihm kam Wolfgang Denk. Dieser hat in seiner Zunft eine hervorragende Rolle gespielt. Er hat die grofse Kirche zu Lichtenfels in Bayern gebaut und war auch zu Wien thätig. Er war einer der Meister vom Stuhl, wie dies die an seinem an der Westfront der Steyrer Kirche noch heute befindlichen Grabdenkmal ersichtlichen Abzeichen (Wappen und Hammer) bezeugen.

Wolfgang Denk entstammte einer süddeutschen, wahrscheinlich Nürnberger, Patrizierfamilie — Joachim Vadian, der bekannte Schweizer Humanist, spricht von der claritas familiae Denkii — und war ein naher Verwandter jenes Hanns Denk, welcher in der Täuferbewegung des 16. Jahrhunderts eine hervorragende Rolle spielte, ja geradezu als der Vater der freiesten Richtung unter den Täufern bezeichnet werden mufs. Wolfgang Denk starb im Jahre 1515, ohne den Bau der Steyrer Pfarrkirche vollendet zu haben. Eine Feuersbrunst legte noch im selben Jahre fast das ganze Bauwerk in Asche und machte die Wiederaufrichtung desselben und damit das Weiterbestehen der Bauhütte notwendig[2]).

---

[1]) Keller l. c. 217 f.
[2]) Prevenhuber l. c. S. 95 f.

V.

Stellung Ferdinands zu den Religionswirren. — Maſsregeln Ferdinands zur Bekämpfung des Lutherschen Evangeliums. — Ferdinand gegen die Wiedertäufer. — Mandate gegen die Wiedertäufer. — Der Prozeſs in Steyr. — Der Prozeſs in Freistadt. — Neue Bemühungen Ferdinands zur Bekämpfung des Täufertums. — Aktion der Wiener Regierung. — Aktion des Landeshauptmanns von Oberösterreich. — Visitation und Inquisition in Oberösterreich. — Ditrich v. Hartisch. — Prozesse und Hinrichtungen in Oberösterreich — in den benachbarten Provinzen. — Flüchtlinge in Passau. — Ambrosius Spittelmayr.

Die vornehmste Sorge Ferdinands, nachdem er die Regierung der österreichischen Erblande angetreten hatte, war die Ausrottung der lutherischen Ketzerei.

Sein erstes diesbezügliches Edikt, gerichtet wider den Gebrauch lutherischer Bücher, datiert vom 12. März 1523.[1]

Ihm folgte das bekannte Edikt von Regensburg, ausgegangen am 23. Juni 1524 auf Grund von Beratungen verschiedener deutscher Fürsten und Herren, weltlicher und geistlicher, darunter des Herzogs Ernst, Administrator des Bistums Passau[2]). Es richtet sich vornehmlich gegen den Miſsbrauch der Kanzel durch die Winkelprediger und kündet die Absendung einer königlichen Kommission zur Erhebung und Abstellung der bestehenden Übelstände an. Es setzt auf jede die lutherische Sache fördernde Handlung die Strafe der Landesverweisung. Alle Maſsregeln Ferdinands zur Ausrottung des Luthertums waren bekanntlich vergeblich und erreichten nicht ihren Zweck.

---

[1]) Raupach l. c. II. S. 12 u. 23.
[2]) Raupach l. c. Vorrede zum Band II. S. XXIV - XXIX.

Das lutherische Evangelium hatte bereits zu festen Boden in den österreichischen Erblanden gefaßt. Die Ausführung aller und jeder von Ferdinand getroffenen Anordnung scheiterte an dem übereinstimmenden Widerstande der Bevölkerung. Bauer und Bürger, ja selbst zahlreiche Geistliche, insbesondere aber der Adel waren, wie wir gesehen haben, eifrige Anhänger Luthers geworden.

Größere Unterstützung als in der Bekämpfung des Luthertums fand Ferdinand in der Verfolgung der Wiedertäufer. In dieser Sache konnte er sowohl auf die Unterstützung der Katholiken, sowie der evangelisch Gesinnten rechnen. Wer sich nicht selbst zu den Wiedertäufern zählte, war der Überzeugung, daß die Konventikel der Wiedertäufer der Herd staatsgefährlicher und gesellschaftsfeindlicher Umtriebe seien. Mochte es auch einige wenige billig Denkende geben, welche für die Ausbrüche eines exaltierten Fanatismus, wie sie in der Schweiz und in Süddeutschland zu Tage getreten waren, nicht alle, welche die Wiedertaufe empfingen und spendeten, verantwortlich machten, das war die allgemeine Überzeugung, daß eine Gemeinschaft, welche, wenn auch nur in ihrem beschränkten Kreise, die Gemeinsamkeit der Güter praktisch durchzuführen trachtete, welche die Obrigkeit als entbehrlich erklärte, welche ihren Mitgliedern verbot, vor Gericht zu erscheinen, in den Krieg zu ziehen und ein obrigkeitliches Amt zu bekleiden, ein staatsfeindliches, das öffentliche Leben störendes und deshalb aus demselben zu entfernendes Element sei. —

Bereits das Generalmandat d. d. Ofen 20. August 1527[1]) befaßt sich eingehend mit den Wiedertäufern. „Wir werden berichtet," heißt es dort, daß die vorberührten, fremden Lehren (nämlich Luthers) an vielen Orten nicht allein nicht abgestellt wurden, sondern in steter Mehrung und Zunehmung begriffen sind und insbesondere neue erschrecklich unerhörte Lehren, die wir mit beschwerlichem Gemüte vernommen haben, auftauchen. Unter diesen ist die Erneuerung der Taufe und der Mißbrauch des hochw. Sakramentes des zarten Fronleichnams Christi begriffen. Was aber noch viel ärger ist, es wird von etlichen, so dem Carlstadt, Zwingli und Oecolampadio und derselben Nach-

---

[1]) Raupach l. c. Beil. No. VI ad p. 46 ff. des Bandes II, Abschrift im Linzer Museum. S. Anh. II.

folger gar verworfen, verleugnet, freventlich und verächtlich davon geredet. Sie behaupten, daſs weder der hl. Leichnam Christi, noch sein Blut im Sakrament des Altars unter der Gestalt des Brotes und Weines sei. Dieweil ist nun aber offenbar und am Tage, daſs die Taufe von den Zeiten der Apostel in der Gemeinschaft der christlichen Kirche, wie bisher im Gebrauch gewesen, dies auch nicht wider, sondern mit dem Evangelium ist, überdies aber vor vielen hundert Jahren die Wiedertaufe nicht allein von den heiligen Vätern, die ihren Glauben mit ihrem ehrbaren, guten, christlichen Leben und Blut bewährt haben, wie die Schriften zeigen, nicht blos für ketzerisch verdammt, dagegen aber die Kindertaufe, wie sie von unseren Eltern und Voreltern auf uns gekommen, für christlich zugelassen und approbiert worden ist" u. s. w.

An die Darstellung der verschiedenen ketzerischen Ansichten schlieſst sich dann die Bedrohung derselben mit den verschiedenen, damals landesüblichen Strafen.

Wer für einen Ketzer erkannt wird, solle vor allem alle bürgerlichen Rechte verlieren, er soll zu keinem ehrlichen Amt mehr tauglich sein, niemand sei schuldig, ihm Verschreibung oder andere Verbindlichkeiten zuzuhalten oder zu vollziehen. Er habe keine Macht zu kaufen, zu verkaufen, sich zu verdingen oder ein Gewerbe zu treiben. Er kann keinen gültigen letzten Willen errichten, noch darf ihm aus einem solchen etwas zu Nutze kommen.

Der christliche Vater kann seinen Sohn, der ein Ketzer ist, und umgekehrt der christliche Sohn seinen ketzerischen Vater enterben.

Neben diesem bürgerlichen Tod trifft den Ketzer die Kriminalstrafe. Diese soll in der Regel die Todesstrafe sein, für Ketzerei geringeren Grades jedoch Freiheitsstrafe oder Landesverweisung. So sagt das Generalmandat; „Item wenn einer die Form oder Ordnung der Taufe, der Messe oder der hl. Ölung, sowie sie von alters her in christlichen Kirchen hergebracht, abstellt oder ändert, derselbe soll nach Gestalt der Veränderungshandlung mit Gefängnis, Verbietung des Landes oder auf anderem Wege gestraft werden. Dagegen sei, wer unter dem gemeinen Volk die falsche Lehre von der christlichen Freiheit aufgebracht hat, als ob alle Dinge gemein und keine Obrigkeit sein soll, welche Lehre jetzt an vielen Orten von neuem in den Winkeln der Armen und Unverständigen vorgetragen wird, mit dem Schwerte hinzurichten."

Mit dieser Strafsanktion sollten zweifellos die Wiedertäufer getroffen werden, denen in dem Mandate weiters vorgeworfen wird, daſs sie an den Greueln, so in den letzten Jahren drauſsen erfolgt sind (sc. Bauernkrieg), nicht genug haben, sondern noch neue Meuterei und Praktizierung zur Erweckung von Ungehorsam und Aufruhr, daraus nichts Gutes, sondern nur Übles, als Brand, Mord, Raub und Vertilgung aller Obrig- und Ehrbarkeiten entsteht, zu üben und zu verrichten sich unterstehen. Die gleichen Strafen, wie den Ketzern, werden denjenigen angedroht, die sie bei sich aufhalten, höfen, behausen, defendieren, schützen und beschirmen. Die Städte, welche ihnen zuhalten, sollen ihre Privilegien, Richter, welche ihnen helfen, ihr Amt verlieren, dagegen soll der Anzeiger den 3. Teil des konfiscierten Gutes erhalten. „Damit dann solchen Irrtümern und Ketzereien," bestimmt das Generalmandat weiters, „die meiste Reizung und Ursache benommen, männiglich sich davor hüten und vorsehen kann, soll niemand in den Erblanden lutherische, zwinglische Oecolampadische und andere, ihrer Anhänger und Nachfolger Bücher, Schriften, Gemälde oder andere unziemliche Deutungen drucken, schreiben, feilhaben, verkaufen, kaufen, leihen oder behalten. Die aber solches in ihrer Gewaltsam haben, ohne alle Ausnahme, sollen dasselbe binnen 2 Monaten a dato dieses Mandats Publizierung der Obrigkeit, dem Gerichte, denen er untersteht, bei gehöriger Strafe zustellen und überantworten."

Ferdinand hat von allem Anfang an das Täufertum als eine Gefahr nicht allein für die Reinheit des Glaubens, sondern auch für die Ruhe des Staates aufgefaſst. Alle gegen die Täufer von ihm erlassenen Mandate bezeichnen sie als Revolutionäre.

„Sollte solch ketzerische Lehr und besonders die der Wiedertäufer einwurzeln," heiſst es in Übereinstimmung mit dem Generalmandat vom 20. August 1527 in einem Mandat d. d. Wien 23. Oktober desselben Jahres[1]), „so müſste ein allgemeiner Aufstand wider alle Obrig- und Ehrbarkeiten entstehen. Demnach befehle er alle, die sich der neuen ketzerischen Sekte und Lehre, namentlich der Wiedertäufer teilhaftig machen, von Stund

---

[1]) Archiv des Stiftes St. Florian, Cod. IV p. 11.

an festzunehmen." Ein Edikt vom 23. Dezember[1] rät dringend davon ab, den entlaufenen Ketzern und insbesondere den Wiedertäufern Vorschub zu leisten, da man aus ihren Bekenntnissen erfahren hat, daſs ein allgemeiner Aufstand des ganzen Volkes beabsichtigt sei.

Den Wiedertäufern seiner Erblande hat Ferdinand mit solchen Beschuldigungen zweifellos unrecht gethan. Wenn es auch richtig ist, daſs unter den in Deutschland hausenden Wiedertäufern gewaltthätige Gesellen, beseelt von extrem sozialistischen und kommunistischen Ideen und erfüllt mit weitgehenden Umsturztendenzen, ihr Unwesen trieben; und wenn auch immerhin einer oder der andere dieser Gesellen auf seinen Kreuz- und Querzügen die österreichischen Lande besucht und dort seine Lehre an den Mann zu bringen gesucht hat, so ist doch nicht einmal der Schatten eines Beweises dafür zu erbringen, daſs solch radikales Evangelium in Österreich auf fruchtbaren Boden gefallen und dort Anhänger gefunden hat. Es beweisen im Gegenteil die hier abgeführten Prozesse, daſs die österreichischen und speziell die oberösterreichischen Täufer, mit denen wir es zu thun haben, ruhige Leute waren, deren religiöse Schwärmerei jede Art von politischen Umsturzbestrebungen von vornherein ausschloſs.

Johann Hut ist, wie wir gehört haben, im Juni 1527 in Steyr eingetroffen. Seine Umtriebe veranlaſsten die Stadtobrigkeit, gegen die dort bestehende Wiedertäufer-Gemeinde einzuschreiten und jene Mitglieder derselben, deren sie habhaft werden konnte, gefänglich einzuziehen. Wir kennen sie bereits. Es waren Paul Hertlmayr, Hufschmied, Hanns Schützenecker, Schleifer, Leonhard Alexberger, Bürstenbinder, Michael Gruber, Pogner, Hanns Muhr, Kämmler, Mathäus Pürchinger, Messerer, Hanns Heher, Schuster und Sigmund Peutler, dessen Beschäftigung die Quellen nicht angeben.

Den ihnen zugemuteten Widerruf verweigerten sie und meinten: „dieweil die schriftgelehrten Pfaffen in der Lehre selbst untereinander irrig wären, wollten sie bei der Lehre, so ihnen Bruder Hanns Hut aus Gottes Wort fürgetragen, beständig bleiben, solang, bis sie mit der Lehre Christi eines besseren unterwiesen würden".

---

[1]) Archiv des Stiftes St. Florian, Cod. IV p. 11.

Der Rat von Steyr berichtete hierüber nach Wien, fügte seinem Berichte aber die Bemerkung bei, daſs die Geistlichen, Mönch und Pfaffen keinen gelehrten Mann zum Predigen litten noch hielten — er spielt hier zweifellos auf die Affaire „Calixtus" an —, sondern wenn Gott einen solchen hieher führte, keine Ruh noch Rast hätten, bis er abgeschafft würde. Die Regierung möge hieraus entnehmen, daſs die Anhörung von Hutens Predigt mehr aus Lieb zu Gottes Wort und Einfalt, als bösem Fürsatz geschehen sei. Im Konzepte des Berichtes machte der damalige Stadtschreiber Hanns Pruckmüller ein Notabene, indem er folgende Bibelworte an die Seite schrieb: „Ist das Werk von Menschen Hand, so wird es untergehen, ist's aber aus Gott, so könnt Ihr's nicht dämpfen." Der Herr Stadtschreiber dürfte demnach selbst an der Täuferlehre Gefallen gefunden haben, vielleicht gar selbst ein Mitglied der Gemeinde gewesen sein.[1]

Auf den Bericht des Stadtrates von Steyr an die Wiener Regierung erfolgte das Reskript Ferdinands vom 10. September 1527, mit welchem er befahl, wider die gefangenen Wiedertäufer mit den Rechten und der Strafe zu verfahren, aber auch gestattete diejenigen zu begnadigen, welche widerriefen. Solchen sollte folgende Buſse auferlegt werden:

„Sie sollen öffentlich vor allen Begnadeten und in Gegenwart des versammelten Rates einen Eid schwören, daſs sie von den irrigen, verführerischen ketzerischen Artikeln und Lehren, so sie von Bruder Hanns Hut oder seinen Lehrzeugen und Mitverwandten empfangen und gelernt haben, abstehen, dieselben vermeiden und sich davor hüten, in keine heimliche Versammlung und Winkelpredigt mehr gehen, sondern hinfüro für ewige Zeiten ihr Leben lang der heiligen, christlichen Kirche und der ganzen Gemeinschaft der Christenheit und ihren Ordnungen, Satzungen, altem Herkommen und löblichem Gebrauch bei christlichem Gehorsam und bei ihrer Treue und Ehre treulich und fleiſsig nach ihrem besten Vermögen anhangen und beistehen wollen und sollen, auch der Kais. Maj. ihrem allergnädigsten Herrn, dergleichen ihren Amtleuten und sonderlich auch dem Bürgermeister, Richter und Rat zu Steyr, gehorsam und unterthänig zu sein, auch andere christgläubige Menschen dahin zu weisen und sich dagegen bis zu Ende ihres Lebens weder mit Worten,

---

[1] s. Prevenhuber l. c. S. 234.

noch mit Werken, Rat oder That, heimlich oder öffentlich zu setzen, noch jemand andern solches zu thun gestatten, noch hülfreich zu sein, wobei jede Arglist, so des Menschen Sinn erdenken kann, ausgeschlossen sein soll, bei Gottes Hülf und der heil. Dreifaltigkeit.

Weiter sollten sie drei Feiertage nacheinander zu der Zeit, als man in die Kirche geht, in einem schwarzen Klagekleid mit blofsem Haupt und offenem Angesicht, mit einer brennenden Wachskerze in der rechten Hand, um die Kirche gehen. Dann sollen sie, während man das Hochamt singt, vor dem Hauptaltar niederknieen und Gott den Allmächtigen um Gnade, Nachbesserung ihres Irrfalls und ihrer Sünde, so sie begangen, bitten, nach der Wandlung aber mit Erlaubnis des Pfarrers in ihren Klagekleidern in ihre Wohnung sich begeben.

Die Klagekleider sollen von dem ersten Tag der Bufse an durch ein ganzes Quatember getragen werden.

Am Feiertag oder Sonntag nach dem dritten Sonntag soll jeder dem Pfarrer oder seinem Gehülfen seine Sünden beichten und das Sakrament des Altars empfangen. Die Büfsenden sollen in ihren Wohnungen keine Gemeinschaft pflegen oder Gesellschaft halten, alle Versammlung und Gesellschaft meiden, auch kein Amt annehmen, keine Waffen tragen oder sich nachtragen lassen, und zwar alles dieses durch ein ganzes Jahr vom ersten Sonntag ihrer Bufszeit angefangen.

Endlich sollen sie ihre Wohnung, so sie in Stadt Steyr und im Burgfried haben, während Jahresfrist nicht verändern, ihre Behausungen nicht verkaufen oder auf anderem Wege veräufsern, auch aus dem Burgfried ohne Wissen und Willen der Obrigkeit nicht ziehen noch weichen, auch sollen sie die Sr. Majestät und der Stadt Steyr aufgelaufenen Kosten nach ihrem Vermögen ersetzen und vergleichen [1].“

Dasselbe Reskript Ferdinands bestimmte als öffentlichen Ankläger im Prozesse gegen die in ihrer Unbufsfertigkeit verharrenden Wiedertäufer den ehrbaren und gelehrten Magister Wolfgang Künigl. Dieser scheint in den ersten Tagen des November in Steyr eingetroffen zu sein. Bereits unterm 11. November erstattet er einen ausführlichen Bericht über die religiösen Zustände in dieser

---

[1] Akten des Min. für Kultus und Unterricht in Wien, sub N. d. 3. S. Anh. I.

Stadt, so wie er sie angetroffen, an den Statthalter und die Regenten der niederösterreichischen Lande[1]).

Künigl berichtet vorerst, daſs er die nötigen Anstalten zur Zusammensetzung des Ketzergerichtes gebildet habe und demnächst die öffentliche Verhandlung stattfinden werde. Er zeigt an, daſs er die Gefangenen vor sich fordern lieſs und sie in Gegenwart von Richtern und Rat vernommen und mit ihnen Inquisition gehalten habe. Ihre Antworten, welche er durch den Stadtschreiber zu Papier bringen lieſs, sendet er der Regierung ein. Ihren Inhalt kennen wir bereits. Auch Künigl bittet, sowie früher der Rat von Steyr, um Verhaltungsmaſsregeln, insbesondere gegen diejenigen, welche zwar der Predigt des Hans Hut und seiner Gesellen beigewohnt, aber sich nicht haben taufen lassen.

Unterm 6. November desselben Jahres richtet Künigl ein neuerliches Schreiben an die niederösterreichische Regierung, worin er dringend von zu strengem Verfahren gegen die zum Widerruf bereiten Ketzer abrät[2]).

„So ich oder der Rat mit der Strafe zu Horb und Rottenburg gegen sie verfahren würde, heiſst es dort, so entlaufen sie wahrlich alle. Diese Strafe nimmt keine Person, insbesondere keiner der Männer, deren viele sind, und keiner von den namhaften und vornehmen Leuten an. Es wäre auch zu besorgen viel groſse Empörung und Gefährlichkeit, so im Lande ob der Enns und auch hier in der Stadt Steyr daraus entstehen möchte, was doch leicht, so die Strafe verringert wird, zu verhüten ist. Darum ist es von Nöten, daſs Euer Königl. Majestät oder in Ihrem Namen Ihre Regierung auf eine geringere, leichtere Strafe denken, insbesondere gegen junge Personen und andere, die gutwillig von ihrem Irrfall, den verführerischen Lehren und bösen Sekten abfallen.“

Gegen die Schuldigen aber, die von ihren falschen, verführerischen Lehren nicht abstehen wollen, will Künigl gemäſs dem von Sr. Majestät ausgegangenen Befehl nach Recht verfahren, damit sie ernstlich und schwer gestraft werden.

---

[1]) Abschrift dieses Berichtes liegt im Archiv des Kultusmin. in Wien, sub N. a. 3. V., abgedruckt im Anhang sub I.

[2]) Abschrift im Arch. des Kultusmin. in Wien sub N. d. 3, abgedruckt im Anhang sub I.

Am 12. November 1527 hat die niederösterreichische Regierung den Bericht Künigls dem Könige vorgelegt und ihm bekannt gegeben, daſs sie sich dem Rate Künigls gegenüber auf Anwendung milderer Strafen auf die Befehle Sr. Majestät berufen und Künigl darauf verwiesen habe.

Ferdinand antwortet hierauf, daſs dem Künigl geschrieben werde, daſs Sr. Majestät Meinung sei, es sei gegen diejenigen, die auf ihrer Meinung verharren, mit strengen Rechten zu verfahren. Welche aber Reue zeigen und widerrufen wollen, denselben soll die Strafe von Horb und Rottenburg (siehe Anhang I) auferlegt werden. Eine Beschwerde dagegen soll man nicht angehen lassen und nur einfältigen und jungen Personen gegenüber soll Erbarmen geübt werden. Was aber den von Künigl befürchteten Aufruhr anbelangt, so sei dem Rate von Steyr zu bedeuten, daſs er, wenn dort die Bestrafung des Unrechtes zu Aufruhr und Gefährlichkeiten führe, als Herr und Landesfürst nach Notdurft und Einsehen zu verfahren wissen werde[1]).

Mit dieser Entscheidung des Landesfürsten war der Rat von Steyr keineswegs zufrieden. Er wandte sich mit dem Schreiben d. d. 15. Nov. 1527[2]) an den Statthalter und Regenten der niederösterreichischen Lande, berichtet hiermit, daſs sechs in Steyr gefangene Wiedertäufer ernstlichen Widerruf geleistet und daſs sie in Ansehung dieser die Buſse von Horb und Rottenburg für zu beschwerlich halten, demnach ihre Bitte um Milderung zur geneigten Berücksichtigung vorlegen. Es sei ein Unterschied zu machen, schlieſst das Schreiben, zwischen den Personen, die sich unschuldig erzeigen, die vor der Rechtsbesetzung und dem Urteil, obwohl sie hätten fliehen können, in Gnade sich ergeben und von der verführerischen Lehre abstehen, und jenen Verstockten, die in ihrem Irrsal verharren. Doch auch diese Vorstellung scheint keinen Erfolg gehabt zu haben. Bereits am 20. November 1527 erging ein Schreiben Ferdinands an die 6 Städte des Landes ob der Enns, für das Schrannengericht zur Aburteilung der Wiedertäufer einen Abgesandten als Gerichtsbeisitzer nach Steyr zu senden[3]).

---

[1]) Original mit 5 aufgedruckten Ringsiegeln im Archiv des Kultusministeriums sub N. d. 3, abgedruckt im Anhang sub I.

[2]) Original im Archiv zu Steyr. Absch. im Archiv des Kultusminist. in Wien. S. Anh. I.

[3]) Ein Original eines solchen Einladungsschreibens an den Richter und

Noch im Laufe des November 1527 begann der Prozefs[1]) gegen die auf ihrem Glauben beharrenden Wiedertäufer unter Vorsitz des Stadtrichters Hanns Bischofer. Es waren dies: Hanns Schützenecker, Schleifer, Sigmund Peutler, Mathäus Pürchinger, Messerschmied, Hanns Muhr, Kämmler, Hanns Penzenauer, Goldschmied und Leonhard Alexberger, Bürstenbinder. Man verlas zuerst die gegen die Wiedertäufer ausgegangenen königlichen Edikte, dann brachte der öffentliche Ankläger seine Klage schriftlich und mündlich ein. Sie ging dahin, dafs die Angeklagten wider die Satzungen der Kirche, wider weltliches und geistliches Recht, wie es jüngst von Worms ausgegangen sei (wider das Wormser Edikt), auch wider alle Polizei, wider alle brüderliche Liebe und Sitten sich in irrige verführerische, ketzerische Hutisch und Zwinglische Lehre, Sekten und neue Ordnung eingelassen, solche angenommen und geübt haben, sie noch in ihrem Herzen halten und glauben, dafs sie neue Verbindung gemacht, sich zusammen rottiert, Winkel-Predigten in und aufser der Stadt besucht, auch die Wiedertaufe, so sie ein Zeichen und einen Bund des Herrn nennen, die vormals in der christlichen Kirche nie erhört war, an sich genommen haben, von der Kindertaufe und dem Hochwürdigen Sakramente des Altars nichts hielten, noch glaubten und sich zu dem rechten Weg nicht wollen wenden lassen; er, der öffentliche Ankläger, trage deshalb darauf an, die Angeklagten in Pön und Straf, laut der Reichsordnung und königlichen Mandaten zu erklären und gegen sie zu verfahren.

Über diese Anklage liefsen sich die Beklagten einhellig dahin vernehmen, dafs sie mit seiner Königl. Majestät nicht zu rechten wüfsten, was wohl heifsen soll, dafs sie auf jede Verteidigung verzichten wollen. Es war ihnen aber dennoch, erzählen die Akten weiter, zu ihrer Verantwortung ein Bedacht gelassen und eine Abschrift von der Klage zugestellt.

Hiermit wurde die Verhandlung vorderhand geschlossen und auf den nächsten Tag vertagt. An diesem legten die Angeklagten ihre Verantwortung schriftlich ein. Sie hatte folgenden

---

Rat der Stadt Enns befindet sich unter den Ennser Archivalen des Museums in Linz. Abgedruckt im Anhange VI.

[1]) Prevenhuber l. c. S. 335 läfst den Prozefs am 6. November beginnen. Zufolge des Inhalts des Einladungsschreibens Ferd. (s. vorh. Anm.) kann jedoch der Prozefs nicht vor Ende Nov. begonnen haben, denn das Einladungsschreiben ist vom 20. Nov. datiert.

Inhalt: „Ihr Gemüt und Meinung sei niemals gewesen, wider S. kaiserlichen Majestät Mandate, brüderliche Liebe und christliche Ordnung zu handeln. Sie wüfsten sich des göttlichen Befehles: Gebt dem Kaiser, was des Kaisers ist, wohl zu erinnern, auch des Wortes der Schrift: Seid unterthänig aller menschlichen Ordnung um des Herrn willen. In diesem Gehorsam wollten sie mit Leib und Gut bis an ihr Ende beharren.

Sonst sei wahr, dafs sie zu mehreren Malen seien zusammengekommen, um in brüderlicher Liebe einer den andern in Gottes Wort zu unterrichten, aber nicht in der Meinung etwas Böses zu stiften oder Aufruhr zu erwecken. Sie erbieten sich übrigens von solchen Versammlungen fürderhin abzustehen. Ihre Lehre aber, darin sie unterwiesen, sei keine neue, sondern die Lehre Christi, Marci 16, Matth. 28, Actor. 2. 8. 10, Joan. 3. 4, Rom. 6, I. Cor. 15, Luc. 12, Joan. 5. Sie wüfsten keine andere Taufe, als welche sie lehrten, dabei wollen sie bis an ihr Ende verharren. Vom Sakramente des Altars werde in der Schrift nichts gelesen: aber vom Abendmahl Christi, wie er eingesetzt, hielten sie viel. Aus den Worten solcher Einsetzung nun, wie solche die H. Evangelisten und Paulus beschreiben, sei lauter und klar zu verstehen, dafs unter der Gestalt des Brotes der Leib des Herrn Christi nicht sei, sie glaubten es auch nicht. Denn Christus, Math. 24 und Marci 13 hat gesprochen: So Jemand zu Euch wird sagen: Sieh! hier ist Christus oder da ist Er, sollt ihr's nicht glauben. Gott, der die Welt gemacht hat und Alles was darinnen ist, wohnt nicht in Tempeln mit Menschenhänden gemacht, wird auch nicht mit Menschenhänden gepflegt, als Einer, der Jemandes bedürfe. Er selbst giebt Jedermann Leben und Odem! Deshalb bete auch die christliche Kirche: Vater unser, der du bist im Himmel, und: da er sitzet zur Rechten seines himmlischen Vaters. Diesen Worten glaubten sie. So lehre auch Paulus. Deshalb bitten sie, diese ihre Meinung, wenn sie auch nicht in Übereinstimmung mit den kaiserlichen Mandaten sich befinde, in Gunst anzunehmen, befehlen sich im übrigen dem allmächtigen Gott. Was sein Wille sei, möge ihnen geschehen."

Auf diese Verteidigung replizierte am 3. Tage Künigl im Sinne seiner Anklage. Insbesondere rügte er, dafs solche heimliche Versammlungen, wie sie sie veranstaltet hätten, eine Quelle des Ungehorsams seien und schon zu viel Unglück und Blutvergiefsen geführt haben. Ihr Versprechen, künftighin davon abzusehen, sei aber nicht genügend, solange sie nicht erklärten, von ihrer verderblichen Lehre selbst abzustehen. Sie hätten die Schrift mifsverstanden und irrig ausgelegt. Es gebühre ihnen auch nicht, ohne Wissen und Willen der geistlichen Obrigkeit eine neue Ordnung aufzurichten. Die Kindertaufe werde seit viel 100 Jahren in der christlichen Kirche geübt, kaiserliche und geistliche Rechte verbieten den Laien, in Glaubenssachen zu disputieren. Alle Christen glauben, dafs unter der Gestalt des Brotes und Weines der hl. Fronleichnam Christi mit Fleisch und Blut begriffen und verborgen sei. Er sei übrigens nicht verpflichtet, sich mit den Angeklagten in eine Disputation über die Auffassung der Schrift einzulassen.

Nachdem Se. Majestät der König als Herr und Landesfürst ihre Lehre für verführerisch und ketzerisch erkannt hatte, nachdem sie trotz vielfachen Vermahnungen und Unterweisungen von gelehrten, geistlichen und weltlichen Personen, von ihrer bösen, Hutischen, Oecolampadischen und Zwinglischen Lehre nicht abstehen wollten, sondern hartnäckig darauf beharrten, wiederhole er sein Verlangen um Urteil und Strafe. Hierauf antwortete für die sämtlichen Angeklagten Hanns Schützenecker: Es sei noch niemand zu ihnen gekommen, der sie mit der Schrift überwunden hätte. Jeder Schriftstelle, die ihnen zur Widerlegung ihrer Lehre vorgehalten, hätten sie eine andere entgegenzusetzen gewufst. Der christlichen Kirche und Gemeinschaft seien sie nie zuwider gewesen, im übrigen wollten sie geduldig leiden, was ihnen auferlegt würde.

Als nun, erzählen unsere Quellen weiter, gehörter schriftlicher und mündlicher Prozefs beiderseits geschlossen, wurde die Sache von den Assessoren erwogen und in Beratschlagung gezogen.

Der Vorsitzende Bischofer hielt die Umfrage, die Beisitzer gaben ihr Votum ab, wie folgt: Zuerst Hieronymus Zuverumb, Bürgermeister zu Steyr. Er halte dafür, dafs die sämtlichen Angeklagten Ketzer seien, sie sollten deshalb mit dem Brand gestraft werden, aus menschlicher Erbarmnis aber seien sie mit dem Schwert zu richten und dann ihre Körper zu Asche zu verbrennen.

Mit ihm stimmten:

Die Mitglieder des Rates zu Steyr, Michael Kernstock, Stephan Kaiser, Georg Pranauer, Sebastian Abstorfer, Georg Heiling, Andre Vorster, Wolfgang Freienberger, Wolfgang Rumpel, Utz Panner und Hanns Widtmer.

Nach dem Bürgermeister von Steyr gab der Abgeordnete von Linz Michael Widmer seine Stimme ab. Sein Votum ist höchst interessant, ein seltenes Beispiel von Humanität und Milde in einer von religiösem Fanatismus erfüllten Zeit: Es sei ihm schwer, meint er, als einem Laien, unerfahren in göttlicher und weltlicher Schrift, in dieser Sache zu urteilen. Jedoch aber aus Gehorsam wolle er sein Gewissen und seinen Verstand zusammennehmen und spreche demnach zu Recht, daß die Angeklagten noch 2 Monate lang durch gelehrte und andere verständige Christgläubige unterrichtet werden sollen, damit sie von ihrem Irrsal abstehen. Wo nicht, sollen sie gegen ihren Eid und Urfehde ausgelassen und ihr Lebtag aus den königlichen Erblanden verwiesen werden. Mit Widmer stimmten: Colman Dorninger, Peter Weifs, Michael Hainberger, Hanns Winkler, Niklas Kölnpeck und Barthelme Hirsch, sämtlich von Steyr, dann Stephan Aichinger von Linz, Hieronymus Gaunold und Wolfgang Püchler von Wels, Hanns Kuchmayr und Michael Gärtner von Enns und Georg Gstettner von Gmunden.

Als 3. Votant kam Thomas Stampfhauer, Mitglied des Rates zu Steyr, an die Reihe. Auch er stimmt für 2 monatliche Bekehrungsversuche. Für den Fall der Fruchtlosigkeit derselben seien die Angeklagten jedoch auf offenem Platz an den Pranger zu stellen, mit einem glühenden Eisen an der Stirne zu bezeichnen und aus Steyr und den Erblanden Zeit ihres Lebens zu verweisen. Ihm stimmten bei: Michael Weglein, Sebastian Rockenburger, Mart. Krichbaum, Augustin Prandtner, Georg Vischer, Hanns Schachmayr und Hanns Schmidhucker, sämtlich von Steyr.

Florian Schamberger von Gmunden beantragt gleichfalls die Ausweisung, ebenso Georg Mültaller von Vöcklabruck, jedoch mit der Variante, daß sie früher zu blenden seien.

Auf Grund dieser Anträge, denen wohl nur beratende Gewalt zukam, schöpfte der Vorsitzende Georg Bischofer das Urteil, daß die Beklagten, allen Christgläubigen zu gutem Exempel, aus der Christ- und Pfarrgemeinde ausgeschlossen, von allem bürgerlichen Wesen und von der ganzen andern Christenheit abgesondert werden und daß sie so lange gefänglich zu verwahren und von Gelehrten und von verständigen Männern zu unterweisen seien, bis sie sich von solchem irrigen Glauben und Sekten wieder zum wahren rechten und christlichen Glauben bekehrt haben.

In einem besonderen, bald darauf abgeführten Prozesse wurde Hanns Heher, Schuster und Schatzmeister der Wiedertäufer, welcher nach seiner ersten Einziehung widerrufen hatte, dann aber rückfällig geworden war, zu dreimonatlicher Gefangenschaft verurteilt.

Wegen beider Urteile hat der öffentliche Ankläger die Appellation an die Regierung in Wien eingebracht, worüber die Deklaration Ferdinands vom 21. März 1528 erfolgte.

Dieselbe giebt dem Befremden, ja der Verwunderung Ausdruck, dafs trotz des ergangenen Generalmandates die Ansichten des Gerichtes über eine so grausame, verdammliche und unerhörte Sekte so zerspalten, irrig und getrennt waren, ja widerwärtige, null und nichtige Urteile gesprochen wurden, und erklärt, nur das von den ersten 13 gegebene Urteil, dafs die Angeklagten, die auf ihren unchristlichen Händeln beharren wollen, mit dem Schwerte gerichtet und ihre Körper nachmalen verbrannt werden, anzunehmen, wogegen die Urteile aller anderen Stimmen als nichtig und unförmlich gänzlich aufzuheben seien. Dieselbe Deklaration ordnet den sofortigen Vollzug dieses Urteiles, somit die Hinrichtung der Inkulpaten mit dem Schwert und die Verbrennung ihrer Körper an, insofern hierdurch keine Gefahr, Nachteil oder Schaden zu besorgen sei. Denn wo einigerlei Unrat daraus erwachsen würde, meint die Deklaration, wollen wir uns die Strafe hiermit vorbehalten haben. Ferner ist auch unser Befehl, schliefst die Deklaration, dafs du (Künigl) der ersten, und auch der anderen 13 und 7 Votanten Personen mit Tauf- und Zunamen, sowie ihre Abstimmung aufschreiben lassest und solche Aufschreibung unserm Statthalter und Regenten zusendest.

Auch das Urteil gegen Hanns Heher hat Ferdinand aufgehoben und dem Stadtrichter in Steyr aufgetragen, gegen denselben zufolge der Mandate zu verfahren, das heifst wohl, ihn vom Leben zum Tode zu befördern.

Am Samstag vor Invocavit wurden die zum Tode verurteilten Wiedertäufer, darunter auch Hanns Heher in Gegenwart des öffentlichen Anklägers, des Stadtrichters Bischofer und der Stadträte Wolfgang Rumpe, Peter Weifs und Niklas Kölnpeck peinlich verhört. Doch auch die Folter vermochte ihre Überzeugung nicht zu beugen. Sie bekannten einhellig, von der christlichen Kirche und der geistlichen Obrigkeit sei so viel zu halten, als in dem Wort Gottes davon begriffen. Der weltlichen Obrigkeit

6*

sei man unterthänig und Gehorsam zu leisten schuldig in Sachen, welche Leib und Gut betreffen. Die Wiedertaufe sei jedem Menschen nötig zur Seligkeit. Es seien nur zwei Sakramente, die Taufe und des Herrn Abendmahl. In diesem seien das Brot und Wein nur Zeichen des Leibes und Blutes Christi. Alle Güter sollten unter den Christen gemein sein.

Sie bekannten weiters, wie sie zu solcher Lehre geraten waren, wo und von wem sie sich haben taufen lassen und das Brot gebrochen. Wer ihr Vorsteher gewesen und was von demselben gelehrt worden sei. Unter anderen sagten sie von ihren Kennzeichen: Wenn ein Bruder zum andern kommt, so grüfse er ihn im Herrn.

Dagegen antworte derselbe: Dank Dir Gott im Herrn und gebe ferner die Frage auf: Kommst Du vor oder nach dem Herrn? Wenn nun der fremde Bruder antwortet, er komme vor oder nach, so werde selber für keinen rechten Bruder erkannt, wohl aber, wenn er spricht, er komme in Christo oder mit dem Herrn.

Sie bekannten auch, dafs sie im Gefängnisse, insbesondere bevor sie vor das Gericht geführt wurden, des Herrn Abendmahl gehalten, das Brot gebrochen und um in der Beständigkeit zu verbleiben, sich untereinander getröstet haben. Am Montag post Judica sind die verurteilten 6 Wiedertäufer, weiter im Monat Mai, der mehrgenannte Hanns Heher, dann aber noch weitere 5 Wiedertäufer, die auf dem Lande gefangen und von Garsten nach Steyr ausgeliefert worden sind, mit dem Schwerte hingerichtet und ihre Körper verbrannt worden. Schützeneckers Weib wurde ertränkt.

Andere, erzählt uns die Chronik weiter, wurden mit Landesverweisung bestraft, viele aber, Manns- und Weibspersonen, auf erfolgte Revokation und gegen beschworene Urfehde wieder ledig gelassen.

Mehrere, die dieser Lehre verdächtig gewesen, darunter Veit Pfefferl, Leonhard Koberer und Hanns Wifshauer haben sich bei der Regierung in Wien gereiniget.

Die von der Regierung angeordnete Zerstörung der den Justifizierten gehörigen Häuser unterblieb mit Rücksicht auf die Hinterbliebenen und über deren Gnadengesuch. Dem Hieronymus Zuverumb, Michael Kernstock, Hanns Fuxberger, Georg Pranauer und Sebastian Abstorfer, also denjenigen unter den Richtern, welche für die Hinrichtung der Angeklagten gestimmt hatten, wurde nach vollzogener Exekution die allerhöchste Zufriedenheit und der allerhöchste Dank durch die Wiener Regierung ausgesprochen.[1])

Der öffentliche Ankläger Künigl war ein viel beschäftigter Mann. Noch war seine Arbeit in Steyr nicht zu Ende, als bereits Freistadt seiner Dienste bedurfte. Auch dort lagen eine Anzahl von Wiedertäufern gefangen, gegen welche über seine Anklage nach Rechten verfahren werden sollte.

Bereits unterm 12. August 1527 hat König Ferdinand an die Stadtverordneten von Freistadt geschrieben, es sei ihm glaublich berichtet worden, daß Johann Hut mit seinen Gesellen sich in Freistadt befunden habe, und dieselben aufgefordert, alle Wiedertäufer, welche sie betreten, gefänglich einzuziehen und bis auf weiteren Befehl in sicherem Gewahrsam zu halten, darüber aber an den Statthalter und Regenten der niederösterreichischen Lande zu berichten. Schon am 22. August 1527 berichtet der Rat von Freistadt an die Wiener Regierung, daß sie sechs Wiedertäufer, den Jörg Schoferl, Heinrich Banreytt, Hanns Eckhart, Paul Goldschmidt, Hanns Tischler und Wolffgang Tuchscheer, Bürger in Freistadt, gefänglich eingezogen und verwahrt haben, und fragt an, was mit ihnen geschehen soll.

Landeshauptmann Ciriac Freiherr von Pollheim, dem die Wiener Regierung wohl die Anzeige des Freistädter Rates zur Amtshandlung abgetreten hatte, verfügte hierüber, „die gefangenen Bürger, welche sich Hannsen Huten und seiner Mitgesellen Zwinglischen, verführerischen Lehr und Irrthum der Wiedertaufe schuldig gemacht haben", durch den Königlichen Rat und Viztum im Lande ob der Enns, Georg Sighard von Lambach und den Pfleger von Freistadt, Georg von Landau zu Cuemburg verhören zu lassen, und die mit den Verhörten aufgenommenen Protokolle ihm einzusenden.

Die Verhöre begannen in den ersten Tagen des Oktober und wurden bereits am 8. nach Linz abgesendet.

---

[1]) Die Darstellung des Steyrer Prozesses wurde deshalb so ausführlich behandelt, weil sie mir nach den verschiedensten Seiten hin wertvolle kulturhistorische Streiflichter zu werfen scheint. V. Annales Styrienses v. Prevenhuber S. 233 ff.

Unterm 23. Oktober erging dann ein Befehl König Ferdinands, durch welchen die Wiedertäufer, welche widerrufen hatten, zu der Buße von Horb und Rottenburg begnadigt, gegen die Halsstarrigen aber das hochnotpeinliche Verfahren angeordnet wurde. Als öffentlichen Ankläger bestimmte Ferdinand den Meister Wolfgang Künigl.

Nachdem am 27. Oktober 1527 ein Dekret des Landeshauptmanns von der Kanzel aller Gotteshäuser verkündet worden war, des Inhalts, daß die Wiedertäufer-Sekte wider Gott sei und daß gegen ihre Anhänger mit der strengsten Strafe werde vorgegangen werden, traf am 1. November ein aus Steyr datiertes Schreiben Künigls ein, worin er seine Bestellung zum Ankläger anzeigt und den Rat ersucht, einen Gerichtstag zu bestimmen und hierzu die Beisitzer und Verordneten der 5 oberösterreichischen Städte einzuladen.

Der Freistädter Rat scheint dem bevorstehenden Prozesse nicht viel Sympathie entgegengebracht zu haben, denn er lehnte die Zusammensetzung des Gerichtes damit ab, daß er kein Hochgericht, noch Recht und Bann habe und deshalb in peinlichen Sachen überhaupt nicht richten dürfe.

Infolgedessen übertrug Ferdinand mit Dekret vom 1. November 1527 die Besetzung des Rechtes an den Pfleger Georg von Landau und trug diesem auf, die Einladung der Abgeordneten der Städte Linz, Enns, Wels, Gmunden und Vöcklabruck zu veranlassen.

Noch im November ist Künigl in Freistadt eingetroffen. Vorerst hat er Verhöre der Gefangenen „außerhalb Rechtens" veranlaßt.

Jörg Schoferl hat sich sofort bekehrt und um Gnade gebeten, welche ihm wohl auch gewährt wurde.

Ob es gegen die Übrigen zum Prozeß gekommen ist, wissen wir nicht, die Freistädter Akten geben diesbezüglich keinen Aufschluß. Thatsache aber ist, daß Heinrich Banreytt, Hanns Eckhart, Hanns Tischler, Paul Goldschmidt, Wolfgang Pirkenfelder am 8. April 1528 eine Urfehde unterzeichnet haben, worin sie bekennen, daß sie in Gefangenschaft und Strafe gekommen sind, weil sie sich haben taufen lassen und eine neue ketzerische Lehre angenommen haben, jedoch um Fristung ihres Lebens und Gnade gebeten und dieselbe von Sr. Majestät auch erhalten haben; ferner geloben sie, sich für ewige Zeiten in solch verführerische Lehre, Sekten und Verbindungen nicht mehr einzulassen, sondern wie andere Christenmenschen zu den gewöhnlichen Zeiten die Beichte und den Empfang des hl. Altarsakramentes, auch die Bufse, die ihnen der Beichtvater auferlegen wird, zu vollziehen.

Wie überall hatten auch in Freistadt die gegen die Wiedertäufer eingeleiteten Verfolgungen nicht den gewünschten Erfolg. Schon unterm 28. April 1528 sah sich der Landeshauptmann neuerdings veranlafst, den Rat von Freistadt aufzufordern, fleifsig Kundschaft zu halten, Verdächtige festzunehmen und an ihn zu berichten. Am 25. April trifft der Landeshauptmann Verfügungen in Ansehung jener Wiedertäufer, welche in den vorausgegangenen 2 Monaten, also März und Februar 1528 in Freistadt gefangen worden waren. Insoferne sie nicht Aufwiegler und Vorsteher sind und nicht andere wiedergetauft haben, sollen sie begnadigt werden, gegen die Rädelsführer soll dem Willen Sr. Majestät gemäfs ungesäumt mit der Exekution vorgegangen werden.

Am 25. Mai berichtet der Rat von Freistadt über die Gefangennehmung von 5 Wiedertäufern und bittet um Verhaltungsmafsregeln. Der Bericht spricht die Besorgnis aus, dafs sich die Wiedertäuferei vermehren werde, wenn nicht mit Einsicht gegen dieselbe vorgegangen werde. Am 25. Mai 1528 verständigt der Landeshauptmann die von Freistadt in vorwurfsvollem Tone, dafs Se. Majestät in Erfahrung gebracht habe, dafs kürzlich von den Wiedertäufern in Freistadt ein ärgerliches und aufrührerisches Büchel ausgegangen sei. Sie sollten auf solche Büchel achtgeben und diejenigen strafen, bei denen sich solche Büchel finden.

Auch im Jahre 1529 hatte sich der Freistädter Rat mit der Wiedertäufersache zu befassen. Thoman Tanzer, ein Bürgerssohn von Freistadt und reichbegütert, war unter dem Verdacht, der Wiedertäuferlehre anzuhängen, gefänglich eingezogen worden, es ist ihm jedoch gelungen, seiner Justifizierung durch die Flucht zu entgehen. Infolgedessen wurden seine Güter eingezogen und als dem Könige anheimgefallen erklärt. Dieser schenkte das ihm zugefallene Vermögen seinem Thürhüter Gilg Kurtz, welcher jedoch bei den sichtlichen Bestrebungen der städtischen Obrigkeit, wenigstens einen Teil dieser Güter der Konfiskation zu entziehen und den Angehörigen Tanzers zu retten, nicht geringe Mühe hatte, in ihren Besitz zu gelangen[1]).

---

[1]) Die Darstellung der Wiedertäuferverfolgung in Freistadt ist den im Freistädter Stadtarchiv erliegenden Akten, abgedruckt im Anhang dieses

Hatte schon Johann Hut seinen Aufenthalt in Steyr dazu benutzt, nach allen Seiten seine Apostel auszusenden, um die im Lande bestehenden Täufergemeinden zum Ausharren im Glauben zu ermuntern und denselben neue Mitglieder zu werben, wohl auch neue Gemeinden zu gründen, so hatten die gegen die Steyrer und Freistädter Wiedertäufer eingeleiteten Verfolgungen die Zahl dieser Apostel nur vermehrt. Es war ja nur der geringste Teil derjenigen, welche den begeisternden Worten Huts ein gläubiges Ohr geliehen hatten, der der Behörde in die Hände fiel. Weitaus die gröfste Mehrzahl stob nach allen Himmelsrichtungen auseinander, um den Samen der Ketzerei überall dort auszustreuen, wo ein mehr oder weniger sicheres Asyl, sei es auch nur für wenige Tage, einen Aufenthalt ermöglichte. So hat sich im Laufe des Jahres 1527 die Sekte der Wiedertäufer über ganz Oberösterreich ausgebreitet.

Dem ehrlichen Fanatismus Ferdinands hat dieser Erfolg seiner Thätigkeit schwere Sorgen bereitet. Unermüdlich arbeitete er an der Ausrottung der Sekte. Ein Mandat folgte dem andern, ein Schreiben löste das andere ab. Drohend und strafend, ermunternd und tröstend, ratend und helfend griff er selbst in die von seiner Regierung zur Bekämpfung der Ketzerei ergriffenen Mafsregeln ein. Unterm 26. Februar 1528 richtet er aus Gran ein Schreiben an den Statthalter und Regenten der niederösterr. Lande, in dem er sich über den zu geringen Eifer seiner Regierung in Verfolgung der Wiedertäufer und anderer neuer Sekten bitter beklagt[1]).

Wiewohl er, heifst es dort, den Adressaten oftmals Befehl gegeben, wegen der Wiedertäufer sorgsame Kundschaft zu halten, um ihren Grufs und ihre Zeichen zu erfahren und hinter ihre bösen Praktiken, Rottierungen und Konspirationen zu kommen, und gehofft habe, dafs dies eingerissene Übel endlich hierdurch ausgerottet werde, müsse er sich von dem Anwachsen desselben berichten lassen. Es werde eben nicht genugsam und fleifsig Kundschaft gehalten, und selbst gegen diejenigen, welche gefänglich eingezogen worden, nicht mit der nötigen Energie verfahren.

Buches, entnommen. Diese Akten sind bereits von Prof. Josef Jäkel in seiner Arbeit: „Zur Geschichte der Wiedertäufer in Oberösterreich und speziell in Freistadt" im 47. Berichte des Mus. Francisco-Carol. in Linz 1889 benutzt und auszugsweise veröffentlicht worden.

[1]) Orig. im Archiv des Kult.-Minist. in Wien IV. a. 3 enthalten in dem Entschuldigungsschreiben der 6 Regenten v. 4. März 1528. V. Anh. I.

Von seinen eigenen Leuten habe er über der Wiedertäufer Grufs und Zeichen noch gar nichts erfahren, was er wisse, haben ihm fremde Orte berichtet. Er sei aber nicht gesonnen, dies länger zu dulden, und befehle demnach, dafs die Regierung zur Verhütung und Vorkehrung eines mehreren und gröfseren künftigen Übels aller anderen Sachen und Geschäfte ungeachtet dem Handel des Glaubens als dem „meisten und prinzipalsten" obliege und ratschlage, wie solchem Übel mit der nötigen Kundschaft und Nachstellung Einhalt gethan werden könne. Es sei deshalb insbesondere gegen die bereits gefangenen Personen mit den von Sr. Majestät kundgemachten Pönen und Strafen vorzugehen und seien deren Häuser, worin sie Versammlung gehalten und ihre verführerische Lehre verkündet haben, in Städten, Märkten und Dörfern zu ewigem Gedächtnis niederzureifsen.

Durch den Vorwurf der Lässigkeit und des mangelnden Eifers, der mit diesem Schreiben der niederösterr. Regierung so unverblümt an den Kopf geworfen wurde, fand sich dieselbe empfindlich beleidigt und säumte nicht in einer geharnischten Rechtfertigung — datiert vom 4. März 1528 — all die Mafsregeln aufzuzählen, die sie zur Bekämpfung der überall um sich greifenden Ketzerei bereits in Anwendung gebracht hätte [1]).

Eingeleitet wird diese Rechtfertigung mit dem Hinweis auf die vielen Geschäfte administrativer und judizieller Natur, welche der Erledigung durch die Regierung obliegen und zu deren Bewältigung die kleine Anzahl der beim Regiment angestellten Beamten kaum hinreiche. Es wird deshalb Se. Majestät gebeten, insbesondere mit Rücksicht auf die grofse und rasche Verbreitung der Wiedertäufer eigene Kommissionen mit der Untersuchung und Verfolgung dieser Sache zu betrauen. Nun folgt die Aufzählung aller jener Vorkehrungen, welche über Befehl Sr. Majestät die Regierung bereits getroffen hat, den vielgenannten Mifsglauben zu unterdrücken und abzustellen, Mafsregeln, durch welche sie sich den Dank und die Anerkennung Sr. Majestät, nicht aber deren Ungnade zu verdienen gehofft hatte.

Was ungefähr seit einem Vierteljahr her durch sie (die Regierung) gethan worden, sei folgendes: 1. sei das Generalmandat Sr. Majestät in alle Lande ausgesendet worden, 2. sei dem Befehl Sr. Majestät gemäfs gegen die der Wiedertaufe verdächtigen

---

[1]) Orig. im Archiv des Kult.-Minist. in Wien. N. a. 3. V. Anh. I.

Personen, insbesondere gegen die Aufwiegler und Rädelsführer, die in den Landen herumreisen und das Volk verführen, Nachforschung gepflogen worden, damit sie zu Gefängnis gebracht und gestraft würden. Insbesondere seien die diesbezüglichen Befehle Sr. Majestät auch dem Herrn Landmarschall in Österreich und den Landeshauptleuten in anderen Landen zur Darnachachtung mitgeteilt worden.

3. Es seien auch bereits viel Wiedertäufer erfragt, betreten und gefänglich eingezogen worden, gegen welche, nachdem Sr. Majestät Deklaration, wie es mit der Strafe zu halten sei, erflossen, gehandelt werden würde. Als Orte, wo Wiedertäufer gefangen liegen, werden genannt: Freistadt, Steyr, Melk, Lembach, Neustadt und die Herrschaften Kirchschlag und Gutenbrunn. Daſs diese Wiedertäufer noch nicht justifiziert seien, habe seinen Grund in den Befehlen Sr. Majestät, welche eine genaue Untersuchung der Sache und insbesondere der Schuld der einzelnen Übelthäter anordnen, denn die Fälle und Handlungen beschweren ungleich des Menschen Gewissen. Übrigens seien bereits Wolfgang Künigl in Oberösterreich, der Meister Andrae Schimpfer in Wien als öffentliche Ankläger bestellt worden.

4. sei in betreff der Chorherren zu St. Ulrich von der Neustadt (Klosterneuburg), welche im Verdachte ketzerischer Neigungen ständen, Nachforschung eingeleitet worden.

5. werde nach ketzerischen Büchern zufolge Generalmandats Sr. Majestät eifrig gesucht und auf deren Überantwortung an die Obrigkeit gedrungen. Solche Bücher seien im genannten Kloster zu St. Ulrich gefunden und dem Bürgermeister in der Neustadt zur Inventarisierung übergeben worden. Vor 10 Tagen sei überdies allen Obrigkeiten des Landes befohlen worden, zu berichten, wieviel und welche Bücher bei ihnen deponiert worden seien. Solche Berichte seien bereits eingelangt. Der Bischof von Wien will ihn bei Majestät persönlich erstattet haben.

6. auch in Erkundigung über das Zeichen, den Gruſs und Bund der Wiedertäufer sei kein Fleiſs gespart worden und haben sie zu diesem Behufe allen Obrigkeiten die beiliegenden Fragestücke mitgeteilt, darauf haben auch etliche Wiedertäufer bekannt, was ihr Gruſs sei, aber von ihrem Zeichen und ihrem Bund nichts zu sagen gewuſst. Nur in der Neustadt seien unlängst welche gefangen worden, welche die Existenz eines gemeinsamen Zeichens und heimlicher Verbindung zugestanden haben.

7. haben sie dem Befehle Sr. Majestät gemäfs zur Auskund-
schaftung der Sektierer eine streifende Rotte organisiert und derselben 20 Pferde beigegeben.

Hierauf wird Sr. Majestät der Rat erteilt, seine Aufmerksamkeit auch den benachbarten Provinzen, insbesondere aber Mähren,
in diesem aber der Stadt Nikolsburg zuzuwenden, denn dort sei
der Ursprung und die Ursache der Verbreitung der Wiedertäuferlehre zu suchen. Auch sei dafür zu sorgen, dafs die Pfarreien
mit guten, gelehrten und verständigen Predigern versehen seien,
die den gemeinen, einfältigen Mann von den verführerischen
Irrlehren mit den Gründen christlicher Lehre abwenden und ihre
Schafe solchermafsen unterweisen. Dazu gehören aber ihres
Benefiziums würdige Seelsorger, die selbst ihr Amt versehen und
durch ein ehrbares, züchtiges und priesterliches Leben dem
gemeinen Manne zum Beispiel dienen.

Dann wird der Umstand, dafs den bereits gefangenen Wiedertäufern bisher nicht überall noch der Prozefs gemacht werden
konnte, damit entschuldigt, dafs die diesbezüglichen Anordnungen
gerade in die Zeit der Fastnacht gefallen seien und dafs die
Gerichtspersonen, die Beisitzer der Malefizgerichte, die Schreiber,
Profosen und dergl. Personen von einem Ort zum andern mit
Mühe, Zeit und Kosten zu den Verhandlungen reisen müssen und
dafs man endlich zuerst sich mit denjenigen befafst habe, die sich
bufsfertig gezeigt und Besserung versprochen haben.

Schliefslich spricht die Wiener Regierung die Erwartung aus,
dafs der Befehl Sr. Majestät, diejenigen Häuser, in welchen Wieder-
täuferversamlungen stattgefunden haben, niederzureifsen, wohl
nur für den Fall Geltung habe, als solche Konventikel mit Wissen
und Willen des Besitzers abgehalten wurden. Von der Wiener
Regierung erhielt auch der Landeshauptmann in Oberösterreich
seine Weisungen in betreff der gegen die Wiedertäufer einzu-
leitenden Mafsregeln. Er zeigte sich in diesem Punkte gefügiger
als dort, wo es sich um die Verfolgung der Evangelischen handelte.
Auf Seite dieser standen ja seine eigenen Sympathieen und die
des ganzen oberösterreichischen Adels, der aber mit der katholisch
gesinnten Ferdinandeischen Regierung ganz eines Sinnes war, wenn
es sich darum handelte, die Hand zur Ausrottung der verderblichen Wiedertäufer-Sekte zu bieten. Am 1. Februar 1528 schreibt

der Landeshauptmann Freiherr Ciriac v. Pollheim[1]) an die Richter und Räte der oberösterreichischen Städte: Es seien leider etliche verführerische Sekten in diesem Lande an vielen Orten eingerissen und haben sich dermaßen eingewurzelt, daß wenn nicht zeitig Wendung geschieht, nicht allein „unser hailwürdigen christlichen Glaub in Abfall Zerstörung und Zerrütlichkt" käme, sondern dadurch alle Obrigkeit und Ehrbarkeit niedergedrückt und verjagt würde. Jedermann soll dazu verhelfen, daß diese unerweislichen, verführerischen, aufrührerischen Sekten ausgerottet und gänzlich vertilgt werden, damit der arme unverständete Mann, welcher auf diese Weise betrogen oder verführt werden möchte, von mehrerem Schaden an Leib und Nachtheil an Leib u. Seele verhütet und in einem christl. Wesen erhalten werden möge. S. Maj. d. Kaiser hat deßhalb befohlen, solche Sekten auszutilgen und die denselben anhangenden Personen, wo sie betreten werden, ins Gefängniß zu bringen und gegen sie gemäß den ausgegebenen Generalmandaten zu verfahren mit ernstlicher Strafe. Weil viele durch die bösen arglistigen Lehren und Reden etlicher muthwilliger Prediger verführt worden sind, hat S. Maj. als ein christl. König solchen Personen halber, welche mit verführerischen Lehren bestrickt und diese vor ausgegangenen Generalmandaten angenommen und nicht derselben Hauptsacher sind, sondern durch andere leichtfertige Personen in Irrthum gefallen sind und welche von diesem Irrthum abstehen, revoziren und Reue und Buße thun, Ordnung gethan, wie man sich gegen diese zu verhalten habe und wie sie zur Buß aufgenommen werden sollen. Er trage ihnen darum im Namen Sr. Maj. auf, daß sie gegen diese Personen nach Gestalt eines jeden Verschulden mit Strafe und innerhalb der im beiliegenden Artikel angeregten Ordnung mit der Buße verfahren und gleichmäßig handeln und dann solch Personen nach geschehener Straf und Buß, auch Ueberantwortung ihrer Verschreibung zufolge angezeigter Ihrer Kais. Maj. Ordnung auslassen.

Ein zweites Schreiben des Landeshauptmannes, gerichtet an den Abt Pankraz zu Garsten, datiert vom Aschermittwoch (26.) Februar 1528, hat nachstehenden Inhalt[2]): „Ehrwürdiger Geist-

---

[1]) Eine Abschrift dieses Schreibens, gefertigt nach dem im oberösterr. Landesarchiv erliegenden Originale, befindet sich im Archiv des Museums Francisco-Carolin. in Linz. V. Anh. I.

[2]) Orig. im Archiv der aufgehobenen Klöster Gleink und Garsten in Gleink.

licher Herr! Mein Dienst sein Euch in gutem Willen zuvor. Ich wird glaubhaftig bericht, wie die ketzerisch, verführisch und aufrührisch Sect der Widertäufer um Steir und in den umbliegenden Flecken und Orten, auf Eurem Gebiet geübt und gelernt werde, also daſs derselben anhang und der widertauften Personen in ein merklich anzahl erwachsen sein sullen, dardurch nichts denn aufrur, empörung und abfall von der Obrigkeit und Beschlieſsent aller übl erfolgt, derhalben einer jeden Obrigkeit hierinnen zeitliche einsetzung zu thun und solch Sect auszutilgen und zu straffen gebürt. Dieweil denn kaiserliche Majestät unser genedigster Herr solch verfurisch leere Inhalt Ihre kais. Maj. Generalmandat allenthalben auszuweiten und zu straffen gebeut und Ihr zu der Verhuetung mehreren Unraths das Eurige zu thun schuldig seit und damit aber denselben gelebt und solch widertaufft Personen zur Krennknus gepracht und ihrem Verdienen nach gestrafft werden, Empfiel ich euch im Namen hochgemelter kais. Maj., daſs ich bei euch und euren gepieten, auch derselben umbliegenden Orten und Flecken auf solch widertaufft Personen nur fleiſsig und guete Kuntschaft haltet und wo ihr die inner oder auſser euren Gepiet betretet, unangesehen daſs ihr derselben Obrigkeit, gefänglich annehmen und gegen ihnen Inhalt Ihr kais-Maj. derhalben ausgangen Mandaten verfahren lasset und handeln, auch keiner andern Obrigkeit nicht wehret noch irret, wo sie euch in Eure Gebiet nach solchen aufrurerisch und widertaufften Personen griff, sondern denselben auf ihr Ersuchen zu jeder Zeit in dem Hilf und Beistand thut, der Euch hierinnen ohne Nachtheil und Schaden Eurer Freiheiten und alten Herkummen sein sülle, damit solch übl ausgereut und newer unrath verhuet werde und Ihr thut an dem allen kais. Maj. Maynung."

Mit den Bemühungen Ferdinands, seiner Regierung in Wien und der landständischen und städtischen Behörden in den einzelnen Kronländern zur Ausrottung der Ketzerei ging natürlich die Fürsorge der kirchlichen Oberen zur Erhaltung der reinen Lehre Hand in Hand. Wir erfahren aus einem Schreiben Ferdinands d. d. 18. Juli 1528, gerichtet an alle Prälaten, Grafen, Amtleute, Pfleger und Bürgermeister[1]), daſs der Verweser des Bistums Passau, damals Herzog Ernst von Bayern, zur Ausrottung der falschen, ketzerischen und aufrührerischen Lehre und zur Erhal-

---

[1]) S. Reformationsakten des Freistädter Archivs. V. Anh. V.

tung des christlichen Glaubens etliche ehrbare, geschickte und wohlgelehrte Prediger in die österreichischen Erblande abgesendet habe.

Trotz alledem scheint die Verfolgung in keinen rechten Gang gekommen zu sein. Nicht wenig mag dazu beigetragen haben, daſs gerade diejenigen Obrigkeiten, in deren Gebiete die eigentlichen Nester der Ketzerei zu suchen waren, die Obrigkeiten der Städte nämlich sich zu dem Eifer ihrer weltlichen und geistlichen Herren nicht aufzuschwingen vermochten, die Ketzerverfolgung lax betrieben und soweit als möglich das Odium eines Ketzerprozesses von sich abzuwälzen suchten.

Ferdinand war darüber höchlichst empört. Er weist in einem an die oberösterreichischen Stadtmagistrate gerichteten Schreiben[1] ihre Ansicht, daſs die Holden und Unterthanen, welche in fremden Gerichtssprengeln gefangen sitzen, von den fremden Gerichten wegen Ketzerei nicht gerichtet werden dürfen, als ganz ungehörig energisch zurück und befiehlt, die Wiedertäufer, wo immer sie betreten und ausgekundschaftet werden oder ankommen, unangesehen der gemeinen Landgerichtsordnung, ohne sich um die Erlaubnis an die Grundherren oder anderen Obrigkeiten zu wenden, auch unangesehen der Herrschaften oder Landleute, so für die Landgerichte mit ihren Unterthanen gefreit seien, gefangen zu nehmen und nach Inhalt seiner Mandate ohne Verzug zu strafen, sich darin von den Grundherren oder anderen Obrigkeiten der Inkulpaten keine Verzögerung gefallen zu lassen, da nur hierdurch solch verführerische Ketzereien, die ärger denn ein Malefizverbrechen seien, ausgerottet und Unheil und Schade verhütet werden könne.

Doch auch so strenge Verhaltungsmaſsregeln, welche für die Wiedertäufer geradezu ein Ausnahmsverfahren schufen und sie auſserhalb des gemeinen Rechtes stellten, führten nicht zum Ziele. Ferdinand sah sich endlich genötigt, zu dem ihm bereits von seiner Wiener Regierung angeratenen Mittel, zur Ernennung eigener Kommissionen zum Behuf der Untersuchung und Bekämpfung der täuferischen Bewegung, zu greifen. Er erlieſs am 24. März 1528 ein Generalmandat, mit dem eine Visitation und Inquisition seiner österreichischen Länder angeordnet und eingesetzt wurde[2]. Die

---

[1] S. Reformationsakten des Freistädter Archivs. V. Anh. V.
[2] Archiv des Kult.-Minist. in Wien N. a. 3. V. Anh. I.

hierzu bestimmte Kommission, bestehend aus etlichen tapferen, ehrbaren, gelehrten, verständigen und unparteilichen Personen geistlichen und weltlichen Standes sollte in allen Landen des Reiches genaue Erkundigung einziehen und sich womöglich selbst überzeugen, wie die Bewohner den Glauben und die christlichen Satzungen halten und ob sie den bisher ausgegangenen Mandaten gemäß sich betragen. Ihnen aufstoßende Mängel oder Irrungen sollten sie abstellen, die Irrenden belehren und Instruktion über ihr künftiges Verhalten geben.

Den Prälaten, Grafen und Herren, allen Landeshauptleuten, Obrigkeiten und Gerichten wird ans Herz gelegt, die königlichen Visitatores und Inquisitores in allen ihren Handlungen zu fördern, ihnen Beistand zu gewähren und ihre Anordnungen zu vollziehen, endlich ihre Unterthanen zu unterweisen, der allerhöchsten Kommission unweigerlich Gehorsam zu leisten.

Die für Oberösterreich ernannte Kommission bestand aus den Visitatoren Christof Bischof, Christof von Zinzendorf und Wolfgang Matscher [1]). Ihr war auch die Aufgabe zugeteilt, den Unterthanen den Eid auf die neue Regierung abzunehmen und die für den Türkenkrieg ausgeschriebenen Steuern einzuholen. Dieser von Sr. Majestät dem König Ferdinand I. ernannten Kommission waren Abgesandte des Administrators des Bistums Passau und von der Wiener Universität ernannte geistliche Kommissäre beigegeben.

Dieser kombinierten Visitations-Kommission wurden in Form von Artikeln gebrachte Verhaltungsmaßregeln mit auf den Weg gegeben. Mit denselben wird insbesondere die Handhabung des Generalmandats vom 24. März 1527 und der Regensburgischen Ordnung eingeschärft und deren Veröffentlichung durch Anschlagen an die Thüren der Kirchen und Rathäuser und wenigstens zweimalige Verkündigung im Jahr von der offenen Kanzel anbefohlen.

Der Abstellung einer Reihe von Mißbräuchen innerhalb der herrschenden Kirche sind mehrere dieser Artikel gewidmet. So bestimmt Artikel 2, daß Pfarrer, Vikare und Benefiziaten, welche sich wider die Regensburgische Ordnung betragen, mit Weibern leben, spielen, trinken und fechten, den Gottesdienst versäumen und dadurch ihrer Herde ein schlechtes Beispiel geben, ihrer Pfarreien, Pfründen und Benefizien entsetzt werden.

Raupach, l. c. II. Blg. VII.

Artikel 3 rügt den Mifsbrauch, der in vielen Pfarreien mit Einhebung des Taufgeldes getrieben wird, und verlangt dessen Abstellung; insbesondere soll die Einforderung zu hoher Taxen verhindert und die Meinung bekämpft werden, als ob Taufen zu bestimmten Zeiten, z. B. zu Ostern und Pfingsten einen höheren Wert hätten, als solche zu anderen Zeiten.

Artikel 4 bespricht den Unfug, den Unglauben und die Zauberei, die in Ansehung des Kruzifixes, so einer alten Gewohnheit zufolge am Charfreitag auf den Boden der Kirche gelegt zu werden pflegt, Platz gegriffen hat.

Artikel 5 befafst sich mit dem Mifsbrauch des Beichtstuhles. Fürderhin soll kein Beichtzettel nur um des Geldes willen gegeben werden. Wer beichtet, soll ohne Entlassung in das Beichtregister eingetragen werden und jeder Pfarrer, der dawider handelt, strenge bestraft werden.

Artikel 6 empfiehlt, dafs zur Vermehrung der Andacht an jedem Sonntag, Mittwoch und Freitag neben dem Evangelium auch die Epistel verkündet werde. Jede Störung des Gottesdienstes, wodurch die anderen in ihrer Andacht und im Anhören des Wortes Gottes gestört werden, soll zuerst von der geistlichen Obrigkeit mit Milde geahndet, wo aber diese ohne Erfolg ist, der weltlichen Obrigkeit zum Behufe der Bestrafung angezeigt werden [1].

Bereits unterm 27. Juni 1527 erstatteten die Visitatoren Bericht aus Waldhausen und ersuchen darin, bei Sr. Majestät dem König dahin zu wirken, dafs der Bischof von Passau seinen Pfarrern gestatte, bufsfertige Wiedertäufer zu absolvieren, da es allzu beschwerlich sei, die Leute zur Absolution nach Passau zu senden [2].

Der Administrator des Bistums Passau hat darauf über Verwendung Ferdinands die von ihm abgesandten Mitglieder der

---

[1] Ein Exemplar dieser Instruktion befindet sich unter dem Titel „Einschlufs-Artikel, welche die von König. Majestät und dem hochw. Administrator des Stiftes Passau zu der Visitation und Inquisition des Fürstenthums Österreich, ob der Enns verordneten Räthe und Commissarien auf hochgedachter könig. Maj. Gewalt und Instruktion bei allen Pfarren und Flecken zu halten beschlossen, bei Vermeidung königl. Majestät schwerer Strafe und Ungnad" im Archiv des Kult.-Minist. in Wien N. a. 3. S. Anh. I.

[2] Der bezügliche Bericht befindet sich im Archiv des Kultus-Minist. in Wien N. a. 3. S. Anh. 1.

Visitationskommission ermächtigt, den reuigen Wiedertäufern an ihrem Wohnorte die Absolution und Buße zu erteilen. Bis zum 11. September 1528 jedoch hatte sich auch nicht Einer zur Buße gemeldet.

Gegen die Erteilung der Absolutionsgewalt an die Pfarrer und Seelsorger spricht sich Herzog Ernst jedoch ganz entschieden aus, da es insbesondere in Oberösterreich vorgekommen sei, daß die Wiedertäufer, so sich bei ihrem Pfarrer zur Buße gemeldet haben, in der Kirche mit ihm zu disputieren angefangen haben, wodurch viel Schimpf und Ärgernis entstanden sei. Aus der Korrespondenz zwischen Herzog Ernst und Erzherzog Ferdinand[1]) erfahren wir auch, daß Ferdinand einen gewissen Ditrich von Hartisch in Angelegenheit der Wiedertäufer nach Oberösterreich abgesendet hat.

Dieser muß zugleich mit und neben der im März 1528 abgeordneten Kommission sein Amt ausgeübt haben, denn Ferdinand hat bereits unterm 20. März 1528 an die Obrigkeiten der oberösterreichischen Städte ein Schreiben gerichtet, worin er sie benachrichtigt, daß er „seinen lieben, getreuen Ditrich von Hartisch, der getreuen Stadt und Landschaft Oedenburg Hauptmann, zur Ausrottung der ketzerischen, verführerischen Sekten und Lehren, daraus nichts anderes denn Aufruhr, Empörung und Blutvergießen entstehe, abgefertigt und ihm befohlen habe, allenthalben Ort um Ort zu bereisen, die Rädelsführer, Täufer und andere Personen, die solche Sekten angenommen haben, auszukundschaften, wo er sie betrete, sie gefangen zu nehmen und mit ihnen ohne alle Gnade und außerhalb der Sollenität Rechtens zu verfahren". Die Städte aber fordert er auf, den Hartisch, wo er allein zu schwach wäre, um größere Haufen von Wiedertäufern, so er in einem Flecken treffe, zu bewältigen, zu unterstützen, wo er sie um Hülfe anginge[2]).

Auf diesen Ditrich von Hartisch ist Ernst von Passau nicht gut zu sprechen. „Während dem ist," heißt es in der mehrerwähnten Korrespondenz, „Einer mit Namen Ditrich von Hartisch, wie er vorgiebt, auf königl. Maj. Befehl im Lande

---

[1]) Schreiben des Herzogs Ernst von Bayern d. d. Passau 11. Sept. und 19. September 1528 an Erzh. Ferdinand. Archiv des Kultus-Ministeriums Wien sub B. A. 3. V. Anh. I.

[2]) Abschrift im Freistädter Stadtarchiv. V. Anh. V.

herumgezogen, hat einen Kaplan bei sich gehabt, der den begnadigten Wiedertäufern eine Bufse aufgeladen und sie alsdann wegen der Absolution zu ihrem Pfarrer geschickt hat, welchen Pfarrer aber dieser Hartisch mit Drohung und Zwang dahin zu bringen sich unterstand, dafs er sie auf sein und seines vermeinten Kaplan Befehl absolvierte." Als ein weiteres Beispiel der Übergriffe dieses Landprofosen — so nennen ihn die Geschichtsbücher der Wiedertäufer — führt der Bischof von Passau an, dafs er den Pfarrer Georg Endlhauser in Grein, den er (Ernst) im vorigen Jahre wegen seiner offenbarlichen ketzerischen und verführerischen Lehren gefangen genommen und seines Amtes entsetzt, dann aber gegen seinen Eid, dafs er seine verführerischen Lehren widerrufe, gebührliche Beichte thue, auch priesterliche Dispensation und Rehabilitation erlange und sich nicht anmafse, früher sein priesterliches Amt auszuüben, entlassen hatte, in sein Amt und Würden wieder eingesetzt habe, trotzdem er eidbrüchig geworden sei, was ihm, dem Papst und der gemeinen christlichen Ordnung zu merklicher Verschimpfung gereiche.

Hartisch scheint nicht allen von ihm aufgegriffenen Ketzern die gleiche Milde, wie dem Pfarrer Endlhauser entgegengebracht zu haben. Die Geschichtsbücher der Wiedertäufer schildern Hartisch als einen harten, grausamen Mann. Sie berichten über ihn: „Anno 1528 in den ersten Fastenwochen hat König Ferdinand den Profossen nach Österreich geschickt, der hat hin und wieder grofse Empörung, Trübsal und Verfolgung angerichtet, denn er hat etliche in das Gefängnis gebracht und wo er jemanden im Felde oder auf der Strafse ergriffen, den hat er enthaupten lassen, welche aber in den Dörfern nicht wollten vom Glauben abstehen, hat er an die Thorsäulen gehenkt." — Die Ausführung des Znaimer Landtagsbeschlusses (1528) trieb eine Menge Wiedertäufer nach Österreich, wo sie aber gleich dem gehetzten Wilde verfolgt und summarisch hingerichtet wurden. Denn es galt da bezüglich ihrer die Ordre: An welchem Orte sie ergriffen wurden, dafs dieselben von Stund an ohne Sollenität des Rechtes laut ausgegangenem Generalmandate und Deklarationen gestraft werden, und dafs die prüfende, von Ditrich von Hartisch, dem Landprofosen, geführte Rotte gegen sie diesen Befehlen nach handle. Zahlreiche Wiedertäufer fielen in ihre Hände, andere flüchteten über die Grenze nach Mähren, wo die Ausweisung wieder nachgelassen hatte. Eine Schar von 35 Köpfen wurde in einem Walde bei Lengbach aufgegriffen, 17 davon büfsten ihr ketzerisches Vorhaben mit dem Tode, andere wurden durch die Backen gebrannt. In gleicher Weise, wie hier, verfuhr Hartisch an anderen Orten, ebenso Herr Wolf Kuenring zu Hadres und viele Landgerichtsherren Ober- und Nieder-Österreichs in ihren Amtsverwaltungen. „Es war allenthalben ein jämmerliches Würgen und Jagen" [1]).

Ob Ferdinand diese Greuelthaten seines Profosen gebilligt hat, dafür haben wir keine direkte Bestätigung, doch stimmen die Thaten des Stadthauptmanns Hartisch vollkommen mit den Verhaltungsmafsregeln überein, die er von der Wiener Regierung mit auf den Weg bekommen hat, es ist an dieser Billigung demnach wohl nicht zu zweifeln.

Dafs übrigens Ferdinand mit seinem Vorgehen gegen die Wiedertäufer ganz im Sinne seines kaiserlichen Bruders und der Reichsregierung handelte, beweist das im April 1529 auf dem Reichstage zu Speier unter Mithülfe der lutherischen Stände zu stande gekommene Reichsgesetz: Constitution oder Mandat wider die Wiedertäufer vom 23. April 1529 [2]). Dieses Mandat verfügt, dafs alle und jede Wiedertäufer und Wiedergetauften Manns- und Weibspersonen vom natürlichen Leben zum Tode mit Feuer und Schwert oder dergleichen nach Gelegenheit der Person ohne vorhergehende der geistlichen Richter Inquisition gerichtet und zum Tode gebracht werden.

Neu erscheint in diesem Reichsgesetz die Bestimmung, dafs keiner der wegen Widerrufs Begnadigten an einen anderen Ort relegiert und verwiesen werden soll, sondern unter seiner Obrigkeit zu bleiben, bei Strafe verpflichtet werde, die dann ein fleifsiges Aufsehen, damit sie nicht wieder abfallen, haben soll. Die Obrigkeiten, welche entwichenen Wiedertäufern Unterhalt geben, Vorschub leisten und nicht vielmehr die Strenge des Gesetzes gegen sie zur Anwendung bringen, werden mit der Acht bedroht.

Diese Drohungen verdoppelten den Eifer der Behörden. Oberösterreich war auch nach den Prozessen in Steyr und Freistadt einer der Herde der Täuferbewegung und in Strömen flofs

---

[1]) J. Beck l. c. S. 57. Wiedertäufer-Chroniken S. H. L. M. P. Qu. R.

[2]) Zuletzt veröffentlicht von Ludwig Keller in den Mennonitischen Blättern. 37. Jahrg. a. 1890 No. 19.

deshalb dort das Blut ihrer Anhänger. Unterm 28. Juni 1528 [1]) berichten Richter und Rat der Stadt Wels an den Landeshauptmann ob der Enns, Ciriac Freiherrn von Pollheim, dafs sie auf Befehl des General-Mandates Sr. könig. Majestät und des Hrn. Landeshauptmanns 8 Personen, so die Wiedertaufe angenommen und davon nicht abstehen wollten, richten liefsen. Diese Personen hätten keine Verschreibung geben noch Urfehde schwören wollen, hätten auch von dem Sakrament des Altars und der Beichte nichts gehalten, seien aber nicht Aufwiegler gewesen, hätten auch niemanden getauft und kein anderes Bündnis bekannt, als dafs sie gesagt: sie wöllen des bösen Wesen abstehen und ihrem Nächsten soviel ihnen möglich helfen und der Obrigkeit mit Leib und Seel gehorsam sein. Freitag nach Pfingsten habe man gegen sie durch Meister Lienharten, Züchtiger, verfahren lassen, der habe sie mit dem Schwerte gerichtet und nachmalen verbrannt. Die Justifizierten heifsen: Hanns Neumair, Lebzelter, Meister Lienhard Haslinger, Kürschner, Hanns Steinpeckh, Maurer, Jörgen Zacherl, Kürschner aus Krems, Ulrich Perger, Weberknapp, Jörg Kreuzinger, Päckenknecht (Bäckergehilfe) und zwei Schuhknecht, heifsen beide Sebastian".

„Am Montag darauf," erzählt uns der Bericht weiter, „wurden 2 Frauen, die die Wiedertaufe empfangen hatten und sich derselben nicht begeben wollten, ertränkt und begraben, Barbara, des Kürschners Lienhard und des Zacherl Hausfrau, desselben Namens. Eine 3. Frau, des Maurers Hannsen Gattin war schwanger und wurde ihre Hinrichtung deshalb verschoben, bis sie niederkommt. 6 andere Personen, welche gleichfalls in Wels gefangen wurden, aber von ihrem Irrsal abstanden, den Eid schwuren und die Verschreibung gaben, wurden zur öffentlichen Bufse begnadigt. Sie konnten dieselbe jedoch nicht verrichten, weil der Vikari, als man ihn um Abnahme derselben in der Kirche vor der versammelten Gemeinde anging, erklärte, er müsse warten, bis er Bescheid von seiner Obrigkeit erhalten habe." Diese Begnadigten und aus dem Gefängnis Entlassenen nannten sich: Märt Rothschmied, Barbara seine Hausfrau, Christof Stark von Hofkirchen, Kürschnergeselle, Aendl, des Andrae Fischer zu Wels Tochter.

---

[1]) Orig. im k. k. Haus-, Hof- und Staatsarchiv in Wien. Acta diœct. Lincens. 1529 Cod. 1051.

Am 29. Dezember 1528 wurde zu Vöcklabruck auf dem Grunde des Pfarrers ein Wiedertäufer hingerichtet[1]). Die Geschichtsbücher der Wiedertäufer berichten uns, daſs in diesem Jahre Wolfgang Brandhuber und Hanns Niedermayr, beide in Oberösterreich thätig und noch 70 ihrer Glaubensgenossen zu Linz enthauptet und sohin zu Pulver verbrannt wurden. Im selben Jahre wurde Peter Riedemann, den wir auch bereits kennen gelernt haben, zu Gmunden gefangen genommen, um 3 Jahre darauf den Tod durch Henkershand zu sterben[2]), in Garsten wurde über Einschreiten der königl. Visitations-Kommission der dortige Metzger als unbuſsfertiger Wiedertäufer vom Leben zum Tode befördert[3]). Selbstverständlich fiel nur der geringere Teil der Verfolgten der Obrigkeit in die Hände, die Mehrzahl hielt sich, solange die Razzia dauerte, in sicheren Schlupfwinkeln verborgen, der Rest flüchtete ins Ausland und in die benachbarten Provinzen.

Mit so harten Maſsregeln ward aber die Ruhe nicht erkauft. Die in Nieder- und Oberösterreich begonnene Verfolgung dehnte ihre Thätigkeit auch auf die benachbarten Kronländer, insbesondere auf Mähren, Salzburg und Tirol aus, und auch die übrigen deutschen Lande, selbst die freien Reichsstädte blieben an Eifer in der Aufrechthaltung des reinen Glaubens, unter dem die einen den katholischen, die anderen den lutherischen, keine der beiden Parteien aber den täuferischen verstand, nicht zurück. Die Jahre 1527 und 1529 waren, soweit man deutsche Laute sprach, Zeugen des Martyriums der Wiedertäufer. Insbesondere aber lieferten die Brüder aus Oberösterreich im Norden und Süden, im Osten und Westen reiches Material für das Schwert des Henkers und den Scheiterhaufen.

Bereits im Jahre 1527 starben Hieronymus von Mondsee, Carius Binder und Wolfgang Winter, drei Anhänger der Hutschen Lehre, welche mit ihm in Steyr thätig gewesen waren, für ihre Überzeugung in Salzburg, mit ihm 38 Personen[4]). Am 14. Januar 1518 wurde zu Rattenberg in Tirol der Wiedertäufer Bischof

---

[1]) Die Anzeige von der vollzogenen Hinrichtung an den Landeshauptmann liegt im Archiv des Stiftes St. Florian.

[2]) S. Beck l. c. S. 88 und 89.

[3]) Dr. Gottfried Fries, Studien und Mitteilungen aus dem Benediktiner Orden. a. 881. 3. Heft.

[4]) Beck l. c. S. 57.

Leonhard Schiemer aus Vöcklabruck nebst 70 Genossen enthauptet [1]).
Dienstag nach Lichtmeſs 1528 hauchte Hans Schlaffer zu Schwaz
in Tirol, Freitag nach Ostern Thoman Waldhauser in Brünn unter
dem Beile des Henkers seine Seele aus [2]), Balthasar Hubmayr
und dessen Gattin wurden im Jahre 1528 in Wien hingerichtet,
Hanns Hut starb am 6. Dezember 1527 im Gefängnis zu Augsburg angeblich eines natürlichen Todes.

Ein groſser Teil der aus Oberösterreich Vertriebenen hatte
sich nach Passau gewendet. Dort hatten, wie aus einem Verhör
des Gabriel Riemschreiber aus Nürnberg hervorgeht, bereits zu
Ende des Jahres 1527 fünfundvierzig Flüchtlinge im Hause des
Sattlers und Passauer Bürgers Stiglitz, dessen ganze Familie,
Frau, Sohn und Schwiegertochter, der täuferischen Sache zugethan
waren und dessen Sohn Hanns von dem uns bekannten Lienhart
Fischer, Schulmeister aus Wels, getauft und zum Vorsteher gemacht worden war, Zuflucht gefunden. Im Laufe des Jahres 1528
fielen dann eine stattliche Zahl dieser in Passau weilenden Flücht-
linge und der dort von ihnen Getauften der Obrigkeit in die
Hände [3]).

Schlieſslich sei noch eines Oberösterreichers gedacht, des
Ambrosius Spittelmayr, den wir in einem früheren Kapitel als Gefangenen des Richters zu Cadolzburg verlassen haben. Er wurde
mit Urteil vom 1. Februar 1528 nach des Markgrafen von
Brandenburg rechtmäſsiger Halsgerichtsordnung als unchristlicher
Rottierer und Aufrührer erkannt und zum Tode durch das Schwert
verurteilt. Dieses sein Urteil rechtfertigt der Richter damit, daſs
Spittelmayr entgegen dem Befehle des Markgrafen und seiner
Amtleute ohne ordentliche Sendung und ohne Erfordernis Winkel-
predigten in dessen Landen gehalten, heimlich zu den Leuten gegangen und ein neu Bündnis unter dem Zeichen der Wiedertaufe
hat aufrichten wollen, daſs er gefangen genommen, um den armen
gemeinen Mann vor neuer Irrsal und anderem Aufruhr, der gewiſs
daraus entstehen muſs, und dem damit verbundenen Jammer und
Not zu bewahren, und von einer Reihe von redlichen und verständigen Personen über Anordnung des Markgrafen belehrt und

---

[1]) Beck l. c. S. 60.
[2]) Beck l. c. S. 63 u. 65.
[3]) Siehe Passauer Akten im Münchener Reichsarchiv. fasc. C. ad 7.
Vgl. Anhang III.

zu wiederholten Malen gewarnt, sich nicht hat unterweisen lassen, vielmehr auf seinem Fürnehmen die heilige Schrift nach seinem Trotze auszulegen, den Aufruhr zu predigen und die Unterthanen wider die Obrigkeit und alle Ehrbarkeit zu bewegen bestanden hat.

Die Artikel aber, welche zufolge dieser Urteilsbegründung Spittelmayr frei und ohne Folter bekannt hat, sind folgende:

1. daſs die aufrührerischen Bauern in der Sache Recht und die, welche sie bestraft, Unrecht gehabt haben,

2. daſs Gott in kurzem ein Volk erwecken wird, dessen einer 10 000 zu todt schlagen wird,

3. daſs kein Christ eine Obrigkeit sein soll,

4. daſs kein Christ kein zeitlich Eigen oder sonderlich Gut haben soll,

5. daſs alle Schlösser und Befestigungen zerbrochen werden sollen,

6. daſs Christus in Erbsünde geboren sei und daſs ihm Gott der Vater Feind gewesen sei,

7. daſs die Kindertaufe nichts sei. Jeder soll erst dann getauft werden, wenn er zu Jahren kommt und im Glauben unterrichtet sei,

8. im Nachtmahl Christi ist nicht der Leib und das Blut Christi, es wird mit demselben allein Wein und Brot genossen.

Die Urteilsbegründung schlieſst mit dem Vorwurf, daſs Spittelmayr über die Frage, wer ihn ausgesandt hat zu lehren und zu predigen, geantwortet habe: Solches hat sein himmlischer Vater durch den Hut als sein Werkzeug gethan. Hanns Hut aber sei zu Augsburg als ein öffentlicher Aufrührer gefänglich eingezogen worden, habe sich im Gefängnis selbst erwürgt und sei dann als ein unchristlicher, aufrührerischer Übelthäter verbrannt worden [1].

Vergleicht man diese vom Richter formulierten Artikel, insbesondere die Artikel 1—5 mit den Angaben Spittelmayrs bei seinem Verhöre, welche Angaben ja doch allein das Substrat für das Urteil bildeten, so ist nicht schwer zu erkennen, wie das Bemühen des Richters dahin ging, die Thätigkeit des Inkulpaten mit den politischen Bewegungen der Zeit und insbesondere dem

---

[1] Nürnberger Stadtarchiv s. Anspacher Religionsakten Tom. 38 No. 17. 1. das Urteil samt Gründen folgt im Anh. IV.

Greuel des Bauernkrieges in Zusammenhang zu bringen und ihm
dadurch nebst dem Verbrechen der Ketzerei auch das des Aufruhrs aufzuhängen, und daſs er, um diesen Zweck zu erreichen,
vor Umdeutungen, eigenmächtigen Zusätzen und Ausschmückungen
nicht zurückgescheut hat. Es geschah auch dies zur gröſseren
Ehre Gottes! —

Allen Verfolgungen gegenüber haben sich die österreichischen
Wiedertäufer mit unbestreitbarem Heldenmute benommen! Selbst
ihre Feinde können ihnen das Zeugnis seltener Überzeugungstreue
und bewunderswerten Glaubenseifers nicht versagen. „Die Wiedertäufer," schrieb die Innsbrucker Regierung am 9. Februar 1530
an König Ferdinand, „haben vor den grausamsten Strafen nicht
nur kein Entsetzen, sondern sie gehen, wo ihnen dies gestattet
wird, selbst zu den Gefangenen und zeigen sich als ihre Brüder
und Schwestern an, und wo ihnen die Gerichtsobrigkeiten nachstellen und sie betreten, bekennen sie ohne Marter gern und
willig, wollen keine Unterweisung hören und lassen selten sich
eines besseren belehren. Mehrenteils begehren sie nur bald zu
sterben und obgleich etwa einer widerruft, so ist ihm doch nicht
viel zu vertrauen. Es will also weder gute Lehre, noch recht-
liche Strafe bei den Leuten helfen. Alle, Jung und Alt, Manns-
und Weibspersonen liefern dafür alltäglich den augenscheinlichsten
Beweis [1]."

---

[1] Beck l. c. S. 82.

VI.

J. Bünderlin wird mit der Wiedertäuferlehre bekannt. — Bünderlin verläfst Oberösterreich. — Bünderlin in Augsburg. — Bünderlin in Nikolsburg. — Bünderlin in Strafsburg. — Die Wiedertäufer in Strafsburg. — Gefangennahme und Verhöre J. Bünderlins. — Konfiskation der Schriften Bünderlins in Strafsburg. — Bünderlin verläfst Strafsburg. — Bünderlin in Konstanz. — Weitere Schicksale Bünderlins.

Wir haben Johann Bünderlin als Prädikanten in Diensten des Herrn Bartholomäus von Starhemberg verlassen. Er dürfte wohl bereits in dieser Stellung mit der Lehre der oberösterreichichen Wiedertäufer bekannt geworden sein. Demselben Herrn diente ja auch als Schreiber der schon mehrfach genannte Hanns Fischer, den wir bereits im Jahre 1527 als eifrigen Apostel der Täuferlehre, der als solcher in Linz und Wels thätig war und sich schliefslich aus seinem Vaterlande flüchten mufste, kennen gelernt haben. Zu dieser Zeit war J. Bünderlin aller Wahrscheinlichkeit nach nicht mehr in Oberösterreich. Wie bereits gesagt wurde, dürfte schon die erste durch den Landesherrn veranstaltete Verfolgung der lutherischen Prediger, deren Konsequenzen auch der ketzerisch gesinnte Adel nicht abzuwenden vermochte, Bünderlin veranlafst haben, der Heimat für immer den Rücken zu kehren. Eine Reihe von Erwägungen sprechen dafür.

In seinem Verhör vom 16. März 1529 vor dem Untersuchungsrichter in Strafsburg giebt er an, er sei zu Augsburg getauft worden, in einem zweiten Verhör vom 18. desselben Monats, er sei vor drei Jahren Prädikant des Herrn von Starhemberg und zuletzt bei dem Herrn von Lichtenstein in Nikolsburg gewesen [1]).

---

[1]) Siehe Vergichtbücher und Strafsburger Ratsprotokolle, Wenkersche Aktensammlung im Thomasarchiv in Strafsburg.

Diese Angaben müssen wohl dahin ausgelegt werden, daſs er noch im Jahre 1526 seinen Fuſs über die österreichische Grenze gesetzt und nach Augsburg gewandert sei, sich dort aufgehalten habe, um sich nach Nikolsburg zu wenden, das er im Jahre 1529 wieder verlieſs; hierauf suchte er das damalige Refugium aller flüchtigen Sektierer, die Reichsstadt Straſsburg, auf. — Es gewinnt dieses curriculum vitae auch dadurch an Glaubwürdigkeit, daſs es mit den Wegen, die die damaligen, aus Österreich und dem südlichen Deutschland flüchtigen Wiedertäufer im allgemeinen einzuschlagen pflegten, weil sie ihnen durch äuſsere Gründe, insbesondere Versammlungen und Verfolgungen aufgedrängt wurden, übereinsimmt.

In Augsburg versammelte sich eine gröſsere Zahl von Freunden des Täufertums zweimal innerhalb der Jahre 1526—1529 [1]). Es fanden dort zwei Täufersynoden statt, zu denen die Brüder aus allen Gauen Deutschlands und Österreichs zusammenströmten, die erste im Frühjahr 1526, die zweite im Herbste 1527. Sprechen wir zuerst von der letzteren. Sie begann unter dem Vorsitz des Johann Denk in der letzten Augustwoche des genannten Jahres. Es kommt ihr die weittragendste Bedeutung zu nicht nur wegen der groſsen Anzahl von Gesinnungsgenossen und Abgeordneten aus fast allen deutschen Landen, die sich zusammengefunden hatten, sondern auch um des Inhalts der dort gefaſsten Beschlüsse willen. Diese Beschlüsse gingen alle darauf hinaus, das Täufertum von den Schlacken der Exaltation und des Fanatismus zu reinigen und der gemäſsigten Richtung innerhalb desselben zur Herrschaft zu verhelfen. So wurde der Beschluſs gefaſst, den Christen zu verbieten, sich irgendwo des Regiments auf ungesetzliche Weise zu bemächtigen. Hanns Hut wurde veranlaſst, von seinen chiliastischen Träumereien zu schweigen, und endlich wurde die Taufe der Erwachsenen als ein freier Glaubensartikel erklärt, von dem man unter Umständen, so im Falle der Not, ganz absehen könne. Ein weiteres Ergebnis dieser Synode war die Absendung von Aposteln nach allen Richtungen. Nach Oberösterreich wurde Leonhard

---

[1]) Siehe: Keller, Reform. S. 426 ff., C. A. Cornelius, Geschichte des Münsterschen Aufruhrs, Leipzig 1860, II. S. 43 ff., J. E. Jörg, Deutschland in der Revolutionsperiode von 1522—1526, Freiburg 1851, S. 710 ff. und Christ. Meyer, Zur Geschichte der Wiedertäufer in Oberschwaben. Zeitschr. des historischen Vereins für Schwaben und Neuburg. I. Jahrgang, 2. Heft S. 207 ff.

Schiemer und ein deutscher Ordensherr aus Nürnberg gesendet. Augsburg ist infolge dieser Synode der Mittelpunkt der Wiedertäuferbewegung geworden. In der Stadt selbst nahmen die höchsten Kreise der Bewohner, an ihrer Spitze der Patrizier Eitelhans Langenmantel an der täuferischen Sache teil. Hauptsächlich dieser Umstand hat den Rat von Augsburg veranlaßt, am 11. Oktober 1527 unter Androhung der strengsten Strafen einen Befehl ausgehen zu lassen, daß man sich an die gemeinen Kirchenprediger zu halten und die Winkelprediger zu fliehen habe. Am 12. Januar 1528 begann dann die Verfolgung der Wiedertäufer in der hergebrachten Weise mit deren Gefangennahme, Vertreibung und Hinrichtung. Wir besitzen ein genaues Verzeichnis über die bei der Augsburger Synode des Jahres 1527 anwesenden Abgeordneten. Als solche aus Oberösterreich werden Hanns Schlaffer, Thoman Waldhauser, Leonhard Schiemer und Jacob Wiedemann genannt. Hanns Bünderlin ist nicht darunter, auch die Liste der vom Rate in den Jahren 1527 und 1528 Gefangenen weist seinen Namen nicht auf. Seine Angabe, daß er in Augsburg getauft worden sei, bezieht sich also kaum auf den Zeitpunkt der zweiten Synode. Es ist ja auch gar nicht wahrscheinlich, daß gerade während dieser Synode, die die Bedeutung der Wiedertaufe herabgedrückt hat, Taufen vorgenommen wurden. Dagegen dürfte Bünderlin jener bedeutungsvollen Kapitelversammlung der oberdeutschen, schweizerischen und österreichischen Brüdergemeinden beigewohnt haben, welche im Frühjahr 1526 in Augsburg stattgefunden hat. Dieselbe hat ihm Gelegenheit geboten, die Häupter der Täuferbewegung, Johann Denk, Joh. Hut, Jacob Hätzer, Caspar Färber und Balthasar Hubmayr, welche gleichfalls anwesend waren, kennen zu lernen.

Bei dieser Kapitelversammlung wurde die Einführung der Spättaufe als Zeichen der Mitgliedschaft der täuferischen Kirche beschlossen und dadurch eigentlich erst die Existenz dieser Kirche begründet. Bei derselben Versammlung wurden auch Joh. Hut und andere getauft. Unter den Getauften dürfte sich wohl auch unser Bünderlin befunden haben.

Joh. Hut hat sich von der Kapitelversammlung weg nach Nikolsburg begeben, wo sich kurz vorher unter dem Schutze Leonhards von Lichtenstein eine Täufergemeinde gebildet hatte. Die Gründung dieser Gemeinde ist ein Verdienst Balthasar Hubmayrs, welcher auf seiner Flucht aus Waldshut nach Österreich gekommen war, dort zuerst in Steyr, dann in Nikolsburg Schutz gesucht und gefunden hat. Er hat die von den Predigern Johann Spittelmayr und Oswald Gleit geleitete lutherische Nikolsburger Gemeinde in eine täuferische umgestaltet und auch die genannten Prediger dem Täufertum zugeführt [1]).

Mit Joh. Hut oder doch bald nach ihm sind zwei Apostel aus Oberösterreich, Jacob Wiedemann und Philipp Jäger in Nikolsburg eingetroffen. Diese suchten im Verein mit Hut, den wir bereits in Augsburg als chiliastischen Träumer kennen gelernt haben, radikalen Ideen Bahn zu brechen, wodurch sie sich zu den gemäßigten Bestrebungen Hubmayrs und Spittelmayrs in Gegensatz brachten. Die radikalen Bestrebungen Huts und seiner Gesinnungsgenossen fanden ihren Ausdruck in einer Reihe von Glaubensartikeln, welche unter dem Namen der Artikel des Predigers zu Nikolsburg oder Artikel der neuen Christen zu Augsburg — dort scheinen sie Gegenstand der Erörterung bei der Synode vom Jahre 1527 gewesen zu sein — bekannt sind [2]). In diesen Artikeln finden sich nebst Glaubenssätzen, die von allen Täufern vertreten wurden, nicht wenige Bestimmungen, insbesondere in Bezug auf die Gütergemeinschaft, die Obrigkeit und den Eintritt des 1000jährigen Reiches, welche von dem weitgehendsten Radikalismus zeugen und wohl geeignet waren, zu bedenklichen Ausschreitungen zu führen [3]).

---

[1]) S. Cornelius l. c. II. S. 40.

[2]) Otto zur Linden, Melchior Hofmann, Harlem 1885, S. 227. Dieselben Artikel finden sich auch im Stadtarchiv zu Nürnberg unter dem Titel: Artikel des Predigers zu Niklauspurg in Merhen vor der gemain disputirt etc., und in der Wenkerschen Aktensammlung im Thomasarchiv zu Straßburg, hier als: Artikel die Widertäuffer zu Augsburg bekannt haben und mit strenger Frag bei ihnen erlernt, der noch auf 25 daselbst gefangen liegen. Cornel. l. c. II 281 zweifelt daran, daß Hut der Verfasser dieser Artikel gewesen sei.

[3]) Diese Nikolsburger Artikel lauten nach Cornelius l. c. II. 279 u. 280: 1. Das Evangelium soll man öffentlich in der Kirche nicht predigen, sondern allein in die Ohren und heimlich in den Häusern. 2. Christus ist in der Erbsünde empfangen. 3. Die Jungfrau Maria ist nicht die Mutter Gottes sie ist allein die Mutter Christi. 4. Christus ist nicht Gott, sondern ein Prophet, dem das Gespräch und Wort Gottes befohlen wurde. 5. Christus hat nicht genug gethan für die Sünden der ganzen Welt. 6. Bei den Christen soll keine Gewalt, noch Obrigkeit sein. 7. Der jüngste Tag kommt in 2 Jahren. 8. Die Engel sind mit Christus empfangen und haben das Fleisch mit Christo angenommen. In der Nürnberger Redaktion lautet ein

Einen Gegenstand des Streites zwischen der gemäfsigten und radikalen Partei in Nikolsburg bildete auch das Tragen von Waffen. Die es gestatten wollten, führten den Namen Schwertler, die es für verboten hielten, den Namen Stäbler. In einem öffentlichen Religionsgespräch brachten nach der Sitte der Zeit beide Parteien ihre Ansichten zur Erörterung und zur Entscheidung. Es hat zu Ende des Jahres 1526 stattgefunden. Leonhard von Lichtenstein selbst hat die Glaubensgenossen, besonders die Gelehrten unter ihnen dazu geladen [1]). Alles, was in der Brüderschaft von Namen war oder wurde, sagt J. Beck[2]), zog zu jenem entscheidenden Gespräche im Schlofs zu Nikolsburg und von hier aus entfaltete sich das Täufertum in Mähren zu einem Baume, der die Gemeinden in ganz Süddeutschland und Schlesien überschattete.

Auch Hanns Bünderlin war wohl Zeuge dieser Vorgänge und hat an dem Gespräche teilgenommen. Dafs er auf Seite der Gemäfsigten stand, beweist nebst seinen späteren Schriften der Umstand, dafs er noch nach dem Gespräche in Nikolsburg verblieb. Überhaupt standen seit dem Jahre 1527 Oberösterreicher nicht nur mitten im Strome der täuferischen Bewegung, sie übten nicht selten bestimmenden Einflufs auf den Gang der Dinge aus, griffen in entscheidender Weise in den Gang der Ereignisse ein und gaben der ganzen Weiterentwickelung Ziel und Richtung. Wie lange der Aufenthalt Bünderlins in Nikolsburg gedauert hat, wissen wir nicht. Aus seinen Angaben vor dem Untersuchungsrichter in Strafsburg scheint jedoch hervorzugehen, dafs er daselbst den heftigsten Verfolgungen in den Jahren 1527—1528 getrotzt hat und denselben glücklich entgangen ist. Noch im Laufe des Jahres 1527 wurde bekanntlich der Herr von Nikolsburg gezwungen, das hervorragendste Mitglied seiner Gemeinde, Dr. Balthasar Hubmayr, an König Ferdinand auszuliefern, welcher ihn und sein Weib gefangen nehmen, auf der Veste Greifenstein verwahren und dann hinrichten liefs. Erst die durch den Znaimer Landtagsbeschlufs auch für Mähren beschlossene Aufhebung der Gewissensfreiheit und die daran sich knüpfende energische Ver-

---

weiterer Artikel: Wer eigenes hat, soll des Herrn nicht teilhaftig werden, dann: Der Christ soll keine Obrigkeit haben, dann: Gott stärkt die Seinen mit Gesichten. etc.

[1]) Zur Linden l. c. S. 217.
[2]) Beck l. c. S. 52.

folgung der Wiedertäufer scheint auch Hanns Bünderlin veranlaſst zu haben, nach Westen zu pilgern. Wir finden seine Spur zuerst wieder zu Beginn des Jahres 1528 in Straſsburg. Sowie Steyr in Oberösterreich, war Straſsburg in Deutschland der Herd der kirchenreformatorischen Bestrebungen. Die Nachkommen der Waldesier, die Brüdergemeinden und Gottesfreunde hatten durch mehr als 200 Jahre ihren Sammelpunkt in der elsässischen Reichsstadt gehabt. Von dort gingen die vorzüglichsten Werke ihrer Litteratur aus, dort hatten die berühmtesten Vertreter derselben gehaust.

In Straſsburg ist das Baugewerbe zu ganz besonderer Blüte gelangt und nirgends erfreuten sich die Freunde des Handwerks so wirksamen Schutzes als dort.

Während im ganzen übrigen Deutschland der durch das weltliche Recht gebotene, durch die Kirche gebilligte Grundsatz praktiziert wurde, daſs Ketzerei ein Malefizverbrechen sei, hat Straſsburg seit jeher allen religiösen Neuerungen Duldung, allen wegen ihres Glaubens Verfolgten Schutz gewährt. Hat aber einmal das allzustarke Anwachsen der Sektierer oder das allzu heftige Drängen der Priesterschaft ein obrigkeitliches Einschreiten gefordert, so begnügte man sich damit, die unruhigen Elemente aus der Stadt zu verbannen; niemals aber ist die weltliche Gewalt so weit gegangen, jemanden um seines Glaubens willen· mit dem Tode zu bestrafen.

Diese Grundsätze hat Straſsburg auch in den Zeiten, als die Luthersche Kirchenreformation und die von ihr ausgehenden religiösen Strömungen die Geister seiner Bürgerschaft in Aufruhr versetzten, unverrückbar festgehalten. Nur zwei Todesurteile wurden in den Jahren 1515—1543 vollstreckt, und in beiden Fällen waren es nur die die Sitten verderbenden Ausschreitungen, nicht aber die religiösen Überzeugungen der Delinquenten, welche mit dem Tode bestraft wurden [1]).

Während des genannten Zeitraumes, insbesondere aber in den Jahren 1524—1534, strömten die wegen ihres Glaubens Verfolgten aus allen Weltgegenden in einer Anzahl nach Straſsburg, wie sie auch nur annähernd keine andere Stadt Deutschlands oder Öster-

---

[1]) Siehe hierüber und über die Wiedertäufer in Straſsburg von 1527 bis 1530 überhaupt: W. Röhrich, Zur Geschichte der Straſsburgschen Wiedertäufer in den Jahren 1527—1543.

reichs aufzuweisen hatte. Eine Reihe von Umständen hat dazu beigetragen. Die Tradition der Milde und Toleranz, welche Strafsburgs Obrigkeiten im ganzen Mittelalter ausgezeichnet hatte, war in den Ratsherren des 16. Jahrhunderts lebendig geblieben, ja es hat wohl niemals früher ein Mann den kurulischen Stuhl der Stadt eingenommen, der in gleichem Mafse wie der damalige Ratsoberste Jacob Sturm von Sturmeck Einsicht mit Güte in sich vereinigt, in gleichem Mafse wie dieser ein strammes Regiment mit fortschrittlichem Sinne verbunden hätte.

Selbst die Prediger Strafsburgs waren aus anderem Holze geschnitzt, als die der übrigen deutschen Städte, Luther und Zwingli nicht ausgenommen. Denn während sich allerorten das durch das Beispiel Luthers begünstigte rechthaberische, ja gewaltthätige Vorgehen der reformatorisch gesinnten Machthaber in nichts von dem Zelotismus der katholischen Priesterschaft unterschied, haben Bucer, Capito und Zell, die Reformatoren Strafsburgs, eine Weitherzigkeit in der Auffassung religiöser Ideen und kirchlicher Zustände zur Schau getragen, die noch heute unser Erstaunen erregt.

Insbesondere suchten sie die aus den Täuferkreisen hervorgegangene Opposition durch privaten Zuspruch und öffentliche Disputationen, durch persönlichen Umgang und liebevolles Entgegenkommen zu gewinnen, und erst als diese Mafsregeln erfolglos geblieben waren und das allzu tumultuarische Vorgehen excentrischer Rappelköpfe den religiösen Frieden der Bürgerschaft zu untergraben und die Ruhe der Stadt ernstlich zu gefährden drohte, rieten sie dem Rate nicht etwa zur Hinrichtung der Unverbesserlichen, sondern zu deren Entfernung aus dem Weichbilde der Stadt. Wie weit ihre Toleranz in Glaubenssachen ging, mag daraus entnommen werden, dafs Bucer in der Schrift: Grund und Ursach der Neuerungen in der Gemeinde zu Strafsburg vom 26. Dezember 1524 schreibt: „Die blofse Wassertaufe macht nicht seelig, sondern allein die geistliche Taufe Christi, welche durch jene bedeutet wird. Wo Jemand mit der Taufe warten will und solches bei denen er wohnt, ohne Zerstörung der Lieb und Einigkeit erhalten kann, wollen wir uns darum mit ihm nicht zweyen, noch ihn verdammen, ein Jeder sei seines Sinnes gewifs. Das Reich Gottes ist nicht Essen und Trinken, also auch nicht der Wassertauff, sondern Gerechtigkeit und Friede und Freude im heiligen Geist."

Hinter ihren Obrigkeiten blieb die durch Humanität und wohlthätigen Sinn seit jeher ausgezeichnete Bürgerschaft der Reichsstadt nicht zurück. Bereits im Jahre 1482 hatte sie ein Gesetz beschlossen, welches jedem das Heimatsrecht verlieh, der darum ansuchte und den Eid auf die Verfassung zu schwören bereit war. Grofse und vortrefflich geleitete Wohlthätigkeits-anstalten sorgten in schwerer Zeit für die Bedürfnisse der Armen, mochten sie Einheimische oder Fremde, Rechtgläubige oder Ketzer sein.

So haben die öffentlichen Armenkassen Strafsburgs während der furchtbaren Hungersnot des Jahres 1529 mehr als 3000 Personen verpflegt. Es war deshalb wohl kein Wunder, dafs die iberale Reichsstadt ungeschwächte Anziehungskraft auf alle Hilfs-bedürftigen und Verfolgten übte.

Sie ist in den zwanziger Jahren des 16. Jahrhunderts auch der Zufluchtsort der gehetzten Wiedertäufer Deutschlands und Österreichs geworden. Bis zu Beginn des Jahres 1527 waren es nur vereinzelte Vertreter dieser oder verwandter religiöser Richtungen gewesen, welche ab und zu in Strafsburg auftauchten. Nikolaus Storch, einer der Zwickauer Propheten, der sein Licht auch in Wittenberg leuchten lassen wollte und über Andrängen Luthers von dort vertrieben worden war, und Andreas Karlstadt, den bekanntlich das gleiche Schicksal getroffen hatte, haben im Jahre 1524 die Reichsstadt besucht. Sie versuchten auch dort für ihre excentrisch-mystische Richtung Anhänger zu gewinnen.

Trotzdem sich jedoch in Strafsburg wie in Steyr und an anderen Orten damals noch Reste jener Brüdergemeinden befanden, welche sich in der Schweiz bereits um diese Zeit als Täuferkirchen zu konstituieren begannen, vermochte keiner von beiden Boden zu gewinnen und mufste, von dem Rate als Ruhe-störer erkannt und verbannt, nach kurzem Aufenthalt, während dessen es die Prediger an wirkungslosen Bekehrungsversuchen nicht hatten fehlen lassen, die Stadt verlassen.

Nicht besser erging es Dr. Balthasar Hubmayr, der anfangs des Jahres 1524 nach seiner ersten Flucht aus Waldshut nach Strafsburg gekommen war und dort mehrere seiner Schriften zum Druck befördert hatte.

Das Wachsen der Täuferbewegung seit dem Jahre 1525 in allen deutschen Landen hat auch auf Strafsburg weitgehenden Einflufs geübt. Täuferische Ansichten gewannen Terrain in der

einheimischen Bürgerschaft, ganze Haufen fremder Täufer suchten
und fanden insbesondere seit dem Ausgange des Bauernkrieges eine
Stätte in der freien Reichsstadt. Unter sich hatten diese ver-
einzelten Gruppen, welche von Zeit zu Zeit die Stadt beunruhigten
und nach und nach die Sektenfrage auch dort zu einer brennenden, die Thätigkeit des Rates vorzüglich in Anspruch nehmenden
Angelegenheit machten, noch keinen Zusammenhang. Noch war
in Strafsburg das Täufertum nicht organisiert, ein einheitlicher
Plan in ihren Kreisen noch nicht aufgestellt.

Es traten jedoch schon damals auch in Strafsburg zwei von-
einander nicht unwesentlich abweichende Richtungen innerhalb
der Täuferkreise sichtbar au ʼdie Bildfläche, wenn auch die sie
trennenden Gegensätze mehr im Charakter der sie vertretenden
Persönlichkeiten, als in der Verschiedenheit der Lehre und Ansichten begründet waren. Man unterschied schon damals deutlich
die stillen, von innigem Gottesbewufstsein und geräuschloser
Frömmigkeit erfüllten Schwärmer von den excentrischen, turbu-
lenten Gesellen, welche sich als ausgewählte Kinder Gottes, als
Erleuchtete viel auf ihre Rechtgläubigkeit einbildeten und es für
ihre Aufgabe erklärten, alle Menschen mit allen Mitteln derselben
teilhaftig zu machen. Beiden Richtungen gemeinsam war ein
lebendiger Bibelglaube, Hinneigung zu kommunistischer Lebensführung und ein mystisches Element in Lehre und Leben, welches
der Individualität und ihrer Kraft starke Rechnung trug. Für
beide Richtungen lieferten Fremde und Einheimische ihr Kontingent. Insbesondere waren es zahlreiche Handwerker aus dem
Elsafs und Süddeutschland, die die eine oder andere durch ihren
Zuzug verstärkten. Der hervorragendste Vertreter der gemäfsigten
Richtung, der 1526 nach Strafsburg kam, war Jacob Grofs, ein
Kürschner aus Waldshut.

Von der Existenz der radikalen Partei giebt ein Vorfall
Zeugnis, der sich am 10. Juli 1526 in der Kathedrale ereignete.
Kaum hatte dort der lutherische Prediger Mathäus Zell seine
Predigt begonnen, als ein Wiedertäufer aus dem Städtchen Bent-
feld im Elsafs mit lauter Stimme ihm zurief: Du lügst gegen den
heiligen Geist, Bruder Mathis! In der Kraft dessen gebiete ich
Dir, dafs Du heruntersteigst und mir den Platz räumst, damit ich
wahrer über den Sinn des Geistes rede als Du!"

Ihren Gottesdienst pflegten die damals in Strafsburg weilenden Täufer in den Häusern verschiedener Strafsburger Bürger zu

halten. Daſs auch Mitglieder angesehener Familien zu ihren Anhängern zählten, beweist die Liste derjenigen, die 1526 unter dem
Verdachte des Wiedertaufs über Befehl des Rates verhaftet, in
den Turm gelegt und verhört worden sind. Es befanden sich
darunter Fridolin Meiger, Contractuum Notarius und Jörg Tucher,
der Schwiegersohn des Stadtschreibers, der den täuferischen Konventikeln sein eigenes Haus geöffnet hatte. Sein Verhör sagt uns,
wie es bei diesen Straſsburger Konventikeln zuging. Nach dem
gemeinsamen Gebet, sagt er, legen sie die Schrift nach eines jeden
Geist aus.

Im Laufe des Jahres 1526 hat bekanntlich jene Täufersynode
in Augsburg stattgefunden, welche unter der Leitung Joh. Denks
die Organisation des Täufertums und deren Vereinigung zu einer
selbständigen, von der katholischen und lutherischen Kirche sich
abgrenzenden Sekte herbeiführte, ein Ereignis, das die Sache der
Täufer wesentlich beeinfluſste und auch in den Straſsburger Verhältnissen wesentliche Änderungen hervorrief. Nach Straſsburg hatte
Denk, der Leiter und Führer dieser Reformbewegung, sein Haupt-
quartier verlegt und von dort aus versucht, der Täuferbewegung
die seinem Denken und Streben angemessene Richtung zu geben.
Diese Richtung aber war, wie wir wissen, eine ausgeprägt mystische;
von durchaus transcendentem Charakter, sie gipfelte in einem
innerlichen, von jeder äuſseren Autorität unabhängigen Glauben
und wendete sich ebenso gegen die an dem Buchstaben der Schrift
hängenden frommen, als die in sozialistischer Träumerei be-
fangenen Umsturzmänner. Es ist nun Denk keineswegs gelungen,
diese Parteien zu Gunsten einer dritten gemäſsigten Richtung zu
vereinigen oder auch nur eine derselben zum Schweigen zu bringen.
Es konnte dies schon deshalb nicht sein, weil die Denkschen
Ideen ihren Flug weit über den Gesichtskreis der groſsen Masse
nahmen, aus denen sich die Frommen und die Radikalen rekrutierten, und weil das durch das innerste Wesen dieser Ideen bedingte philosophisch-spekulative Gewand nur eine Religion der
Gebildeten sein konnte. So sehen wir denn mit dem Erscheinen
Denks in Straſsburg im Oktober 1526 neben den beiden bereits
vorhandenen Richtungen des Täufertums eine dritte, die Religion
der freien Täufer in die Aktion treten.

Mit aller Macht strebten die lutherischen Prediger Straſsburgs
darnach, den Einfluſs, welchen Denk insbesondere in den besseren
Bürgerkreisen in überraschend kurzer Zeit gewonnen hatte, zu

brechen und womöglich ihn selbst von seinen Irrwegen abzuleiten und auf ihre Seite zu ziehen. Nachdem bald nach seiner Ankunft ein Kolloquium über religiöse Fragen zwischen ihm einerseits und Hätzer, der damals noch zu den Predigern hielt, und Cellarius, einem angesehenen Gelehrten, dessen von reformatorischem Geiste beseelte Ansichten von denen der freien Täufer nicht allzuweit abwichen, andererseits stattgefunden hatte, kam es am 22. Dezember 1526 zu einer von den Strafsburger Predigern veranstalteten öffentlichen Disputation, welche in der Reformationsgeschichte dieser Stadt eine hervorragende Rolle spielt. Wie alle anderen, endete auch diese Disputation damit, dafs beide Teile sich des Sieges rühmten und der stärkere thatsächlich Recht behielt. Der Stärkere aber waren die Prediger, da sie den Rat auf ihrer Seite hatten. Ihrem Einflufs gelang es, die Verweisung Denks und mehrerer seiner Anhänger aus der Stadt zu erwirken.

Wie wenig es Denk gelungen war, die radikale Partei in Strafsburg zum Schweigen zu bringen, beweist das Erscheinen des excentrischen Clemens Ziegler, welcher bald nach seinem Abgang von Strafsburg die Massen in gewaltige Erregung versetzte, bis auch seinem Treiben seine Verhaftung und bald darauf erfolgte Verbannung ein Ende machte. Für eine kurze Zeit war damit Ruhe in Strafsburg eingekehrt. „Res publica tranquillissima est" schreibt Capito am 28. Februar 1527. Doch war das Täufertum in Strafsburg keineswegs erloschen. Als die Staatsgewalt in Deutschland und Österreich wie ein sengender Würgengel in die Herden der Brüder fiel und als fanatischer Todesmut und heldenhafte Standhaftigkeit selbst die Bewunderung der Verfolger erregte, ihren Eifer aber nicht minderte, da schlug die Täuferbewegung auch dort, wo sie sich seit Jahren am ungehindertsten auszubreiten vermocht hatte, in Strafsburg, wieder höhere Wellen und zog weitere Kreise. Es fanden sich insbesondere aus Augsburg zahlreiche Flüchtlinge dort ein, um bei gleichgesinnten Strafsburger Bürgern Herberge und Schutz zu suchen und zu finden, auch viele andere deutsche Städte, in denen man an den unruhigen Gesellen keinen Gefallen fand, sandten Zuzüge. So ist es gekommen, dafs der Reihe nach alle Führer der Täuferbewegung damaliger Zeit, so ein Jacob Kautz, Wilhelm Reublin, Melchior Pilgram und Melchior Hoffmann, aber auch andere wegen ihres Glaubens verfolgte Neuerer, so Kaspar Schwenkfeld wenigstens vorübergehend sich in Strafsburg aufhielten. Die genannten

8*

Täuferführer standen keineswegs in einem Verhältnis der Über-
und Unterordnung zu einander, etwa so, daſs der eine zu einer
bestimmten Zeit das allgemein anerkannte Haupt der Partei gewesen und bei seinem Abgang ein anderer an seine Stelle gerückt
wäre. Jeder von ihnen hatte vielmehr zu ein und derselben Zeit
seine besonderen Anhänger, deren Bekenntnis sich von dem der
anderen Gruppen in dem einen oder anderen Punkte nicht
unwesentlich unterschied. Es war dies eben nicht anders möglich
bei der Bedeutung, welche die täuferische Religion dem subjektiven
Momente beilegte.

Das bedenkliche Anwachsen der täuferischen Bewegung im
Jahre 1527 hat endlich auch den Rat zu einer Änderung seiner
Taktik bewogen. Einerseits traf er Anstalten zu einer Ver-
schärfung derjenigen Maſsregeln, welche zur Verhütung der An-
sammlung einer gröſseren Anzahl von Sektierern bestimmt waren.
Er erlieſs am 27. Juli 1527 ein Edikt, welches den Bürgern verbot, Wiedertäufer zu beherbergen und ihnen Unterschlupf zu
geben, andererseits vereinfachte er das Verfahren gegen die
Wiedertäufer dadurch, daſs er die Spendung und den Empfang
der Wiedertaufe nicht mehr als Verbrechen, sondern als Polizei-
vergehen behandelte [1]).

Trotz dieser Maſsregeln nahm der Zuzug von Wiedertäufern
vorderhand nicht ab, im Gegenteil die fortgesetzten Verfolgungen
derselben bedingten sein stetiges Anwachsen. Gegen Schluſs des
Jahres 1527 und zu Beginn des Jahres 1528 verdoppelten die
kaiserlichen Behörden ihre Anstrengungen in Sachen der Wiedertäuferbewegung infolge der kaiserlichen Verfügungen, deren prompte
und energische Ausführung allen Landesfürsten und reichsunmittel-
baren Obrigkeiten zur strengsten Pflicht gemacht worden war.
Insbesondere lieſs sich der schwäbische Bund die Ausführung der
kaiserlichen Befehle angelegen sein. Er erlieſs im Februar 1528
an alle seine Hauptleute die Weisung, jeden der Wiedertaufe
Verdächtigen ohne Erbarmen festzunehmen und hinzurichten, wo
man ihn treffe, ohne erst durch die herkömmliche Prozedur den
Lauf der Gerechtigkeit zu hemmen.

---

[1]) Es ist dies daraus zu entnehmen, daſs er die Verhöre der Wiedertäufer nicht mehr in die Sage-, sondern in die Vergichtbücher eintragen lieſs.
W. Röhrich, Zur Geschichte der Straſsburger Wiedertäufer in den Jahren
1527—1543.

Die Verfolgten drängten nach Westen, und gewaltig stieg die Flut in Strafsburg! Der Rat liefs sich auch durch die kaiserlichen Befehle nicht abhalten, nach wie vor in objektiver, leidenschaftsloser Weise seines Amtes zu walten. Obwohl die Täuferbewegung gerade in den angesehenen Bürgerfamilien der Stadt immermehr um sich griff, und die Einheimischen nicht das geringere Kontingent zu den unter dem Verdachte der Wiedertaufe Verhafteten stellten — unter den zu Beginn des Jahres 1528 Eingezogenen befand sich abermals der Notarius Fridolin Meiger, der sein Haus den Wiedertäufer-Konventikeln geöffnet hatte — und obwohl nicht wenige der zugereisten Wiedertäufer Miene machten, dem Rate den Bürgereid zu verweigern, und nur durch das gütliche Zureden der Obrigkeit sich zur Ablegung desselben bewegen liefsen, so lauteten die Verfügungen des Vorsitzenden Georg Sturm nach wie vor:

„Die sich bürgerlich und gehorsamlich erzeigen, sind mit Urphed zu entlassen, die nicht schwören wollen, sind der Stadt zu verweisen, die Rädelsführer sind gefangen zu nehmen und in den Turm zu legen, dort haben sie die Prädikanten mit Wort und Schrift zu belehren, bis sie widerrufen."

Im Jahre 1529 hatte die Verfolgung der Wiedertäufer in Deutschland und Österreich ihren Höhepunkt erreicht. Zahlreiche, aller Orten vorgenommene Hinrichtungen bezeugen den Ernst, mit dem sie betrieben wurden. Dieser Umstand und die im westlichen Deutschland herrschende Hungersnot trieb die wegen ihres Glaubens Verfolgten abermals in hellen Scharen in die mildthätige Reichsstadt. In diese Zeit fallen auch die zahlreichsten Übertritte der Strafsburger in die Reihen der Wiedertäufer. Der Anstofs hierzu scheint hauptsächlich in den sittlichen Zuständen der Reichsstadt gelegen gewesen zu sein.

Die schon bei Ausgang des Mittelalters herrschende Sittenlosigkeit ist in Strafsburg wie anderswo durch die von Luther verkündeten und vom Volke arg mifsverstandenen Lehren von der Freiheit des Evangeliums, der Unfreiheit des Willens und der Rechtfertigung allein durch den Glauben nicht gebessert worden, sie hat im Gegenteil durch diese Lehren so manchen Vorschub erhalten. Die Prediger Hedio, Bucer und Mathis stellen in einer an den Rat gerichteten Zuschrift vom Sonnabend post Judica 1529 das Ersuchen, mit der Ordnung des Gotteslästerns, Schwörens, Zutrinkens und Spielens fürzufahren, den öffentlichen Ehebruch abzustellen und zu strafen und eine gottgefällige Ordnung in Ehesachen fürzunehmen, wie zu Zürich und Constanz, item den öffentlichen Wucher und Uebermut abzustellen, nämlich, daſs man um ein Pfund Golds ein Ohm Wein kauft, item die abgöttische Bilderkunst abzuthun etc. Von solchen Zuständen hob sich allerdings die geräuschlose Frömmigkeit ünd der sittliche Lebenswandel der gemäſsigten Wiedertäuferkreise vorteilhaft ab und viele, die in der Reformation Luthers ihre religiösen und moralischen Ideale nicht befriedigt sahen, haben sich dieser Richtung zugewendet.

Im Jahre 1529 führte ein Ereignis, welches mit der Täuferbewegung nicht im Zusammenhange stand, die Verhaftung einer groſsen Anzahl von Wiedertäufern herbei. Zweimal, das erste Mal am 11. März, das zweite Mal eine Woche später waren Pasquille auf den Rat und Spottlieder auf die Stadt öffentlich, sogar an den Thoren der Pfalz angeschlagen worden. Man glaubte die Thäter in den Reihen der in Straſsburg anwesenden Wiedertäufer suchen zu müssen und beschloſs eine Razzia gegen dieselben. 39 Verdächtige, Fremde und Einheimische, erstere zumeist aus Holstein, aus Mähren und den österreichischen Erbländern, ihres Zeichens herumziehende Krämer und Handwerksleute — doch auch Bettler und einige wenige Studierte waren darunter — wurden verhaftet. Viele unter ihnen sind erst in Straſsburg vor dem Metzgerthore getauft worden. Alle wurden auf dem Wilhelmturme gefangen genommen und dort verhört. Nachdem es sich darum handelte, den Urheber der veröffentlichten Schmähschriften herauszufinden, hat der Rat den zum Verhöre abgeordneten Richtern — sie hieſsen Ullmann, Böcklin und Rebstock — den Auftrag gegeben, die Gefangenen zur Niederschreibung ihrer Namen, Erlebnisse und Ansichten zu veranlassen [1]).

Diese Maſsregeln haben keinen Erfolg gehabt. Der gesuchte Thäter wurde nicht gefunden, und die Gefangenen deshalb wieder in Freiheit gesetzt. Unter ihnen hat sich auch Hanns Bünderlin, oder, wie er sich schrieb, Hanns Wunderl befunden. Eben damals machte er die Angabe, daſs er von Linz aus dem Land ob der Enns sei, daſs er vor 3 Jahren Prädikant des Herrn Bartholomäus von Starhemberg und zuletzt eine Zeitlang bei Herrn

---

[1]) Das Verhörsprotokoll mit 14 eingelegten Zetteln, den Handschriften der Verhörten, liegt im Thomasarchiv in Straſsburg, Wenkersche Aktensammlung.

Leonhart von Lichtenstein in Nikolsburg gewesen sei. Er begehrt, so es Gott zuläfst, hinab (den Rhein hinab?) zu reisen.

Bald nach den aus Anlafs der besagten Pasquill-Affaire vorgenommenen Verhaftungen wurde eine Versammlung von Wiedertäufern in Hanns Bruchen, des Schiffmanns Haus aufgehoben und die Teilnehmer dingfest gemacht [1]). Unter ihnen befand sich abermals der Notar Fridolin Meiger, dann Hans Bertel, ein Weber, Leex, ein Hobelmacher, Claus Bruder, ein Schiffmann, sämtlich aus Strafsburg, weiters Hanns Seibel, ein Schneider aus Augsburg, Wilh. Reublin aus Rottenburg am Neckar und wieder Hanns Bünderlin aus Linz. Aus den Verhören der Verhafteten erfahren wir, dafs mehr als 100 Flüchtige nach Strafsburg gekommen seien, wo sie in verschiedenen Bürgershäusern ihre Konventikel abhielten. Viele von ihnen haben die Wiedertaufe erst in Strafsburg empfangen. Die Ceremonie fand in einem Rheinarme vor dem Metzgerthore statt. Über das Bekenntnis der Verhafteten geben ihre Verhöre wenig Aufschlufs. Alle stellen in Abrede, dafs sie Aufruhr im Sinne gehabt und die Weiber gemein gehabt haben.

Unter ihnen haben jedenfalls der Strafsburger Bürger Fridolin Meiger und der Österreicher Hanns Bünderlin eine hervorragende Rolle gespielt. Ersterer, der insbesondere eines Buches wegen, das er in den Konventikeln vorgelesen hat, zur Rede gestellt wurde, giebt an, dafs das Buch Hanns Fischer gemacht habe, und dafs es in Strafsburg gedruckt worden sei. Er sagt weiters, dafs sich die Brüder an dem Grufse: „Gott grüfse dich, Schwester oder Bruder, der Friede sei mit dir" erkannten. Meiger schwur Urfehde und wurde begnadigt, seine Complicen nach mehr oder weniger lang dauernder Kerkerhaft aus der Stadt verbannt.

Johann Bünderlin, vernommen am Dienstag post Judica 1529, hat gestanden, dafs er das Büchlein gemacht und die Brüder zusammenberufen habe und zu Augsburg getauft worden sei. So dürftig diese Angaben sind, können wir doch so viel daraus entnehmen, dafs er damals sich zu den Wiedertäufern zählte und in ihren Kreisen die Stelle eines Sendboten oder Apostels einnahm, denn nur diese pflegten bei ihrer Ankunft an Orten, wo sich Täufergemeinden befanden, dieselben um sich zu versammeln, um

---

[1]) Die Verhörsprotokolle dieser Verhafteten befinden sich gleichfalls im Thomasarchiv zu Strafsburg unter dem Titel: Auszug aus den Strafsburger Ratsprotokollen, beginnend mit 18. März 1529.

sie zu belehren und im Glauben zu stärken. Das Buch, wegen dessen Bünderlin zur Rede gestellt worden ist, war jedenfalls die im Jahre 1529 in Strafsburg unter dem Titel: „Ein gemayne Berechnung über der Heiligen Schrift Inhalt" erschienene Schrift. Wenn wir den Inhalt dieses Buches mit den Angaben seines Verhörs in Zusammenhang bringen, so müssen wir daraus schliefsen, dafs Bünderlin sich zur freiesten Richtung des Täufertums, sowie es Joh. Denk verkündet hatte, bekannte [1]).

Zahlreich sind die Anhänger Bünderlins zur Zeit seiner Anwesenheit in Strafsburg und später sicher nicht gewesen. Schon die spekulative Natur seiner Religion schlofs deren grofse Verbreitung aus. Bünderlin hat, wie dies wohl jeder zu thun pflegte, der durch die Wiedertaufe in die Täuferkirche aufgenommen war und das Apostelamt versah, bei seiner Ankunft in Strafsburg alle Brüder zusammenberufen. Wenn sich alle diejenigen, die diesem Rufe Folge geleistet haben, der in Strafsburg herrschenden reformierten Kirche, sowie den Katholiken gegenüber auch als die Mitglieder der einen, auserwählten Gemeinschaft fühlten, sich durch dieses Gefühl der Gemeinsamkeit in ihrem Glauben gehoben, in ihrem Gottvertrauen gestärkt fanden, sich nach aufsen hin auch als die Brüder einer Kirche gaben und von den weltlichen und geistlichen Obrigkeiten als solche behandelt wurden, so gehörten doch sicher nicht alle diese zu den Gesinnungsgenossen Bünderlins.

---

[1]) Nur Unkenntnis der Bünderlinschen Schriften kann es rechtfertigen, wenn Röhrich in seiner Reformation im Elsafs S. 342 ihn einen Zeloten aus Österreich nennt. Bünderlin war alles eher als ein Zelot. Von mehreren späteren Schriftstellern wird Bünderlin als einer der Führer der Wiedertäufer genannt, so von Sebastian Frank, Weltbuch Pars II Fol. 44: „Ich wollt yr vil anzeygen, deren ein jeder sein eygen kirch, opinion und auch Glauben hat, aldann ist der Babst, Luther, Zwingel, Teuffer mancherley, Joan Campianus, Joannes Bünderlin, Schwenkfeldt, Melchior Hoffmann, Bilgra, Böhem, Pikarden, Armenier, Mesobiter" —, so von Gabriel Prateolus de vitis, sectis et dogmatibus omnium haereticorum Köln 1569 p. 28: Neque nunc pauciora sunt hydrae (sc. Anabaptistae) capita, sunt enim alii Münzeriani, alii Orantes, alii Silentes, Somniantes, pueris similes, Synceri, Impecibiles, a Baptismo liberi, Binderliani, Sabbetarii, Haderoni, Hoffmanici et post hos exorti circumcisi etc., so endlich von Preger, Tischreden Luthers aus den Jahren 1531 und 1532 nach den Aufzeichnungen von Joh. Schlaginhaufen, Leipzig 1888 S. 116 und 438:

Sectae Anabaptistarum Pinden'schen dicunt omnia evangelica esse personalia h. e. tantum ad personam quibus dicta, dicta esse.

Es befanden sich unter ihnen Radikale, Bibelgläubige und freie Täufer, Anhänger Pilgram Marbecks und Melchior Hoffmanns. Hanns Bünderlin hat noch im Jahre 1529 Strafsburg verlassen, wir wissen nicht, freiwillig oder infolge obrigkeitlicher Ausweisung. Vielleicht hat ihn wirklich nur die Unzufriedenheit mit der Entwicklung, welche die Täufersache in Strafsburg genommen hat, wieder in die Fremde getrieben.

Mag auch die Verschiedenheit ihrer Bekenntnisse — „Etlich wollen Christus nicht lassen Gott sein, etlich keine Schrift mehr gelten lassen, verwerfen sie und achten, was ihnen einfällt, meinten, sie seien vom heil. Geist inspirirt, andere unterstehen sich alle Ding gemein zu machen, erklären es als Irrtum das Schwert zu ergreifen und stiften viel Nachtheil, indem sie im Punkte der Ehe gegen die Schrift handeln", berichten Hedio, Bucer und M. Mathis am Sonnabend post Judica 1529 an den Rat — als aus der Natur seiner religiösen Ansichten mit Notwendigkeit sich ergebend, ihn nicht besonders tief berührt haben; das mufste den toleranten, ideal angelegten Mann jedenfalls in innerster Seele verletzen, dafs der ärgste aller Zeloten, der in apokalyptischen Träumereien schwelgende, von chiliastischen Gedanken erfüllte und die Umsturztendenzen jeder Richtung begünstigende Melchior Hoffmann, der Ende 1529 aus dem Norden Deutschlands nach Strafsburg gekommen war, die Gemüter der Mehrheit zu gewinnen, ja zum Führer der Täufer in Strafsburg sich aufzuschwingen vermochte, und so grofsen und mächtigen Anhang um sich zu sammeln verstand, dafs er es wagen konnte, von dem Rate die Überlassung einer Kirche an die Täufer zu begehren.

Wohl daraus ist es zu erklären, dafs sich Johann Bünderlin von dem Täufertum gänzlich lossagte. Er wollte von den Anhängern einer Richtung, welche in wörtlicher und gedankenloser Auffassung der Bibel und in einer dieser Auffassung sklavisch angepafsten Lebensführung das Wesen der Religion sahen, aber auch von jenen radikalen Elementen, welche von dem nahen Eintritt einer Katastrophe und dem Kommen des 1000jährigen Reiches schwärmten, in welchem die sozialen Ideen der auserwählten Kirche sich erfüllen würden, nichts wissen. Deshalb hat er sich in der Folge der Zeit gegen den Verdacht, ein Täufer zu sein, gewehrt, deshalb die Wiedertaufe als ein äufserliches, unwesentliches Zeichen, von dem die Erlangung der Seligkeit in keiner Weise abhänge, erklärt und sich damit ganz auf den Standpunkt der freien Täufer, eines Joh. Denk und Sebastian Frank gestellt.

So wie diese Männer hat auch Bünderlin schon in der Jugend den Keim der Unzufriedenheit mit den herrschenden religiösen Zuständen in sich aufgenommen und, kaum zum Mann herangereift, die Mitarbeiterschaft an ihrer Besserung als die Aufgabe seines Lebens erkennen gelernt. Sowie diese Männer hat er Jahre hindurch forschend und tastend nach dem Wege gesucht, der ihn zu einer Geist und Gemüt befriedigenden Religion führen könnte. Wie die Besten jener Zeit suchte er sie zuerst in dem Evangelium Luthers, in den diesem Evangelium ergebenen Kreisen eines österreichischen Aristokraten. Als er aber Luther sich von dem mystischen Reformationsgedanken abwenden und nach einer staatskirchlichen Gestaltung seines Werkes streben sah, wandte er sich enttäuscht ab, und suchte, was er bei ihm nicht gefunden, in den Reihen der Täufer, die damals eine stattliche Anzahl vorzüglicher Männer in sich vereinigten. Er glaubte wohl auch eine Zeitlang, insbesondere aber zur Zeit des Aufschwungs des Täufertums infolge der Bemühungen Denks, Hubmayrs und anderer, das ersehnte Ideal in ihrer Kirche gefunden zu haben, sah sich jedoch auch auf dieser Bahn zur Sonderung und Sichtung genötigt und langte endlich, beeinflußt durch die gewaltige Persönlichkeit Denks, bei jenem spiritualistischen undogmatischen Christentum an, von dem seine Schriften Zeugnis geben.

In einer eigentümlichen Beleuchtung erscheint dieses Christentum Bünderlins durch die Stellung, welche er zu Sebastian Frank einnahm. Auf diesen bedeutendsten Litteraten und vornehmsten Vertreter des Spiritualismus in der Zeit der Reformation haben die Schriften Bünderlins, der ihn persönlich wohl erst während seines Aufenthaltes in Straßburg kennen gelernt hat, entscheidenden Einfluß genommen.

Sebastian Frank, der sowie Bünderlin als katholischer Theologe seine öffentliche Wirksamkeit begann, um sich dann der Reformation Luthers anzuschließen und endlich, unbefriedigt von ihrem Verlaufe und ihren Ergebnissen, ihr den Rücken zu kehren und als zum Teil selbständiger, zum Teil in den Spuren der deutschen Mystiker wandelnder Denker eine ausgesprochen individualistische Religion zu predigen, ist als Verfasser eines vielgelesenen Buches: „Von dem greulichen Laster der Trunkenheit, Justenfelde 1528" und als Übersetzer der Dialoge Althameri, eines der lutherischen Richtung angehörigen Pfarrers in Nürnberg, nach Strafsburg gekommen. In beiden Büchern, insbesondere in der Vorrede zu letzterem bekennt sich Frank noch als Anhänger der Lutherschen Reformationsgedanken, so wie sie in dessen Buch de servo arbitrio zum Ausdruck gebracht erscheinen. Doch schon sein nächstes Werk, gleichfalls eine Übersetzung: Chronica und Beschreibung der Türkey, Nürnberg 1530 zeigt die beginnende Wendung zu jenem spiritualistischen Bekenntnis, welches nur den Geist, das innere Wort, das innere Licht, den göttlichen Funken in uns im scharfen Gegensatz zur Schrift und jeder anderen äufseren Autorität als Quelle und Richtschnur des Glaubens gelten läfst.

Die Motive für diese Wandlung sind zum Teile vielleicht in persönlichen Erfahrungen, die Seb. Frank als evangelischer Pfarrer gemacht hat, zum anderen und weitaus gröfseren Teile aber in dem Einflufs, den die Schriften Bünderlins und anderer verwandter Geister auf ihn geübt haben, zu suchen. In der Vorrede zur Türkenchronik steht das ganz aus der Bünderlinschen Denkungsweise herausgewachsene Wort: „Weiter sind zu unseren Zeiten 3 fürnehmlich Glauben auferstanden, die grofsen Anhang haben, als Lutherisch, Zwinglisch und Täuferisch, der viert ist schon auf der Bahn, dafs man alle äufserlich Predig, Ceremoni, Sakrament, Bann, Beruf als unnötig will aus dem Weg räumen und glatt ein unsichtbar geistlich Kirchen in Einigkeit des Geist und Glauben versammlet unter allen Völkern und allein durch's ewig unsichtbare Wort von Gott ohn ein äufserlich Mittel regiert will anrichten, als sei die apostolisch Kirch bald nach der Apostel Abgang durch den Gräuel verwüst, gefallen und seind zumal gefährlich Zeit, Gott helf uns allen[1]“.

Wie hoch Frank selbst die Bedeutung Bünderlins für seine eigene Geistesentwicklung schätzte, ergiebt sich aus einem Briefe, den er im Jahre 1531 an den gesinnungsverwandten Johann Campanus, damals im Jülichschen sich aufhaltend, geschrieben hat[2].

---

[1] S. A. Hegler, Geist und Schrift bei Sebastian Franck, Freiburg i. B. 1892. Ich habe dieses geistvolle Buch erst als die Drucklegung meiner Arbeits bereits begonnen hatte, kennen gelernt und war deshalb leider nicht in der Lage, dessen Ergebnisse und Erörterungen nach voller Gebühr zu würdigen.

[2] Joh. Georg Schellhorn in „Ergötzlichkeiten aus der Kirchenhistorie und Literatur". Ulm und Leipzig, 1762 I. S. 114 und in Amoenitates lite-

Frank nennt in diesem Briefe Bünderlin, dessen Buch (Erklärung durch Vergleichung der biblischen Gschrift u. s. w. (?)) er ihm (Campanus) übersendet, einen gelehrten, wunderbar gottesfürchtigen und der Welt ganz abgestorbenen Mann. „Mit derselben Taufe,

---

rariae etc., Frankfurt und Leipzig 1729, verlegt den Brief Franks an Campanus in das Jahr 1541, woraus geschlossen werden müfste, dafs Joh. Bünderlin in diesem Jahre noch gelebt hat. Siehe jedoch dagegen A. Hegler l. c. S. 50. Der Brief Sebastian Franks, enthalten in niederdeutscher Übersetzung in einem Sammelbande der Züricher Stadtbibliothek, gal. I. 256, trägt die Aufschrift: Eyn Brieff va Sebastiaen Franck von Weirdt, geschreuen ouer etliken jaren jn Latyn, tho synen vriendt Johan Campaen, vn nu groudelik verduytschet und up nieuw jnt licht gebracht, und wtgegangen: wärjn hy syne meynug vn geuoelen des Geloofs, openlicker vnde klarer widrucket vnd wtwejset, dan hy noch jn eynigen synen weerken vn Schriften, hier to voren gedruckt vnd wtgegangen, gedaen heift".

Die Stellen dieses Briefes, welche sich auf Bünderlin beziehen, lauten: „Ick schicke nu vp trauwen myns broders eyn bouxkin, welk ghi in mynen naem (bidde ick) vor eyne gaue omfangen sult, dat lesen, ouerleggen, vn ordeylen. Ick belone vn segge v gewifs to, dattet eyn geleert mensch ifs, vn wonderbarlich godfruchtich, vnd der werlt ganzelick gestoruen: vn mit den seluen Doop dar hy mit gedoopt ifs, begeer ick van herzen gedoopt to werden.

Wan ick versta, dz ick wat profytz mit disen kleynen geschinck vnde gaue gedaen hebbe, so sal jck noch ander wercken vn schriften, mit mynen exemplaer v schicken. Der Bunderlinus ifs oick geweift mit allen den Schriftgeleerden, tot dat hy geyn hope meer hadde va hörer salichz, vn opentlick bevonden hadde, dat sy gantz doof waren tot alle warheyt, hebbende wel oren, mar die niet en horen. So dat sy honden vn verkenen waren als die Phariseen ten tyde van Christus.

Vort want v so gelegen vn nutzig ifs, ick sal den seluen eynfs tot v schicken, op dat ghy malckanderen mondelingen moigt spreken, off treckt lieuer op tot hem.

Warlich her ifs ein man vast vn sterck in der Shrifft, vn begaeft mit eynen doirluchtigen vn bysonderen verstande, magtich om die wederseggers te verstricke vn to ouerwinne.

Mar wilt sich om des Geloofs wille jn geynen stryd offte twift steken, seggende vn dickmal verhalende, dat eyn Christen geyn twistiger off stryder ifs, noch dat hy geyn vorbeilde ofte exempel, off woordt där tot heist, van Christo ofte vander jrster Kircken. Wat wil ick vile seggen: Der geist sal lichtelick to kennen genen vn leeren, so dat hy van allen woirde sal oordeylen.

Bunderlinus anmeirckt vnde neimt waer alle oirsaken jn die Shrift, warom dar wat gesagt jfs. Vn meirckt oick dat dar jn dwalen (war jn jck hem to stae vn verwillige) alle Shriftgeleerde, dat sy die Shrift na den thoon, luydt vn wesen des bouckstauens ofte letters verstaen, vornemlick als Lutherus: O sotte vn dwase menschenz anmeirckende, wat sy mit sulcke

fährt er fort, mit der er getauft ist, begehre auch ich getauft zu
werden." Zugleich stellt er Campanus in Aussicht, daſs er ihm
und den Brüdern Bünderlin schicken werde, damit er ihnen pre-
dige, denn er sei wahrlich ein Mann, fest und stark in der Schrift
und begabt mit einem durchlauchtigen und besonderen Verstande,
mächtig, um die Widersacher zu verstricken und zu überwinden.
Doch wolle er sich um des Glaubens willen in keinen Streit oder
Zwist stecken, denn seine Ansicht sei, daſs ein Christ kein Zwist-
säer und Streiter sein, sondern sein Vorbild und Exempel nur in
Christo und seiner ersten Kirchen haben soll. Er nehme auch
alle Ursachen in der Schrift wahr, wisse, warum etwas gesagt sei,
und lege sie nach dem Geiste aus, nicht nach dem Ton und Laut
des Buchstabens, wie die Schriftgelehrten, vornehmlich Luther.
Ob Bünderlin sein Bruder im Glauben sei, schlieſst der Brief,
wisse er nicht, aber er sei ein angenehmer und begehrter Gast,
freimütig und, aufrichtig gesprochen, viel gelehrter und gottes-
fürchtiger als er, elender Mensch! Und darum soll er (Bünderlin)
mit seinen Thaten viel mehr Genüge thun, als er (Frank) thun

---

oeffenunge vnde meynunge van God maken, nämlich eynen die sich alle wege
jn menicherley gestaltenifse verandert vnde gantz ongestadig ifs, God wil
vnser erbarmen. Amen.

Nu broder jck en solde niet konen genouch geschryuen, wie dat ick dor
die genade Gotz, mit der herten wilde, eynen tyt lanck by v tegenwordig
wesen, op dz (so dat God gaue) der eyn den anderen mondelick mochte an-
spreken. Want ick sol hopen vile mit v wt to richte, om dat ghy die oren
noch niet gefloten hebt, vn God noch soucke de syt. Baldet niet op vn
geynfs menschen hulp sulstu gebreck hebben, God sal v helpen, der defs
minschen last draget, vn mit gewin alle dynck wrrichtet. Die Schrifture
vn eyn mensch, kan alleyn eynen anderen mensch vnd synen broder eyne
getuychnifse geuen, mär niet leeren dat God delick jfs. Want hot god-
fruchtig dat die mensche syn, so syn sy noch geyn Leeraers, als ook die
Schrifture niet leert, sonder syn getuygen vnde getuychnifsen. Darum werdt
dat geloof niet geleert wt eynen bouck, off van eynen mensch wie heylich
hy ifs, mar werdt van God jn die Schole des Heren vnder dat cruce geleert
vnde jngestort. Ephef. z.

Waer dat nu Bunderlinus myn broder jnt gelooue jfs, weet ick niet.
Als hy eyns ankommen sal, wil ick hem (so dz God wilt) tot v schicken,
wan ick versta dat hy v sol eyn angenaem vn begeerich gast vn broder
wesen. Want hy jfs seer reymoedig, vn (vp dat ick van hertzen spreke)
vile geleerder vn godfruchtiger, dan ick ellendig minsche bin. Vnde darum
sal hy v by auonturen jn vilen saken meer genouch doen, dan ick sol. Daer
beneuen jfs hy oick vile vryer vn ongebonden, als die geyn echte vrauwe
noch kinderen heift, gelyck ick hebbe."

könne. Er könne wohl auch freier und ungebundener sein, denn er habe nicht Weib noch Kind.

Die erste von Bünderlins Schriften ist, wie uns bereits bekannt, unter seiner persönlichen Redaktion, 1529 in Strafsburg erschienen. Vielleicht hat der Buchdrucker Balthasar Beck daselbst, der zu den Wiedertäufern zählte, sie gedruckt. Dasselbe dürfte bezüglich der noch im selben Jahre ebendaselbst erschienenen zweiten Schrift Bünderlins gelten, welche den Titel führt:

„Aus was ursach sich Gott in die nyder gelassen und in Christo vermenschet ist, durch welchen und wie er des menschen fall in im selbst den gesanndten Messias versunnt und wider pracht hat. Rom 11 denn aus in und durch in und in in sein alle ding."

Weitere Schriften Bünderlins sind in den Jahren 1530 und 1531 gleichfalls in Strafsburg erschienen, die eine unter dem Titel: „Erklärung durch Vergleichung der biblischen geschrifft, dafs der Wassertauff sampt andern äufserlichen gebräuchen in der apostolischen Kirchen geübet, on Gottes befelch und zeugnifs der Geschrifft von etlichen dieser Zeit wiederrefert wird. Sintemalen der Antichrist allzehand nach der Apostel abgang verwust hat. Welche verwüstung dann bis an das ende bleibt," die andere betitelt: „Clare Verantwortung etlicher Artikel, so jetzt durch irrige geister schriftlich und mündlich ausschweben von wegen der Ceremonien des neuen Testamentes, als Predigen, Tauffen, Abendmal, Schrifft etc. zu trost und stark wahrhaften Christen newlich ausgangen. Auch betreffend Christi Befelch seinen jüngern gethan und die ausgiessung des heiligen geistes, gegründet in heiliger Schrift".

Eine fünfte Schrift: „Ein gemayne einlaytung in den aygentlichen Verstand Mosi und der Profeten, wie man sie lesen und ire Allegorien mit dem newen Testament vergleichen und aufslegen soll. An vielen und den nothwendigsten Punkten gemehrt, gebefsert und von newen corrigirt. Mit der Dannenthuung der letzten Clausulen, so aus unverstand vordem dran gehenkt ist, I. Thessalo V, den geist lescht nit aufs, Weifsagung verachtet nit, prüfet alles und das gut behaltet", erschienen im Jahre 1529 ohne Angabe des Druckortes, Druckers und Verfassers, ist der Form und dem Inhalt nach so eng verwandt mit den Bünderlin-

schen Werken, dafs ich nicht anstehe, auch sie denselben zu zu-
zählen[1]).

Die Schriften Bünderlins haben ihres bedeutenden Inhaltes
halber grofses Aufsehen erregt. Sie waren Gegenstand eifriger
Verfolgung von Seite der Censurbehörden. Eine derselben, welche,
wissen wir nicht, wurde zusammen mit dem Buche Servets: de
errorious trinitatis, mit Schriften des Pilgram Marbeck und andern
Werken verwandten Inhalts in der im Erdgeschofs des Strafsburger Rathauses befindlichen Buchhandlung des Nicolaus Wen-
delin feilgeboten, von der Polizeibehörde konfisciert und den städtischen Censoren Christian Herlinus, Professor der Mathematik und
Jacob Bedrotus, Professor der griechischen Sprache in Strafsburg,
zur Begutachtung vorgelegt. Sie gaben ihr Gutachten dahin ab,
dafs die Schrift Bünderlins gottlos und unter keinen Umständen
zu dulden sei, weil sie die Entfernung aller Sakramente und
Ceremonieen aus dem christlichen Kultus verlange[2]).

Diesem obrigkeitlichen Verdikt folgte bald eine öffentliche
Verurteilung der Bünderlinschen Schriften aus den litterarischen
Kreisen. Es erschien nämlich noch im Jahre 1531 eine gegen
Bünderlin gerichtete Streitschrift unter dem Titel: „Ein Clarer
fast nützlicher unterricht, wider etliche trück und schleichendt
geister, so jetzt in verborgener weis ausgeen und dadurch vil
frommer hertzen verirrt und verführt werden, kürzlich, getreuer
warnung wegn herfürgebracht 1) betreffend das apostel ampt,
2) das bischoffampt, 3) die Ceremonien Christi, 4) Unterschiedt
der Gottheit und menschheit Christi, 5) die Sendung und Wort
eines newen propheten, 6) gebet ein gut werk. Corneli Prov. XVI.
Es is dem gerechten ein freud zu thun was recht is, aber ein
forcht der übelthäter. Nit was, sondern das. MDXXXI[3]).

---

[1]) Ich fand diese Schrift in einem Bande Bünderlinscher Werke in der
Hofbibliothek in Dresden. Sie ist dort abgedruckt zwischen den zwei
Bünderlinschen Schriften: „Aus was Ursach etc." und „Ein gemayne er-
klärung etc".

[2]) „Vidimus praeterea ante aliquot dies librum Bünderlii plene impium,
in quo omnia externa sacramenta et ceremonialia ex Christianismo tollenda
asserit. Hunc librum nullo modo tolerandum judicamus". So lautet das aus
den Akten des Strafsburger Kirchen-Archivs ex 1531 ersichtliche, von
Röhrich in Strafsburger Wiedertäufer S. 12 Beilage XVI abgedruckte Gutachten.

[3]) Prof. Baum, der Verfasser des Thesaurus Baumianus, erwähnt diese
Schrift in einer Randglosse zu den mehrerwähnten Manuskripten des

Alle Schriften Bünderlins stehen auf einem religiösen Standpunkte, der mit dem der biblisch und radikal gesinnten Wiedertäufer gar nichts gemein hat. Aber ebenso weit entfernt sich dieser Standpunkt von dem Lehrgebäude der katholischen Kirche und von den Ansichten Luthers und Zwinglis.

Insbesondere diejenigen Ansichten, welche den Buchstaben der Schrift als die einzige Quelle aller Offenbarung erklären, bekämpfte die Religion Bünderlins, die ihre Basis durchaus in der innerlichen, individuellen Erleuchtung suchte, mit aller Heftigkeit. Bünderlin war deshalb auch allen Anhängern der Reformation, sowie sie von Luther und Zwingli ins Werk gesetzt worden war, ein Dorn im Auge. Im Jahre 1530 schrieb Gerardus Steuper, bekannt als evangelischer Pfarrer an der Stadtpfarrkirche in Gießen, damals in Marburg in Hessen, an den Straßburger Reformator Bucer, er sei unlängst auf die Schriften Bünderlins gestoßen, habe sie gelesen und wieder gelesen, könne sich jedoch über dieselben kein rechtes Urteil bilden, es habe ihm nicht alles an ihnen mißfallen und er könne sie nicht ganz verwerfen, und bittet schließlich Bucer, der alle diese Menschen (i. e. alle Verfasser solcher Schriften) aus eigener Anschauung kenne, ihm zu sagen, was er von diesen Schriften halten und wie er mit den Verfassern solcher Werke verkehren solle [1]).

Thomasarchivs in Straßburg. Ob diese Schrift, deren Verfasser und Inhalt unbekannt ist, gegen ein einzelnes Werk Bünderlins gerichtet war, so wie Gerbert, l. c. S. 96 Anm. 1, meint, oder gegen dessen Schriften und die darin niedergelegten Ansichten im allgemeinen und von welchem Standpunkte aus in derselben gegen Bünderlin polemisiert wird, ist unbekannt. Der Titel des Buches läßt es als nicht unwahrscheinlich erscheinen, daß ein Wiedertäufer biblischer Richtung der Verfasser desselben war.

[1]) Abschrift des Thesaurus Baumianus in der Landes- und Universitäts-Bibliothek in Straßburg. Original im Thomasarchiv in Straßburg. Der Brief Steupers lautet: Gerhardus Steuper Bucero. Nuper incidi, vir pie, in quaedam scripta cujusdam Joannis Denkii et quaedam Joannis Bunderlini, legi ac relegi, quos etsi non omnino mihi displiceant, tamen eos mea tenuitas dejudicasse omnino non potest. Audivi, tibi homines istos cum suis scriptis probe perspectos. Rogo si unquam ad nostram parvitatem tua caritas scribere dignata fuerit, ut me doceas qua libertate mihi versandum sit in istius modi autoribus

ex Marpurgo Hessorum
anno 1530.

Gerhardus Steuper ecclesiae pastor juxta oppidulum Gissen in pago qui dicitur Wisca.

Daſs Bucer kein Freund Denks und Bünderlins war und nicht glimpflich über ihre Schriften urteilte, erfahren wir aus einem weiteren Briefe Steupers, d. d. Frankfurt 2. April 1531. Ihre Bestrebungen zwar, meint Bucer, seien trefflich, aber ihre Sitten und ihr Geist seien derart, daſs man sie nicht billigen könne. Steuper kann bei aller Ehrfurcht vor dem Urteile des einfluſsreichen Straſsburger Reformators nicht verhehlen, daſs jene Schriften in nicht unwürdiger Weise für Christus Zeugnis geben [1]).

Bünderlin muſs noch im Laufe des Jahres 1530 Straſsburg verlassen haben, ob freiwillig, ob gezwungen, wissen wir nicht — vielleicht hat ihn dazu, wie Gerbert meint, die heimliche Herausgabe seiner Bücher und die deshalb über ihn verhängte Verbannung bewogen —, denn wir treffen ihn noch in diesem Jahre in Constanz. Dort hatte der Rat 1525 unter Anleitung des Joh. Zwink die lutherische Kirchenordnung eingeführt. In den Jahren 1530 und 1531 wurden die bis dahin ruhigen, religiösen Zustände durch das Erscheinen der Wiedertäufer, welche auch in der benachbarten Schweiz, in Basel und an anderen kleinen Orten ihr Wesen trieben, gestört, und zwar waren es zum gröſsten Teile die radikalen Elemente, welche sich nach ihrer Vertreibung aus Straſsburg in den „freien Ämtern“ der dortigen Gegend niedergelassen hatten; sie beunruhigten das Land und lieſsen insbesondere die lutherischen und zwinglischen Prediger eine Gefährdung ihrer Lehre und ihres Ansehens befürchten.

Am 18. des Wintermonats 1530, berichtet die Helvetische Kirchengeschichte von Joh. Jacob Hottinger[2]), haben die eidgenössischen Gemeinden energische Maſsregeln gegen die Wiedertäufer verabredet und ihre und ihrer Hehler und Begünstiger Gefangennahme mit Konfiskation ihrer Güter beschlossen. Als

---

[1]) Eine Abschrift des Steuperschen Briefes findet sich im Thesaurus Baumianus. Sie lautet: Steuper Gerardus ex Francofordia 1531 octo post judica. Gratiam habeo frater observande, quod mihi de rebus petitis scribere dedignatus minime fueris. Neque omnino displicuit judicium tuum de scriptis Denkii et Bünderlii nisi quod non possim aliud adhuc mihi persuadere quia et ipsi serio quaesierunt dominum suis scriptis, videntur enim mihi Christum non indigne aliquando confiteri. Ingenium tuum et mores eorum, si ejusmodi sunt, quales tu mihi depinxisti, non approbo, verum Satanae tentationem in eis esse agnosco, cum apostulus Paulus secundum Christum se omnibus omnino fecerit et quodam in loco dicat estote fratres sicut ego, quando quidem ego sum sicut vos.

[2]) Zürich bei Heinrich Bodmer 1707, III. T. S. 544 ff.

auch solche Maſsregeln nicht den gewünschten Erfolg hatten, scheute man selbst vor Hinrichtungen nicht zurück. In Basel, wo der Enthusiasmus der Wiedertäufer selbst bis zu Kirchen- und Kanzelskandalen gelangt ist, wurden im Jahre 1530 zwei ihrer Anhänger, Conrad Gasser aus Württemberg und Augustin Bader, ein Weber aus Stuttgart enthauptet.

Der Groll gegen die Wiedertäufer scheint es gewesen zu sein, der den Leiter der Constanzer Kirche Joh. Zwink bewog, Johann Bünderlin, der damals nach Constanz kam, bei sich auf- zunehmen. Er galt damals bereits als ein Feind der Wieder- täufer, ein Ruf, welchen ihm seine Schriften mit ihrer Verdam- mung aller äuſseren Ceremonien und alles Sektenwesens ver- schafft hatten. Die Anwesenheit Bünderlins in Constanz, der wohl auch dort versucht haben mag, Anhänger für seine religiösen An- sichteñ zu gewinnen, hat aber bald auch den sonst toleranten Zwink in Angst und Unruhe versetzt. Den Mahnungen seiner Amtskollegen, welche in Bünderlin einen gefährlichen Gast sahen, der fähig wäre, den verderblichen Samen des Irrtums und der Uneinigkeit in der Gemeinde auszustreuen, und den sie als einen höchst gefährlichen Schwärmer und förmlichen Indifferentisten denunzierten, nach- gebend, wandte er sich mit der Bitte um Auskunft über die Person seines Gastes an die erste Autorität der reformierten Kirche im Westen Deutschlands, an den Baseler Reformator Oecolampadius.

Dieser kannte Bünderlin jedenfalls nur aus seinen Schriften, diese Kenntnis aber genügte ihm, um sich in sehr absprechender Weise über ihn zu äuſsern, seine Bücher als dunkel und verrucht, ihn selbst aber als einen Heuchler zu bezeichnen, der sich für einen Gegner der Wiedertäufer ausgebe und von sich behaupte, nicht wenige aus den Banden des Täufertums befreit zu haben, der aber sowohl das Sakrament der Taufe als des Abendmahls ver- werfe und so ein Heilmittel empfiehlt, gefährlicher als die Wunde [1]).

---

[1]) S. Joh. Georg Schellhorn, Sammlung für die Geschichte, vornehmlich zur Kirchen- und Gelehrtengeschichte. Nördlingen 1779. I. Band 69 u. 70. Der Brief des Oecolampad an Zwink vom 30. Januar 1530 ist enthalten in der Sammlung der Briefe Oecolampads und Zwinglis, herausgegeben bei Thomas Platter und Balthasar Lasius, Basel 1536, S. 170. Die betreffende Stelle lautet: „Et Binderlinus ille in libellis suis haereticis et obscuris et valde vafris sacramenti, imo ecclesiae Maritati, insidiatur. Talis a me de- prehensus est. Vide igitur, qualis hospes sit. Simulat se Catabaptistis ad- versarium et a rebaptisatione quosdam revocasse ac interim baptismam cum coena tollit. O remedium vulnere nocentius.

Diese Empfehlung Oecolampads hat Zwink veranlaſst, auf die Entfernung Bünderlins aus der Stadt zu dringen. Ob derselbe wieder
nach Straſsburg zurückgekehrt ist, und welches überhaupt seine
weiteren Schicksale waren, darüber fehlen bestimmte Daten.

Carl Hagen[1]) meint, es beziehe sich ein Brief des Humanisten
Julius Pflug vom 9. Mai 1533 an Erasmus von Rotterdam auf
Bünderlin. In diesem Brief schreibt Pflug, daſs daselbst (in Litium)
ein Neuerer, man wisse nicht aus welchem Lande geboren, auf-
getreten sei, welcher lehre, daſs zum Abendmahl weder die Worte
Christi, mit denen die Weihe vorgenommen zu werden pflegt, noch
die Gestalt von Brot und Wein notwendig sei, sondern daſs es
genüge, wenn es mit bewegtem Herzen genossen wird, und daſs
er, indem er alles auf ein rein geistiges Genieſsen zurückführt,
das ganze Sakrament von Grund aus aufhebe. Gott aber, fährt
das Schreiben weiter fort, habe sie mitleidig angesehen und habe
bewirkt, daſs diese Ketzerlehre unterdrückt und deren Verbreitung
Fesseln angelegt worden sind, ehe daſs sie ins Volk gedrungen
ist[2]). Bezieht sich diese Nachricht auf Joh. Bünderlin, so geht
daraus hervor, daſs er im Mai 1533 in Litium (Lützen?) gefangen
genommen worden ist und dort wohl auch den Tod aller Ketzer
gefunden hat.

[1]) Dr. Carl Hagen, Deutschlands religiöse und litterarische Verhältnisse im Reform.-Zeitalter, Frankfurt a. M. 1868, B. III S. 310.

[2]) Der Brief Pflugs ist der Separatausgabe von Erasmus' Schrift: de
amabili ecclesiae concordia angehängt und trägt die Adresse: Clarissimo doc-
tissimoque viro D. Des. Erasmo Rot. Domino in majoribus observando,
Julius Pflug S. D. Litii III. Non. Maii anno MDXXXIII.

VII.

Inhalt der Schriften Bünderlins. 1. Eine gemayne Berechnung über der heiligen Schrift Inhalt etc. — 2. Aus was ursach sich Gott in die nydergelassen etc. — 3. Erklärung durch Vergleichung der biblischen Geschrifft etc. — 4. Eine gemayne einlaytung in den aygentlichen Verstand Mosi etc.

So weit uns bekannt, die erste der von Joh. Bünderlin veröffentlichten Schriften betitelt sich: „Ein gemayne Berechnung über der Heiligen Schrift Inhalt, aus derselben natürlichen Verstand (mit Anzeigung ihres Mifsverstand, Grund und Ursprung) einzuleyten, durch etlichen Punkten Gegensatz Erklärung, dabei man die andern, so vielfältig in der Schrift verfafst sind, auch abnemen mag. In vier Teyl durch Joanem Bünderlin von Lyntz gestellet. — Prüfet alles und behaltet das gut. I. Thess. 5. Urteilet nit vor der Zeit."

Das Titelblatt ziert ein Holzschnitt, eine mystische Darstellung des Weltalls. In der Mitte prangt, umgeben von arabischen Zeichen die Sonne, unter ihr schwebt die Erdkugel, auf dieser ist eine Landschaft mit Tieren sichtbar. Am Ende des Buches steht geschrieben: gedruckt und vollendet zu Strafsburg. Anno 1529.

Das Buch beginnt mit einer Vorrede, schliefsend mit den Worten: dem Gottseeligen Leser wünsch ich Johannes Bünderlin Gnad, Fryd und erleuchtung der Augen des inwendigen Menschen in der finstern Welt vom Vater der Barmherzigkeit durch Jesum Christum seynen geliebten son. Amen." Es ist in vier Abschnitte oder wie der Verfasser sagt „Haubtreden" geteilt. Der erste handelt vom alten und neuen Testament, der Zeit seines Entstehens, von seinem Namen, von den Brüdern, Völkern, Juden und Heiden, zu denen das Testament redet. Der zweite vom Gesetz, seiner Bedeutung und seiner Natur, wie unterschiedlich insbesondere Paulus davon redet. Der dritte vom Gesetz Mosis und dessen Einschreibung in das Herz und in die Tafeln. Der vierte vom mündlichen und äußerlichen Hören des Wortes Gottes. Der dritte Abschnitt zerfällt wieder in die Unterabteilungen: a) Von den 2 Tafeln der 10 Gebote. b) Von dem Strafgerichte Gottes an den Juden. c) Von den Ceremonien[1]).

Die erste Schrift Bünderlins schließt sich am engsten an die Ansichten seines Meisters Joh. Denk an, dessen Geist sie auch insofern atmet, als sie in warmen Worten für die Toleranz in Glaubenssachen eintritt. Schon in der Vorrede wird bemerkt, daß den Verfasser die Verschiedenheit der Bibelauslegung zur Verfassung des ersten Buches bewogen habe, und daß sie nur den Zweck habe zu versöhnen und zu verständigen. Meistens, meint er, sei die Verschiedenheit der Meinungen aus Mißverständnissen entstanden und beruhe nur im Wort und im Ausdruck. In der Sache herrsche häufig Übereinstimmung. Jedermann solle sich nur Mühe geben, in den Sinn und die Meinung des andern einzugehen oder sich ihm verständlich zu machen, dann würde alles viel besser sein. So aber fahre jeder ohne weiteres hervor und verketzere den andern.

An anderer Stelle eifert das Buch gegen die Ansicht, daß irgendwer um seines Glaubens willen verdammt sei, als Gotteslästerung, ja verteidigt geradezu den Satz, daß alle Menschen selig werden. Es stehe deshalb auch uns nicht zu, jemanden seines Glaubens wegen zu richten. Wir haben nur zu lehren, sanftmütig zu mahnen und zu bekehren. Mit Liebe müssen wir zu überzeugen suchen, wie denn überhaupt die Liebe das Wesen des neuen Testamentes sei und mit ihr die Freiheit. Bünderlin tadelt die Intoleranz der Katholiken ebenso, wie die der Lutheraner. Den letzteren wirft er vor, daß sie jetzt, wo sie die Oberhand bekommen haben, gegen Andersgläubige das Schwert gebrauchen wollen, was ganz gegen Christus sei, während sie vorher, als sie noch mit dem Papsttum kämpften, die Gewissensfreiheit gepredigt haben.

---

[1]) Die Angaben Carl Hagens l. c. III S. 296 über die Einteilung des Buches sind ungenau, dagegen dessen Bemerkung, daß in demselben nicht viel systematische Ordnung sei etc., wohl richtig. Ich habe mich deshalb bei Darstellung des Inhalts des Buches nicht strikte an die in demselben herrschende Ordnung resp. Unordnung gehalten, sondern versucht, die in demselben zum Ausdruck gelangenden Gedanken in logischen Zusammenhang zu bringen.

Wenn die Schrift von dem Hasse Gottes gegen die Heiden spreche, so sei das nur bildlich zu verstehen, indem sie Gott menschlich mit menschlichen Affekten und Leidenschaften begreife, in Wahrheit sei Gott von aller Leidenschaft frei. Noch einmal giebt der Schluſs des Buches Zeugnis von dem wahrhaft milden Sinne seines Verfassers; dort bittet er die Leser, seine Ansichten nicht zu miſsdeuten, er könne sich geirrt haben nach der Blödigkeit des menschlichen Verstandes und wolle daher jede Zurechtweisung gern annehmen, auch solle man nicht poltern und schreien, sondern milde und gelinde verfahren, wie es das Christentum verlangt. Heutzutage besonders sei diese Art (zu poltern und zu schreien) an der Tagesordnung; man beschränke sich vielmehr darauf zu tadeln und vermeide es, in das Wesentliche der Sache einzugehen („in das gelobte Land Kanaan selbst zu steigen").

In der vierten Hauptrede des Buches behandelt Bünderlin vor allem jenes Thema, welches sich die religiöse Partei, der er selbst angehört, zum Ziele gesetzt hatte: die Reinigung der Täuferlehre von ihren sinnlichen Schlacken und deren Erhebung zu einem Evangelium des Geistes, das Thema von dem inneren Lichte und dessen Gegensatz zur äuſseren Offenbarung. Die wahre Offenbarung Gottes, heiſst es dort, ist die Stimme in uns. Das Wort Gottes wohnt in jedem Menschen, der Geist Gottes kommt nicht erst in ihn hinein, er ist schon drinnen, er wird nur geweckt und geoffenbart. Daraus folgert Bünderlin nicht, wie die radikalen Enthusiasten unter den Wiedertäufern, einen Zustand der Gerechtigkeit, der die Möglichkeit der Sünde ausschlieſst. Vielmehr lasse die zweifache Natur des Menschen, zu der auch das Fleisch gehöre, Gott in uns nicht ganz aufkommen, wolle ihm die Ehre nicht geben und halte sich selber für Gott.

Dies ist ihm der eigentliche Grund und Anfang aller Sünde, und bevor dieses der Mensch in sich erkannt habe, könne er nicht zu Gott kommen, wie denn auch der Vorläufer Christi, Johannes, die Einkehr des Gewissens als den Anfang der Erkenntnis bezeichnet habe. Der Teufel wisse sich aber in der Regel unser so zu bemächtigen und uns so zu verfinstern, daſs wir gar nicht sehen, daſs Gott in uns ist. Selbst in dem Gerechten sei das Fleisch nur zurückgedrängt, keineswegs ganz unterdrückt, und es benutze jede Gelegenheit, um sich wieder geltend zu machen. Deshalb müsse der Mensch beständig auf der Hut sein: Das Leben des Christen sei ein beständiges Kreuz. Diesen Kampf lasse uns

Gott auf dieser Erde kämpfen, damit wir nicht hoffärtig werden und uns Gott gleich denken. Er dauere so lange, bis uns das Gesetz des Geistes und der Freiheit von dem Gesetze der Knechtschaft befreit, bis die Eigenliebe aufhört und die Liebe des Nächsten beginnt. Was dann im Fleische noch übrig ist und ohne unsere Zustimmung sich regt, wird nicht zugerechnet, ob wir uns schon für schuldig darin erkennen, weil's nicht wir, sondern die Sünde in uns thut.

Wer sich in solchem Zustande befindet, der braucht das Gesetz nicht, wohl aber der, in dem das göttliche Licht verdunkelt ist, dieser bedarf der äußeren Offenbarung. Und weil dies Licht einmal in allen Menschen verdunkelt war, deshalb bedurften sie alle der äußeren Offenbarung. Dazu nun rechnet Bünderlin sowohl die Schrift, das alte und neue Testament, als die Wunder und Zeichen und endlich auch die Menschwerdung Christi.

Gott hat es vorausgesehen, sagt er, daß wir von ihm abfallen werden, darum hat er nicht nur von Anfang an sein Wort in uns gelegt, sondern auch von Zeit zu Zeit uns äußerliche Offenbarungen gegeben. Diese Offenbarungen haben weiter keinen Zweck, als uns auf das Wort in uns zu leiten. Das äußerliche Werk bewirke in uns aber gar nichts ohne das innerliche. Wäre es anders, dann käme das Reich Gottes von außen in uns, was dem Wesen des Christentums zuwider ist, und diejenigen, welche das Wort Gottes gehört haben und wissen, wären dadurch allein schon fromm, wie allerdings manche glauben. In Wahrheit käme aber dabei bloß Heuchelei heraus. Es sei auch nichts, wenn die Menschen erst auf ein Zeichen vom Vater warten, um ihm zu folgen, als ob sie ohne dies nichts thun könnten. Der Vater erzieht alle Menschen auf gleiche Weise. Aber die Menschen erkennen dies nicht. Auch auf Wunder darf man nicht mehr warten, wie heutzutage so manche thun.

Als das äußere erste Offenbarungswerk Gottes an der Menschheit erschienen Bünderlin die den Juden gegebenen Gesetze. In den Juden sei das innere Wort verdunkelt gewesen, sie seien im Äußerlichen befangen gewesen: Das Geistige hätten sie nicht mehr verstanden, Gott habe daher auf äußerliche Weise mit ihnen sprechen und handeln müssen, um sie nach und nach zur Erkenntnis zu leiten.

Die Gebote und Sprüche im alten Testamente seien daher immer nur als Symbole, als Andeutungen, denen eine tiefere Be-

deutung zugrunde liegt, zu verstehen; so verspricht Gott den Juden
leibliches Wohlergehen, das gelobte Land Canaan u. s. w., wenn
sie die Gebote halten, er schenkt ihnen den Sieg über die Heiden,
damit sie nicht abtrünnig werden. Wenn sie etwa die leibliche
Pracht und das äußere Wohlergehen derselben bemerkt hätten,
zeigt er ihnen, daß die Kraft Gottes noch größer sei. Er setzt
im alten Testamente bedeutende und große Strafen fest, um durch
diese die äußerlichen, fleischlichen Juden von der Überschreitung
des Gesetzes abzuschrecken, er macht nach menschlicher Weise
mit ihnen einen Vertrag, worin er ihnen verspricht, ihnen Gutes
zu erweisen, wenn sie seine Gebote erfüllen. Dieses äußere Wort
Gottes war aber lediglich das Mittel, die Juden zu erziehen, und
hatte also auch nur so lange Geltung, als der Zweck nicht erreicht
war. Sei dies der Fall, so gelten die Worte der Bibel: „Das
Reich Gottes ist in Euch, das Evangelium wird gepredigt zum
Zeugnis (nicht zur Seligkeit)."

Wer das innere Wort hört, dem ist das äußere deshalb nur
ein Zeichen, eine Kontrafaktur des innerlichen, und nur um auf
dieses aufmerksam zu machen, sei jenes vorhanden. Nur insofern
könne man verlangen, daß dem äußerlichen Worte Gottes geglaubt
werden soll, als es im Grunde doch nichts anderes ist, als das
innerliche. Es ist kein anderer Zweck des äußeren Wortes, und
kann kein anderer sein, als daß es das Innerliche in uns wecke,
und wo dieses der Fall ist, ist wahrhaftiges Christentum da.

Auch die Sendung Christi, sagt die erste Schrift Bünderlins,
sei ein solcher Akt äußerlicher Offenbarung, und zwar der letzte.
Die Menschheit hatte sich, so erklärt sie die Sendung Christi, so
von Gott abgewendet, daß sie ihn aus eigener Kraft nicht mehr zu
fassen vermochte. Darum sandte er seinen Sohn Christus, um
uns auf den rechten Weg zu weisen. Was uns Christus brachte,
war eigentlich schon in uns: Wir hatten dieselbe Fülle des Geistes
wie er; nur war sie uns nicht zum Bewußtsein gekommen. Dies
brachte Christus zustande. Er wirkte nur auf geistige Weise, im
Gegensatz zum alten Testamente, und wir dürfen ihn auch nur
geistig fassen. Wir sollen nach ihm hungern, aber nicht leiblich
durch Essen seines Leibes, was etwas äußerliches wäre, sondern
geistig, indem wir seinen Sinn und Geist erkennen, der vorher
schon in uns war. Auch nicht auf seinen Tod an sich sollen wir
sehen, sondern auf den Grund und die Ursache desselben, Christus
ist allerdings unser Erlöser und Seligmacher, aber auch diese

Erlösung ist geistig aufzufassen. Es ist nämlich die Erlösung nicht in der leiblichen Person Christi zu suchen, sondern darin, daſs wir in der Sendung Christi die Liebe Gottes zu uns erkennen, daſs er uns ihm nachfolgen heiſst. Auſserdem macht man aus Christus einen Abgott. Christus ist unser Mittler nur dadurch, daſs er uns die Liebe Gottes, ja auch seinen Willen geoffenbart hat. Der Tod Christi vertilgt nicht an und für sich und von auſsen die Sünde, dies geschieht vielmehr durch die Gewiſsheit, die wir dadurch erlangen, daſs Gott uns liebt und uns verzeiht. Diese Gewiſsheit bewirkt in uns eine Wiedergeburt, macht uns gerecht und vereinigt uns mit Gott, befähigt uns, die wahre Tugend zu üben. Diese aber besteht nicht darin, daſs man sich selbst für Gott hält oder die Gesetze nur deshalb erfüllt, weil man sich vor der Strafe fürchtet, sondern darin, daſs man gut handelt aus Liebe zu Gott. Diejenigen, welche nur aus Furcht vor der Strafe, also um ihretwillen, nicht um Gottes willen, die Gebote erfüllen, sündigen, auch wenn sie äuſserlich die besten Werke thun. Ebensowenig macht der Glaube allein selig. Man muſs Gott mit dem Herzen und mit dem Gemüte erfassen. Deshalb hängt auch die Seligkeit und die Verdammnis nicht immer von dem Menschen selber ab.

So wie Bünderlin die Sendung Christi, ja die Person Christi, ja Gott selbst rein geistig auffaſst, so verlangt er auch eine durchaus geistige, das heiſst innerliche Religionsübung, frei und unabhängig von jedem äuſserlichen Zeichen.

Die Frömmigkeit des Christen besteht ihm ausschlieſslich in der Gesinnung, nicht in Beobachtung von Äuſserlichkeiten, Gesetzen und Vorschriften: alles dies stellt Christus dem Gewissen eines jeden anheim. Das alte Testament setzte bedeutende und groſse Strafen fest, nur um die äuſserlichen, fleischlichen Juden von der Überschreitung des Gesetzes abzuschrecken. Die Juden waren deshalb in der Knechtschaft des Gesetzes, ihre Sache war äuſserlich, auch ihre Frömmigkeit war nur eine äuſserliche, sie bestand nur in der Übung von Ceremonien u. s. w. Der Christ dagegen braucht kein Gesetz, er weiſs ohne dasselbe, was er zu thun hat, er hat keinen Zwang mehr nötig; damit ist freilich das Gesetz nicht aufgehoben, es besteht für denjenigen, welcher nicht geheiligt ist, noch fort als äuſsere Norm, aber auch für ihn reicht die Befolgung des äuſseren Gesetzes allein nicht hin zur Frömmigkeit. Nicht darauf kommt es also an, sich äuſserlich zum Evangelium zu bekennen und den Namen eines Christen zu tragen und eben darum gegen Andersgläubige stolz zu sein. Die Hauptsache des Christentums ist die Prüfung seiner selbst. Die Unreinen werden trotz ihres äußerlichen Bekenntnisses von dem Erkenner der Herzen wohl erkannt werden.

Auch die Kirche ist ihm eine innerliche, rein geistige Versammlung von Menschen, die tausende Meilen und weiter auseinander liegen. Das, was man jetzt Kirche nenne, sei nur ein äußeres Zeichen der Gemeinde der Gläubigen, und es sei unverständig, an sie die Seligkeit zu binden. Er ist deshalb keiner bestehenden Kirche Freund. Hängen am Äußerlichen und Intoleranz wirft er den Katholiken und den Evangelischen vor.

Am Luthertum tadelt er insbesondere, daß es bloß negativer Art sei, daß es zwar die Greuel des Papsttums aufdeckte, aber sich von der Lehre und der Wahrheit nur das ausgeklaubt habe, was uns schmecke. Es ist auch zweifellos an die Adresse Luthers gerichtet, wenn er meint, das Reich Gottes werde nicht bloß durch Schimpfen begründet, wie es denn auch nicht mehr nötig sei, gegen den Papst zu fechten, da das Reich schon zu Grunde gegangen sei, sondern etwas Neues, Positives zu errichten. Der katholischen Kirche ist er insbesondere ob ihres Ceremoniendienstes gram. Ihm waren ja alle Ceremonien, die Sakramente inbegriffen, durchaus unnützer Tand. Im alten Testament, sagt er, konnten sie wohl noch bestehen, weil die Juden für den Geist noch nicht reif genug waren. Im neuen Testament aber, wo das Äußerliche nichts mehr ist, und nur vom Geiste die Rede ist, mußten sie wegfallen. Das Abendmahl ist ihm nichts weiter als eine Erinnerung an Christus, eine neuerliche Ermahnung, eine Aufmunterung, in seine Fußstapfen zu treten. Unsere Opfer dürfen in nichts weiter bestehen, als in der Kreuzigung des auswendigen Menschen, in der Bekämpfung unserer Leidenschaften, so lange, bis sie zerbrochen sind. Wir mögen Einen absolvieren, so oft wir wollen, dies hilft nichts, wenn der Mensch innerlich noch gebunden ist.

Das zweite Werk Bünderlins erschien unter dem Titel: „Aus was ursach sich Gott in die Nyder gelassen und in Christo vermenschet ist, durch welchen und wie er des menschen Fall in ihm selbs durch den gesandten Messiah versunnt und widerpracht hat. Ro. 11. Denn aus in und durch in und in in sein alle Dinge. anno 1529." Am Schlusse: „Durch Joh. Bünderlin von Lyntz." Es ist gleichfalls in Straßburg gedruckt. Von Denkschen Gedanken ist es weniger beeinflufst als: Eine gemayne Berechnung über der heiligen Schrift Inhalt.[1]

Das Buch ist noch ganz mystisch gehalten und nur hie und da leuchten aus dem wenig durchsichtigen mystischen Gewölbe einige rationalistische Sterne auf. Wie schon der Titel sagt, behandelt die Schrift in ihren 41 Seiten 8° die Bedeutung des Erlösungswerkes. Der Verfasser geht, um zum Verständnis dieser Bedeutung zu gelangen, von dem Gottesbegriff und von der Stellung der Gottheit zur Natur und zum Menschen insbesondere aus. Wie keine andere Stelle in den Bünderlinschen Schriften, beweisen gerade die diesbezüglichen Ausführungen, dafs er von den theosophischen Ideen der Zeit ganz erfüllt war und dafs er gleich seinen Gesinnungsgenossen in Italien und Deutschland, den Theosophen der italienischen und deutschen Renaissance, Gedanken der deutschen Mystik mit neuplatonischen und kabbalistischen Ideen verschmolz. Von solchen Grundlagen ausgehend, entkleidet er die Gottheit jenes sinnlichen Charakters, den sie zu Ausgang des katholischen Mittelalters angenommen hatte, und sucht sie zu vergeistigen, die Natur aber und alles, was sie hervorbringt, mit dieser vergeistigten Gottheit zu erfüllen.

Sebastian Frank und Theophrastus Paracelsus haben unmittelbar nach Bünderlin und sicher nicht unbeeinflufst von ihm in sinnverwandter Weise das Wesen der Gottheit und ihr Inwohnen in der Natur zu erklären versucht.[2]

„Gott, das einig Gut, das ewig ist," heifst es in der zweiten Schrift Bünderlins, „hat sich im Anfang der Schöpfung hervorgethan und ausgegossen, dergestalt, dafs man ihn gewahr würde

---

[1] Eben wegen seiner gröfseren Selbständigkeit halte ich dieses Buch für später verfafst, als das zuerst besprochene. Diese Annahme wird auch dadurch unterstützt, dafs in diesem Buche eine in dem erstbehandelten Werke in allgemeinen Umrissen behandelte Frage, die der Menschwerdung Christi, eine eingehende, spezielle Erörterung erfährt.

[2] Ein halbes Jahrhundert nach Paracelsus, dessen in den dreifsiger Jahren verfafste theosophische Schriften erst nach seinem im Jahre 1541 erfolgten Tode veröffentlicht worden sind, haben Giordano Bruno in Italien und Jacob Böhme in Deutschland aus denselben Elementen jenes pantheistische System gebaut, welches wenn auch nicht durch logische Entwicklung und Exaktheit, doch durch die Grofsartigkeit und Schönheit seiner Gedanken wenigstens den Wert eines von überquellender Phantasie erfüllten Kunstwerkes hat und als solches Jahrhunderte hindurch Stoff und Anregung zu dichterischer Gestaltung geliefert hat.

und etwas wäre, das ihn erkennt. Gott kann nicht ohne einen seiner Natur begreiflichen oder verständigen Gegenwurf sein und unerkannt bleiben. Wenn seiner Niemand genießt, wäre das ebensoviel, als wäre er gar nicht. Deshalb hat sich die göttlich Art in die Geschöpfe ausgetheilt, in des Geistes Gegentheil, die leibliche und sichtbare Creatur, darunter die Menschen" (S. 1—5).

An anderer Stelle: „Das unsichtbare Wesen, Gott, hat sich unserthalber aufgethan und ausgegossen, das doch nicht aufgelöst, getheilt und ausgegossen, noch aus ihm selbst kommen kann, da er alle Dinge in sich einschliefst und behält und dennoch ungehalten ganz frei bleibt."

„Vor der Schöpfung, sagt schon die Kabbalah, war Gott ohne Gestalt, indem er nichts glich, und in diesem Zustand konnte ihn kein Verstand erfassen. Der König aller Könige, der Verborgene aller Verborgenen und die Ursache aller Ursachen bekleidet sich nur deshalb mit einem glänzenden Kleide, um sich zu erkennen zu geben, um dadurch den Bewohnern der Erde einen Begriff von seinem heiligen Wesen beibringen zu können. Bevor Gott sich manifestiert hatte, als alle Dinge noch in ihm verborgen lagen, war er der Verborgenste unter allen Verborgenen. Da hatte er nur den Namen „Wer?" (nei). Er bildete zuerst einen unsichtbaren Punkt, dies war sein eigenes Denken. Dann fing er an, mit seinem Denken eine geheimnisvolle und heilige Gestalt zu machen, endlich bedeckt er sie mit einem reichen und glänzenden Kleide, dem Weltall, dessen Namen mit dem Namen Gottes zusammenfällt. Noch ehe die Kabbalah in Deutschland bekannt geworden war, hat bekanntlich Meister Eckhart seine Gedanken über das Wesen der Gottheit in gleicher Weise wie Bünderlin darzustellen versucht. Gott ist das allgemeine in allen Dingen, sagt er, das sie in sich setzt und trägt und allein sagen kann: „Ich bin."

Alles andere ist nur seine Bestimmung, nur eine Weise von ihm. Sein Wesen ist höchste Vernunft, Denken und Wissen; indem er sich selbst erkennt, und ausspricht, wird die Finsternis gelichtet und der stille Grund der Gottheit zum wirklichen Gott, in welchem Sein und Denken identisch sind, weil er in allem sich selbst erkennt. Gott mufs sich offenbaren und diese Offenbarung ist die Welt, ist der Mensch, ist das Eigen. In diesem, in der Welt, im eigenen Ich erkennt sich Gott selbst, weil er von diesem erkannt wird. Und dem Sinne nach ganz hiermit übereinstimmend läfst auch Seb. Frank, der am unmittelbarsten von Hans Bünderlin beeinflufste Philosoph der Reformationszeit, die Welt aus der Gottheit entstehen und von ihr erfüllt sein. Auch ihm ist die Materie von allem Anfang ein Gott gewesen, wie Gott ist sie ihm ewig und unendlich. Ihm wirkt Gott das Wesen jedes Dinges, selbst die Sünde. Gott ist ihm ohne Person, Glieder und Willen, er wird erst etwas in den Kreaturen, erst im Menschen gewinnt er Willen und Erkenntnis und deshalb erkennt auch das göttliche Element in uns Gott. Die Natur, selbst etwas Göttliches, offenbart nach Franks Ansicht dem Gottseligen mehr als dem Gottlosen die Bibel. Die Natur des Menschen birgt ein göttliches Element, vermöge dessen der Mensch das Göttliche, Gott und seinen Willen erkennt.

Dieselben Ansichten finden in dem Buche Bünderlins von dem Erlösungswerk ihre nähere Erörterung. Vom Standpunkt der Objektivierung der Gottheit in der Schöpfung ausgehend, betrachtet Bünderlin die Sendung Christi, deren praktische Seite, deren Bedeutung für die Bildung des sittlichen Charakters er insbesondere ins Auge fafst. „Das Reich Gottes ist in uns, sagt er, es ist das Gewissen, durch diese Stimme wirkt der Geist Gottes in uns, dafs wir nicht verzagen, wenn es in unseren Augen mit uns ganz aus ist. Dadurch, dafs wir das Zeugnis des Geistes Gottes in uns empfinden, werden wir fähig, in Geduld die Erlösung unseres Leibes von dem Tode, der in uns ist und auch von aufsen durch die Sünden auf uns gekommen ist, zu erwarten. Nur wenn wir diese Stimme Gottes in uns hören, sind wir zufrieden, aufserhalb der Überzeugung an Gott und aufserhalb des Gehorsams gegen Gott aber läfst sich das Menschenherz nicht ersättigen, denn je mehr es hat, je mehr begehrt es und ist arm dabei." „Die Seligkeit," heifst es an einer anderen Stelle, „dürfen wir nicht aufserhalb uns, sondern in uns müssen wir des Geistes Zeugnis suchen. Wir finden es, wenn wir den Unglauben, die Sünde in uns erkennen. Wir sind am seligsten, wenn wir meinen, wir sind am unseligsten, wenn sich unser Herz mit Absagung seiner selbst und der ganzen Welt, die uns in die Sünde führt, wahrhaftig nach Gott sehnet, nicht der Seligkeit, sondern der Vollbringung seines Willens halber, wenn wir die Hoffart, den Ehrgeiz, die Eigenliebe ablegen.

Wer dies gethan hat und Gott vom Herzen begehrt, dem kommt er in menschlicher Weise, ehe er ganz versinkt, mit seinem Worte zu Hilfe. Er tröstet ihn im Kampf und sendet ihm seinen

Geist, dafs er im Innern Zeugnis giebt, und beweist ihm, dafs das auswendige Wort gleich ist dem Innern.

Weil Gott von vornherein weifs, dafs der Mensch sündigt, — denn wie wollt er sonst Gott sein, wenn es ihm verborgen wäre, — deshalb hat er, der Herr dem Menschen auch die Arznei und Wiederbringung durch sein Ebenbild und Gleichnis in ihn gepflanzt, auf dafs die Hilfe nicht zu weit, sondern in ihm wäre, damit er in sich forsche, damit das Herz der Sünde inne werde und zur Versöhnung gelange."

„Dieses Wissen Gottes von der künftigen Sünde des Menschen und das in seinem Wesen liegende Bestreben, ihn wieder aus dem Zustand der Sünde, in welchem er die innere Stimme nicht hört, zu erheben, ist der Inhalt des Erlösungsplanes. Gott hat den Adam mit einem sterblichen Trieb geschaffen, heifst es (S. 12), und es hätte, da Adam sündigte, auch der damit verbundene Jammer und das Elend der Sünde ewiglich gedauert. Dem ist der Herr zuvorgekommen, hat dem Menschen den Weg zum ewigen Leib verschlossen (d. h. er hat die ursprünglich beschlossene Ewigkeit des Leibes aufgehoben) und angeordnet, dafs er hier auf Erden im Schweifse seines Angesichtes sein Brot esse, dann sterbe und zur Seligkeit eingehe. Dieses ewige Leben hätte Gott dem Menschen gern ohne Tod, wenn es möglich gewesen wäre, gegönnt. Eines der im göttlichen Erlösungsplan festgestellten Mittel, den in den Zustand der Sünde versunkenen Menschen, der die göttliche Stimme in sich nicht hört, wieder zu ihm zu erheben, war also die Arbeit und die Leiden des Lebens." Ein anderes sucht Bünderlin in der äufseren Offenbarung und der Sendung Christi. Die äufsere Offenbarung ist ihm die Botschaft, welche zufolge des alten Testamentes die Engel den fleischlichen Israeliten, die ohne Urteil des Geistes waren, gebracht haben. Auch die Wunder der Propheten, Christi und der Apostel, die nur so lang währten, als die Menschen das Einsprechen Gottes ohne äufserliche Zeichen nicht wahrnahmen, gehören dazu. In der jetzigen Zeit des neuen Testamentes aber ereignet sich diese Offenbarung in uns. „Welches dann in der jetzigen Zeit des neuen Testaments alles innerhalb unser geschieht, weil auch der Himmel und Reich Gottes in uns ist." Wenn Bünderlin auch die Juden im allgemeinen als solche charakterisiert, welche ohne Urteil des Geistes waren, so läfst er doch auch Ausnahmen gelten.

„Man soll nicht meinen," heifst es S. 26, „es sei im alten

Testament in der Zeit von Moses bis auf Christus das Gesetz allein
gewesen. Sondern wie das Gesetz Gottes noch heute bei Tag sein
Amt und Kraft in uns sonderlich übet, also war auch das Evangelium insonderheit in der gläubigen Väter Herzen, aber im Geheimnis unter dem Buchstaben des Gesetzes verborgen." Unter
dem Gesetz Gottes verstand Bünderlin das geschriebene Wort
Gottes, das alte Testament.

„Das auswendig Wort Gottes, welches des inwendigen, wahrhaftigen als des Samens Gottes im Acker unseres Gemütes Zeugnis
ist, wird aber deshalb ein Wort genannt, weil wir durch dasselbe
als ein irdisch Mittel die himmlischen und göttlichen Dinge erkennen."

So wie nun die Wunder und Zeichen und das Wort, das
Gott im alten Testamente verkündet hat, nur den Zweck hatten,
die Menschen auf den in das eigene Herz gepflanzten göttlichen
Willen aufmerksam zu machen, so hatte auch die Sendung Christi
keinen anderen Zweck. Gott sandte seinen Sohn, damit er das
Licht in uns entzünde, und er sandte ihn in menschlicher Gestalt,
damit wir ihn verstehen. „Das unbewegliche (Unsterbliche, Göttliche in Christo) stellt sich uns zu Trost so dar, als wäre es be-
weglich (menschlich)."

„Christus redet so mit uns, damit er unserem beweglichen
(sterblichen) Herzen begreiflich wird. Da wir ihn noch einst so
erkennen werden, wie er ist, deshalb ist er nicht so erschienen,
wie wir sein werden (geistig, S. 28). Was er aber geredet hat,
ist nicht irdisch und fleischlich, seine Worte sind Geist und Leben.
Diese Worte aber lehren uns, daſs wir ihm ähnlich werden sollen.
Dies geschieht, wenn wir im Abgrund des Herzens ausrechnen
und betrachten, wie es der Vater mit der Sendung seines Sohnes
gemeint hat. Auch die Alten wurden selig, ehe er kam, weil sie
das wahrhaftige Wort Gottes in ihrem Herzen empfanden. Das
galt ihnen zur Seligkeit ebensoviel, als wäre es, das wahre Wort
Gottes, das innere Licht äuſserlich schon entdeckt oder geoffen-
baret und geleistet. Denn auch sie begehrten den Preis Gottes
und die Seligkeit ihres Nächsten." Weder die protestantische
Auffassung der Rechtfertigung der sündigen Menschheit durch
den Tod Christi und den Glauben daran, noch die katholische von
der Tilgung der Erbsünde entsprach demnach dem Standpunkte
Bünderlins. Die Bedeutung der Sendung Christi lag ihm ausschlieſslich in dem Beispiel, das er uns gegeben, und das uns zur

Wiedererkenntnis des reinen Wortes führte. Die Aneiferung zur Nachfolge Christi war ihm die Quintessenz des Erlösungswerkes: „Um der Sünde los zu werden," heifst es S. 13 l. c., „mufs man ein neuer Mensch werden, eine neue Creatur, nach des vorigen Lebens gestrackten Gegenteyl gesinnt, wozu man dadurch kommt, dafs man die Versönung des Sohnes Gottes im Herzen wahrhaft empfindet. Dadurch wird der Mensch im gerechten und lebendig machenden Geiste, der im inwendigen Heiligtum seines Herzens sein Amt vollbringt, wiedergeboren, er übt sich nach dem Vorbild Christi und wird ihm ähnlich."

Folgerte Luther aus seiner Rechtfertigungstheorie die Unfreiheit des menschlichen Willens, so schlofs Bünderlin aus seiner Auffassung des Erlösungswerkes auf die Freiheit desselben.

Sowie sich nach seiner Ansicht das Wunder der Erlösung tagtäglich in jedem erneuert, der dem Beispiele und der Anleitung Christi folgend zur Erkenntnis des in ihr leuchtenden göttlichen Lichtes gelangt, so hat ihm an dieser Erneuerung ebensowohl die Gnade Gottes, der seinen Sohn in die Welt geschickt hat, als der eigene Entschlufs des Menschen teil.

Mit der Willensfreiheit wäre ihm die Freiheit des Geistes im Menschen und seine Wahl zu prüfen, wohin er will, aufgehoben, dadurch aber ein unaussprechlicher Mangel in den Geschöpfen zur Erscheinung gebracht. Der Mensch wäre dann nichts mehr als ein Vieh, weshalb er ebensowenig wie dieses könnte gerichtet werden. Gott selbst trüge dann an den Sünden Schuld (S. 6—9 u. S. 20).

Im Jahre 1530 erschien ohne Angabe des Druckortes ein neues Werk Joh. Bünderlins.

Es führt den Titel: „Erklärung durch Vergleichung der biblischen geschrifft, dafs der Wassertauff sampt anderen äufserlichen gebräuchen in der Apostolischen Kirchen geübet, on Gottes befelch und zeugnifs der Geschrifft von etlichen dieser Zeit wider efert wird. Sintemalen der Antichrist dieselben allzehand nach der Apostel abgang verwust hat. Welche Verwüstung dann bis an das ende bleibt.

Dan. x. j.

Joh. i i i j.

Gott ist ein geist und die in anbettend, die müssen jn in geist und in der warheit eren und anbeten. Johannes Bünderlin von Lintz. Anno MDXXX." 59 Bl. 8°.

Das Buch, das reifste, klarste und selbständigste der bekannten Schriften Bünderlins, ist ein mit rationalistischen Argumenten reichlich ausgestattetes Plaidoyer für den innerlichen, aus dem Grunde des Herzens kommenden Gottesdienst, der keiner äußerlichen Zeichen, keiner Ceremonien, keines Sakramentes und keiner Kirche bedarf, somit eine Begründung des als Motto gebrauchten Wortes der Schrift. An die allgemeinen diesbezüglichen Ausführungen schließt sich die besondere Beweisführung dafür, daß trotz des entgegenstehenden Wortlautes der Schrift auch die Übung der Taufe nicht in der göttlichen Absicht gelegen war.

Aus dieser Schrift Bünderlins geht wie aus keiner zweiten hervor, daß ihr Verfasser keiner bestimmten Kirche oder Sekte angehören und zugezählt werden wollte, sondern unter jene von den Zeitgenossen „Schwärmer" genannten Männer einzureihen ist, welche eine von jedem äußeren Zwange befreite, lediglich auf der innerlichen Übereinstimmung des religiösen Gefühles und des sittlichen Lebenswandels beruhende Kirche für möglich hielten.

Auch diese dritte Schrift Bünderlins geht von der Auffassung der Gottheit als eines rein geistigen Wesens aus und gründet darauf die Notwendigkeit einer rein geistigen Gottesverehrung:

„Gott ist die ewige und unsichtbare Kraft, in ihm ist Fleisch und Blut, alle Dinge, sichtbare und unsichtbare, auf daß nicht schlecht von seiner Allmächtigkeit und Weisheit gedacht werden kann, durch die Ewigkeit hält er alles zusammen. Das ist nicht das rechte Wissen von Gott, daß man daraus einen Menschen oder Fleisch- und Blutkraft macht (d. h. ihn mit weltlicher Wissenschaft zu begreifen trachte), wie es die hohen Schulen in Antiochien thaten, wenn Einer nicht in Gott und in der Furcht und Nichtigkeit vor seinem Thron, sondern um seiner selbst willen und nur historisch weiß, nach welchen sich jetzt die ganze Welt richtet."

Nicht im Wissen von Gott, im Fühlen der Gottheit, im Gottesbewußtsein liegt also für Bünderlin, der hiermit ganz den Spuren der deutschen Mystiker folgt, die Religion. Zur Freiheit gelangt ihm nur der, dessen Geist unter Verachtung aller Dinge allein in Gott seine Ruhe sucht, als bei seinem Ursprung, woher er gekommen ist. Das nennt er den rechten und einzigen Gottesdienst. Gott, der ein Geist ist, begehrt nichts Leibliches und Äußerliches, heißt es dann weiter, seine Gebote sind geistig zu vollziehen, denn er befahl dem Adam keine Opfer, was er gewiß gethan hätte, wenn er sie gewollt hätte. Nur wer sich vornimmt den Willen Gottes zu vollbringen, versteht .Christi Lehre und sonst niemand. Alles ist dem Gewissen anheimgestellt. Wem es Ernst ist, und wer Gott fürchtet, wird von sich selbst hinzulaufen, da es ein ebener Weg ist, und seine Gebote nicht schwer sind. Dadurch allein erfüllet man die Gerechtigkeit, daß man aus einem wahrhaften Herzen handelt, obschon sich die Gottseligen vor seinem Angesicht schämen und Gott allein die Ehre geben.

Sowie der Glaube, ist ihm auch der Gottesdienst an keine Zeit, Stadt, Person oder Gemeinde gebunden, wie Israels Gehorsam, sondern ein übernatürliches Ding. Nur jene sind ihm deshalb die Gottseligen, die keiner äußeren Partei oder Sekte anhängen. So durchdrungen ist Bünderlin nun von der Überzeugung, daß nur die innerliche Herzensandacht wahrer Gottesdienst sei, daß er den äußerlichen Gottesdienst selbst neben dem innerlichen nicht mehr dulden will.

„Man soll nicht innerlich und äußerlich miteinander gedenken, wie viele damit begründen, daß der Mensch Geist und Fleisch sei, denn die sind widerwärtiger Art gegeneinander und eines irret das andere nur und fordern sich gegenseitig nicht. — Man besorge nicht, man gab den Bildern zu früh Urlaub, diese hielten das Bild Gottes in uns gewaltiglich auf, derwegen hat sie der Herr sammt allem Gleichnis im Gesetz sofort verboten."

Zum äußerlichen Gottesdienst rechnet Bünderlin auch das äußere buchstäbliche Wissen von Gott. Solch Wissen hilft nicht zur Seligkeit, sagt er, es täuscht, wie auch die Zauberer Ägyptens Moses eine Zeitlang zu täuschen vermochten. Solch Wissen aber ist das Antichristentum, auch der Antichrist sagt nicht, Christus sei nicht, sondern er sei Christus.

Soll Glaube und Gottesdienst nicht angelerntes Wissen und Gesetz, sondern Überzeugung des Herzens sein, so muß selbstverständlich auch das Bekenntnis Sache freier Überzeugung sein, jeder Zwang in religiösen Dingen ist vom Übel.

Das Evangelium, heißt es S. 60, mußte durch die verordneten Zeugen allenthalben kundbar werden, es werde angenommen oder nicht. Die Apostel, welche doch den ersten Staffel in der Kirche hatten, drängten aber dazu keinen, weder mit dräuenden Worten, noch in der That, wodurch sie Heuchler gemacht hätten, die aus Furcht zu allen Dingen „Ja" gesagt hätten, auf daſs sie nicht vertrieben werden.

Weiter S. 61: „Wer nicht selbst willig ist und von Herzen dem Herrn nachgewandelt ist (sc. kann nicht selig werden), denn es ist jedem auf sein eigen Gewissen anheim gestellt, weil sie (die Apostel) Diener des Geistes und nicht des Buchstabens waren." Bünderlin verhehlt sich nicht, daſs seine Ansicht von der rein innerlichen Natur des Gottesdienstes mit dem alten Testament, das er doch mindestens als ein Zeichen des göttlichen Wortes in uns anerkennt, insofern im Widerspruch stehe, als es erzählt, daſs Gott seinem auserwählten Volke die Beobachtung von Ceremonien, die Leistung von Opfern anbefohlen und sich und seinen Willen durch Zeichen und Wunder vernehmbar gemacht hat.

Diesen Widerspruch sucht Bünderlin dadurch zu beseitigen, daſs er das alte Testament nicht als unbedingt giltige Offenbarung, als die an und für sich wahre Religion, sondern als ein Mittel zum Zweck der Erziehung der von der Erkenntnis der wahren Gottheit abgekommenen Menschheit im allgemeinen und des am Äuſserlichen hängenden Volkes der Juden insbesondere auffaſst und es dem das Evangelium der Freiheit und Liebe predigenden neuen Testamente gegenüberstellt, ein Gedanke, dem Bünderlin auch ein eigenes Buch gewidmet hat. Das alte Testament ist Bünderlin der Schatten und die Figur, darin von Anbeginn der Welt das Geheimnis des Sinnes Gottes bis auf Christum, wie die Rute Arons in der Lade verborgen lag.

„Gott gab die äuſserlichen Satzungen und die leiblichen Befehle um des Menschen willen, der im sündigen Fleisch versunken war und des Geistes Stimme nicht anerkannte. Erst durch Christus kam der geistliche Sabbath samt anderen mit Abschaffung der Figur öffentlich an den Tag, da wurde man der Bedeutung der Figur inne, gab ihr Urlaub und schaffte sie ab. Daſs Gott solches (äuſserliches) in der figurlichen Zeit der Väter befohlen hat, ist ihrethalben allein geschehen, da sie ihn anders nicht verstanden hätten.

Wir (seit Christi Erlösung) wissen, daſs wir von den elementischen Satzungen (äuſserlichen Satzungen) erlöset sind, wie uns denn alle äuſserlichen Satzungen des Gesetzes nur als Einleitung in den Geist dienen. In dieser Bedeutung ist nicht ein Buchstab an ihnen vergeblich." Der Buchstab, fährt Bünderlin fort, habe vorerst den Juden gedient (S. 6).

Weil das Fleisch in irdischen Dingen so sehr versunken war, daß das auserwählte Volk dieser Dinge nicht ermangeln wollte, ward ihnen ein Gott, wie sie ihn begehrten. Weil sie das geistlich und ewig noch nicht recht zu Herzen nahmen, ließ Gott sie mit den irdischen Augen so lange umgehen, bis sie ihrer selbst müde würden und erfuhren, daß Gott nicht im Gesetz bleiben wolle und sein Sagen nicht im leiblichen Thun liege.

So ist Israel der Knecht Gottes gewesen, den er nach der ganzen Welt gesandt, damit er dieselbe zur Hochzeit seines Sohnes lade mit Werbungen, die sie, da des Geistes Urteil in ihr verdunkelt war, auch nur nach dem Fleische zu verstehen fähig war. Da aber der Knecht selbst Herr sein wollte und den Befehl mit Verachtung der beiden nur seiner selbst, nicht Gottes willen ausrichten wollte, da ward er um des Unglaubens willen, der da eigen Lieb gebärt, ausgehauen.

An anderer Stelle heißt es: „Gott benützte die Israeliten, um die Welt an sein Dasein zu erinnern. Deshalb führte er sie durchs rote Meer aus Ägypten, ließ sie ihre Feinde besiegen etc. Die Israeliten aber vergaßen, warum dies geschehen, glaubten, um ihnen zur weltlichen Herrschaft zu verhelfen. Deshalb verließ sie der Herr.

Dies geschah jedoch erst, nachdem er die anderen Völker für Christus bereits vorbereitet hatte."

Von diesen Gedanken aus geht unsere Schrift zum neuen Testament über. Das alte Testament brauchte die äußerliche Offenbarung, weil die innerliche durch Christus noch nicht entdeckt war. Wir aber, die wir der Offenbarung Deutung kennen, brauchen sie nicht mehr. Christus hat das Geheimnis des Wortes Gottes geoffenbart.

Allerdings hätte man auch im alten Testament den Sinn Gottes in der Schrift wahrnehmen können, doch der Unverstand der Juden sah nur auf den Buchstaben und konnte deshalb nicht ausnehmen, wie die Wahrheit Gottes in diesen Dingen dennoch ewiglich bestehen möchte. Erst Christus hat uns gezeigt, daß die buchstäblichen Sinne nur für die Juden gelten, daß der Sinn des Geistes aber auf alle Gottseligen zeigt. Will man der Verheißungen Art verstehen, so muß man derselben Ursach wohl wahrnehmen, welche anfänglich war, der ganzen Welt Abkehrung von Gott, der ein Geist, auf das Auswendig.

Christus verwies uns darauf, wie nun kein Prophet mehr aufstehe, der uns des Herrn Willen erlerne und von dem wir unseres Thun Befehl empfangen, und wie Gott dadurch genugsam angezeigt habe, wie er vorhin schon durch die Propheten, sonderlich Isaiam und Malachiam gemeldet hat, daſs er an ihren auswendigen Opfern und Ceremonien kein Gefallen mehr finde.

Also kam Christus, da man ihn am allermeisten bedurfte, um alles vorige in den Geist zu verkehren, um alles dem Geiste anheim zu stellen, der dann die Gläubigen empfing, der sie erst in alle Wahrheit leitet und lehret, was in der Schrift nicht war, wie denn das Gesetz in Wahrheit geistlich ist, wenn man sein Geheimnis, den Sinn und die Meinung Gottes drinnen ansieht, welche um des Fleisches willen in Israel auch fleischlich dargestellt werden muſste.

Durchaus geistig ist also die Sendung Christi zu verstehen, darin liegt ihr Unterschied vom alten Testament:

„Moses spricht vom Worte des Gesetzes, Paulus vom Worte des Glaubens. Hat schon der Vorläufer Johannes auf die geistige Geburt des Herrn vorbereitet und gelehrt, daſs man nicht schon aus dem Gesetz gerecht sei ohne die Wiedergeburt und Verneinung des alten Menschen, so lange man der Begierde und der Sünde Knecht ist, so hat Christus sein Volk nicht mit Zwang, und wie Knechte um ihres Nutzens willen, sondern frei, willig und aus Lieb durch den Geist der Kinder Gottes zusammengebracht, aus Juden und Heiden und alle äuſseren Dinge dem Israel aufgeladen."

So wie Bünderlin an verschiedenen Stellen die Meinung ausgesprochen hat, daſs es auch im alten Testament unter den Juden und Heiden einige Wenige gegeben hat, welche den Geist des Gesetzes erkannten, während die Mehrzahl an dem Buchstaben hing, so ist er keineswegs der Meinung, daſs es seit der Sendung Christi nur solche gegeben hat, welche Christus im Geiste und in der Wahrheit anbeten. „Auch im neuen Testament, sagt er, ist der Mensch wieder in den Zustand des alten zurückgekehrt, wo er des äuſserlichen Wortes Gottes bedarf, doch, meint er, wird auch die Zeit kommen, wo dies nicht mehr geschieht.

Alles ist unserthalber, die aufs End der Welt gefallen sind, geschrieben, alles deutet auf die vollkommene Zeit, daran das

Geheimnis Gottes soll vollendet werden, das dann nicht allein dem End und nicht dem Anfang zugehöret, in dem alles zusammen-fliefst und alles wiederum geistlich wird, wie Gott ist." In dieser erhabenen, von dem Glauben an die geistliche Entwicklung der Menschheit durchtränkten Weise hat sich Bünderlin die in dem Kreise der Täufer herrschenden chiliastischen Träume von dem Untergang der Gottlosen und dem tausendjährigen Reich der Ge-rechten zurecht gelegt.

Noch einmal, am Schlusse des Buches wird in ähnlicher Weise des Weltendes gedacht. „Bis ans Ende der Welt, heifst es dort, wird es unrichtig zugehen, und die Auserwählten werden sich kaum erhalten. Gott aber wird den Gläubigen eine Warnung seiner Zukunft ins Herz geben, dafs sie wachen werden und ihre Lampen zurichten mögen. Dadurch werden sie aufs End der Welt immer stärker und gerüstet werden, wenn sie aus ganzem Ver-trauen in Gott mit wahrhaftigem Herzen wider Babel fechten und auf ihren Gott als auf einen unzerrinnlichen Felsen trotzen werden, weil sie in das Unsichtbare, das ewig währt, entrückt sein werden, dadurch ihnen das Sichtbare, das ein Ende nimmt, zum Gespött werden wird, wenn sie sehen, wie sich das Sichtbare gegen das Unsichtbare verächtlich auflehnt, wovon es doch sein Ursprung und Wesen hat. Es wird ihnen gleich gelten, sie leben oder sterben."

Als das einzige Gebot des neuen „geistigen" Testaments be-zeichnet unser Buch die Liebe. Mit dieser Ansicht stehen alle Ausführungen der Schrift: Erklärung durch vergleichung der biblischen geschrifft etc., insbesondere aber die über die Bedeu-tung der Ceremonien und allen äufserlichen Gottesdienstes in voll-ster Übereinstimmung. Vor Christus bedurfte der Gottesdienst deshalb äufserer Zeichen, um das innere Wort Gottes, das Gott in jedem Menschen wirkt, zu verstehen. Freilich haben auch während der Herrschaft des Gesetzes die Geistlichen, die den Herrn ansingen, ebensowenig einen äufserlichen Gottesdienst ge-habt, wie wir im neuen Testamente. Wir im neuen Testamente müssen dieses eine Wort Gottes ohne äufsere Zeichen verstehen, bedürfen deshalb keiner äufseren Offenbarung und keines äufseren Gottesdienstes. Weil die Welt an ihren Götzen und Israel an seinen Ceremonien hing, hat der Herr öffentlich gesagt: „Die Stunde wird kommen, dafs die wahren Anbeter sonst nirgend, an keiner anderen Stätte, sondern allein im Geiste und in der Wahrheit Gott, der ein Geist ist, anbeten werden, das ist das immer wieder variierte Thema dieser dritten Bünderlinschen Schrift. Die gesetzlichen Stücke des alten Testamentes, heifst es dort weiter, als Beschneidung, Königreich, Priestertum, Tempel, Opfer und dergleichen sind nur Zeichen und Vorbilder, die von sich selbst, als sie kassiert wurden und nichts mehr wert waren, hinwegfielen, weil sie im Tode Christi vollendet wurden. Jesus selbst wies die 12 Männer zu Ephesus vom alten Brauch Israels weiter auf ein neues und geistliches Testament, indem das vorige verschwunden und veraltet sei, das nur sein Zeuge war und ihn einzuleiten eingesetzt ward. Dessen Mittler ist der Sohn Gottes, nicht Moses. Er wird eine andere Taufe und Reinigung von der Sünde haben als Israel, nämlich im heiligen Geist und im Feuer, welches des Geistes zukünftige Art, die brennende Liebe, anzeigt. Dasselbe geschieht auch heute noch, aber inwendig in den Herzen der Gläubigen, in der Änderung ihres Sinnes durch die Wiedergeburt.

Im weiteren spricht sich der Verfasser über die Sakramente der Taufe und Bufse, gegen welche die in Rede stehende Schrift insbesondere gerichtet ist, in einer Weise aus, dafs nicht der geringste Zweifel übrigbleibt, dafs er, ebenso wie er gegen den Glauben der Protestanten und Katholiken eifert und zetert — letzteren nennt er den römischen Glauben, den eingedichteten, historischen Glauben, der wie ein Mus dem Kinde eingestrichen wird —, auch die Sekte der bibelgläubigen Wiedertäufer verabscheut. Den Ausführungen über die Taufe stellt Bünderlin die Worte Christi voran: „Johannes hat vor kurzem mit Wasser getauft, ihr werdet in kurzem mit dem hl. Geist getauft, und mit der Kraft von oben herab angethan werden." Freilich hat Johannes, heifst es dann weiter, mit lebendigem Wasser getauft, dies geschah jedoch nur als Zeichen, um die Reinigung des Gewissens anzudeuten. Auch Christus hat durch seine Jünger getauft, diese bedurften ebensowenig der Taufe, als die, die er zum Apostelamte und zu Menschenführern erwählt hat. Wenn sie getauft wurden, geschah dies nicht um ihretwillen, sondern um der Menge willen, also dafs die Diener des Geistes keine Acht darauf hatten (S. 54). Ebenso wie Johannes nur zum Zeichen der Eröffnung des neuen Testamentes über besonderen Befehl Gottes gesandt wurde, so liefs sich auch Christus beschneiden und taufen, um des fleischlichen Israels willen. Es wurden damals zur Zeit Johannes und Christi die reuigen und bufsfertigen Menschen,

welche die Sendung Gottes im Herzen spürten und empfanden,
dreimal getauft. Dessen bedarf man aber jetzund nicht, weil dazu
weder Ursach, wie im äufserlichen Israel, das in das geistlich
Reich vom leiblichen übersetzt werden soll, noch Zeit mehr vorhanden ist, denn der Herr will, dafs man nicht still stehe, sondern ihm nacheile. Keineswegs darf zu jetziger Zeit die Taufe
dem Gewissen jedes sündigen Menschen aufgeladen werden. In
der apostolischen Kirche sind Taufe und Nachtmahl und andere
Gebräuche geübt worden um der Juden willen, die noch am Buchstaben des Gesetzes Gottes hingen. Das ist aber jetzt, seit dem
neuen Evangelium, nicht mehr. Die Christus bedürfen, brauchen
nicht von aufsen zusammengehalten zu werden, wie die Israeliten
durch die Beschneidung. Sie bedürfen der Taufe nicht, weil sie
als Christen nicht haufenweis zum Streite sich versammeln, sondern
ein jeder für sich selbst, ohne Aufmerkung und Antreibung des
andern, im Geiste Gott anhanget und dient, und niemand wie im
äufseren Israel zu sorgen braucht, wer da Christ wäre oder
bleibet." —

So wie die durch das alte und neue Testament bezeugte Übung
der Taufe, hatte ihm auch die gleichfalls durch die Bibel bezeugte
Spendung des Sakramentes der Bufse eine symbolische und vor-
übergehende Bedeutung. „Man beruft sich auf das Zeugnis des
gnädigen Willen Gottes, sagt Bünderlin, durch das Zeugnis seines
Sohnes, in der Vergebung der Sünden, das vorhin unerhört war.
Die Sündenvergebung gehört jedoch nur dem Apostelamt, welches
auch allein durch die Schlüssel den Aposteln und denen, die der
heil. Geist ihnen zu Mitarbeitern als Barnabam, Saulum und
andere zugesellet hat, gegeben ist, denn hernach hat man ihrer
nimmer bedurft. Da die Apostel allenthalben aufgeschlossen hatten,
geht ein und aus, wer will. Die aber der heil. Geist zu Bischöfen
gewählt, denen man dann die Hand auflegt, dieselben verkünden
es unter anderem, so sie es nicht wüfsten oder gehört hätten,
wie auch noch heute durch einen vom hl. Geist getriebenen ein
beladenes Gewissen mit der Schlüssel-Inhalt-Erzählung, wie sie
sich zugetragen hat, getröstet werden mag. Nur dafs man sich
der apostolischen Gewalt, die ein Ende genommen hat, da sie ihr
Amt ausgerichtet hat, nicht mehr unterstehe!" Bünderlin meint
also, dafs mit den Aposteln auch die ihnen verliehene Gewalt
untergegangen und auf keine anderen, am wenigsten an eine sichtbare Kirche, übergegangen sei. —

„Paulus sagte," heifst es Seite 64, „es werden Wehrwölfe unter Euch erstehen, die die Herden nicht verschonen, sondern ihren Genufs suchen werden, die dann über die Apostolische Richtschnur hauen und nur trachten, dafs der Haufe gröfser würde, auf dafs sie Sicherheit und Reichtum überkommen, die alles aufklauben, das die Apostel fahren lassen, wie man heutzutage an den grofsen Stiftern der Bistümer sieht." Mit solchen Worten brandmarkt Bünderlin die Anhänger eines hierarchischen Priestertums und einer sichtbaren Kirche und nennt die Zeichen ihrer Würden, die Weihe und das Händeauflegen des Papstes und der katholischen Bischöfe ein Affenspiel. Er setzt dieser sichtbaren Kirche die geistige gegenüber, in der es jedem erlaubt ist, über Antreibung des Geistes von der Lehre des Herrn zu reden. Die äufserliche sichtbare Kirche dauerte ihm nur so lange, als der heilige Geist mit den Aposteln geredet hat, damit eine äufserliche Übersetzung des neuen Testamentes zum Preise Gottes zu stande käme. Seit die Übersetzung geschehen ist, sei dieselbe nicht mehr notwendig. Seither tauft Christus im heiligen Geist und im Feuer, wie dies seit Anfang der Welt in jedem gläubigen Herzen geschehen ist.

Die Auffassung der Schrift und der Offenbarung überhaupt als eines dem jeweiligen Auffassungsvermögen des Menschen angepafsten Mittels, ihn zu einer rein innerlichen Religion zu erziehen, ist auch Gegenstand eines bereits im Jahre 1529 in vermehrter Auflage erschienenen, also jedenfalls vor diesem Jahre verfafsten Büchleins, welches den Titel führt: „Ein gemeyne einlaytung in den aygentlichen Verstand Mosi und der Profeten, wie man sie lesen und in Allegorien mit dem neuen Testament vergleichen und auslegen soll. An vilen und den notwendigsten Punkten gemehret, gebessert und von newem corrigirt. Mit der Dannenthuung der letzten Clausulen, so aufs unverstand vorhin dran gehenkt ist. I. Thessalo V. Den Geist lescht nit aufs. Weifsagung verachtet nit. Brüfet alles und das gut behaltet. M. D. XXIX." [1])

---

[1]) Ich fand dieses Büchlein in einem Bande der Dresdener königl. Bibliothek Col. B. 862. J. a. 80 mit andern Schriften des Hanns Denk, des Jörg Haugk von Juchsen und Bünderlins zusammengebunden, worauf ich bereits hingewiesen habe. Mehr als die Stelle, an der ich das Büchlein gefunden, weist Form und Inhalt desselben auf die Autorschaft Bünderlins hin.

„Die Juden waren so tief gesunken," damit beginnt die Einleitung, „daſs sie das geistlich Wort des Geistes nicht mehr verstanden; die Red, die Gott allein ausdrückt und zu erkennen giebt, war ihnen eine Narrheit geworden, deshalb verübte er an ihnen Wunder, errettete sie aus den Händen ihrer Feinde und nahm sie unter seine Flügel, wie ein Adler seine Jungen führt, deshalb lieſs er sich auch durch Propheten und Weissagungen sehen." Die Schicksale der Juden in Ägypten werden dann in symbolischer Weise gedeutet, als Sinnbild der Emporführung des Menschen aus der fleischlichen sündigen Welt zum geistigen Christentum dargestellt. Das Land Ägypten bedeutet die Welt, das fleischliche Leben ohne Rast und Ruhe; im roten Meer erfolgt die fruchtbringende Reinigung. Aus den ägyptischen Gebäuden und Werken der Finsternis, die zerfallen muſsten, führte Gott sie zum unbeweglichen Berg Zion und hieſs sie geistliche Befestigungen in allerley geistlicher Weisheit und Kunst aufbauen. Die meisten waren ganz fleischlich, beklagten nur des Irdischen Verlust und die Unterdrückung des Fleisches, diese versucht Gott weiters durch äuſsere Dinge aufzuwecken.

Alle diese äuſseren Dinge, der ganze äuſserliche Handel Gottes mit seinem Volke Israel ist nur ein Ausdruck und Zeugnis seines innerlichen Wirkens im menschlichen Herzen, die Juden eine Art Probiervolk, damit durch sie die anderen Völker auf ihre Schicksale und dadurch auf ihn aufmerksam würden, bis sie fähig wären, ihn geistig zu erkennen und aufzusteigen zum Geheimnis des Geistes Christi, der die Weisheit Gottes ist und der unter dem, was Moses verkündet hat, versteckt war. In Christus nimmt alles, was alt und buchstäblich war, ein Ende und das geistliche geht an. Durch ihn war der Sinn der Propheten klar, er hat uns gezeigt, daſs einiges allerdings auch in ihnen klar ausgedrückt ist, worauf dann fleiſsig zu sehen ist, daſs anderes aber nur allegorisch aufzufassen, ein Bild für das geistige sei. So sei, wenn Jerusalem eine friedsame Stadt in Kanaan genannt wird, darunter der Friede des Gewissens inmitten der Gerechtigkeit zu verstehen, so habe Gott den Juden allerdings befohlen, die falschen Propheten zu töten, dies galt jedoch nicht für die geistigen Christen, nicht für das neue Testament, wo sie allein zu meiden, aber nicht zu töten seien. In diesem neuen Testament ist das Gewissen und der in ihm aufgerichtete geistige Gottesdienst, das alle Königreiche und Kommunen zusammenhält, an die Stelle des Zwanges und der Vergewaltigung getreten. „Der Vater der Barmherzigkeit," schließt das Buch, „wolle uns den Schlüssel Davids in unseren Herzen anstecken, dadurch das verschlossene Buch, das Geheimnis seines Willens, eröffnet wird, daß wir, die wir noch Schüler sind, denselben gründlich daraus erlernen und in lebendiger Nachtrachtung seiner Aufzeichnungen den roten Drachen mit seinen Listen erkennen und von unserem Geiste verhüten (abhalten) mögen Amen."

Wenige Sätze genügen, um Bünderlins Religion und seine Stellung zu den religiösen Parteien seiner Zeit auf Grund der in seinen Schriften niedergelegten Ansichten zu kennzeichnen:

Bünderlins Gott ist der Gott der Mystiker, ein transcendentaler Gott, den man nicht mit den Sinnen erschauen, nicht mit dem Verstande erfassen kann, der sich aber der Intuition, dem innersten Herzensgefühl, der frommen sehnsüchtigen Betrachtung offenbart, er ist das All, aus dem alles geflossen ist, das alles umfaßt, in das alles zurückkehrt. Die Gabe der Gottheit auf intuitivem Wege inne zu werden, sei ursprünglich jedem Menschen eigen, denn er ist ja ein Teil der Gottheit, ihr Wesen lebt auch in seinem. Eben deshalb braucht es zum Erfassen des göttlichen Willens, zum Erfassen der Wahrheit keines äußeren Mittels. Es genügt dazu die im Menschen thätige göttliche Kraft, welche nichts anderes ist, als die ihm eigene religiöse Anlage und sittliche Natur, sein Gewissen. Freilich steckt in jedes Menschen Natur auch ein fleischliches Element — mit Zulassung Gottes und auch göttlich — welches ihn von der Betrachtung des Göttlichen abzieht und an die Welt fesselt. Dieses Element hat den göttlichen Funken im Menschen verfinstert. Diese Verfinsterung zu beheben, das verglimmende Licht wieder zur hellen Flamme anzufachen, ist Aufgabe des göttlichen Erziehungsplanes. In der Durchführung dieser Aufgabe, aber nicht in einer anthropomorph gedachten Vorsehung, welche die äußeren Schicksale des Menschen lenkt, liegt die göttliche Wirksamkeit. Von ihr überzeugt zu sein, ist der einzige Inhalt des Glaubens. —

Zur Durchführung dieses Erziehungsplanes wende die Gottheit äußere Mittel an, wenn die innere Stimme nicht verstanden wird, welche aber alle nur den Zweck haben, die in den Sünden steckende Menschheit auf ihre Einheit mit Gott aufmerksam zu machen und sie zur Freiheit des Geistes, die keiner Offenbarung und keines Gesetzes mehr bedürfe, zu führen. Eben diesen Zweck verfolgt auch die Sendung Christi. Die Wirkung jenes Zustandes sei das sittliche Handeln, das Aufgeben des Egoismus und die Bethätigung der Nächstenliebe. Dem Gerechten sei dieses sittliche Handeln zur zweiten Natur geworden. Wenn er auch irre, er kehre immer wieder auf den rechten Weg zurück, sei sich des rechten Weges stets bewußst, denn der Gedanke, daß das Gute um seiner selbst willen und ohne Nebenabsicht zu thun sei, verläßt ihn nicht.

Die Ideen Bünderlins wurden erst dadurch zu einer das ganze Geistesleben der deutschen Nation befruchtenden Wirksamkeit gebracht, daß die mit dem Humanismus zu neuem Leben erwachte neuplatonische Philosophie sich ihrer bemächtigte. Eine Reihe von genial veranlagten, wenn auch nicht zu klarem Denken durchgedrungenen Geistern, so insbesondere Seb. Frank und Theophrastus Paracelsus nahmen sie in ihr theologisch-philosophisches System auf. Es war insbesondere der in der Bünderlinschen Lehre liegende mystische Zug, der diese Theosophen anregte und von ihnen bei Darstellung der tiefsten Mysterien verwertet wurde. Unter ihren Händen ist die Mystik der Heilswahrheiten zur pantheistischen Weltanschauung geworden und hat als solche der Philosophie der Renaissance in Deutschland ihr Gepräge aufgedrückt.

Die mystische Vereinigung des Menschen mit Gott, das Innewerden der Gottheit durch Abstreifung aller auf das Irdische gerichteten Begehrungen, durch Zurückziehen in sein Inneres und Versenken in die Betrachtung des eigenen Ichs, das Schauen der Gottheit in der eigenen Seele wurde so zur begrifflichen Identifizierung des Menschen mit Gott. Daß der Mensch ein Teil der Gottheit, ja Gott selbst sei, die Gottheit ohne den Menschen, der Mensch ohne die Gottheit nicht existieren, nicht gedacht werden könne, ist so ein Thema philosophischer Beweisführung geworden. Die ganze Natur wird Gott, Gott wohnt in ihr, ihr Wesen ist sein Wesen, die in ihr waltenden Kräfte sind göttliche Kräfte. Das Wesen der Natur ist deshalb Harmonie und Einheit. Die Natur wird nunmehr als die wahre Offenbarung Gottes erkannt. In ihrem Werden und Vergehen und den Gesetzen, nach denen dies vor sich geht, offenbart sich göttliches Wirken, ihre Betrachtung allein führt zur Erkenntnis Gottes.

So kam diese auf die Mystik aufgebaute Theosophie auch der durch die klassischen Studien wiedererweckten Liebe zur Naturbetrachtung fördernd entgegen. — Die eigentümliche Vereinigung zwischen Religion und Wissenschaft, zwischen Theologie und Philosophie, welche sich in dieser Art Naturbetrachtung vollzog, erreichte ihren Höhenpunkt in der Magie des 16. Jahrhunderts, in dem Bestreben, die in der Natur wohnende Gottheit, die in ihr thätigen göttlichen Kräfte in Bewegung zu setzen, gewisse Vorgänge in der Natur hervorzubringen und sie irdischen Zwecken dienstbar zu machen. Es ist klar, dafs sich diese Verschmelzung der religiösen und philosophischen Seite eines Systems nicht in jedem Vertreter desselben gleichmäfsig und nicht in jedem vollständig und in gleicher Klarheit vollzog. In dem Einen erhielt die religiöse Seite, in dem Andern die philosophische das Übergewicht. Derjenige unter all diesen Theosophen, in welchem die Einwirkung der religiösen Spekulationen eines Bünderlin am deutlichsten zu erkennen ist, ist der mehrgenannte Sebastian Frank.

Eine spätere Zeit hat den Gedanken Bünderlins von der Offenbarung als eines göttlichen Erziehungsmittels wieder aufgegriffen. Was uns Lessing in seiner Schrift über die Erziehung des Menschengeschlechtes berichtet, fufst auf demselben Boden wie die Gedanken Bünderlins. Auch er erblickt in den positiven Religionen nichts als die Form, in welcher sich die menschliche Einsicht in göttliche Dinge der Zeit und den Umständen gemäfs entwickelt. Offenbarung ist ihm Erziehung, die dem Menschen geschehen ist und noch geschieht. Und wenn dem Lessing die göttliche Offenbarung nichts bietet, worauf die menschliche Vernunft, sich selbst überlassen, nicht auch gekommen wäre, so ist es bei Bünderlin das innere Licht, der göttliche Funke im Menschen, den, wenn er einmal zu leuchten aufgehört, die Offenbarung zu ersetzen hat.

Bünderlin schreibt, wie Lessing, dieser göttlichen Offenbarung einen bestimmten Plan, ein bestimmtes Mafs, in gewisser Ordnung zu. Beiden waren die Juden dasjenige Volk, an dem Gott diese Ordnung zuerst erprobte. Beide stellen sich den Aufschwung der menschlichen Seele zu Gott, dem Ewigen, Unendlichen, in transcendentalem Sinne, als das Resultat einer Entwicklung vor, welche damit beginnt, das Wirken eines göttlichen Wesens durch Strafen und Belohnungen, Glück und Unglück sichtbar zu machen, und damit aufhört, den Menschen auf einen Zustand sittlicher Voll-kommenheit zu erheben, auf dem er das Gute um seiner selbst willen thut und die Liebe als das oberste Gebot des Christentums erkennt.

Wie Lessing hielt Bünderlin in diesem Zustand der Voll-kommenheit die Offenbarung für überflüssig. „Die Offenbarung hatte die Vernunft geleitet, nun erhellt die Vernunft auf einmal die Offenbarung," — drückt sich, dem rationalistischen Charakter seiner Zeit entsprechend der Eine aus. „Die Offenbarung hat die Bestimmung, den Menschen auf das innere Licht aufmerksam zu machen, hat sie den nie ganz erloschenen Funken wieder zur Flamme angefacht, so zeigt sie allein den wahren Willen Gottes an und lehrt uns das lediglich Erziehungszwecken dienende Wesen der Offenbarung erkennen," schreibt im Sinne der deutschen Mystiker der Andere. Beiden ist Christus der Schluſs- und Eck-stein des göttlichen Erziehungsplanes. Beiden liegt seine Be-deutung nicht darin, nicht in dem, was er ist, ob Gott, ob Mensch, sondern darin, was er uns gelehrt und was er uns ge-zeigt hat.

Es ist sicher merkwürdig, daſs solche Gedanken einer Zeit entsprieſsen konnten, in welcher der Streit um den Buchstaben hüben und drüben die besten Geister beherrschte, in der Katho-liken und Evangelische in dem Schutz durch das Schwert die beste Sicherung ihres Glaubens erblickten, in der Glaubens- und Gewissenszwang Grundsätze der allgemeinen Überzeugung, Staats- und Kirchengesetz waren. Doch wir dürfen nicht vergessen, daſs all diese Verirrungen nicht die Zeit der Reformation ge-boren hat.

Keine Zeit entspringt fertig dem Schoſse der Vergangenheit. Die alten Ideen leben fort, sie ringen mit den neuen, um erst all-mählich diesen zu weichen. Abgebrauchte Ideen, Überzeugungen des Mittelalters, welche, begünstigt durch die augenblicklichen Verhältnisse in Deutschland, vorübergehend erstarkt zu sein schienen, waren es, welchen das dogmatische Schulgezänke und die Unduldsamkeit des 16. Jahrhunderts ihr später wieder schwin-dendes Gedeihen verdankte.

Die neue Zeit spiegelte der reine, ursprüngliche Reformations-gedanke von der Freiheit des Evangeliums und der humanistische Gedanke von der Selbstherrlichkeit des individuellen Denkens. Er lebte, wenn auch selbst die Führer der geistigen Bewegung ihn zeitweise bekämpften, doch in den Herzen aller Fortschrittsfreunde, um trotz aller Unterdrückung nicht mehr unterzugehen, sondern im Laufe der Jahrhunderte Blüten und Früchte zu entfalten. Diesem Gedanken haben auch Johann Bünderlin und seine Gesinnungsgenossen Ausdruck gegeben.

ANHANG.

A. Urkunden.

I.

Archiv des k.k. Kultus-Ministeriums in Wien.

1527 Stadt Steyr am 4. November.

An Statthalter und Regenten der Niderösterreichischen Lannde:
Wolgeborne gestreng, hochgelerte, Edle veste gnedige Herren!

Ich gib e. g. unndertheniger maynung hiermit zuvernemben, dafs Ich
samtt den ainspanigen am negsd uerschinen Erichtag vngeuerlich vmb Mitten
tag hie zue Steyr ankhumben bin, vnd von stund an Burgermaister, Richter
vnnd Rad, die Ich zuesamen erfordern hab lassen, der K. M. beuelch vber-
antvort, den Sy mit gebuerlichen gehorsam angenomen vnnd denselben fuerderlich volg ze Thuen und nachzeleben sich erboten.

Darauf hab Ich, innhalt des beuelchs den fünf stetten, aus geder Stat
ain gesandten das Rech über die schueldigen personen zu besitzen; zue-
schneyben vnnd zueerfordern begert, dis die von Steyr auch also auf mein
anlangen gethan vnnd mir ain Rechttag benennt, auf negsd khennfftigen
Mitwoch darauf die genennten personen von den Steten auch verscheinen
werden so will Ich allfsdann die schueldigen personen, wie sich gepuert, mit
Recht furnemen vnd Innhalt Kh. M. ausgangen beuelch Im Recht gegen In
verfaren.

Am Mittwooch vor vnd nachmittag, auch am tag darnach am allerheiligen
Abend hab Ich fri zu pesser erkhundigung vnd vnderricht dises sachen, Aus
aller der von Steyr gethan vnnderricht, was die gefangen person verhanedelt,
etlich artigkhl aufssagen vnd In geschrifft gestellt, vnd die gefangen Ain
nach der andern, für Burgermaister, Richter vnd Rat erfordern lassen, vnd
sy darauf gefragt, vnd ain gemaine Inquisition gehalten vnd was ain ydir
insondirheit von mein vnd den ganntzen Rat bekhennt, den Statschreybern
mit vleifs auffschreyben lassen vnd daneben ainen yden Insonderhait, sambt
den Rat mit höchstem vleifs, freuntlich christenlich vnd bruederlich als weit
sich main verstanndt erstreghkt Aufserhalb Rechtens vnd in der guetligkeit
ermant vnd vnderwissen von ihrer pösen irrungen, verfuerischen huttischen
wiklefischen, ketzerischen leer vnd Neuen ordnung abzusteen, Auch darneben
der kh. M. ernstlich beuelch, Auch das k. M. an solicher Ihrer verhandlung
grofs mifsfallen tragt vnd gegen In mit schwerer straff Im Rechten zu verharen beuohlen, antzaigt.

Allso haben sich etlich in der kh. M. begnadigung ergeben, darunter etlich, die zwier tauffer sein werden, wiewoll sy es nit ain tauff, sondern ain zaichen oder verpündung mit got dem Almechtigen haissen; Auch die Neue leer vnd ordnung des Bruder hansen hutten vnd sainer discipul vnd mituerwanten angenomben.

Noch seien Ir etlich vnd der nur vill mans vnd weybs personen, jung vnd alt, die bey der winkhelpredig in heusern in der Stat Steyr, vnd ausserhalb der Stat in Höfen und wälden gewesen, aber das zaichen der Tauff nit angenomben, sonndern allein dem Bruder Hutten, Jacoben, so Im gschlofs Steyr ain zeitlang offenlich gebredigt, Iheronimum vnd Kharolum (recte: Carium!) die Hutten gesellen, Etlich ain stundt, etlich ain halbe, ain viertel, ain halbviertel gehört haben, etliche bei ainer, etlich bey zwayen Bredigen gewesen, die auch all von derselben leer fallen, vnd bei derlei christlichen Kirchen, alltem herkhumben vnd ordnung bleiben wellen, vnd sich auch in der kh. M. begnadigung geben, bin Ich sambt den von Steyr Irrig gewesen, was diselben für ein straff vbersteen sollen. weill sy in der kh. M. beuelch so inen zugestellt nit begriffen vnd khein meldung von In beschiecht oder ob Ichs gar ledig soll lassen. Dann die Straff zu horb vnd Rotenburg, die ist auf clag und antwort Im Rechten wider die personen, so sich von den Irrigen Artigkhln nit weysen wollen lassen, erkhennt worden. So ist die selb so schwör, das Ich besorg, so ain yeder Manns vnd weybspersonen, so von der verfuerischen leer fallen will, vbersteen soll, das Ir vyll, so noch nit in gefennghnufs sein vnd aus forcht entloffen vnd weyb und khynd, das derselben person khaine hertzue mir khumben würde, vnd villeicht annders vill übels vnd böser that begeen, das noch Im anfang leichtlich verhuett mag werden.

Damit aber ein yder person, die sich den Rechten weg weysen lasst vnd sich in die Gehorsam ergebt, nach dem verdienen Ir zimblich straff Emphach haben die von Steyr sambt mir gegen ainen yeden nach seiner verschuldung (doch aufsgeschlossen die, so sich net weysen vnd daz Recht vbersteen wollen) fuergenomben, die sy e. g. auch hiemit antzaigen vnd zueschigkhen. Ist nach meinem ausfalltigen Rat mein guetbedüngkhen, wie Ich die Sach noch byfsher gefunden, Auch zu uermeidung vill übels und geuerlichkeit, so aus dieser handlung, so man mit der hertigkhait die Sach angreiffen würde, das e. g. die von Steyr mit der Straff nach gelegenhait gegen ainer yeden person allso vetfaren lasse, So khumen die flüchtigen burger auch herzue, so werden auch der khu. M. in Irer Camer und gemainer Stadt Steyr Cosst vnd Schaden auch bezahlt, So bleibt der khu. M. aufsganngen beuelch auch bey sein krefften, das gegen den schueldigen personen, was sich gebuert vnd Recht ist, gehandelt wurde.

Dann dieselben nit allein die harbarische (wohl horb'sche!) straff, sonnder meins bedüngkhens noch ain schwärere straff übersteen müessen, dann Sy von dem Sacrament des Altars vnd dafs all Crist gelaubig menschen zu osterlicher Zeit emphahen, durchaus nichts halten, sagen es sey allain ain waitzensprot, halten auch von der khynder tauff nichts, vnd etlich aus In habn in zweeyen jaren weder Peicht noch daz Sacrament emphahen. Sy halten vill pöser ketzerischer ler vnd artigkhln, die erschröcklich sein zu hören, vnd ist warlich grosse zeyt, das die kh. M. vnd e. g. einsehung thuen, damit

Sy nit weiter wurtzen vnd andere nur verfueren, vnd diese pöse verfuerisch, khetzerisch leer vberhand nemb.

gnedig herren, so sein auch bey etlichen Edelleuten Abbten und Brelaten auch etlich gefanngen, die sy zwier tauffen (taufften?) vnd das zaichen angenomben, die mich auch anlangen vnd bitten, gegen In zue handeln! Ist mein begeren: e. g. well mir bescheidt darinn geben, wie Ich mich gegen denselben halten soll. Sofern e. g. die handlung wollen lassen beleiben bey der kh. M. aufsganngen beuelch vnd der von Steyr fürgenomben straff, das mich dann der negsd vnd besst weg gedungkhen sein, doch wie Ich e. g. hierinn khain mafs geben haben, so wurt mir die sach auch desst ringer werden, gegen den von der Freynstat vnd anderen zuehandeln. Dann e. g. glaubt nit, das Ir so vill sein, man vnd weyb, hie allenthalben vmb, die mit diser verfuerischen leer beflegkht vnd dardurch straffmefsig wurden, die noch all verporgen vnd in gefenngkhnufs nit khomben.

Es sein auch von der kays. M. zue Wurmbs, auch von der kh. M. unserm genedigsten Herren lanngst offen gewallt ausgangen, das man aller Lutterischen vnd anndern verfuerischen (Ketz)erischen leer vnd neuen Ordnung abzusteen, vnd bey dem Alltem herkhomben loeb. prauch vnd ordnung der h. crist. Kirchen beleiben soll, darinn der peenfall wider sollich person begriffen, die man on zweyffl bei der Cantzlei vinden mag, der Ich dann zue diser Rechtuerttigung gröfslich notturfftig. Ist mein   e. g. will mir derselben auscultiert copeien zueschigkhen, damit Ichs im Rechten meiner nottdurfft nach khan vnd mag auflegen vnd fürbringen, dann es den Laien in dieser sachen Recht zuesprechen nit Einigeen will.

Ich bin auch gelaubwirdig bericht, das zween Nambhafft vnd wohlhabunds burgern von Melckh nit nomen Eybman vnd Simprecht Vleishagkher den Bruder Hutten, hinauf gegen Steyr belaydt vnd Ir etlich Burger vnd annder personen hie zu Steyr, dieselb seiner leer zue vnnderweysen antzaigt haben, vnd vrsach sein gewesen, das die Sect allso überhanndt genomben vnd haben sich auch sambt anndern tauffen lassen oder e. g. erkhanndt sich bey dem Richter zue Melckh.

Das will Ich e. g. — himit antzaigt haben (vnd, was mir e. g. weiter in diser sachen im Namben khu. M. zuesandlen beuelchen, den will ich gehorsamlich — nachkhumben). Geben zu Steyr am 4. Novembris anno domini 1527.

e. g

Gleichzeitige Abschrift
im Archiv
sub IV a 3 V des k. k.
Cult.-Ministeriums.

gantz williger
maister Wolff Kunigl —
m/p

1527. W. Taufer in Stadt Steier u. Freyestadt.

Artigkl der gemainen vrgichten vnnd bekhanntnussen aller widergtaufften so — befragt worden:

Der Tauff, so die Jungen khinder emphahen, sei nit nutz, auch khain Sacrament;

Nach der Ordnung Cristi soll ainen zuuorr das wort gotts verkundt vnnd gepredigt werden, vnnd so er dann dasselb gelaubt, soll Er darnach getaufft werden,

Im selben Tauff verwillig ain yeder in Ir Bruederschafft. Dieselbig Ir Bruederschafft sey die cristenlich Gemaindt, oder die gemaindt gottes, vnnd die anndern ausserhalb Irer Bruederschafft, seyen die gottlosen.

Die bemelten Ire Gemainden Erwellen aus Inen ettlich, die predigen, annder Brueder vnnd Schwester aufnemen vnnd tauffen sollen,

Wann sy Tauffen sagen sy: Ich tauf dich im namen des Vatters, Sons vnnd hyligen Geists, vnnd bezeichnen den, der sich Tauffen last, mit wasser an der styrn.

Khainer soll aigenes haben, sonder alle Ding Inen gemain sein.

Ir widertauff sey khain Sacrament sonder ain zaichen, dadurch sy sich got Ergeben vnd Ir gemuet, gab khunsst vnd guet der Gemaind gottes —

Inen sey verpoten in die kirchen zu geen, Bues, predig oder anndere ampter innzehaben.

Auf geldmessen sey nichts zu halten.

Die Todten, heiligen mugen nit fürpitter sein, noch vnns Erschiehhen (?) bey got, die lebendigen Heiligen seyen Brueder vnnd Schwester Iner Bruederschafft vnnd christenlichen Gemaind, die sollen vnd mägen für ainander pitten vnd gnad erwerben.

Die peucht der Briester in der Kirchen sey nichts, aber ain yeder mag dem anndern sein sindt peuchten vnd antzeigen, damit er Gott für In bitt,

Christus sey mit seinem leib nit im Sacrament des Altars, sonder in himel, vnnd khombt nit herab, bifs an den Jüngsten tag,

Christus hab in Nachtmal seinen Jüngern allain prot vnnd wein zu essen vnnd Trinkhen gegeben, vnnd nit sein leib.

In gedächtnufs desselben halten Sy, so offt sy aus ainer versammlung von ainander geen, auch dasselbig nachtmal, vnnd sy essen ain prot vnnd ain wein, wo sy es haben. — Das Sacrament sey auch allain prot vnnd wein vnnd weder plut noch fleisch noch der leib Christi.

Sy halten auch nits von den Siben Sacramenten.

Der Jüngst tag sey nachendt, alfsdann werden sy mit Christo Regieren auf erden.

Vnnd nyemanndt mag sälig werden, dann durch leyden, das sey die Recht Tauff des pluets, darein Sy sich durch den Tauff des wassers verwilligen."

Die obgeschrieben Artigkhl glauben vnnd bekhennen Sy allgemainigklich, doch mit aenderung etlicher wort, die doch khain anndern, sonndern verstandt bringen[1]. —

Hernach volgen etlich Artigkhl, so durch etlich gefanngen vnnd gestrafften über die obgeschrieben gemainen bekhanntnussen weiter insonderheit sein angetzaigt vnnd bekhennt worden:

Das Sy nit allain vider getaufft vorden sein, sonnder haben sy auch selbsannder Brueder und Schwester getaufft ainer mer, dann der annder.

---

[1] So weit Khunigl, (von dem die obige Zusammenstellung offenbar herrührt!)

11*

Er sein von Hansen Hutten, auch etlich von anndern aussgeschigkht zu Tauffen vnnd Iren gelauben zu predigen.

Sein also disen sachen nachgezogen, haben getaufft gepredigt vnnd fürgehalten, das Sy Apostl von Got geschickht seyen, vnnd der heilig Geist Red aus Inen die gotlich wahrhait. Sonderlich sagt ainer: Er hab sain lebenlang nye gelernnt, aber seyd der jüngstverschinen Vaften, als er sich got vnnd in dise Bruederschafft ergeben, sey Er der geschrifft, profeten vnnd Euang'schen vnnd der gotlichen warhait also geleert worden, das er zu prediger erwelt. Darumb muefs es von heyligen Geist sain, sonnst wär es Im nit möglich.

Ir tauff sey ain zaichen ainer verpundtnufs vnnd verwilligung gegen got vnnd der cristenlichen gemaindt.

Dise Ir verpundtnufs vnnd willigung vermug, das Sy leyb Ehr vnnd Guet bey ainander lassen.

Das Sy haimlich zusamen geen, vnnd nit offentlich tauffen vnnd predigen, beschehe aus forcht der obrigkheiten, dieweil Ir noch zue wenig sein. Aber wann Ir vil worden wären, wolten sy es offentlich gethan haben.

Vnnd sey Ir fürnemen gewest vill lewt zu Inen zuebringen, haben defshalb jederman, wenn sy bewegen haben mögen, angenomen.

Es sey auch nichts mit den siben Sacramenten. Christus hab auch das Sacrament des Altars nit ausgesetzt, noch prot gebraucht, wie die pfaffen prot brauchen, sonndern sey es prot gewesen, wie annder prot, das Christus den Jüngern gegeben nit zu ainem Sacrament, sonnder allain zu ainem seiner gedächtnufs.

Etlich sagen: es sei nur ain Sacrament, die Ee, die anndern seyen nicht.

Etlich sagen: es seyen vir Sacrament, das erst: die Emphangkhnufs so ainer den geist gots emphacht, das annder: die gepurt, so ainer im glauben geporn wirdt vnnd das zaichen des glaubens emphacht, dadurch er sich got ergebt; das drit sey das sterben, in welchem der Mensch den Rechten Tauff des pluets Emphahet, darzue er sich durch das vorig zaichen des wassers verpunden hat.

Das vierdt sey die vrstenndt oder auferstehung zu der säligkhait.

Die Junghkfrau Maria vnnd anndere abgestorben heiligen sein Todt, khinnen nit vir reden noch für vnns pitten.

Ir Jüngst tag khumb gewifslich in 42 (Wochen) Monaten; etlich sagen in 3 Wochen, etlich sagen zwischen ostern vnnd phingsten schierst, alsdann werden die gemaind gottes mit Christo Regieren auf erden fünf monat, vnnd die gottlosen überwinden vnnd straffen. Darnach wirdt Christus seinen vatter das Regiment übergeben vnnd wir vnnd anndre gottlosen auch selig.

Desgleichen werden die Teufel vnnd all verdambten auch sälig.

Etlich sagen: es sey kein Teufl und khain hell, den Christus hab sie zersteert.

Etlich halten, das allain Ir Bruederschafft, als die gemaind gottes salig wirdt, wie es aber vnns vnnd anndern geen werdt, wifs allain got —

Sy all bekhennen vnnd glauben (wie sy sagen) die 12 Artigkhl des cristenlichen Glaubens nach dem wort seines Inhalts. aber seind nit all gleicher aufslegung.

Etlich glauben Christum wäre got vnnd mensch, etlich glauben, das er ain Sun gots, aber nit got, sonnder ain mitler zwischen got vnnd menschen — — —

(IV a. 3 im Archiv des Kult.-Minist.!)

1527 W. Taufer in
Stadt Steyer.

Straf

der personen, so sich tauffen habn lassen, vnnd das zaichen als Neuen glauben an sich genummen vnnd der huttischen leer anngehanngen, vnnd angenomen haben, vnnd von solicher Tauf leer vnnd sect absteen vnnd sich in der khn. M. gnad geben, sollen wie hernach uolgt, gestrafft vnnd gepuest werden.

Anfenncklich sullen die personen den Aidt thun im Rathaufs, offentlich vor menigclich, darzue sollen Eruordert werden, ain gantzer Rat samt den genannten,

Nemlich Also,

Ich N, schwur ain aid zu gott dem Allmechtigen vnnd allen seinen heiligen, das Ich von den Irrigen, verfuerischen, ketzerischen Artigkhln vnnd leeren, so Ich von Brueder Hansen Hutten, oder von seinen leerjungern vnnd mit urwounten empfangen vnnd gelernt, hab, abgesteen, derselben ernidern vnnd davorhueten vnnd in khain haimbliche versamblung und winkhel predigt noch geen vnnd einlassen, sonnder hinftiran zu ewigen zaiten mein leben lang der heiligen christenlichen kirchen vnnd der gantzen gemaindtschafft der christenheit vnnd Iren ordnungen, auffsatzungen, altem herkhommen vnnd loblichen geprauch, bey christenlicher gehorsam vnnd bey meiner treven vnnd Eern trevlich vnnd fleifsig nach meinem hochsten vermugen annhanngen vnnd beisteen soll vnnd will. Auch der K. M. unsers allergnedigstens heeren, dergleichen Irer amptleuten vnnd sonnderlich auch Burgermaister, Richter vnnd Rat zu Steyer, gehorsam vnnd unterthenig sein, auch annder christgelaubig menschen daran weisen vnnd darüber bifs zu end meines lebens weder mit worten noch werken, raten noch getaten, heimlich noch offenlich mich nit mer (?) setzen noch yemands anndern, solches zu thun gestatten, noch hilflich zu sein, all arglist vnnd geuerde, so des menschen sinn erdenken kann, hierin aufsgeschlossen, als mir got helf vnnd die heilig Dreifaltigkheit. —

Zum anndern sollen sy drey feiertag nach einnander zu geuendlicher zait, so man um die Kirchen geet in ainem schwartzen clag cleid mit plofsem haupt vnnd offen angesicht, mit ainir prinneten wachsen kerzen in der rechten Hand tragende, umb die kirchen geen. Nachmals für den vordern altar, dieweil man das Hochambt singt, nyederknieen vnnd got den Allmechtigen umb gnad, nachlassung seines Irrsals vnnd sindt, so er begangen bitten — vnnd nach der wandlung mit erlaubnung des Pharrers in dem bemelten clag cleid in sein bewohnung oder Hausung geen.

Zum dritten: soll ain yede person die obgemelt schwartz kleidung von den obbestumbten Ersten Sonntag ain guatember lang antragen.

Zum vierdten soll ain yede person des dritten Sonntag an dem nechsten feirtag oder Sonntag darnach, dem pfarrer oder seinen pfarrgesellen ainem peuchten vnnd das fravürdig Sacrament emphahen,

Zum fünfften sollen die obbestimbten personen sich in Iren aigen heusern ennthalten vnnd khein gemaindschafft noch gesellschafft mit annder person halten, Sonnder all besamblung vnnd gesellschafft meiden, auch khain ambt anemben, bifs zu enndt des Jars von dato des ersten Sonntags daran er die bufs thut zeraitten auch khain waffen an In tragen oder nach In tragen lassen,

Zum letsten sollen sy auch weder Iir warenndt noch anligund guetter die Sy in der Stadt Steyr vnd in purkfridt haben in Jars frist nit veränndern noch verkauffen oder in anndern weg verkhümern auch aus dem purkfrid an wissen willen vnd zue gebung der obrigkhait nicht ziehen noch weichen,

Dann die Schaden haben, so der khu. M. vnnd genauer Stadt Steyr darauf gellauffen, sollen sy sich zimblicher weysen vertragen vnnd vergleichen yeder nach seinem vermugen.

(Amen!)

Den anndern personen, so auch die Tauff, das Sy ain zaichen nennen, emphangen, vnnd den neuen glauben an sich genumen, vnnd abgewichen, vnnd nit anhaim sein, vnnd mitlerzeit gnad begeern, vnd zu lannd oder anhaim khemen, Auch die, so yetzd verporgen vnnd noch nit geoffenbart vnnd mit der zait durch Burgermaister, Richter vnnd Rat erfragt werden, Sollt er eben gleicher mafs vnnd fern (?) mit diser straff gehalten werden.

Und diweil dieselben mit khainer gefenngkhnufs gestrafft, sollen Sy defs höcher an dem guet gestrafft werden.

Straf der personnen, die aus ainfalt vnnd vnwissenhait das zaichen angenumen vnnd wieder Iren willen vnnd vnnuerstandt aufgeredt vnnd verfuert sein worden, vnnd die verfuerisch Irrig huttisch leer vnnd predig gehört, Auch die selben personnen vnnd Iren heusern aufgehalten, vnnd mit Inen gemainschafft gehebt vnnd bey Iren versamblungen vnnd winkhlpredigen gewesen, vnnd von solcher verfuerischen leer absteen vnnd deshalben Sich mundtlich vnnd schrifftlich zum thail entschuldigt, vnnd Sich auch in die begnadigung k. M. eingelassen, die Sollen nachuolgundt straf übersteen,

Anfennckhlich sollen Sy auch den vorgeschriben aidt thun in beywesen Burgermaister, Richter vnnd Rat, doch in gehaimen Rat. Nachmalen sollen Sy yeder nach seinem vermugen an dem guet nach messigung des Rats der Stat Steyr vnnd der verordneten von den fünff Steten gestrafft werden, vnnd soll solch gelt in zwey thail ausgethailt werden, halben thail in der ku. M. Chamer vnnd den halben thail gemainer Stat Steyr für die Kost vnnd scheden, so hechst genannter k. M. vnnd gemainir Stat Steyr darauf gelauffen, ausgethailt vnnd zuegestelt werden.

Item in diser straff sollen auch all die person, so in eben gleichen fall sich vergessen, die yetzundt hie sein oder khunftiglich erfragt werden vnnd hertzue khemen begriffen vnd eingeschlossen sein.

A. tergo:

Ordnung der personen, so sich des Hutten newer Sect vnndurfangen vnnd dauon gefallen, vnnd gnad begeren, wie sy begnadt sollen werden.

Sub IV d. 3 in Archiv des Cult. Ministeriums.

1527 Steyer 6. November
(An Statthalter vnnd Regenten
der n. ö. Lande.)

1527.
W. Taufer in Steyer vnd
Brühl V.

Wolgeboren, gestrenng, hochgeleert, Edl etc. . . . .

Iich hab e. g. dise tag der Taufften vnnd annder personen halben, die der huttischen, verfuerischen Leer angehanngen, dieselb gehört auch nochlänngs ain onderricht zuegeschickht, die e. g. on zweifl sambt der von Steyr onderricht empfangen.

Darauf zaig ich e. g. verner an, das mir alle tag mer weibs & mannspersonen antzaigt werden, auch andere, Jung vnnd vnurgtpar Leut, die auch zwietaufft vnnd die Leer vnnd Newe ordnung vnnd sect angenomen, aber gern vnnd willigcklich dauon wellen fallen vnnd sich weihen lassen vnnd sich in der khu. M. begnadung, sofern in annderst dieselb Leidlich vnnd on Iren Eern, auch on Iren Leib vnuerletzlich vergeben wellen. Woch Ich oder ain Rat mit der straff zu horb vnnd Rotenburg gegen In verfaren wurde, so entlauffen Sy warlich all. Es nymbts auch khain person, voraus die männer, der vil seins, vnnd nambhafftig leut vnnd wolhabennt, nit an, wäre auch zu besorgen vil grofshen Empörung vnnd gefeuerlichkhait, so In Lannd ob der Enns auch hier in der Stat Steyer daraus ersteen möchten; das dann noch leuchtlich, wo solch straff geringert, zuuerhueten.

Darumb gröfslich von nöthen die khu. M. oder E. g. In Iren klg. Namen meinen, vnnd gedenkhen ainer Ringern leichtlichen gemain straff, voraus gegen weybs vnnd Jungen personen vnnd anndern, so guetwilligklich von Iren Irrsall vnnd verfuerlichen Leeren vnnd pösen Secten abfallen. So weifs sich auch alsdann gegen ainer yeden person, wo In ain gemainen straff auferlegt, mit wissen Burgermaister, Richter vnnd Rat wol zu halten.

Dann mit der „harbischen" (horbischen!) straff wurde ich leibs vnnd lebens nit sicher sein, mufst so zu uerhütung meines lebens abziehen. Ist auch warlich meines bedenkhens vil zu swer gegen den personen, so on alle Rechtuertigung vnnd guetwilligkhait dauon absteen.

Ist derhalben mein fleiffig bitt vnnd begeren, e. g. wellen mir fürderlich auf dise vnnd mein von gethaner Underricht evren beuelch geben, vnnd ain gemaine leidliche straff gegen denen, so sich willigkhlich bekheren, fürnehmen vnnd mir dieselb zueschreiben, damit Ich mich gegen meinigckich wifs zu halten.

Dann gegen den schuldigen, so von Iren valschen verfuerischen, ketzerischen leer nit absteen wellen, will Ich inhalt khu. M. ausgangen beuelch

Im rechten verfaren, das Sy ernstlich vnnd schwerlich gestrafft werden. Thue auch e. g. beuelchen. Datum Steyr am 6. tag Novembris anno 27.

E. G.

<table>
<tr><td>Gleichzeitige Abschrift sub
IV d. 3 im Archiv des
Cult. Ministeriums.</td><td>Gehorsamer
Wolff Kunigl
m/p.</td></tr>
</table>

1527. 12/11.

Die W. T. in Stadt Steyr betreffend.

Dem durchlauchtigsten Grofs-mechtigsten Fürsten vnnd Herrn Ferdinanden zu Hungern vnnd Behomia Kunig, Infantn zu Hispanien, Ertzhertzogen zu Österreich, Hertzogen zu Burgundi etc. — vnsern gunngsten Herrn.

(Aufgedrückte 5 Siegel.)

Durchlauchtigster, Grofsmechtigster Kunig, Gnedigster Herr!

Vns hat abermals Wolfgang Kunigl procurator, den wir auf E. Khu. Mt. Beuelch zu ainem anclager der Zwirgetaufften Lutterischen personen halben, so zu Steyr vnnd Freienstat in vennknufs ligen, ain schreiben vnnd vnnderricht getan, dauon wir E. K. Mt. ain abschrifft hierin ainslossen zu uernemen zuesenden.

Nun haben wir Jüngst hieuor auf gedachts Kunigl vnnd Richter vnnd Ratn zu Steyr schreiben, die wir E. Kh. Mt. zuegeschickt, Inen Antwort geben, Nachdem Sy von E. K. Mt. ainen lauttern vnnd gemessenen beuelch haben, müssen Sy demselben, Als die gehorsamen zuegeloben vnnd nachzekhemen, darauf wir genannten Kunigl Jetzo (antzaigen) angetzaigt: wir lassen es bey demselben, vnsern eer gegeben beschaid noch mallen beleiben. Das wollten wir E. Kh. Mt., der wir uns hiemit vnnderthenngclicher beuelchen thun, nicht verhallten.

Datum Wien am zwelfften tag des Monat Novembris Anno im 27.

E. K. M.

vndterthenigst

<table>
<tr><td>Orig. (mit 5 aufgedruckten Ring-
siegeln sub IV d. 3 im Archiv
des Cult. Ministeriums.)</td><td>gehorsam
N. Stathalter vnnd Regenten der
Niederösterreichischen Lande.</td></tr>
</table>

In tergo: (concept)

R. Khun. Mag. Maynung ist, das dem Kunigl geschriben werde, das Ir Mayt. Maynung sey, das geen denen, so auff irer Maynung verharren, mit strengen rechten verfaren werd,

Welche aber dorin reu haben vnnd widerrueffen wellen, denselben sol, wie denen von horb vnnd rotenburg (?) straff aufgetragen werden, welch sich des aber beschweren, den sol man das nicht ergen lassen, doch wo etwa personen so ainfalltig oder Jung wären, darin sol nach gelegenhait midt erparmung gesehen werden. Als aber Kunigl antzaigt, das Zu Steyr aufruer zu besorgen, vnnd er seines Lebens In gefar sein solt, darauf den von Steyr zu schreiben, wo es dy Maynung bey Inen haben, wo Khu. M. das vnrecht straffen, defshalb bey Inen aufruer ersteen, Ir May. Diener gefuerlichkhaiten zu gebuoten haben solten, wirde Ir. Mayt. verursacht darin Als herr vnnd lanndsfürst in nodtdurfft nach einsehen zu haben.

1527. (Steir) Freitag am Leopolstag.

Wied. Taufer in Steyr.

Burgsterm. Richter vnnd Radt zu Steir! Den wolgeboren ge-strenngen, hochgeleerten, Edlen, vnnd vesten Herrn Sr. ku. Mt. etc. Statthalter vnnd Regenten der Niederösterreichischen Lannde **e. g. Herr.**

Als wir mit Radt, wissen, willen vnnd guetbedünken des wirdigen vnnd wolgeleerten Maister Wolffgangn Künigls k. M. verordneter Commissary e. g. kurtz vergangen tagen des Sonntags nach allerheilig.tag — ainer vermilterung der begnadung mit etlichen personen, so von des Hutten verfuerischen Sect vnnd leer gefallen, vnnd ainer mer dann der anndre verschuldt, oder sich entschuldigen, darauf uns geruhten e. g. widerum ze-schreiben k. M. gewissen beuelchen vnnd gleichfermig der Horbischen vnnd RottenpergischenInstruction nach, wol wissen zu handln, darauf thun wir e. g. zu wissen nachdem der vergangenen mittichen durch vnns vnnd der fünf steten ob. d. Enns zuegeschickhte gesandte — — — — — — — kunigl als kläger eins vnnd den sechs gefanngenen person, so in der verfuerischen leer vnnd newen Sect als verstockt verharen, als antworter, annderenthails ain (?) vnnd urthail ubergangen, haben wir sambt den fünff Steten gesandte vnnd erwennten kunigels sechs person, dauon vier in fenngkhnus gehalten vnnd willigklich vnnd gern von Anfang des vorgestimmten Richters von der verfuerischen leer vnnd Sect gestannden, vnnd zu zimblicher vnnd leidenlicher gnad ergeben. Hochgnedigster K. M. beuelch ausganngen zu Wien den 22. Semptember sambt den aid vnnd amdern artigkhln in gleicher form, wie zu Horb vnnd Rottenpurg verlafsen die buefs laut derselben artigkhln anzenemen vnnd dem gehorsam folg zu tun. Welche furhaltung die gedachte person, als schwerlich vnnd hochbetrübt hertzem vnnd verweinten augen eins bedachts Inn antwort vnd bschwert in schrifft zu stellen begeret, die Inen zuegelassen vnnd anheut uberliefert,

Gutdünkhen:

Es sey ein Unterschied zwischen den personen zu machen vnnd so sich unschuldig erzaigen, so vor der rechtbesetzung vnnd urtail — so in flucht standen vnnd . . . . sich in gnad ergeben vnnd von der verfuerischen leer absteen, diese wären gelinder zu straffen, als yene verstockten, die in Irem Irrsal verharen.

Maister Künigls Schreiben (
der N. Ö. Lannde.

15.27 19/11 Freynstadt.
) an Statthalter vnnd Regenten
Freynstad 19/11 15.27.

(Abschrift im Cult. Minist. Archiv!)

Wolgeboren vnd gnedige Herren! Iich hab e. g. das Vrtl, so Ich zu
Steyr wider die schuldigen gefanngen personen, so sich berechten haben
lassen, bey der post zuegeschigkht, das e. g. on zweyfl mus emphanngen
haben, begar darauf von e. g. ain vnnderricht, ob Ich darbey soll beleiben
oder dauon appellieren, dann die zehen tag, darinn Ich nach ordnung der
Rechten appellieren soll, die verden auch verscheinen, Souern e. g. vermain,
das Ich darpey soll verbeleiben, mögen e. g. den von Steyr beuelchen, das
Sy den vrtlbrief darüber aufrichten, dann mir der weg aus der Freistadt gar
zu weit ist zu Steyr denselben zu sollicitieren.

Den anndern schuldigen personen haben die von Steyr die horbisch
straff fürgehalten, wie Ich e. g. dann auch antzaigt hab. Sy haben
si aber nit annemen wellen, ettlicher gesagt, er wöl er den hals lassen,
oder in der gefennckhnus verderben, wie die von Steyr on zweyfl e. g. sollichs vielleicht auch antzaigt haben, vnnd ich e. g. auch, wann Ich onhain
khum vech muendlich berichten will. Die 2 befelch, ain an die von Steyr,
vnnd mich, den anndern an mich allain lauttend, hab Ich auch emphangen
(vnnd noch befsher Inhalts derselben gegen die schuldigen personen also verfaren, weil die personen aber so von Irer verfuerischen leer vnnd wiedertauff
abfallen, die straff zu schwer vil sei, wissen sich e. g. darinn woll zu halten,
wil e. g. khain mafs darin geben;

Es sein auch etlich person zu mir khumen, auch mir antzaigt worden,
die allain von den schuldigen die Leer gehört vnnd vorgebenlich darzue sein
khumen aber khain tauf, zaichen, noch leer angenomen vnnd In durchaus in
nichts nachgefolgt, dieseben Acht Ich für vnschuldig, darum sy in den aufsgangen beuelchen nider begriffen, gegen denselben hab ich nicht gehandelt,
sonnder Sy also bleiben lassen, vnd zu meiner fursorg vnnd erschenkhung In
gesagt, Ich wöl sollliches e. g. antzaigen vnnd wo sich khunfftigclich noch
erfinden würde, das Sy auch schuldig, sol e. g. die straff gegen In bevor
behalten. Versiech mich, hab dann durch wider der Ku. M. vnnd e. g. beuelch
vnnd mit gegeben vnnderricht nicht gehandelt.

Ich hab von Steyr aufs zu auszniehter, weil vnnder Zeit den aufs der
Freienstat geschriben, mich In anzaigt, auch in namen k. M. beuelchen, das
Sy den fünf Steten sollen schreiben, der Sy aber khains gethan. Bin am
negst verschinen sambstag her khumen, vnnd Sy mit grofsen droworten
dazue das sy aller erst heut (19/11) ain potten aufsschickhen nach den von
den fünf Steten. Sy bringen mich in vil vnkostung, das Ich also lang verziehen muefs.

Sy vermain auch noch, sy wollen khain recht besitzen! Dann sy haben
nit Regalia, sagen sy haben ain aigen potten bey e. g., warten beschaid darauf.
Ich hab den, so pan vnnd acht hat, zu ainem Richter wollen nemben, haben
sy auch nicht wollen, darumb gröfslich von nöten, so Sy ain poten vnnten
haben, das e. g. denselben abfertig, damit Ich nit aufzogen werde, so will
Ich alfsdann, wie die beuelch vermögen vnnd mir e. g. auch Jungstlich ge-

schrieben, fürderlich im rechten verfaren, vnnd mein möglichen vleifs allenthalben fürkheren. Ich will e. g. auch hiemit gepeten haben, e. g. well mein
verrer khain beuelch geben an anndern orten gegen solichen personen zu
handeln, dann Ich meiner partheien handlungen halben länngst dahaim sol
sain gewesen. Dann Ich schuldbrief vnnd anndere brieflich erkhundt pey-
henndig hab, darumb Sy mir geschrieben vnnd durch mich, weil Ich also
aufs pin, gröfslich versaumt.

So pin Ich auch gleich ain Monat lanng aufsgewesen, sambt den Ainspenigen, hab das gelt, so mir von der Kamer geben ist worden vor 8 Tagen
gar verzert, es ist allenthalben fast Theuer, so pin Ich auch in diser Sachen,
wo Ich pin khumb, ain vnwerter gast muefs yetzund main aigen gelt ver-
zeren. Die Ainspenigen haben auch khain gelt mer. Der Rechtag wird sin
allererst von heut über 8 Tag, also gehorsam sein die von Freienstadt auf
mein vomgethan schreiben vnnd ermanug.

E. G. woll den Brief von dem Anwald von Lintz zueschickhen, vnnd
Im beuelchen, das er mir denselben hierher schickh, habs auch so mit Im
verlassen.

Datum — Freinstat am 19. Novembris Ano ectc. im — 1527.

E. G.

gehorsamer
M. Wolfgang Künigl.

Gleichzeitige Abschrift und Beilage des Berichts von K. M. vom
27/11 1527 der N. Ö. Regent.

1527. 27/11.

*Anfrage der N. Ö. Regg. bei Sr. khunig. Maystedt bezüglich der
Wiedertäufer in Stadt Steyr —*

e. l. c.

(Resol in tergo)
der Regirung wider ze schreiben vnd anzuzaigen: das kn. Mt. die urtl
In Steyr ergangen vernomen, vnd dieweil dieselbig inn der straff der ausgangen Mandaten nit gleich, auch vntunlich, das sie so lang in gefenncknus
sollten gehalten werden, bis Sy widerbekert (werden) — (hier ist im Texte
eine Stelle unleserlich und deswegen in der Abschrift eine Lücke.) — dafs
Ir. Majestät Beuelch sey, dafs „die verstockten personen“ den „ausgegang
Mandaten“ gemäfs gestrafft werden sollen, auf das das „erschrecklich vbel
die verderbliche sect nicht vmsich greife.

Datum Strigoni 2 X b. *27.*

1527 27ten Nov.

Dem durchlauchtigsten, grofsmechtigsten Fürsten vnd herren, herren
Ferdinonden zu Hungern vnd Behaim kunigen etc.

(fünf aufgedruckte Siegel!)

Gnedigster Kunig vnd herr! Ewr. kn. M. haben uns jetzo auf vnnser
— zuegesandte Schreiben vnd berichtegung (so wir E. k. M. auch Burger-

maister vnnd Richter vnd Räte zu Steyr, dergleichen Maister Wolfgang Kunigls, als Ewer M. gesandter anclager der lutterischen, huttischen verfuerischen Neugetaufften Personen, die daselbst zu Steier vnd Freienstadt in gefennkhnus ligen, Auch Ewer. M. Rat vnd Lanndshaubtmann in Österreich ob der Enns, Herrn Ciriackh freiherrn zu Polheim etc. schreiben — etc. in zweyen zuegesandten schreiben, beide in slofs Gran am 20ten tag gegenourtigen Monats ausgangen. Antwort vnd gnedigen Beschaidt geben, da wir — wie sich gebürt — emphanngen vnd vernomben, vnnd wievoll Ewer Kh. Majestät vnns hierinn, wir gegen den schuldigen vnd vnschuldigen Personen, weiter gehandelt vnd welcher gestallt denen von Steyr der Aufruer halben, die bey Inen zu besorgen seyen, dergleichen Ewer Majestät haubtmann ob der Enns geschriben, werden solle lautter mafs giebt, den wir auch also nachzekhumben genaigt wären, So haben wir doch Ewer Majestät kurtz hievon der Vrtail, so zu Steir gegen die schuldigen personen erganngen, sambt obgemelten Kunigl schreiben vnd vnderricht der von Wien Ratslag vnd guetbedenkhen, so Sy auch Ewer Majestät beuelch des Caspar Kiendl vnd von derer Personen halten verfafst zuegesandt.

Darauf vnns aber von E. k. Majestät khain beschaidt, ob E. k. M. solch den von Steir urtl, auch der von Wien guetbedunkhen annemen vnnd dauon ersettigt sein, vnnd den personen begnadung vnnd Ringerung der Straff thun welle oder nicht, zuekhomben.

Defshalben wir für guetensetzen vnnd bedacht, das mit vollziehung diser obberuerten 2 um vnns zuegesanndten beuelchen etlich tag stilgestannden wurde bis vnns von Ewer May. auf der angezaigten Vrtl vnnd guetdünkhen Antwurt vnnd beschaidt zuekhomben.

Als dann möchten Ewer k. M. beuelchen dafs der statlicher vollziehung beschatzen.

Wir schieckhen auch Ewer K. Mayestät hiemit abermals Abschrifft aines schreibens, so vns von Maister Wolfganngen Kunigl yetzo zuekhomben ist. Ewer M. — pittende, wellen vnns auf dasselbe vnnd die vorbestumten vmmher schreiben fürderlich beschaidt geben.

Der Zerung halben so Kunigl — begert ist durch Ewer M. Kammer Rate ordnung geben worden, das defshalben khain verhinnderung sein wirdet.

Geben zu Wien am 27ten Novembris Anno im 1527.

E. khu. M.

vnderthenigst

gehorsam

Statthalter vnnd Regenten der Niederösterreichischen Lannde.

Orig. sub IV. d. 3 im Cult. Minist. Archiv.

Resol: in tergo p 1.

1528. Gran 26ten February.
(An Statthalter vnnd Regenten der Niederösterreichischen Lannde.)
Ferdinand

dtum. *Gran am 26ten Februar.*

Inhalt*)

Wiewol Er den Adressaten offtenmalen von wegen der Widertauffer vnnd annder Neuer Secten (vnnd) anhenngigen Personen, beuelch gegeben, vnnd sonnderlich notturftig vnnd genugsam kundtschafftern zu bestellen vnnd halten zu lassen, daz solche w. Tauffer erfaren, erfragen zu gevennknufs brachten — Iren grous vnnd annder zaichen erinndert, vund Ir pöfs practikhen Rotten, vnnd Conspiranten, abstelle oder zeitlicher fürkonnen möchten werden, vnnd Sr. Maj. sich versehen hatte, Es wurde durch den Vleifs der Regg. nit allain hinfür genuegsam verhüett, sonndern das eingerissen ausgereut worden sein, so kumb doch Sr. Mjt. täglicher für, daz nit allain der Widertauffer, so sich zu Lannd haimlicher enthalten, aus vrsach der vnbestellten oder vngehalten kundschafften, auch vnfleifsiger Handlungen in vafst grofs menig wachsen vnnd aufnemen, sonnder auch gegen denen, so in vennkhnufs komen sein, läfslich oder verzuegig gehandelt werde sein, vnnd noch bisher durch vnns Ir Grues wort vnnd zaichen gar kain Erfarung, noch Verhinderung empfangen das aber Sr. Mjt. durch anndere frembden orten (doch Sr. Mjt. Lannd!) zu wissen gemacht sey, zu sambt dem, daz k. M. von anndern hören müefs, wo Widertauffer, vnnd annderer neuer pöser Secten Anhannger gefanngen werden, daz dieselben des merenteils aus S. k. Mt. Niederösterreichischen Lannden dahin kumben vnnd Ir leer darinn empfanngen haben. etc. . . . .

Vermeldet Sr. Mt. schreiben ferner: die posen sectischen Hanndlungen khains wegs lennger zu gedulden, daz wir (Regirung) demnach zu verhuetung vnnd fürkerung aines merern oder gröfsern kunfftigen übls, aller anndern sachen vnnd geschafft vnangesehen, disen handl des glaubens halben, als dem maisten vnnd principal obligen" vnnd — ratslagen, sollen, wie solchem übl mit nottdurftigen kundtschafften, nachstellung der Widertauffer vnnd annder neuer Secten Anhenngigen personen vnnd armselicher straff fürkommen werden mufs. —

befehlen Sr. Majt, daz sie (Regirung) den personen, so Nun in vennkhnufs oberzälter Secten halber seien, von stund an die verzug nach Jr Jedes verschulden mit den Poennen vnnd straffen, wie vnns vormalen von Sr. K. Mt. derhalben beschaid geben ist, zu veruerfenn verordnen vnnd beuelchen sollen.

Verrer ist Sr. M. beuelch, das wir (d. Regg.) anstatt k. M. darob sein sullen, damit laut k. M. (beuelch) Mandat deren Heuser, darinnen die versammlung der Widertauffer gebraucht, geliten oder vnder verfuerisch Secten vnnd leern Noch verkündigt, Ew. k. M. Mandat gegenüber gepredigt

---

*) Aus dem Entschuldigungsschreiben der Regg. vom 4ten März 1528. Wien, wo der Inhalt einbezogen erscheint, entnommen.

oder getrieben worden seien, zu Ewiger gedechtnuſs in Steten Marcktern vnnd dörffern niedergerissen wurden.

Aus dem Original Entschuldiggungs-Bericht, der N. Ö. Regenten an K. M. Ferdinand Ertzhertzog in Oesterreich. d^{tum} 4ten Marty 1528.

Im Cult. Minist. Arch. Sig IV. a. 3. (N.Ö.!)

1528, 4. Marty Wien.

Entschuldigung
vnnd Bericht der N. Ö. Regierung (d^{tum} Wien 4/3 1528.)
auf das „ungnädig Schreiben" seiner Majestät (d^{tum} Gran am
26. february 1528. —

(Original mit 7 aufgedrückten Siegeln sub Sig. IV. a. 3 (N. Ö.) im Archiv des Cult. Minist.

Adresse.

Sr. kuniglicher Maiestät zu Hungern vnnd Behaim — ect. — vnnsern genedigstem Herren!

Durchlauchtigster, Grofsmechtigster khunig etc. — Gnedigster Herr!

Von Ewer k. M. ist vnns Jüngst ain schreiben zuekomben des datum zu Gran am 26. Febr. negst verschinen des Inhalts (— — — — —) darauf fuegen wir E. k. M. zu antwort in vnnderthänigkeit, Bittendt, E. K. Mjt. welle dieselb zue warhafftiger vnnserer enntschuldigung von vnns genedigklichen annemen.

Erstlich zaigen wir E. k. M. an, wie wol vnns als E. k. M. Regirung diser N.Ö. Lannde die dar vnnd zeit her vnnb vil auch grofs vnnd lanng trefflich sachen, E. k. M., derselben (Landschafft) Lanndsleut vnnd vnnderthanen betreffendt, desgleichen auch Gerichtlich Appellation vnnd annder Partheien handl an die handt zu erledigen komen vnnd noch für vnnd für täglich fürfallen, denen wir allen, von wegen der menig bey der clainen anzal der Regimendspersonen bey der Expedition nit wol folgen mugen — darumber wir verschiner zait E. k. M. — solche der menig der händl vnnd der geschafft erInndert vnnd dabei getreuer Mainung vnnser güetbedhünken angezaigt.

Nachdem sich die Läutt mit der Widertauffe vnnd annderen ketzerischen verfuerischen Leeren dermassen Je lenger je mer vnnd beschwerlicher zue tragen vnnd einwurzeln, das E. k. M. hett ausserhalb der Regirung ettlich darzue tauglich vnnd verstandig personen insonnderheit verordennt, die alain dar gehanndelt vnnd der notturfft nach fürgenomen hetten, was zur abstellung vnnd austilgung, auch onder furkherung (!) der widertauffer vnnd annder obbemelten Newen opinionen dienstlich sein möcht, unangesehen, daz derselben sectischen hanndel sowie fürfallen, das vnns als E. Mt. Regirung neben anndern täglichen, der Regirung zuekommenden notturfften, mit denen auch allwegen nit stillgestannden werden mug, dieselben glaubenssachen zu hanndeln etwas beschwerlich vnnd nit wol möglich sey.

. Dieweil aber eben vnnser vnangesehen antzaigen vnnd erinnerung E. k. M. mainung vnnd beuelch gewest ist, daz wir die sachen selbst hanndeln vnnd

zur Austilgung, vnndertungkhung vnnd abstellung vilgemelten mifsglauben
fürnemen sollen, haben wir vnns — desselben nach vnnsern pesten verstand
und vermögen vnnd — nach Innhalt vnnd ausweissung E. M. beuelch zu
thuen vnderstanden vnnd beflissen, von allen anndern des glaubens sachen
an die hanndt genommen vnnd darinnen bis auf diese stundt allen vleifs für-
gewandt — vnd gehanndelt, der hoffnung vnnd zueversicht, wir sollten solcher
vnser getreuen gehorsamlichen vnnd ob gar viel vleissgen hanndlungen bei
E. k. M. nur Gnad vnnd dangkh erlangen, vnd E. M. zu solchen **ungnedigen** Schreiben, so vnns E. k. M. jetz wie obstet gethann, darinnen vnns E. k. M. vnnder annderm vnfleifsiger auch lässiger handlung beschueldiget, nit vrsach gegeben haben.
Zweifeln auch gar nit, wo E. k. M. on ruen (= sogleich) zu vermelden, vnnsern täglichem emsigen vnnd getreu vleifsigen Hanndlungen, aine gegründet
wissenhait hett, E. M. wäre vnnser vleissiger handlung vil mer zufriden gewesen, als das Sy sich so ernstlich in Irem schreiben an vnns vernemen hat
lassen! Und wiewol wir E. k. M. zu mermalen vorhin antzaigt vnnd zuegeschriben, was wir zur volzehung E. k. M. beuelch der Secten halben, gehanndelt, furgenommen oder geordennt, so möcht doch E. k. M. solich vnnser
antzaigen vnnd bericht vielleicht nit albegen fürkomen sein. Darzue so hat
E. k. M. aller vnnser Hanndlung nit albegen mügen schrifftlich bericht werden,
dann Eben durch vnns offt vil mere zue abstellung der Widertauffer gehanndelt, als E. k. M. durch vnns zu Jeder zait hat mügen zuegeschriben werden,
zusambt dem, daz für vnnd für vnnser hoffnung vnnd trost gewesen ist, E.
k. M. glückliche vnnd freundliche zuekhunfft, der wir mit grosser begier
täglich gewart haben, der mainung, daz wir E. k. M. vnnser hanndlungen
verrer entdecken wellen. So vnns aber E. k. M. ernstlich schreiben, dermassen übereillet, geben wir E. k. M. vnnser hanndlung des glaubens halben,
Nur was vngeuerlich in ainem viertl Jar her durch vnns gehanndelt worden
ist, kurtzlichen dise vnnderricht:

Erstlichen, als vnns E. k. Mt. ain antzal derselben offen General
Manndat zuegesanndt, mit beuelch, diselben fürder in die lannd auszue-
schickhen vnd darob sein, damit derhalben E. k. Mt. geboth nach gehorsamlich
gelebt werde, solches haben wir — vollzogen vnnd darinnen nichts vnnderlassen.

Zum annderen hat vns E. k. Mt. beuolchen wir sollen vns der widertaufften Personen vnnd sonnderlich derer, die aufwigler vnnd radlfuerer sein,
annder volkh sambt Inen verfueren, auch deren, die also von anndern in den
Lannden vmbgeschickht werden vnd sonnder zwischen, Gruefs vnnd vermerkh
an den heusern (wissent) vermerkend machen, Nachforschung vnd Erkhundigung halten, damit solch pöfs muetwillig leut verfuerer vnnd erwekher allen
übels zu gvennkhnufs gebracht vnnd gestrafft werden, Solchem ist von vnns
auch gelebt worden, Dann wir zur stundt an solich E. k. Mt. beuelch den
Herrn lannd marschalch in Österreich, auch den Lanndshaubtleuten in anndern
Lannden weiter angezaigt vnd von E. k. Mt. wegen ernstlich beuohlen, mit
bestellung der kunndtschafften vmd in den anndern Artigkhln, wie obsteet,
allen fürzemenen vnd zue Hanndlen, wie dann auf vnnser fleissig ansynnen
die Herrn von der Camer zu vnnderhaltung solcher kundtschafften bey den
Vitzthumb in jedem Lannds ausgaben, verordennt worden sein,

Dann vnnsern halben auch nit vnnderlassen vnnser kundtschafften zue
halten, vnnd durch vnnsern vleifs vnnd auskundschafftern etwo vil täuffer,

auch Widertauffer personen erfragt, betretten vnd zu gvennkhnufs gebracht, darzue gegen Inen nach vermügen E. k. M. declaracion, wie es mit der straff gehalten werden soll, ze hanndeln vnd ze verfaren beuohlen, wie dann im Lannd unnder vnd ob der Enns, als an ainem ort der widertauffer personen, vnd sonnderlich zu Steyr vnd Freyenstadt vil gefanngen ligen. Darzue so sein zu Melkh, Lempach in der herrschafft Kirchslag mein des Staathalters Innhabung vnd zugeherung, in der herrschafft Guettenstein, in der Newstadt zu vlrichkirchen vnd an anndern orten erfragt vnd betreten worden, auch auf vnnser geschäfft in gvennkhnufs kommen.

Ob aber gleich, so pald fürderlich vnnd strakhs gegen Inen nit gehanndelt noch verfaren worden, ist on vnnser schuld. Es hat auch darinnen an vleissigen Hanndlungen nit erwunden, doch etwas verzug gebracht, daz wir E. k. Mt. beuelch (nach) vnd verordnung nach erstlich nit pald zu solcher hanndlung, in geuerlichkhait, verlust, widerwillen, auch müe vnd arbeit auf Inen tragen darzue, Nachdem dj fell vnd der hanndlungen vngleich des Menschen gewissen beschwären, als wir aber noch vil müe vnd arbait, ain procurator, Magister Wolffganng Künigl genannt, darzue bewegt, vnd voniungst auch mit Innstruction vnd noturfftigen bevelhen hinauf gegen Melgkh, fürter, in das Lannd ob der Enns gegen Steyer vnd Freyenstadt abgefertigt, der hinauf getzogen vnd vnnsers versehens yetzo oben in der pesten hanndlung ist, so haben wir Maister Anndree Schimpffer auch procurator, auch nit mit clainem vleifs bewegt, daz er sich des Anclagens in der Stadt hie zu Wien vnndernomen, den wir gleicherwaise wie den Künigl Innstruction, E. k. Mt. beuelch vnd verordnung gemäfs gefertigt vnnd zuegestellt, wie oder was er gegen den Personen, so auf vnnser verordnung von ettlich anndern orten hieher gebracht vnd sonnst allhie in fronfesst ligen, fürnemen soll. Dergleichen dem Statrichter Paulsen Pern Fuefs mer als einige gar ernnstlich beuelch gegeben, gegen den yetz vermelten gefanngnen fürderliche hanndlung fürzenemen, vnd auf des Schimpffer als anclagers anlangen, on verzug zu uerfaren. So lassen wir jetz dy gefangen Tauffer in der Newstadt auch Examiniren vnd Inmassen Ir Bekhandtnufs sein wirdt, also wir gegen Inen fürderlich uerfaren lassen wellen. So liegen etlich widertauffer zu Karlspach des Grauen von Ordtenburg Gebiet. Gegen denselben wir des Grauen Anwalden dasselbst noch Vermügen E. k. M. verordnung zehanndeln auch beuohlen haben. Vns ist auch von ettlicher vnnderthanen zu Ulrichskirchen anzaigung beschehen, als sollten Sy mit der Secten beflegkht sein, die wir auch von stundan vengkhlichen anzenemen beuolhen haben.

Item es ist auch ain geruech als sollten die korherrn zu Sanndt Ulrich vor der Newstadt die Newen opinionen predigen, dar Innen halten wir jetzt bey vnpartheiischen Leuten auch vleifsig erkunndigung. Betreffend der Newen Secten Leeren vnnd ptiecher, die nach vermügen E. k. M. General Manndat den ordinarien obrigkaiten überantwurt worden sein sollen, haben wir gleicherweifs nit vnnderlassen. vnnser Nachforschung ze haben, ob wir die bey Imandts, der dieselben zu uerachtung E. k. M. Manndat seiner obrigkhait nit überantwurt hett, auskhunndthschafften mochten. Ober vnangesehen, daz vnns selbst unendperlich ze hören daz derselben ptiecher so wenig in der obrigkhait hannden kumen, haben wir bisheer nichts erkundet oder erforschen mügen annderst, dann als sollten die korherrn zu Sanndt Vlrich von der

Newenstadt sollcher puecher in Closter brauchen, haben wir sy durch des
Regimendts vnndermarschalkhs Jorgen Windpassinger vnnd ettlich annder
mer vnnuorsehens ding vberfallen lassen; bey denen ettlich Büecher der Newen
opinion gefunden sein sollen. Nachdem aber Windpassinger auf E. k. M.
beuelch jüngst fürderlich zuziehen müessen, sein sollche Büecher in der Eil
verpettschafftet dem burgermaister zu der Newstadt überantwurt die wir in
disen Tagen beschreiben vnd inventieren lassen.

Wir haben auch vor 10 tagen den obrigkhaiten inn disem Lanndt beuolhen,
vnns in schrifft zu berichten, wie vnnd wie vil puecher ainem yeden vberantwurtet worden sein. Solchen bericht haben ettlich gegeben von ettlichen
sein wir defsselbigen doch ausserhalb des Bischoffs von Wien, der sich
auf E. k. Mt. selbs person, dereņ er solchen Bericht gethan haben soll, referiert, geuartundt. Nach vernemung derselben Bericht sein wir waiter ennt-
schlossen, alsdann mit vleifs zu Ratslagen, was zu hanndthabunng E. k. M.
Mandat überantwurtung halben der püecher, furzenemen sey. Dann als
E. k. M. in Irem schreiben anzeucht, als sollten wir vnns bisher nit erkundigt haben, was der widertauffer gruefs, zaichen vnnd pundnufs sey,
darauf zaigen wir E. k. Mt. an, daz wir in solcher erkundigung auch keinen
vleifs gespart haben, dann wir haben an allen orten, da die gefanngen Tauffer
gefragt sein worden, verordennt Sy, vnnd ain Jedem insonderhait auf die
fragstuckh hierbey liegend, zu fragen, darauf dann ettlich Bekenndt, was Ir
gruefs sey, aber von Iren zaichen an heusern, oder von Irem pundt haben
wir noch bifsher auf die fragstuckh nichts ernstlichs vernemen mügen. Die,
so bisher gefragt, sagen: Sy wissen von kainer sonndern pundtnufs oder
haimlicher verstandt. Dergleichen wissen Sy von kainem zaichen, so Sy haben
sollen, annderst zu sagen, dann wenn sie taufft werden, so taugkht man dy
Hand in ain wasser, vnd streicht Inen mit demselben wasser ain Creitz an
dy gestirn, das sey ain zaichen ihres Tauffs vnnd Ires glaubens vnd pundtnufs gegen Gott.

Aber zu der Newenstatt sein jüngstlich ettlich gefanngen worden, die
sich aines zaichens vnd haimlichen verstands von verren haben vernemen
lassen. Alspold wir desselben erlernt haben wir beuolhen, Sy vnuerzogenlich
zu fragen. Derselben sach sein wir von den vonnder Newenstatt anstundt
gewartundt.

(Den Wunsch ausdrückend, dafs sie als gehorsame vnd treue diener
S. k. Maj. mit dem „vngnedigen schreiben verschont" gebliebenen wären, fahren
die Reg. Mährens (?) weiter fort: Müssen vnns aber gleichwol gedenkhen, solch
beschehe nit alles aus E. k. Mt. aigner bevegnufs, sonnder vil mer aus ettlicher
personen Angeben vnd verhetzung — vnd — vielleicht von personen so in
Lanndt sefshaft bey E. k. Mt. Glimpf suechen vnnd damit Ungnad vnnd
Verlust auf vnns legen wellen. (Die hatten, meint das Reg., befser gethan,
solche sachen vnd mifshandlung, die sie erfahren, der Regg., als ihrer fur-
gesetzt Obrigkait, vnd das denen, die des hochen gesessen vnd nahent als
E. k. Mt. anzuzaigen.)

(Gekürzt!) Als E. k. Mt. in Irem schreiben vermeldet, die pösen sectischen hanndlungen kains wegs lennger zu gedulden, — etc. . . . . . wollen
wir — wiewol wir in der Warhait bisher auch nit gefeyert, darinnen allen

müglichen vleifs fürwenden. Aber der noturfft nach mügen wir nit vmbgeen
— E. k. Mt. zu erInndern, das auf so strackhs vnd ernstlich hanndlung zu
zeiten von vnkosten vnangesehen werden muefs, darann es aber menigfelltig
zur verschonung der aufgaben vnd in bedennkhnufs erschöpfenns der Kamer
ervunden oder aber vnnser hanndlungen zu zeiten in verzug gestellt werden
muefsten.

Wir haben auch gleicher weise, wie E. k. M. bey vnns lenngst bedacht,
daz ain streiffende Rot zu disen sachen nit vndienstlich sonndern vafst
fürtraglich wäre vnnd ain tag mer damit aufgeicht als sonnst bisher mit
vnsern plossen schreiben vnd beuelchen, dar Innen wir vil Zeit — verheren,
in vil tagen beschehe müe. Aber in bedennkhnufs, das sich die Summerzeit
Nahendt, vnd dj sectischen Sachen also überhanndt nemen haben wir yetzo in
zůkunfft E. k. Mt. der streiffenden Rot vngeuerlich zwainzig pherdt halben,
darain des Windtpassingers vnndermarschalkhs pherdt auch gerechnet werden
möchten, antzaigen thuen, dabei auch E. k. Mt. vnnderthenigst erinnern wollen,
das E. k. Mt. an anndern orten vnnd Ennd, als in Marhern vnd vmb
Nicolspurg, da sich diser mifsglauben nun lang ertzaigt, vnd von denen
vafst aller vrsprung vnd samen kumbt, auch ernstlich vnd tapfer einsehen thue, dann ob wir gleich nach vnnserm hochsten vermugen taglich
lanng merden vnd an anndern orten mit hauffen gestott vnd verhenngt wurde,
so künen wir kaum zweien weren. Es kumben Ir drej an die stat vnd als-
lang an den orten, da dj Menig der offenwaren Tauffer sein nit obgestellt
vnnd auch ernstlich darwider gehanndelt, so werden die Täter in disen Lannden
auch albey ein Augentrost vnd hertz auf die anndern Ire mit-gesellen haben.
vnd nur allain E. k. Mt. thue in Marhern vnnd vmb Nicolspurg solche für-
sehung sonst wurden die sachen öfter der Nahendt halben hart zu erhalten,
auch khain wunder ober befrembdung sein, daz E. k. M. durch frembd be-
schuldigungt wurde, das in derselben Niderösterreichischen Lannden der Neven
Secten vnd leeren orsprungk oder anfang haben. Ferrer bedenkhen wir, daz
zu abstellung vnd anstellung widertauff vnnd annder verfuerischen Neuen
Secten, Leeren vnd Opinionen grosse noturfft erfordert, daz E. k. Mt. fürderlich vnd ernstlich verordnung thue, dann die pharren vnd kirchen mit
gueten, geleerten, verstenndigen predigern allenthalben versehen werden, die den gemainen, ainfelltigen (Irrigen) Mann von den
verfuerigen Irrigen Mifsglauben mit gründten christenlicher Leer abwenden
vnd Ire Schaffe dermassen vnnderweissen. Dann Sy bey den Rechten weg,
wahren glauben auch ordnung vnd satzung der heyligen christenlichen Kirchen
blaiben vnd derselben gehorsam leisten. Darzue ist vnnser getrewer Rat
vnnd Guetbedünkhen. E. k. Mt. wolle hinfüran genediclich bedacht sein, Ire
pharren, Beneficien etc. so die in disen Lannden vacieren vnd ledig verden,
Erbern, betagten geleerten, verstenndigen personen, die solcher Beneficien
wirdig auch darzue genuegsam vnd tauglich, die auch in aigner person resi-
dieren vnnd Seelsorger sein, dartzue auch mit ainem Erbern, zichtigen, priesterlichen Leben vnd wesen dem gemainen Mann vnd Irem schaffe zu Exempel
vnd Ebenpild tragen zu uerleihen, dann wird E. k. Mt. on zweifl gegen Got
vnnd der welt sonnderlich zue abstellung, der Newen verfuerungen mer Guetes
schaffen vnd fruchtpars ausmachen, als wenn Sy hier Inn für vnd für ain
grosse antzal pherdt auf Irer selbst kosten vnderhielte.

Verrer bericht vns E. k. Mt., daz wir gegen denen personen, so vnns in venngkhnufs oberzelter Secten halben sein, von stundtan vnd on vertzug nach Ir yedes verschulden mit den pennen vnd straffen, wie uns vormals von E. k. M. derhalben beschaid geben ist, zuuerfaren verordennt vnd beuohlen, sollen.

Darauf soll vnd mag vns E. k. Mt. in der warheit glauben, das solich verordnung durch vnns von vil tagen vaſt an allen orten, da die gefanngen ligen, wie obsteet, beschehen des wir uns dann auf die vielfelltigen ausganngen beuelch Ratslag auch deren datum ziehen, aber vrsach solches verzugs, ist zum tail die Zeit der fasnacht gewesen, zum tail, daz die gerichtspersonen als besitzer der Mallfitz, pluetschreiber, zichtinger vnd dergleichen nit an allen orten so strakhs zu bekomen, sonndern von anndern Ennden mit vnkosten vnd vil müe erpeten vndt entlehent werden müessen, vnd zum dritten, daz man gwendlich am Ersten gegen denen hanndelt, vnd von den anndern sonndert, die der tauff abstèen vnd puefsfertige viderkherung thuen wellen, ob aber Jemandts ausserhalb der vrsachen auf welcher vilfelltig ernstlich beuelh hier-Innen nachlässig erscheinet, den oder denselben wellen wir gar nit verantwurt haben, sonder ehe zu straf Raten, als die vnnser vilfelltigen beuehlen, anstat E. k. Mt. nit gehorsamlich nachkomen sein.

Verner ist E. k. Mt. beuelch, das wir anstat E. k. Mt. Mandat deren heuser, darinnen die versamblungen der widertauff gebraucht, geliten, oder annder verfuerischen Secten vnd Leeren noch erkhundigt, E. k. Mt. offen manndat genüber, gepredigt oder getriben worden sein zu ewiger gedechtnufs in Steten, Märghkten vnd dörffern nidergerissen wurden. Solchen E. k. Mt. beuelch verstehen wir dahin, vnd von deren Heuser, die sich darInnen tauffen haben lassen, oder aber wissentlich die Tauff darInn gestatt vnd geliten oder mit das Irer heuser zu der Tauff hilff vnnd furdernufs gethan oder aber die widertauff in solchen Iren heusern verpergen, damit dj widertauffer nit geoffenvart wurden. Auf dise Mainung Bedhennkht vns auch rätlich die straff, mit Niderreissung der heuser furzuenemen, darinn wir auch gehorsamlich verordnung thuen wellen, Aber das deren heufer nidergerissen werden sollen, die vmb die tauff vnd sectisch hanndlung, so in Iren heusern, on Ir wellen, wissen, verhenngnufs vnd zugeben sonndern gantz wider Iren willen vnd genalten beschehen, dasselb wär' vnnsers Achtens beschwärlich. Dann In Mannigen haufs ist die widertauff beschehen, dar Innen der haufsher nit gevont, nit anhaim oder im Lanndt gewest ist, obschon durch die Innlewt oder Zinslewt in solcher Behausung das übel begangen, als Nemlich in Freysinngen hof hie beschehen wurdt, vnnser verstandts der von Freysinng desselben vnpillich entgelten.

Das haben wir E. k. M. auch er Innern wellen, vns dar Innen gnedigen vnd lauttern beschaid zu geben.

Datum Wien am 4. Tag Marcy Anno 1528.

E. k. M.

vnnderthänigst
gehorsamer
Statthalter vnd Regenten
der N. Österreichschen Lannde.

Auf der Adressenseite
sieben k. Siegel aufgedrückt.

Zu dem Stücke vom 4. März 1528.

(A tergo, unter der Adresse.)

. . . .

„Auf dj Enntschuldigung hierInn begriffen wil k. M. nit disputieren, Aber was weiter Artigkhl, der Regierung gutbedünkhen be-
trifft, sollen die hofrät beratslagen, vnd k. M. Iren rat vnd gut-
bedunkhen aigentlich in geschrifft verfassen vnd überantwurten".

Darauf Reg:

Dieweil die handlung der widertauffe so grofs vnnd wichtig vnd mer
auf aim Punkt oder weg zu beratslagen von nöten, hierumb ist der hofrete
guetbedunkhen, dafs k. M. fürderlich vnd on verzug ettlich von den hofreten
der Regirung vnd Chamer Reten oder wilet E. k. M. für guet ansehen
wirdet verordent mit beuelch das Sy gelegenhait des handels erwegen, vnnd
wie vnnd was gestalt — — das ain (?) an sam vnd (?) annders für zunemen,
beratslagen, vnd Iren Ire k. M. in schrifft fürbringen.

act. Wien X Marty 1528.

Ad Entschuldgs Bericht der N. Ö. Regenten am 4/3 1528.

Vermerkht die Artigkhl,

darauf die widertaufften personen Ire anhennger vnd vrwount erfragt sollen
werden. (Orig. wahrscheinlich zu Steyer.)

Zum ersten zu fragen: wer Inen zu der Widertauff aller Ersten geratten,
In was gepit vnd wo das geschehen sey,

Zum anndern: wie die personen all mit Tauff vnd Zuenamen haissen,
ob es geistlich oder gemain personen sein,

Zum dritten: wem Sy zuegehörig, wo sy geuohnedt oder yetzo sein, vnd
was Ir hanndtirung vnnd wandl bisher gewest,

Zum vierten: wie Inen geraten das Sy besonnder gruefs auch zaichen
an die heuser, damit Sy ainander erkhennen, umgehen sollen.

Zum fünfften: warumben Sy die zaichen fürgenomben, die Ursach aigentlichen zu erfragen.

Zum sechsten:

wie die all mit namen haissen, es sein Edl, burger oder gemain person
die Sy in Iren heusern aufgehalten vnd predigen lassen

Zum siebenten:

wie die sein, die mit Inen haimlich practicen, die mer zu auffruer dann zu
christenlichen leben fürdern gemacht haben,

Zum achten:

daz Sy in sollchen allen die gantz purlautter Warhait sagen, vnd Niemandts verschonen, weder aus freund- noch aus feindtschafft.

Abschrift, gleichzeitige.
sub. O a. 3. (ex 1528)
im Cult. Minist. Arch.
(N. Ö.)

Articl darauf die
widergetaufften
gefragt sollen
werden.

Ferdinand etc. . . .

Edel vrsten gelert vnd lieben getreven!

Als wir Euch öfftermalen die einwurtzlung der neuen pösen, ketzerischen vnd verdamlichen Secten, der Ir aber selbs gennegsamlich wissen vnd erfarung habt, angezaigt vnd derhalben beuelch gethan, So haben wir doch pifsher in notturftiger vnnd gnediger bedenckhnus, das disen handl vnd sonnderlich die Jrrung des Wiedertauffs laider zu vil gröfserem übel gestelt vnnd grofsen schaden und blutvergiefsen kommen möcht, nachmalen vnsere treffenlich ordenlich Rät von allem vnserem kunigreichen fürstenthumben vnd Lannden in merklicher antzal für vnns erfordert, berufft vnd bei einnander gehabt, Mit derselben bedächtig vnnd notturftigclichen erwogen vnd beratschlagt, welcher gestalt angezaigter pös, verdamlicher Secten ausgeruett vnd vnertillgt werden mochten, vnnd auf sollchem gehaltenem Ratslag vier vnserer Rät in vnnseren Hoff fürgenomen vnd geuodert denselben ernstlich beuelch gethan, dieser sachen vnd hanndlung so vil vnns der zuekumen vnd zuegeschrieben, oder Sy für sich selbst erjnnert werden, darin vnnd zu verderst vor allem andern sachen obzuliegen und aufzuwarten was sy zur abstellung vnnd Ausruottung derselben, yederzeit das pest, füeglichst vnnd fruchtparlichst ansehen würden, zu hanndlen, fürzenemen vnd darnach zu uerfaren. Demnach beuelchen wir Euch mit allem Ernst wenn auch von derselben vier Personen in vnnserm Namen nichts zueschrieben, verkündigt angezaigt vnd beuolhen wurdet, das Ir denselben strackhs vnnd fuerderlich gelebet vnnd on gehaltene weitere disputation nachkumet, solchen auch allenthalb bei anndern vnnsern offizieren, ambtlewten vnnd sonst metiglich in Ewer verwaltung verordnet vnnd mit ernst darob haltet, dadurch angeruret, pös, ketzerisch Secten, deft statlicher ausgereutt vnd dem meren übel so daraus ergeen mocht, zeitlicher vurkumen werde.

Wie Ir solchs der notturfft nach zu thun vnd zu Hanndlen wifst, wir vns zu Euch versehen vnd verlassen wellen. Es beschehe auch darinnen vnnsere ernstlich mainung.

Geben den 22ten Marty Anno 1528.

Regierungen ⎱ Niederösterreichisch
⎰ Oberösterreichisch
⎱ Ennzisheim
⎰ Württembergisch

Concept sub 4. a. 3
des Cult. Minist. Arch. in Wien.

Dabei die gleichzeitige Consignation angeschlossen der Personen, die bei dem obererwähnten Ratslag anwesend waren.

Datiert Freitag den 22ten Marz 1528.

Ferdinandus, Herzog Karl, alt Salm, Druchsess, Statthalter, Iung Salm, Didrichstein, Roggendorf, Hoffmarchall, Tolker Oltin (?), Hofkirchen, Potschach, Oelking, Hohenfeld, Regknitz, Greysenegg, Schrot, Jägerreutter, Kiyemscher (?), Melchior Lamberg, Vicedom, Ungnad, Rabenhaubt, Kolonitsch, Modrusch, Pressing, Kammerprocurator, Panntner, Landegk, Josef Lamberg, Jurischitz, Dr. Paul

Viering, Reyschach, Dr. Kaufmann, Logkschawer, Dr. Fabry, Johannes Zott, Dr. Drobohotscht, Tobar, Siegmund Herberstein, Dr. Rupprecht.

———

Dise personen alle sein in concilio regis. gesessen von wegen der Lutterischen Secten vnd besonnder das Irrsal der wiedertäuffer geratslagt wie dieselb abgestellt soll werden. Wo dazumal vier personen am Hof fürgenomen vnd verordnet worden.

———

1528 Juni 6. Osterr.

Abschidt, den die verordnet Visitation in Österreich ob der Enns Ihrer (am 27ten Juni 1528 zu Enns gebrachten) Handlung halben, bey allen Steten, Märgkhten vnd phauren, in der gemain gelassen" (laut Bericht der Ratth vnd Reg. der N. Öster. Lannd von 4ten Juli 1528.)

(Gekürzt!)

Zum ersten soll E. k. Mt. Edict vnd Mandat, auch die Regenspurgersch Ordnung aufs höchst von Augen gehalten, dieselben an kirchthüren vnd Radtheusern öffentlich angeschlagen vnd auf das wenigist zweimal im Jar auf offener Kantzl derselben gehorsam zu leben uerkhundt werd.

Zum anndern: Wo hinfür befunden wirt, das sich die pharrer, vicary vnnd Beneficiathen, unpriesterlich wider die aufgericht Reg. Ordg. also mit weibern, spilen, trinkhen, fechten vnd versaumung des gots dienst halten wurde, vnd Iren schefflein pöfs Ebenpild fortragen, daraus vil ärgernufs entsprungkhen, alfdann sollen Sy Iren Pfarrer pfründen, oder Beneficia nach erkhantnufs Irer ordentlichen obrigkait enntsetzt vnd priviert werden. Darauf die geistlich vnd weltlich obrigkait Inen Irr getreves vnd vleifsig aussetzen haben soll.

Zum dritten: ist erfunden, das mit der Ertauf der Kinder ettwo vil Irrfal vnd vnglauben . gebraucht ist worden, vnd die Pfarrer die pfarrlewt Inen den Taufgeld beschweren vber alte geuonhait. Soll hinfüro obgestellt sein, vnd das geuohnlich tauf geld genomen vnd gegeben werden. Es soll auch Niemand auff derselbig Ertauf als zu Ostern oder Pfingsten mer glauben setzen, dann sunst von der christenlichen kirchen durch das gantz Jar gehalten wird.

Zum vierten wird befunden das an dem Oharfreitag grofs vnglauben, mifsbrauch vnd Zauberns bey dem Crucifix, so man nach geuonhait vnderlegt, gepraucht. Nämlich das sind mit Air, prot, khäs vund anndern dingen bestreichen, das vnnsern christenlichen Glauben zuwider ist, soll füran absein vnd nit gestatt werden vnd bey Straff veruotten beleiben.

Zum fünfften: Nachdem an vil orten den Pfarrleuten die puefs vorgehalten wirt, nur allein Sy geben gelt vmb peichtzetteln, soll absein vnd hinfüran damit Niemand beschwert werde. Dann ain yeder pfarrer sunst schuldig ist seinen pharrleit Inn ain Register aufzuschreiben on gelt vnd beschwerung der pfaeruenig vnd wie einer so vber feld oder Land ziehen wolt, ain peicht zettel von den pfarrer oder seinen gesellen begeeren wirt, soll demselben on gelt gereicht werden. Wo aber ain pfarrer solichs versaget, vnd das peicht Kind sich defs bey der obrigkhait beclaget, soll Er darumben gestrafft werden.

Aber das peichtgelt soll hieruon nit benumen sein, sonnder deshalben bey dem Gehalt der Regensb. Ordnung beleiben.

Zum sechsten: zur Raitzung mererer Andacht vnd Erinnerung des h. Euangelj vnd des wort gots, soll alle Sunntag neben dem Euangelj die Epistel verkhundt werden, vnd damit das volkh in der Wochen dester lieber in der mefs gee, soll auch die Epistel vnd das Euangelj allein nach dem Text am Mittichen vnd Freitag (wo annders volkh vor hannden) gesagt werden.

Und nachdem vom hailigmacher Jhesus Ch. laut dessen hailigen Euangelj die, so den templ verpieten, höfftiglich gestrafft hab, befunden wer das sich etlich Inn der Kirchen vnder dem gots dienst vnnd der predig mit klassen vnnd spacieren geen vngepürlich halten, dadurch die anndern in Irer andacht, vnd den wort gots zuhören gehindert werden, so soll hinfuran die geistlich obrigkhait dieselben, wie Christus gethan hat, mit der ghaist brüederlicher (öffentlicher) beredung vnd straff aufs der kirchen treiben vnd wo die geistlich obrigkhait zu schwachwer, soll die weltlich vmb hilff angerufft werden.

Gleichzeitige Abschrift in dem Berichte der Visitation an K. Maj.

Waldhausen von 27/6 1528.

1528 Passau 11ten Sept.

Dem durchlauttigsten Fürsten und Herrn Ferdinand zu Hungern vnd Behaim kkönigen etc. . .

(Gekürzt!)

Von eur koniglichen wirde ist vnns kurtz verruckhter Zeit ain schreiben zukomen, darInn sy auf Irer im Ertzhertzogthum ob der Enns geordneten visitatoren erinderung vns zu erckhenen gibt. Nachdem vil einfeltig leut mit der Wiedertauff verfüert werden, vnd noch nit gar widerkehrt haben, aber vielleicht noch kömen vnd gnad begeren mochten, das beschwerlich sey allwegen zue vnns allhier geen Passau vmb absolucion zeschickhen etc., demnach E. khr. wirde an vns begeert, souern wir auf beschehen Ir ansinnen den gewallt der absolution vnnd bus hinab nit verendert hatten, das wir solchs noch thuen, damit die begnadeten der orten, da sy gefundten vnd bey Iren pfarrkirchen in lanndt absoluirt werden, wie dann solch eur [khunigl. wirde in sich helt. Darauf thun wir derselben dise wahrhafftig bericht. Als wir Jüngst zu der fürgenomenen Visitation vnd Inquisition hinab, an beyde ort, nemlich vnder vnd ob der Enns verordnet, das wir denselben vnsern verordneten beuehl vnd gewallt gegeben haben, den begnadeten widertaufften gebürliche absolution und Bufs mitzethailen, Nun haben Sy aber vns zu Irem widerkunfft angebracht, verbliechen, das dem, so vnnder der Enns bey denn visitation gewest, wie wol er über zwei Monat daniden verharrt, das nit ain mensch Inn vmb absolution vnd bufs ersucht, noch dieselb von Im angenommen hab, so seid Ir auch vafst wenig bey den anndern ob der Enns gewest! Vns hat auch seidher als sy wider anhain khomben, niemand vmb absolution angelangt, dann so das beschehen wäre, hetten wir gepürlich einsetzen zu thun nit vnderlassen. Aber sonst gemainiclich allen pfarrer vnd selsorgern den gevalt zegeben, will sich aus vil vrsachen nit gebüren noch rätlich sein,

vnd fürnemlich aus der, des vnnsern gesanndten ob der Enns in der obrigkait daselbs beysein etwen begegnet ist, das die widertaufften zu der stundt
als sie die absolution vnd bus aufnemen haben sollen, in der Kirchen mit Inen
zu disputieren angefangen, welches sich an andern orten, da nit souil
treffenlicher leut vorhannden, sondern etwen ain pfarrer allain wäre, vil lider-
licher zu tragen vnnd dann schimpf vnnd ärgernuſs daraus entstehen möcht.
Item — so haben die gedachten visitatoren ettlich straf wirdig geistlichen
sich für vns zestellen mit gelübden verstrikht, deren aber noch vntzher khainer
erschienen.

Zudem ist ainer mit Namen Dietrich von Hartittsch, als er fürgeben
aus eur khonig wirde beuelch im lanndt vmbzogen, hat ainen Caplan bey
Ine gehabt, der die begnadeten wiedertaufften bus aufgeladen, vnd Sy alsdann vmb Absolution zu Irem pfarrherrn verschaft, welche pfarren der Hartt-
titsch mit dro vnnd zwang dahin ze bringen sich vnterstanden, das Sy auf
seines vnd seines Caplans vermainten beuelch absoluieren sollten, an den er
— Harttitsch — khain benuegen gehabt, sonnder als wir verschinen Jars
Georgen Endelhauser, weiland Pfarer zu Chrein, seiner offenbarlichen ketzerischen, verfürlichen leren vnd wandls halb in vnser fennkhnuſs gehabt, vnd
ine auch genuegsam Verschreibung vnd sein geschworenen aid ausgelassen
haben, meblich das er sein verfürlich leren widerruffen vnd darumb gebürlich
buſs thun auch babstlich dispensation vnd rehabilition erlangen, vnd dauon
sein priesterlich ampt zu gebrauchen sich nit anmaſsen sollt, das er aber wider
sein aid brief vnd sigl nit gethan, sonndern dauon brüchig worden, hat sich
der gemelt Harttitsch vnderstanden, denselben Endlhauser, wider in sein
ambt vnd pfarr einzesetzen in massen eur khun.wird' aus eingeschlossene copij
vernemen wurdet, das nit allain vns sonnder zuuor babstlicher heiligkait vnd
der gmain christenlicher ordnung zu mercklicher verschimpfung vnd abbruch
raicht vnd zu groſser ergernus dem Endlhauser sein vnerber hanndlung dadurch beschonet vnd gelimpft wurdet.

Aus dem allain hat eur k. wird lauter abzenemen, das an vns der absolution halb nit mangelt, sonndern, das sich Harttitsch vnd sein Caplan, so
mit im gezogen, wider recht vnd billichkeit gegen sollcher vngepürlich Hanndlung vnderfangen. Dieweil dann die obvermelt, des Harttitsch vnd seines
Caplans hanndlung aine lauter frevenliche nichtigkait ist, auch die Jener, mit
denen sy also gehanndelt nit entbunden, sondern verfürt vnd mer vernduckhelt
sind, so ist an eur kh. wird vnnser vleiſsig bitte, die weil an den orten, da
er solche nichtigkait geübt, dieselb sein Übung widerruffen lassen, damit denn
ainfeltigen auf solch vnrechtigen wandl nit verfürt, sonder wie sich gebürt,
zu rechter absolution vnd bus gefürt werden mögen.

Ewer kh. Wird geruhen auch vnns ernstlich beuelch von Iren Landeshaubtman ob der Enns allher zeschicken, damit vnns der obgenannt Endlhauser
auf vnser kosten fenncklich geantwurt vnd also vmb sein ketzerisch, verfüe-
risch auch aid brüchig vngehorsam zu gebürlicher straff gehalten werde.

Was die Visitatoren mit Ausschaffung der Concubine gegen den geistlichen fürgenomen haben, darinn sind wir der billigkait geneigt ze hanndln
vnd schuldig (Bitte in fiel um Abschrifft der aufgemainen Acte vnnd hanndlungen, auf die man in Officialate bisdaher gewartet!) den wo wir ein solches

an Or (den Visitatoren begeerten (begern würden, tragen wir sorg, vns wurde gleichermassen wie vnnsern official antwurt gefallen (doch abschlägig!)

Datum Passau 11. Sept. Anno 1528.

Von Gottes gnaden

Orig. sub. B. A. 3 im Arch.
des Cult. Minist. in Wien.

Ernst administrator des Stifts Passau pfalz graf bey Rhein Hertzog in Ober und N. Baiern.

Passau 19. September 1528.

Der Administrator von Passau, Herzog Ernst von Baiern, an Erzh. Ferdinand. Er bezieht sich auf die von Erzherzog in ob der Ens angeordneten Visitationen, und ihre Meldung, dafs viel einfältige Leute in ob der Enns mit der Wiedertauf verführt worden und sich noch nicht bekehrt haben. Ernst habe, um die vernünftigen ab harerefi (!) zu absolvieren, den von ihnn (Ernst) zur Visitation nach Oesterreich Abgeordneten die nöthige Gewalt gegeben. Allein diese trafen auf einen gewissen Dietrich von Hartitsch und seinen Kaplan, welche wie sie vorgeben, auf des Erzherzogs Befehl im Lande herumgezogen, wobei der Kaplan den begnadigten Wiedertaufern eine Bufs auflud und sie alsdann wegen der Absolution zu ihrem Pfarrer schickte, welche der Hartitsch mit drohung und Zwang sich unterstanden, das sie auf seinen und seines Caplans vermeinten Befehl absolvieren sollten, was wider Recht und Billigkeit ist.

Auf dem Umschlag steht das Concept der Entschliefsung. Hartitsch hat wirklich auf königl. Befehl gehandlt. Ferdinand begehrt, dafs Ernst diese Absolution ratificire, dann 2 oder 3 seiner Geistlichen, welche geschickt dazu sind, die bekehrten Wiedertäufer zu absolvieren. Der Bundeshauptmann soll die strafmäfsigen Geistlichen auf Verlangen des Administrators nach Passau fellen.

In demselben Archiv.

1530 11/5. Innsprugg.

Ferdinand etc. . . .

Edler, lieber getreuer! Nachdem die Sect der Wiedertauf lenger ye mer in vnnseren fürstenthumben vnd lannden vnd sonnderlich in unsern furstenthumben Österreich ob der Enns deiner Verwaltung, wie offenbar vnd am Tag ligt, vnd guet wissen sagt, sich ganz beschwerlich zuetragt, vnnd überhanndt nimbt vnnd nit aufhören will, daraus denn, wo solich vber vorigen vnser menig feltig Ernstlich General Mandat, beuelch auf begnadigung vnd ernstlich Straff nit noch weiter umb statlicher vnd ernstlicher straff vnd in annder güetig weg nit fürkommen vnd einsehung gethan werden solle, vil vnrats, vnd aufruer vnnd Empörung vnder den gemainen volkh wider alle Ober- vnd Erbarkait vnd zu vndertruckhniss derselben zuerweckhen, am höchsten zu besorgen vnd zu erwarten ist, dieweil wir dann sollicher widertauf halb auf Jungstgehalten vnd Rechtag zu Speyr neben Chur vnd annder fürsten vnnd Stennden des h. Reichs vnder anndern an Constitution befliessen haben helfen vnd dieselb ain lauter ausdrücklich ordnung Inn sich haltet vnd gibt, dass die Wiedertaufften Personen, so aus ainfalt in dise verdampte Sect kommen, der sach absteen, wieder begnadt werden mügen, Unnd noar auch hinuor nach ausgang vnser General Mandat zugelassen vnd declarirt das die, so also aus ainfalt der Jungen oder sonst aus vnuerstandt, in dise Irsalige Sect gefallen, Sofern Sy absteen vnd penitenz würckhen auch deshalb auf vrkhvnd auf sich nemen wellen, begnadt werden mügen vnd nu etlich wiedertauffer in Lintz, Wels vnd annder orten mer deiner verwaltung gefangen ligen, vnd damit die sach mit Innen zu End gepracht werde, demnach emphelen wir Dir mit ernst und wellen, das Du von stundan vnser stat vnd vnser namen vier geschickht Erber vnd verstenndig Comissary, zwen geistlich vnd zwen weltlich, die geleert vnd der neuen Verfüerlichen Secten vnd leeren nit anhenngig verorden muesst und Innen weiter von vnnsern wegen beuelchet, das sy mit den berürten gefangen Wiedertauffern, die in Lintz, Wels vnd anndern orten deiner wervaltung gefangen ligen yeden insonderhait mit allen vleiss hanndelen, Sy examiniren vnd Sich ob Inn gründtlich erkundigen, ob sy aus Jugend, ainfalt oder vnuerstand oder aus aigner bewegnus und muetwilliger poshaftiger angenomen weiss, in diser verfuerischen Sect gefallen vnd kommen, vnd sofern Ir etlich, oder gar . . . . . absteen vnnd penitenz würckhen, Auch vrkhund auf sich nemen wellen, vnd zu der begnadigung angenomen werden sollen oder nit, von den Comissarien bericht nemen vnd welche aus ainfalt oder das sy jung verfürt doch wiederruffen, vnnd penitenz wie die vorigen wiedertauffern aufgelegt worden ist, annemen vnd thun wellen denselben Inhalt der Reichsconstitution, dauon wir Dir ain abschrifft zuesenden, die Du für Dich nemen sollest, vnd nach Deinem pessten verstand vnd guetbedünkhen an vnser stat gnad thuest vnd beweisest.

Welche aber Redlfüerer vorstehen, Landstreicher, aufrurig widergefallen, darzue nach Ermanung vnd vnderweisung nit absteen wellen, wider vnd gegen denselben die Execution laut vnsers Ersten General vnd vorgemelten des Reichsconstitution Jungst zu Speier beslossen vnd aufgericht, zu hanndlen vnd vollziehen verschafftet, das wollten wir Dir Dich yetziger vnd künfftiger gefangener wiedertauffer halben zu halten wissest, vnangezaigt nit lassen vnd es beschicht an solchem allen vnser ernstlicher vill vnd meinung.

Datum 11. Mai Innsbrugg Anno 1530.

An Landeshaubtman ob der Enns.

(Im Hofkammerarchiv)
(Hof Finanz Act. N. 16.)

II.

K. k. Haus-, Hof- und Staatsarchiv in Wien. Acta diactae Lincensis 1529. Cod. 1051.

Wels 8. Juni 1528. Richter und Rath der Stadt Wels an den Landeshauptmann Ob der Enns Ciriac Freiherrn zu Polhaim und Wartenburg.

Auf das Generalmandat der königl. Maj. und auf Befehl des Landeshauptmann haben sie die 8 nachbenannten Personen, so die Wiedertauf angenommen und der nit abstehen wollten, richten lassen. Diese Personen wollten keine Verschreibung noch Eid schwören, haben auch von der Kindertauf, dem Sakrament des Altars und der Beicht nichts gehalten und „sein doch nit aufwigler, Vorsteher oder Lehrer gewest", haben auch niemand getauft und kein andres Bündnifs bekannt, als dafs sie gesagt „sie wölten des bösen Wesen abstehen und ihrem Nächsten soviel ihnen möglich helfen und der Obrigkeit mit Leib und Guet gehorsam sein. Freitag nach den Pfingsten habe man gegen sie durch Meister Lienharten, Züchtiger (i. e. Profofsen) verfahren lassen" der sie mit dem Schwert gerichtet und nachmalen verprennt. Nämlich Hanns Neumair Lebzelter, Meister Lienhart Haslinger Kürschner, Meister Hanns Steinpeckh Maurer, Jörgen Zacherle Kürschner von Krems, Ulrich Perger Weberknapp, Jörg Kneutzinger Peckenknecht und zvee Schuechknecht, haissen baid Sebastian. Dergleichen des Montags darnach zvo Frauen so auch also die Wiedertauf empfangen und der nit begeben wöllen, tränken und begraben lassen, Barbara Meister Lienharten Kürschners und Barbara des bemelten Zacherlens Kürschners Hausfrauen. des Maister Hansen Maurers Hausfrau genannt Madler, ist schwanger, soll verzogen werden bis sie des Kindes niederkommt. Nochmals solls beschehen was sich Kais. Mandaten nach gebührt. 6 Personen welche sie gleichermafsen im Gefängnifs gehabt, sind ihres Irrsals abgestanden, haben den Eid, den Ihre Maj. von ihnen gefordert, „in ire seelen geschworn" die Verschreibungen gegeben, aber die Bufse vor und in der Gemeind Besammlung der Kirche nicht verrichtet. Ursache war, dafs der „Vicari oder Schaffer unser Pfarrkirchen" als man ihn darum ersucht und angesagt, dafs sie die Bufs zu thun willig, geantwortet habe: Er warte defshalb auf Bescheid von seiner Obrigkeit, welche defswegen an Sei. Maj. eine Botschaft verordnet habe. — Dabei liefsen wir es. Die Namen der aus dem Gefängnifs Entlassenen sind: Mert Rätschmid, Barbara seine Hausfrau, Wolfgang Zingiefser, Barbara seine Hausfrau, Christoph Starl von Hoffkirchen Kürschnergesell und Änndl des Andre Fischers zu Wels Tochter. Auf Befehl des Landeshauptmanns hätten sie dieses anzeigen wollen.

Orig. Pp. Unterschriften fehlen.

III.

Münchener Reichsarchiv. Passauer Akten.

Hans Glut von Scharndorf, zu Essling durch Lienharten Wening ainem vorsteer am herbst getaufft worden, ist ermannt worden die vorsteer, so ime bewist anzezaigen hat er bekenndt er wiss nicht mer dan den Stiglitzen und den Lienharten zu Essling, Velix Schuechmacher, Marthon Arnold daselbs von der stat zum Hainspach, Paulus Frannckhn daselbs.

Herman Kheull;

Thoman, vorsteer, priester ligt zu Prünn gefangen zu Kreutzen des von Hartegkh phleger gewesn, vast ain lange person.

Zu Lintz: Vischer sun, 1 pfaff, priester, hat seinen vatern vorm thor daselbs, ain clains mandl von person.

1 priester von Pechlarn vor 8 tag hin gewesn, ain clains mandl, auf Nürnberg zuegezogen.

Zu Regenspurg 1 teutschn schreiber ist noch daselbs, ist auch ain brueder.

Vorsteer.

Ludwig Hetzer, zu Regenspurg, ain vorsteer, derselb vier personen getaufft, ist von dannen auf Augsburg gezogen.

Vorsteer.

Schulmaister von Wels, 1 vorsteer.

Und der zu Lintz auch ain vorsteer.

Der schulmaister von Purgkhausen ist ungeuerlich bei 8 tagen zu Obernberg gelegen, wiss aber nit, was er da gehanndelt hab, von Hanns Hutt ist er getaufft wordn um Bartholomey; puecher: theologej, 1 testament propheten 1 psalm puechel.

Margareth Stern, Egkherin, von Vilshouen purttig.

Wolfganng Sternegkher ir eruogt ains paders von Obernperg son.

Wolffganng Grebmer, ist mit gedachtem schulmaister in Beheim zogen. hab ungeuerlich vor Galli die widertauff angenomen. zu Obernperg bey ires hauswirts mueter 1 zeit gewesn von dannen ungeuerlich vor 6 wochen des weeg gezogen, alhere kommen und zum Keulen eingekert.

Vorsteer.

Öder, Lienhart, Hanns ain schreiber.

Burchart von Offen, Anthony ist auf wegkh gezogen.

Seynt weber in der Ynnstat aber der ketzereien wider abgestannden.

Schneider zu sand Nicla, mer seins bruder Pranthueber.

Am Erichtag.

Des
Hanns Stiglitz Sonn zaigt an
wer in der Brl. ist.

sein vater kheul Matzen, Seymb weber in der ynnstat, 1 schuester, veicht paumhagkher, 1 nadlerin, 1 messerer, sein hausfrau, taschner vnd sein Hausfrouv,

zu Perg ainen jungen gesellen getaufft.

Vorsteer welher In getauft: schulmaister von wels sein bruder linhart Innhertz beherwergt.

Burchart von Vlm 1 lamen schennckl

Leopold von purckhausen 1 schreiber

Hanns 1 klains mandl vor 8 tagen hie gewesen beim keullen beherwergt, 1 schwarzen Rockh an gehabt ist ain schreiber, ist aufwerts gezogen auf teckhendorf werts.

1 grosser man zw lintz, ist ain brueder

Hanns vischer von Lynntz ain vorsteer,

1 schreiber bey dem von Starchennberg gewest von hinen purttig

. vilshouen ain schreiber, 1 curat, 1 klains mändl, 1 schwartzen Rockh, vor 8 tagen hie gewesen 1 clains pärtl

ain Junger gesell ist hie gewesen, weis aber niht wie Er haifs,

H Caspar 1 schwartzen Rohkh an zw Ens Neilich gewesen 1 Puechpinter, 1 dickhs mändl zw steir gelassen, ist willens abwerts zu ziehen gewesen

Puecher 1 lateinische wibl, die alt

der — Inegehört

ain teutscher schreiber von saltzburg hete teitsche schul am Newmarckht sein Hausfraw

Zw sch . . . dt Jacob arbait zw Steir

Paulus schmidt arbait

Anthonn ain laistschneider hab Inn beuelh zw tauffen geben hat ains ist neulich hie gewesen,

Lienhart vnd Jacob von Regenspurg an der Zerung gelegen

1 schneider zw sand Nicla

guertler vnd guertlerin doselbs

Zue vilshouen ist ain schreiber

Zw scherding 1 Satler

Nadler bey dem Pisang gewesen, ist ain schlessinger

taschner gesel ist hie gewesen

1 Paur aus der graffenaw 1 pinter in herrenstainer Landgericht geschafft, 1 langer man, ist doselbs vertrieben worden durch seine pruder der kheil kenndt in, dann Er ist bey In zu herberg gewesen beim taschner, so gefangen ligt zehaben bey klenlein zum satler vnd taschner zesamen ganngen 1 testament

Symb weber in der ynnstat

Gabriel Riemschneider von Nuernberg ist vngeuarlich vor 4 Wochen an einem sontag nach Weyenachten durch den schulmaister zw Purckhausen getaufft

worden in des stiglitzen behausung
albegen bej 45 zesamen komen.

Maister nielas zw saltzburg gericht worden
Wolfganng von purckhausen,
1 Paur aus der graffen aw,
Jorg, 1 taschner gesell bei Im gearbait,
Hanns, 1 dräxler von Purckhausen, hat kain Nasen
Hanns thorn nadler sein Hausfraw
Stephan oxsentreibber

H Gillg ain priester von saltzburg, 1 vorsteer, durch den Lienharten gemacht, vor 8 tagen auf obern perg mit Ine gezogen von dannen widerumb auf Saltzburg

Lienhart hat am Montag ne das sy gefangen sein worden in seiner behausung 1 predig gethan Stengllauer weber gesel bey wintzhamer gearbait, 1 lannge person 1 Rotten Rockh angetragen.

Gregorius des schneiders knecht zw sand Nicla 1 schlosser gesel mit ainem pugkl 1 Laberfarm Rockh angetragen.

Jorg Ruechler vor 4 wochen gezaichenndt worden durch den Burkharten von Offen.

Ist ainmal zuem Stiglitz am sambstag pauli nägst verschinen gewesen sein Irer bej 30 person do gewesen

Cristof kindhamer
ist an Sonntag mit sambt seiner Hausfraw 1 dirnlein Dorothea genannt negsterganngen durch Hannsen gezaichennt worden.

Paulus Benedict ain knab beim Seitz messerer sein knab hat Im vorgelesen vnd hat dannach darzue bewegt die Bruderschafft wider aufgesagt.

hat ainen angezaigt von salltzburg wis aber nicht wie derselb haifs, tregt ain grobn Rockh an demselben zw saltzburg sain weib getrennckht.

1 weber aus der Freinstat

Linhart hat den teutschen schreiber hueber genant am Neumarcht taufft in Satlers haus aber von seiner hausfraw wais er nicht.

Achatz haselberger
Hanns Huett hat In bezaichenndt vmb mitte vasten negst vergangnen dar zue in dann Syml weber in des keulein haus gefürt derselb der widertauff wider abgestannden Margreth sein Hausfraw von Wolfgangen schulmeister zw purckhausen getaufft, vngeuerlich vor 4 wochen in des Keulein behawsung.

an Phintztag
Margreth des schulmaisters von purckhausen hausfraw
karl Jheronimus Joachim zw saltzburg gericht worden.

Purckhart von Offen sagt Sy Er vngeuer vor 14 tagen zw Zacharias an der Herberg gewesen.

Sy ist bey dem keulen an der herberg gewesen Ir man Ist von dannen auf Beheim zuegezogen bekenndt wolfgang gruebner von Purckhausen ist mit ime gezogen 1 brueder vnd Ine darzue bewegt.

Purckhart hat Iren man zw ainem Vorsteer gemacht
die achaz mezgerin getaufft alhie

Als Ir man von Ir gezogen hat Er Ir so uer er nit gefangen werde,
woll Er sich Inerhalb 14 tagen zw Ir wider verfügen oder 3 wochen zw
alhie suechen wann er nit kom terff sy nit gedenkhen, den Er sei gefangen.

Apolonia von München
des Satlers hausfraw von Efsling

mit dem thaumstockh ist gezaicht worden doselbs von felix schuechmacher am
Newen Jarstag hat Ir vnd Irem hauswirt doselbs die stat verpoten zw
Ewigen zeiten wis sonst kain andre Straff die man den brueder anthue,

kundrat vorsteer zw augspurg am Rosenackher sein hausfrau bruder
Esling
Linhart wenig, weingartner
Lauterlein, weingartner
Feelix schuechmacher,

item 1 schuelmeister von lintz oder wels purttig, zw Esling gewesen.

Sy hat auch den felixen angelanngt ob Er die So Er getaufft vnd noch
willens zetauffen sey nit auf schreib hat Er geantwortt Nayn wer wolles als
schreiben

gefragt was die vorsteer lernen hat Sy vnnder anderm angezaigt Sy
lernen das keins sein gut für aigen hab, Sonder der mus dem andern sein
notturfft mittailen.

Sy ist der andern fragstückhen genugsam ermant darauff nichts bekhennen wellen.

Des alten Stiglitz Satlers Hausfraw vrsula genannt ist mit der
andern frag angestrengt

von oder weber getaufft worden vngeuer 14 tagen vor Weihennachten in das
wider . . . getan vnd getaufft worden.

Burckharten von Offen
Schuelmeister von Wels Irn Son zw ainem vorsteer gemacht
Schuelmeister von Burckhausen .

Paulus weilendt Erharten

Ihrm verlassen Sone mit der strengen von pruder hansen vor 3 wochen in
des Satlers behawsung getaufft worden.

Otilia des Reichenbergers

hausfraw ist der peinlichen frag entlassen von hannsen Hutte auf zw
konnfftige vastn ain Jar getaufft worden.

Das Sacrament nit emphangen,

vorsteer oder 1 weber, sein vatter 1 fragner.

Hans Bamberger von Bamberg Burger zw Passaw ain Nadler

Ist gezaichenndt worden durch Wolfgang Schuelmeister von purckhauseu
in des Stiglitz behausung zw Passau am Newen Jarstag.

Hanns 1 clains mandl, schwartz pertl 1 vorsteer Cristof kindhamer
messerer sein hausfraw getaufft 1 pueben vnd dirn

Ist auch bey dem prod prechen zway malen gewest in des Stiglitz
hausung.

Schneider zw sand Nicla.

seinen Brueder

2 kheull

1 schuester

taschner

Seyml ain brueder

vnd walthasar gerdt

Buerckhart von Offen seinen Son getaufft.

Wolfgang so Ine gezaichent

Burchart von Ofen auf pehemisch zuegezogen

. . . . hueber ein teutscher schreiber,

alhie Im Newmarckht gewesen sambt seiner Hausfraw Lienhart vor 8 tagen vngeuerlich hie gewesen Sy er gefangen worden vnd bei Ime beherbergt worden.

1 taschner gesell zvm Stiglitz gewesen ist mit einem paur aus der graffenaw der auch ain brueder ist weckh gezogen.

Hanns des Nadlers Sonn

Sagt er sey vngeuarlich vor 10 wochen durch den Burckharten von offen getaufft worden ist Augspurg gezogen.

zaigt an die brueder die sein bei 40

taschner 1 gesellen

1 Paur aus der graffenaw bei dem taschner gewesen.

Hanns 1 clains mändl beim keulen vnd bei Stiglitzen gewesen vor 3 wochen weckh ziehen Stiglitz Sonn allhie

Linhart

des schneiders zw sand Nicla knecht 1 grober 1 zotteng wamhns 1 groben Huet

Walpurg von weinerstorff

mit stockh gefragt worden

ist vor Martini vngeuer vor 3 tagen dauor, Inn Wolffgang Gerbeners behausung durch den oder zw purckhausen getaufft worden

Vorsteer

Burchart von Offen.

Wo Sy schon in ain andre behausung dann zw Irem Bruedern vmgekert hat, wolt Sy den auch das geratten haben die Sect anzenemen.

Item was die gefanngn auf die
fragstuck geantwort:

———

Bruder linhart 6 meil wegs aufserhalb Nürnberg dohaimbt ist am
Montag Blasy zw der Peinlichen frag gefurt worden vnd doselbs
zw den fragstuckhn geanntwort.

Erstlich der vorsteer halben zaigt Er an dem Lienharten schulmaister von
wells seie hie von dannen an den Rein gezogen,

Burchart von Offen sey ain zeit vmb gockhing vnd dieselb gegennt
gewonet,

Zum andern der mitbruder halben, vnd wo Sich dieselben ennthallten
zaigt Er an:

Steffan mansöders ain Burger zu wien, vast ain dickhe person, ain
schwartzen Parth, dregt ainen Rotten Rockh an,

vorsteer

.n. krawtschlegl doselbs zw wien ain dickhe person, ain clains Bartlein, vnd
ist zollner zw wien auf der pruckhen gewesen vnd sonderlich zw melckh gewonet, wo Er aber vor hingezogen sey Im nit bewust.

Thoman vom grein ain Priester vast ain lannge Person, doselbs heus-
lich gesessen am Jüngstn zw Steir bey Ime gewesn, wo Er aber yez sein
wesn halt wiss Er nicht

Ob Er niemannds getaufft hat Er hieuor schon angezaigt, Zw den anndern artigeln der fragstuckhen hat Er nichts wellen bekennen noch anzaigen,
gesagt Es sey Ime anders nichts bewist.

Hanns Stadelsperger leinweber ist am Montag Blasy zw der peinlichen Frag gestellt worden vnd zw den fragstuckhen geanntwort

Erstlich wer Ine getaufft hat Er hieuor bekenndt, vnd sagt aber Er wifs
Sy nit zu nennen

Zum anndern der vorsteer halber zaigt Er an

Jacob in der freinstat sey ain Vorsteer, ain mittere person, ain schwartzen
Rockh angetragen ain praitten schwartzen huet, ain schwartzen Parth, vermaint, Er sey von dannen auf Beheim zuegezogen.

Gefragt ob er niemants getaufft hat geanntwort, Nayn, Was Er für
puecher hab, geanntwort Er hab allain das new testament. Das lig noch bei
dem Stiglitzen.

Zw den anndern fragstuckhen nit zeanntworten gewust,

Lienhard Stiglitz satler burger alhie ist an Montag Blasy zu der peinlichen straff ermant worden, yedoch derselben damals begebn vnd gutlich
bemert ist.

Sagt Er sey vngeuerlich durch den Öder ain burgers Son alhie vor
Martini negst verganngen getaufft worden darnach derselb auf Nürnberg zuegezogen von hinnen gemacht,

Apolonia von München des satlers von Esling hausfraw ist an
Pfintztag mit dem thainstockh gefragt

Erstlich wann Sy getaufft geanntwort am Newen Jarstag von felix
schuechmacher zw Esling getaufft

Item so man Es gewar ist worden, die stat doselbs zw Ewigen zeiten verpoten, wis sonnst kain anndere straff so man die bruder anlege.

Zum anndern der Bruder halben gefragt geanntwort, Conrad Nestler von augspurg vnd sein hausfraw am Rosenmarckht nun zw Eslingen, Linharten wenig weingartner; lauterlein weingartner, Felix schuechmacher, Item schulmaister von Lintz oder wels purttig zw Esling gewesen, Item gesagt Si hab den felixen angelanngt, ob Er die, So Er getaufft vnd voch zetauffen willns ist, nit in ain puckh schreib, geanntwort, Nain, wer wolts als schreiben, Item weither gefragt was die vorsteer lernen, hat Sy vnder annderm angezaigt, Sy lernen das kainer sein aigen guet für aigen soll haben. Besonnder ains mit dem anndern der notturfft nach zetaillen.

Der anndern artigl genugsam Erindert nichts bekenndt.

Des allten Stiglitzen Satlers hausfraw vrsula ist an Pfintztag mit der anndern angestrengt vnd geanntwort

Erstlich von wem Sy getaufft worden, geanntwort, vngeuerlich 14 tag vor Weihennachten von dem Öder getaufft worden,

Zum andern der Vorsteer halben angezaigt Burkhart von offen Item schuelmeister von wels hab Irn Son zw ainem vorsteer gemacht, Schulmaister von purckhausen — der anndern artigl genugsam ermandt aber nichts bekenndt.

Paulus weilennt Erharten ihren verlassner Sone mit gestrenngen frag angelanngt

Erstlich wann er getaufft geanntwort vngeuerlich vor 3 wochen in des Satlers behawsung ist Er von pruder Hannsen bezaichenndt worden, Zw den anndern fragstuckhen nichts zeanntworten gewust.

Otilia Reicherbergers hausfraw ist der peinlichen frag dismals begeben worden

Erstlich gefragt von wem Sy getaufft, geanntwort Item von hansen hutten auf konnfftige vastn ain Jar getaufft worden, das heilig Sacrament nit emphanngen.

Der vorsteer halber, angezaigt Öder 1 Weber sein vatter 1 fragner, zw den andern artigln nichts zeanntworten gewust,

Walpurg von wimerstorff ist mit dem Stockh gefragt worden vnd zw dem geanntwort

Erstlich wann Sy getaufft, geanntwort, vngeuerlich Martini 3 tag dauor in Wolfganngen grebmers Behawsung zw purckhausen durch den oder getaufft

Der vorsteer, Burchart von offen angezaigt.

Zum anndern gefragt ob sy solles andern auch geratten wollt haben, geanntwort, Wo sy schon in ain anndere Behawsung dann zw Iren brudern eingekert hat, will Sy dennselben das auch geratten haben die Sect anzenemen.

Den andern artigel genugsam ermanet darauff nichts bekennt.

Lienhart ain vorsteer Ist bey der peinlichen frag angelanngt worden, ze sagen, wo sich die anndern seine mitbruder oder vorsteer enthallten, zaigt an . n . oder Sigmundn laistschneider, ain Munich, Stiglitz des Satlers Sone alhie

Liennhart schuelmaister zw wells gewesen, sagt Er seie, von dannen an den Rein gezogen, Burckhart von Offen sagt, Er, derselb hab ain zeit vmb gocking vnd dieselb gegennt erhallten, Steffan Manseder von wien doselbs ain Burger ain dickhe Person, ain schwartzen parth, dregt an ainen Rotten Rockh. x

n. krawtschlegel daselbs zw wien, ain dickhe person ain clains Bartlein, vnd ist Zollner zw wien auf der Pruckhen gewesen der verfurischen Sect ain vorsteer, vnd sonderlich zw Molkh gewonet vnd wo Er sich dann sonst hat kunden einmischen damit die ketzereyen aufsgepralt mügen werden

Sagt auch thoman von grein vast ain Lannger gesell doselbs heufslich gesessen, ain priester gewesen bey Ime linharten zw Steir gewesen wo Er sich aber ietz enthallt wifs Er nicht zeanntworten.   bek. v. 3/2. 1528.

Hanns Stadlperger leinweber hat zw den peinlichen fragstuckhen geanntwort

Sagt vnd bekenndt von welchen Er die widertauff angenomen habe wis Sy aber mit namen nit zenennen

Sagt auch Jacob in der freinstat seye ain vorsteer ain mittere person, dregt an ainen schwartzen Rockh, ain praiten schwartzen Huet, 1 schwartzen Parth, vermaint Er sey von dannen auf Beheim zuegezogen,

Gefragt ob Er nit puecher mit Ime hergebracht hab, geanntwort, Er hab allain das New Testament bey Im gehabt. welches noch bey dem Stiglitzen fündig wirdt.

Lienhart Stiglitz Satler ist zw der peinlichen frag ermannt worden, yedoch derselben ditzmals begeben.

Sagt vnd bekenndt, Er sey vngenarlich durch den oder ain burgers son alhie vor Martini getaufft worden, volgends darnach in 3 wochen derselb auf Nürnberg, zuzeziehen, vorgehabt, vnd von dannen gethann,

Bekenndt Es sein von Purckhawsen 9 person alher zw Im in sein behausung ankomen,

Erstlich ain schuelmaister sein Schweher bed von Maurkirchen purttig, wolfganng wellser schulmaister doselbs zw Purckhausen gewest, sein Hausfraw welche allhie in diesem Irrsall bedretten ist. vnd neben Ime fenckhlich enthallten wurdet . n . Grebner sein hausfraw Sigmundt Maurer doselbs zwen weber aus der freinstat, so mit Ime fenckhlich angenomen worden.

vorsteer

Sagt auch Schuelmaister zw Wells Cristof genannt sey mit ainem seinem brudern Feundten Er getaufft sey worden, zw Ime in sein behausung komen, wo sich die weither hin gethann haben wis er nicht

Hans schuester von Lynntz auch bey Im gewesen

Item ainer von saltzburg ain vorsteer ist bey Im gewesen, künde aber nicht wissen wie derselb gehaissen wirdet ain groben Rockh angetragen vast ain lannge geratte person ainen graben Parth.

Item seinen Son Stiglitzen, gibt Er auch für ainen vorsteer zuerkennen.

Wolfganng Prannthueber ain schneider bej sand Nicla auch in der Bruderschafft verwandt aber zw kunfftigs zuebesorgen sich flüchtig gestellt,

Sagt Er hab auch vngeuerlich vor Martini die widertauff an sich genomen,

Der buecher halber angelanngt Sagt Er die wibl, das New testament vnd andres prophetn der gleichen hab Er in seiner behausung ligendt

Item ain schlosser gesell von Strafsburgkh, Sagt, Er hab sich bei der Wengerin aufenthallten, wis aber nit wie derselb haiss auch die tauff angenomen der Wengerin solhs nit bewist das Er in solhem Irsall ain verpintnuss gemacht hab

Seymb weber in der Ynnstat sein hausfraw vnd ain Maigt haben auch die tauff angenomen, Sagt aber Sy haben wider dauon abgestellt.

ain weber knecht des prannthuebers bruder hat auch die widertauff angenomen, aber darnach aufser Lanndes gemacht.

Mer ain schreiner von Rottenburg bey Ime gewesn 1 kurtz Rockhl angehabt, Rote schlappen aufgetragen vnd gestrickht hauben mit gold gemacht vnd vaill vmb getragen.

vorsteer

Burkhart von offen ist vngeuärlich vor 4 wochen hie gewesn bej Zachariasn beherwergt gelegen ainem Mezgkher in der Ynstat ain Ross vertauscht, von dannen widerumb auf augspurg zuegezogen

Ain laistschneider sagt, Er sey auch bey Ime gewest.

Steffan Zerer von Passaw ist freytags nach translationis Steffani zu der peinliche frag gefuert vnd gebunden doch nit auffzogen worden hat der widertauff halber gesagt wie hernach volgt

Erstlichen gefragt wie er zu der widertauff khumen vnd wer Im zu derselben gerathen hab Geantwurt als er Jüngst von Regenspurg auff dem wasser herab geuaren seyen vnther andern auch trey widertaufft an dem schef gewesen Nemlich ainer haifs Gori sey ain schreiber der auch Im Sterbend nachstuergangen die prebend zu Iltz schneler weysgenomen hab Item der ander hais Hans Schroff sey ain vorsteer vnd sunst ain Junger mensch vngeuarlich bey 16 Jaren wais nit wie der selb hais dise haben am schef In seinem beywesen gelesen vnd als si gen Motzing khumen sey er mit Inen In ain holtz gangen daselbs haben si Im vil von der widertauff vorgesagt des Ime gleich wol geuallen hab sich aber dazumal nit zaichnen wellen lassen Die gedachte trew person seyen nur bis gen Vilshouen geuaren vnd nit auff passaw gewellt sunder vber land auff Lyntz zuzogen Nachmaln sey er Zerer auch gen Lyntz geuaren vnd als er wider gen passaw khumen sey er zu kristoffen keul In seines schwagers defs lezellters haus gangen der hab Im gesagt der schneider von Sant Nicla sey hie well er sich zaichnen lassen mug er zu Im geen hab Ime auch gerathen er soll sich In die widertauff geben Also sey freytags nach Ostern defs satlers sun mit Im zum schneider gangen der hab Ine aus der Epistel Pauli zun Corinthiern vnd defs 24. capitl mathei vorgelesen auch Eher si von einander gangen hab In der Schneider vor gebet

vnd zu letzt gesagt Er welle si wol wissen lassen wann si wider khumen
sollen. Sey defs Babinpergers Nadlers sun der zeyt auch beym schneider
gewesen.

Weyter gefragt wann er zaichent sey worden hat er gesagt

Cristoff keul hab Ime an Sant Georgen abent eingesagt er soll morgens
Sant Georgen tag frue zu dem Schneider khumen das er gethon also sey er
mit dem Schneider auff ein pauen hoff bei dem gericht gehor defs keulen
Brueder zu gegangen da niemandts wann zwai khunder vngevarlich von zehen
oder ailff Jaren anhaims gewesen da selbs hab Ine der schneider bezaichent
In bey sein zwaier trächsel gesellen so alhie bey dem trachsell an der wag
arwait angenomen haben sollen aus welhen gesellen der ain vorgetaufft vnd
der ander mit Ime Zerer sey erst bezaichent worden Sagt auch gedachte
trachsell seyen herauff von Niclospurg purdig wais aber nit wie si haifsen
Sey auch Cristoff keul bey seiner bezaichnus gewesen Also seyen si zu dem
mittag mal wider In die stat gangen hab Ine schneider beuolhen das si nach
essens wider hinaus auff den hof khumen den Anderle Sattler vnd hansell
Nadler auch Wolff Mullner schreiner mit In pringen so wellen si das brot
prechen vnd das keul wein vnd brot mit Im bring Hab er keul gesagt er
well es den andern gern ansagen wifs aber nit ob si khumen werden oder nit
Darauff sey er Zerer vnd Wolf Schreiner hinaus gangen sey keul auch
khomen aber khein wein mit Im bracht wann er hab vor seinen schwager
dem lezellter nit der flaschen gemugt so seyen die zwen trachsell auch da gewesen aber den Satler vnd nadler hab er der zeyt nit da gesehen wann er
nit lang bey Inen beliben sey.

Item gefragt ob si nit etlich mal In der stat zusamen khumen seyen
Sagt das freytags vor misericordia domini Er Zerer Satler vnd defs Nadlers
sun In der allten Satlerin haus bey ain ander gewesen vnd beschlossen haben
das si auff kunfftigen Suntage daselbs wider zesamen khumen wellen das
bescheen daselbs hab Ine Nadler gelesen das zehent capitl Johannis sey die
allt Nadlerin auch dapey gesessen vnd kunthaimer sey hinen khumen wais
aber nit ob er zu dem lesen khumen sey oder darnach Die Satlerin hab In
auch zu essen geben haben si vor vnd nach essens ein sunder gebet gesprochen
vnd zu End desselben das vater vnser angehangen

Item gefragt ob die Jetz benante person gewist haben das er Zerer
bezaichent sey Antwurt si haben es wol gewist wann als die allt Satlerin
darnach gefragt hab Inen keul dasselb gesagt vermaint kunthaimer hab es nit
gewist haben doch all ain ander schwestern vnd prueder genant

Gefragt ob sich etlich aus den gedachten personen so hieuor gepuest
haben wider In die sect der widertauffer ergeben haben sagt er wifs allain das
keul wider darein khumen sey.

Item gefragt was Ir furnemen gewest Sagt er keul vnd defs Sattlers
sun seyen der mainung gewesen So ain vorsteer alher kum das si den selben
auffnemen vnd beherbergen vnd den widertauff hie widerumb aufrichten wellen
Sy haben auch furgenomen das si defs Suntags nach Philippi vnd Jacobi In
das holtz geen vnd daselbs das brot brechen wellen.

Gefragt wo der Schneider sey hat er geantwurt wifs es nit hab Im wol
gesagt so er hin wegk ziech welle er auff die freynstat zu ziechen

Weyter gefragt von vorsteern vnd bruedern, Sagt er wisse khein wann wie er hieuor anzaigt hat Wolfel hafner zu Iltz hab wol dauon gereth vnd gesagt das die so man gericht wol gestorben seyen vnd vnmuglich sey das si verdampt werden das denn er Zerer auch gesagt sunst sey Im nichts bewist.

Sambstags vor Cantate ist Cristoff keul zu der strengen frag gefuert vnd ains mals leer aufzogen worden gesagt wie hernach volgt

Erstlich gefragt ob er sich wider In die sect vnd bruederschafft der widertauffer geben hab Sagt er Ja wann er der massen wie er vor darinen gewesen Auch hinfuran dar Inne zu beleiben wolfgangen Schneider zu Sand Niclas In seinen haus als ainem vorsteer mit mund vnd hand angelobt vnd zugesagt hab Er hab auch In bey sein defs Nadlers Babempergers sun vnd Steffan Zerers ain gemain gebet begert damit er In gedachtem aberglauben beständig beleyben mug Sey In defs schneiders haus beschehen

Item gefragt ob er niemant zu der widertauffer sect gereicht vnd gerathen hab Ist sein antwurt Er hab Steffan Zerer anzaigt das Wolf Schneider zu Sand Nicla hie sey ob er zaichnen well lassen mug er zu Im geen Er sey auch dabey gewesen als gedachter Zerer sey bezaichent worden

Hat weyther bekhant das sein furnemen gewest sey gedachtem schneider wein vnd brot ze bringen domit si mit ainander das brot brächen.

Gefragt wer von der zeyt als er gepuest In dise bruederschafft khumen vnd welhe aus den puessern sich wider darein geben haben sagt Steffan Zerer, Hansel Haitzinger vnd ain trachsellgesell seyen von Newem durch den schneider bezaichent worden So hab andre Stiglitz vnd Paulj defs khunthanners pueb In die bruederschafft wider angelobt wie er Sey auch sein furnemen gewesen so ain vorsteer alher kham dem selben herberg zegeben vnd die sect der widertauffer widerumb aufzerichten

Item gefragt wo der Schneider von Sand Nicla hin sey Sagt er wisse es nit aber Hansel Haitzinger hab sein guet wissen wo er hin sey vnd wo er sein wonung hab Hat er erichtags nach Cantate an der strengen frag bekhant.

Montag nach Cantate

Hat Hansen Babempergers Nadlers sun bey der strengen frag doch nit gepunden noch auffgezogen auf die furgehallten frag geantwurt wie hernach volgt

Erstlich das er vnd Steffan Zerer freytags nach Ostern bey Wolf schneider bey Sant Nicla In seinen haus gewesen Daselbs hab gedachter schneider Ine etlich ermanung gethun von der sect der widertauffer welliche si baid dann begierig gehort haben Sey Andre Stiglitz vnd ander auch dapey gewesen

Weyter gesagt das gleych desselben tags nach dem die andern vom schneider hin wegk gangen vnd Nur er Nadler vnd Zerer da beliben hab offt ernanter schneider Ine Nadler gebeten Im ain brieff an ainen schuester In der freinstat der auch ain Getauffter sey ze schreyben des er Nadler gethon vnd ist Inhallt defs brieffs gewesen Erstlich das er schneider ietz zu Passaw sey vnd noch nit gefangen, zum andern das Schneider den schuester gebeten hab er soll zu den andern Bruedern geen so In der freinstat In gefancknus enthallten vnd In sagen das Got Ire gefengknus werd ansehen vnd Ine ze hilff khomen Item hab weyter geschriben das sein defs Schneiders brueder zu Lyntz sey vnd daselbs tauff Vnd zum letzten das si dem boten so disen brieff antwurt nit vertrawen sollen wann er sey khain brueder

Verrer bekhent als nun diser brieff geschriben vnd er auch Zerer haben wellen haim geen habe Ine der Schneider zuuor ain Gebet nach der wider-taufferart vor gebet dem si dann nachgesprochen vnd nachmaln von ain ander gangen

Item mer bekhant als Ir etlich defs Suntags misericordia domini In defs Satlers Haus zesamen khomen hab er den selben etliche capitel nemblich das sechst vnd zehent Johannis gepredigt vnd vorgelesen Seyen da gewesen Er Nadler, Andre Stiglitz sein mueter vnd steffan zerer.

Andre Stiglitz ist auch montags nach Cantate zu der peinlichen frag ge-fuert vnd zwai mal ler aufzogen hat gesagt wie hernach volgt

Erstlich er sey mit andern defs freytags nach Ostern In defs Schneiders bey Sant Nicla behausung gewest vnd von In Schneider etlich ermanung vnd Regel zuer widertauff gehorig vernomen

Mer bekhant das er an Sant Georgen tag nachst nerschinen dem ge-dachten Schneider als ainen vorsteer widerumb angelobt hab In der wider-tauffer sect sich zu begeben vnd eingeleybt ze werden Doch hab Ime der schneider die freyhait gelassen woe er ervare das dise sect vngerecht sey mug er nachmaln wol widerumb dauon steen

Item sein mainung sey gewesen wo ain vorsteer alher khum demselben herberg ze geben vnd merern bericht von Im zu entphahen

Sagt das des Nadlers sun etliche eingebundne buehell so seines bruedern defs schreibers gewest vnd zu diser sect dinstlich sein zu Im genomen vnd haim tragen habe

Von andern vorsteern vnd Bruedern
gefragt x

Zum anndern ob Er niemands getaufft hab, geanntwort Nayn,

Zum dritten der vorsteer halben angestrengt, darauff bekenndt

Schullmaister zw wels Cristoff genannt sey mit ainem seinem Brudern Feundt Er getaufft sey worden In sein Behausung komen, wo die nachuolgend ausgezogen Wis er nicht,

Item ainer von Saltzpurg sey bei Im gewest, kunde aber nit wissen wie derselb haiss, ainen groben Rockh angetragen, ain lannge geratte person ainen groben parth x

Item seinen Son Stiglitzen gibt Er auch für ainen Vorsteer zuerkennen,

Burchart von offen sey vngeuerlich vor vier wochen, hie gewesen bey Zachariasn Ueherwegt gelegen, ainen Mezgkher in der ynnstat ain Ross ver-tauscht, von dannen auf augspurg gezogen

Zum vierten seiner mitbrueder halben angelanngt vnd dieselben anzaige

Bekhennd 9 person von Purckhausen so zw Im in sein Behausung komen,

Erstlich . n . Schuelmaister desselben schweher bed von Mauerkirchen purttig wolfganng welher schuelmeister zw purckhausen gewest ain Vorsteer

sein hausfraw, welhe alhie in disem Irsal bedretten ist des Grebmer sein hausfraw, Sigmundt Maurer daselbs.

Item Zwen weber aus der freinstat so neben Im gefennckhnufs ligen

Item Hanns schuester von Lynntz auch bey Im gewest

Item Wolfganng Pranthueber ain schneider bei sand Nicla Sagt Er hab vngeuerlich vor Martinj die widertauff angenomen, aber in diser Zerrüttung vnd
auffruer weckh gemacht,

Item ain schlosser gesel von Strafsburgkh bey der wengerin aufge-
hallten, ain bruder, wis nit wie Er hais, Sey auch der wengerin nit bewust.
Das Er in sollger verpuntnuss gewest sei

Feymel weber in der Ynnstat sein Hausfraw vnd ain Maigt, haben auch
die widertauff angenomen Sy seien aber danon wider abgewichen.

Item ain Weber knecht des Prannthuebers bruder auch bezaichennt.
Darnach pald aufser lannds gemacht.

Item ain schreiner von Rottenberg bey Im gewesen 1 kurtz Röckhl angehabt; Rote schlappen ausgetragen vnd gestrickht hauben mit gold gemacht
vnd vail vmbgetragen

Item ain laist Schneider sey auch bei Im gewest

Zum funfften was Er fur puecher hab, geanntwort, Das New Testament
ain Wibl vnd die profeten

Item zw den anndern artigeln der fragstuckhen nichts zeanntworten
gewust.

> Hanns glut von Scharndorff ist an Erichtag nach Blasy zw der
> strenngen frag gefürt vnd durch dieselb gesprecht worden hat zw
> den fragstuckhen geanntwort,

Erstlich wer Ine getaufft, oder wo dasselbig geschehen sej zaigt an Er
sey durch Lienharten weining ainen vorsteer am herbst negst verschinen bezaichenndt worden.

Zum andern der Vorsteer halben, zaigt an den Stiglitzen vnd Linharten

Zum dritten der mittbruder halben zaigt an ainen schuechmacher zw
Efslingen, Marthan arnold vor der stat zum hampach vnd paulusn frannckhen
doselbs.

Der anndern artigeln genugsam ermant aber zw der haubtsach der fragstuckhen dinstlichen nichts bekennen wellen Sey Ime vnd seiner hausfrawen
zu Efsling von wegen der widertauff die stat ewigclich verboten worden.

> Herman kheull Burger alhie ist an Erichtag zw der peinlichen Frag
> gefurt worden, aber derselben dizmall begeben vnd zw den frag-
> stuckhen geanntwort

Erstlich von weme Er getaufft geantwort von Hanns hutten vngeuerlich
vmb Bartholomej

zum anndern der vorsteer halben anzuzaigen ermant zaigt an thoman
ainen Briester ligt zw Crain gefanngen des von Hartegkh zum kreutzen
Phleger gewest vast ain lannge person

Item Ludwig hetzer zw Regennspurg 4 person getaufft nachuolgennds
auf augspurg gezogen

Item Schuelmaister von Wels vnd der zw Lintz auch ainer Schuelmaister
yon Purkhausen ist vngeuerlich bey acht tagen veranngen zw Obernperg gelegen wis aber nit was Er alda gehanndlt hat.

Zum Dritten der mitbruder halben

1 Vischers Son zw Lintz Priester hat seinen vattern vorm thor daselbs ain clains mandl an der person

Item ain Priester von Pechlarn vor 8 tagen hie gewesen auch ain klains mandl van dannen auf Nürnberg zuegezogen

Item ain teutscher schreiber zw Regennspurg ist noch doselbs.

Zum vierten ob er selbs niemands getaufft geanntwort Nayn

Zum fünfften was Er für puecher hab, geanntwort theologei 1 Testament, propheten 1 psalmpuechl.

Der anndern artigeln genuegsam Ermanet aber darauff nichts zeanntworten gewust.

>Margreth Sthernegkherin von Vilshouen purttig ist an Erichtag nach Blasy zw der frag gefurt worden, aber desmals gegen Ir nichts strafflichs gehanndlt worden hat zu den frag: geantwort

Wolfganng schuelmaister von purckhausen sey Ir Eruogt ains paders von Obernnperg Sone,

Erstlich wenn Sy getaufft Sej zaigt an Sy hab vngeuerlich vor gallj die Widertauff angenomen

Zw Obernnperg bei Ires Hauswirts mueter ain zeitt gewesen, vor 6 wochen doselbs weckh getzogen alhere komen vnd zum kewlen eingekert

Zum anndern der vorsteer halber angelanngt zaigt an Öder Linhart Hanns ain schreiber Burckhart von Offen. Anthonj ist auf wells gezogen

Zum dritten der mitbruder halber zaigt Sy an Seymel weber, in der ynnstat ain bruder aber des widerumben abgestannden

Item schneider zw sand Nicla sein Bruder die Prandthueber genennt, der anndern artigeln genugsam ermanet darauff Sy aber nichts bekennen wellen.

>Hanns des Stiglitz Sonn alhie ist an Mitwochen Mathe zw der peinlichen Frag gefurt worden vnd zw den fragstuckhen geanntwort
>ain vorsteer

Erstlich der tauff halben bekenndt Er hab Matheusn schuester, vnd vaiht pauchagkher getauft.

Item zw Perg Bej grein ainen Jungen gesellen

Zum anndern wer Ine getaufft Bekhenndt, Schulmaister von Wels welcher beim bekher zw herberg gewest in vnd sein bruder linhart getaufft

Zum dritten der Vorsteer halben angelangt darauff angezaigt Burkhart von offen ainenn lamen schenckhl

Item Hanns Vischer von Lintz ain vorsteer bei dem von Starhemberg ein schreiber gewest.

Zum vierten gefragt wer Ime den gewalt zetauffen geben hab geanntwort, Anthoni ain laistschneider hab Im beuelch zw tauffen geben hat ains dambs nicht ist newlich hie gewesen

Zum fünfften wer seine mitbrüder sein vnd wo Sy Ir thun auf ennthallten, darauf angezaigt dj personen so heroben fenkhlich ligen

Item Leopold von purckhawsen 1 schreiber

Item Hanns ain schreiber ain klains mandl vor 8 tagen hie gewest, bey dem keulem beherbergt gewesen ain schwartzen Rockh angetragen ist auf teckhendorf zuegezogen

Item zw vilshouen ain schreiber ain Curat 1 clains mandl ain schwartzen Rockh angetragen 1 clains Bärtl vor 8 tagen hie gewesn.

Item ain Junger weber gesell ist hie gewesen wis aber nicht wie er' haiss

Item her Caspar ain puechpinter 1 dickhs mandl ain schwartzen Rockh angetragen Newlich zw Ens gewest, mit meinem wissen zw steir gelassen, von dannen willens in Österreich zeziehen gewest

Zum Sechsten gefragt was Er für puecher habe geanntwort dj alt Lateinisch wibl das New testament

Item Hueber am Newmarkht ain teutscher schreiber sein hausfraw Bruder vnd schwester

Item zw Steir ain schmid gesell Jacob genennt arbait daselbs bey paulisen schmidt

Lienhart vnd Jacob die Bed zw Regenspurg an der Zerung gelegen Bruder

Item schneider zw sand Nicla Item gwrtler vnd gwrtlerin doselbs

Item der Curat zw Vilshouen Item zw scherding 1 Satler

Item ain Nadler bej dem pifanng gewest ist ain schlesinger

Item ain taschner gesel ist hie gewesen

Item ain paur aus der graffenaw ain pinter in herenstainer Lanndgericht seshafft ain lannger man ist doselbs durch seine brüder vertriben worden, der keul kennd in, dann Er ist bey Im vnd zum taschner beherbergt worden

Weither gefragt wo Sy Ir wonung gehabt geanntwort bey seinem Vattern, vnd dem taschner

Item Seymel weber in der ynnstat, bruder aber dauon abgelassen

Der anndern artigl genugsam ermanet darauff nichts sonnders Bekenndt.

Gabriel Riemschneider von Nürnberg ist an Mitwochen Mathe zw der peinlich frag gefürt vnd zw den fragstuckhen geanntwort

Erstlich von weme Er getaufft angezeigt Er sey vngenerlich 4 wochen an ainem sontag nach weyhennachten durch den schulmaister zw Purckhhausen getaufft worden in des Stiglitzen Behausung

Zum anndern gefragt wieuil der person so Sich tauffen haben lassen sein geanntwort bey 45 zesamen komen

Zum Dritten was Er für vorsteer wifs geanntwort

Item Her Gillig ain priester von saltzburg purttig ain Vorsteer den beuelh vom Linharten gehabt, vor 8 tagen auf Obernperg mit Ime gezogen, von dannen widerumb auf Saltzburg

Zum 3ten, wann Sy zesamen gekhomen wer In gepredigt geanntwort Lienhart hab Ine an Montag vor Ee sy gefanngen worden in seiner Behawsung 1 Predig gethan

Zum vierten was Er für mitbrüder wifs geanntwort Maister niclas zw saltzburg gericht worden

Item wolfganng zw Purckhausen, ain paur aus der graffenaw

Item Jorg ain taschner gesell bey Im gearbeit

Item Hanns 1 Dräxler von purckhausen hat kain nafsen.

Item Hanns thorn Nadler sein Hausfraw Item Stephann oxsentreiber

Item Stenglawer weber gesell bej wintzhamer gearbeit 1 Lannge person 1 Rotten Rockh angetragen

Item gregorius des schneiders knecht zw sand Nicla

Item ain schlosser gesel mit ainem pugkl ain Leberfarm Rockh angetragen,

Der anndern fragstuckh genugsam Ermanet aber nichts furträglichs darauff geanntwort

> Jorg Ruchler Burger alhie ist an mitwochen zw der peinlichen frag gefürt worden, Aber derselben dasmall begeben zw den fragstuckhen geanntwort

Erstlich gefragt von wem vnd wan Er getaufft sey worden geanntwort, vngeuerlich 4 wochen von Burkharten von offen bezaichenndt.

Zum anndern wann Sy beieinannder versamellt gewesen geanntwort, am Sambstag conuersionis pauli nägst verschinen sein Ir bey 30 personen in des Stiglitzen Behawsung gewest.

Zu den anndern fragstückhen nichts geanntwort dann Er ist aus Begnadung meines gn. herrn in die stuben dar Innen sein fürstl. gnaden ifst gefürt worden das Er sein Hanndlung lawter aufmerckhe was Ime bewust vnd volgends meinem Herrn zuestelle.

> Cristoff kindhamer ist an Mitwochen Mathe zu der peinlichen Marter gefürt zw den fragstuckhen geanntwort

Erstlich wann Er getaufft Bekenndt Er sey an ainem Sonntag mitsambt seiner Hausfraw ainem dwrlein Dorothea genant durch den hannsn Stiglitzen bezaichent worden

Zum anndern wer in darzue bewegt geanntwort sein knab paulus

Zum dritten bekenndt ain knab bein Seitz messerer hab Im vorgelesen, welher pueb der Bruderschafft wider abgestannden.

Zum vierdten wer seine mitbruder oder vorsteer sein, geanntwort vnd gesagt, Ainer von Saltzburg wis nit wie er haifs dregt ain graben Rockh an demselben doselbs sein weib getrennckht. Item ain weber aus der freinstat. Item die heroben gefanngen ligen. Item ainen teutschen schreiber am Newmarckht Hueber genant ist durch den Linharten in des Satlers Haus bezaichenndt, von seiner hausfraw wais Er nichts

Der anndern Artigel genugsam Ermanet darauff nichts bekennet.

> Achatz Haselberger ist an Mitwochen Mathe zw der peinlichen frag gefürt worden zw den fragstuckhen geanntwort.

Erstlich wer Ine getaufft, geanntwort. von Hannsen Hutten sein Er vmb mitte vastn negst verganngen, dartzue in dann seymel weber in des keulen behausung gefürt derselb des wider abgestanden

Zum andern der vorsteer, nichts geanntwort

Zum dritten der mitbruder die heroben sind angezaigt

Zum vierdten angezaigt Margreth sein Hausfraw Sei von wolfganngen schuelmaister zw Burckhawsen vngeuerlich vor 4 wochen in des keulen behawsung bezaichen worden, der andern artigl nichts zu sagen gewist.

Margreth des schulmaisters von Purckhawsen hausfraw ist an Phintztag dorothe zw der peinlichen frag gefurt worden doselbs gegeanntwort vnd mit Ir peinlich gehanndlt

Erstlich der vorsteer halben Sagt Sy Purckhart von Offen sei vngeuerlich vor 14 tagen zum Zacharias an der herberg gewest

Zum andern wo Sy an der herberg gewest, geanntwort zum keulen

Zum dritten Ires mans halben geanntwort Er sei ain Vorsteer, vnd von purckharten von Offen dartzue verordennt.

Item wen Er getaufft geanntwort den achatz Mezkhern alhie.

Item wo Er aufgelenndt sej geanntwort Er sey von dannen mit Wolfganngen gerbmer von purckhausen aufs seiner bewegnus in Behem gezogen.

Item wie die stat heifs dorein Sy willens gewest geanntwort Sy wifs nicht.

Item als Ir man von Ir getzogen, hat Er Ir gesagt, Souerr Er nit gefanngen werde, well Er sich in 14 tagen wider zw Ir alher verfuegen wo aber nit, So bederffe Sy nit annders gedennkhen, dann Er sei gefanngen,

Item zw den anndern fragstuckhen nichts geanntwort

Hanns Bamberger Nadler burger alhie ist an pfintztag dorothe gefragt worden zw den fragstuckhen geanntwort

Erstlich wer in getaufft geanntwort Er sei am Neuen Jarstag in des Stiglitzen behewsung von wolfgang schulmaister zw Purckhausen bezeichenndt worden

Zum anndern wer seine mitbruder sein geanntwort, ain clains mandl wis nit wie Er haifs 1 schwartz Pärtl sei ein vorsteer

Item die auf dem oberhaues gefanngen ligen angezaigt.

Item Seml weber, Burckhart von offen sein Son bezeichnt den schneider zw sand Nicla ainer Walthasar genannt.

Zum Dritten wie offt er beim proth prechen gewest geanntwort, zwaymal in des Stiglitzen hawsung

Item der Ine bezaichent ist mit dem Ebmer auf Beheimisch zuegezogen.

Item der schreiber am Newmarckht

Linhart ist bei 8 tagen hie gewest Ee Er gefanngen ist worden. vnd bej Im beherbergt

Item ain taschner gesell bej dem Stiglitz gewest ist mit ainem paurn aus der graffenaw weckh gezogen

Zw den anndern artigl nichts geanntwort

Hanns des Nadlers son ist an phinztag gefragt worden vnd geanntwort

Erstlich wann Er getaufft vnd von Weme geanntwort,

von Purckharten von Offen vngeuerlich vor 10 wochen bezaichennt wellher auf augspurg gezogen

Zum wievil in der Bruderschafft verwonndt geanntwort, bej 40

Zum dritten der mitbruder halben, geanntwort die heroben ligen 1 taschner gesel 1 Pauer aus der Graffenaw schneider von sand Nicla, sein knecht 1 graben Rockh ain zottes wamches 1 graben huet

Hanns ain klains mandl keulen vnd Stiglitzen vor 3 Wochen gewesn ist
weckh getzogen

Zw dem anndern nichts geanntwortt.

Freitags vor Liechtmessen, anno d. etc. 28.

Hat Lienhart Dorfbrunner von Weifsenburg in Aichstetter pistumb,
bekhent, es seye bei 4 jarn, das er zu Bamberg (zum) priester geweicht, hab
seinen tittl von den deutschen herren dasselbs zu Weifsenburg, hab sich am
ersten alda bei den deutschen herren aufgehalten, seye auch anfengklich zu
der deutschen mess daselbs khemen, er selb soliche auch gelesen, wie dan daselbs geboten und angeschlagen.

Von der tauf

setzt und helt er, das dieselb sey ein pundnus zwischen got und des menschen,
das auch die tauf den kindern mitzutheilen man aus der schrift khainen
beuelh hab, sondern allain denen, die da welten absteen von den gelusten
dieser welt und sich begeben wellen willigklich unter die gehorsamb gottes
und zu empfahen die tauf zu einem zeichen, das sy dem herrn wellen still
halten bis er sein gutlichs werkh an inen verbring, das heist, wie Paulus
Römer 6 spricht, alle die wir in Jesu getauft sind, sind in seinen tod getauft,
das wir hinfuran in einem neuen leben wandlen sullen durch die auferstehung
Jesu Christi. Sagt, das daraus folge, das die, so in der khindheit die tauf
empfangen, so sy des ewigen lebens tailhaftig werden wellen, widerumb
müssen getauft werden, von deswegen, das der kindertauf nit recht gewesen seye.

Gefragt ob er widertauft seye, hat er geantwort, er wiss nur von einer
tauf, die hab er ungeuerlich zu negstuerschinen pfingsten von Hansen Hutt
zu Steyr daselbs er bei einen messer schmidt gewest, das handwerkh gelernt,
in einem haus am markht empfangen; nachmalen hab er ime beuelch geben
vor der christenlichen gemain andern zu predigen und zu tauffen. die form
seiner predig ist, das er durch parabel gelernt und durch schrift, wie man
in einen unfruchtbaren oder mit dornen verwusten agkher nit säen sol, daraus
er anfürt, das der, so die tauff emphahen welle, zuvor sich der stünden ver-
zeihe und gentzlichen nach dem willen gottes zu leben sich underfahen, khain
andere gelübt hab er auch nit aufgenom, dan wie vorangezeigt, hab auch
khainen andern form zu tauffen gebraucht, dan das er nach gethaner predig
die leut gefragt hab, ob sy auch gelauben, das es der recht weg sey
und sy so dasselbs bekhandt, darein verwilligt und gern angenomen haben,
hab er sy in dem namen des vaters, sons und heiligen geist mit wasser
begossen.

Gefragt, ob mit Hut auch andern neben ime zu predigen und tauffen
beuelch geben hab, geantwort, das gedachter Hut einem genant Achatius aus
dem Frankhenlandt, Jeronymus von Romshofen ausm kloster und einen
Joachim genannt, gleichen beuelch geben hab, die drey aber seyen zu Saltz-
burgkh gericht worden. noch sey ainer genant Lienhart ein münich gewest,
wiss aber nit wo, der sey auch ausgesandt worden. wiss aber nit wo

er sey, hab aber wol gehört als er zu Augsburg gewesen, er solle in das Intal gezogen sein.

Hat weiter gesagt, seye von Steir auf Gmunden und von dan gen Saltzburg, dauon durch Wasserburg gen München gezogen, in gedachten Orten hab er nichts gehandlt bis zu München, habe er den Visirer und sein weib, Christoffen Schufler und n. Schachner den iungern getauft, die all vier zu München gefangen ligen.

Von dannen sey er gen Augsburg gezogen, daselbs ungeuerlich bei 5 wochen belieben, bei Benedict Khanner in der herberg gelegen, daselbs bis in die 1 C. personen getauft, hab sich fur einen klingenschmid ausgeben, aber das handwerck nit gearbeit.

Von dan wider gen München gezogen und als er gehört, das die, so er vor alda getauft hab, gefangen gelegen, sey er daselbs wider wegkh gezogen durch Wasserburg, Öting, Praunau und Scherding alher gen Passau khemen, ungeuerlich mitiches vor Conversionis Pauli.

Sagt es seye ainer zu Sand Nicla, ein schneider, getauft worden, genant Görg Pranthuber von Augsburg.

Zu Passau

ist er zu Herman Kheyl, welich sambt seinen hausgesindt hievor von dem Hutten getauft, einzogen, nachmalem zu dem satler der mit seinem hausgesindt durch den schulmeister zu Wells getauft ist worden, gangen, bei demselbigen gepredigt und getauft, nemlich die zwen Sporer, Christoffen Kheyl, ein ledige dyrn, wiss er nit wie sy haiss und sonst zwo personen, der namen er auch nit wiss. item n. teutschul schulmaister am neuenmarckht, Christoffen Kheyl. sagt es seye in der Instadt ainer genant Achatz Fleischhacker, der seye vormals getauft gewest.

Gefragt von dem sacrament des altars, er geantwort, er hab gelernt und gehalten das nur wein und prot und nit leichnamb und plut Cristi vorhanden sey, und so die gemain beiainander sey, prech der vorgeer und tail aus prot und wein dess sy zu ainer gedechtnus des leidens Cristi empfangen, ime ist auch, das die mess nutz und gut sey, aus der schrift nichtz bewist.

Er waiss auch von khainen sacrament, nuer allain von zwayen zeichen, der tauf und prechung des prots, weliche prechung, sagt er ein zaichen sein also, wie Cristus sich geprochen und diemüttigt hat zu dem willen seines himmlischen vaters, also sol sich der mensch prechen und aufopfern under den willen gottes.

Caspar Weinberger, ein lediger leinweber aus der Freinstadt, sag, er seye seinen handtwerch nach gein Lintz zogen, daselbs negstuergangen Khatherine von einem Jacob genant einem Meichsner, wiedergetauft worden, mitsambt ime auch ein schuchknecht, Wolfgang, genant bei seiner schwester Hanns Schuester geheifsen, gearbeit, dieselben alle auch widergetauft worden, alda zu Lyntz, auch n. Pruelmayr, ein burger daselbs und Sigmund Khuefner und sein hausfrau in solicher irer bruederschaft seyen. am negst vergangen mitichen nacht wil er gen Passau khumen auf der weber herberg, nachuolgent bey der Rindthaymerin messnerin alhie übernacht gelegen darnach zu dem Stiglitzen Satler khumen, desselben sone Hans genant, inen die epistl an die Thessalonienses gelesen, aber Lienhart seye nit daselbs bey

inen gewesen, sonst ir bey 9 oder 10 zusamen khomen. gefragt was ir furnemen gewest, so sy uberhandt genommen hetten etc. darauf er nichtz bekhendt, daran etwas gelegen. etc.

Steffan Sporer von Puechau bey Praunau sagt, er seye an dem negst-
vergangen sontag von einem, genant Lienhart, so sy also gefangen widergetauft worden.

Hanns Staillberger, leinweber, aus der Freystat bürtig, sagt er seye an
negstuergangen s. Valentinstag post Epiphaniae zu Enns bey einem maister
daselbs durch zween sein mitbrueder, so im von der Arbeit genomen und er
mit inen umb die stat gegangen, getauft worden khünne sy aber mit namen
nit nennen, wiss auch nit wohin sy khomen.

Sambstags negst vor liechtmessen 28.

Ist abermals Leonhart Dorfbronner an strenger frag gefragt worden,
wes ir furnemen, anschlag und maynung gewest, so sy mit irer sect hetten
überhandt genomen.

Hanns Reichemperger, burger zu Passau, gefragt wer inn getauft hab,
er geantwort, Hanns Hut hab im beilauffig auf negstkunftig Ostern ein iar
vergangen ine und sein hausfrauen in des Hansen Lebzelters haus am neu-
marckht getauft, mit sambt dem Görgen Neuspitzer, weilend burger alhie, so
aber hinwegkh, wis aber nit wohin gezogen.

Auf den andern artikl, er hab niemanden getauft, khum es auch nit.

Auf den dritten articl wiss er nichz zu sagen.

Auf den 4. articl wiss er dermassen auch nichz zu sagen, zum letsten
aufserhalb der stat angezeigt den Wolfln, schneider zu s. Nicla und sein
brueder.

Souil und nit mer hat er zwiemal aufzogen bekhendt, ist auch als gar
einfeltiger red und antwort vulgo matt.

Herman Kheyl, auch burger zu Passau, auf den ersten articl bekhendt,
es hab ine Hanns Hut in seinem haus sambt seiner hausfrauen und einer
köchin so ietz zu Augspurgkh sey umb negstuergangen sant Bartholomestag
getauft, wiss khainen gesellen in der stat, dann zu s. Nicla seye Wolfgang,
schneider und n. gürtler daselbs auch in der stat oder gesellschaft, auch ein
succentor in das Vilsdal gezogen in einem leberfarbnen rockh und einen
schwartzen pertl, Hans genant.

Auf den andern articl, bekhendt er, seye ein gemainer aufgeber des
geltz gewest, habe noch desselben geltz in seinen tisch, etwo bey 12. s. d,
aber khainen nie getauft, auch nit gekhundt.

Auf den dritten articl wiss er nichtz, zum vierten und fünften nichz.

Item bekhendt, das ine Burkhart von Ofen (vertriben) mit einem krumpen
schenkhl zu einem aufgeber verordent worden. dieser auch zwiemal hertigk-
lich aufgezogen, sonst nichts bekhent.

Hanns, des Stiglitzen sone, auf den ersten articl bekhendt, ein schulmaister zu Wels und Leonhart sein brueder zu Lintz haben ine in einem
wirtzhaus gegen dem Aichlperger über einer khamer, das aber wirt nit gewist, getauft, sonst nyemanden mit ime ungeuerlich umb Micheli negstuerschinen beschehen, habe seinthalben alhie in der stat nit sovil gewist als
er an gestern gesehen, aufserhalb der stat wisse er den Wolfgangen schneider

habe alhie Mathesen schuester und untn Paumhauer ungeuerlich bei 5—6 wochen beschehen, getauft.

Item zu Perg bei Grein einen iungen gesellen getauft, item zu Wells bei 13 getauft. item zu Enns bei 20 getauft.

Den gewalt zu tauffen haben ime främbde brueder von Regenspurg gebracht und zween ander vorsteer. auf den dritten articl gesagt, er habe khein register, hab auch nie gehört, das es die andern aufgeschriben hetten. die getauften zu Wells und sonst ist er erbütig mit namen anzezeigen, sonst hab er khain zetl.

Nachdem er innigklichen waich, ist er nuer einmal aufgezogen und gar unmechtig worden.

Vermerckht ettlich so man der tauff halben beisein herrn marschalhs, canntzlers, burgermaisters, richters und rats gutlichen bemert und befragt wie nachuolgt.

Erstlichen Lienhartn Stiglitz, zeigt an, sey nach dem beuelh Cristy so Mattheus am ailfften lere, well das aber wandl haben, wo es geschriben stee, getaufft worden: man sol dem volckh predigen, glauben lernen und darnach tauffen lassen. er sey innerhalb und bei sechs wochen taufft worden, nachdem er dy predig gehört hab, von ainem, sey ain weber und ein burgersson alhie, haiss Öder sein zuenamen. er hab niemant taufft, von unser ersten tauff halt er die nach dem beuelh Cristy und anders nit. hat anzaigt in der bruederschafft:

Herman Keiln, den blindten taschner, bey Alexien-Winkler, Bernharten Nadler, mer der ander Nadler, des Khumhamers schwager, Christoffen Kumhamer, sein weib und einen kleinen puebn, Bernhart Nadlers sun und tochter, Wölfl schneider und ainen girtler von sand Nicla sambt seim, girtlers, weib, Reichnweger, leinweber, Jörgen Ruhler, Praunsmans aidam, Wolfgang Sporer und seinen brueder, so bey ime arbait, Achatzen Haselberger und sein weib Lienhart handtschuechmachers pueb, des Seitzen pueb und Christoffen Keil.

Haben kainen anndern pundt under inen, den das sy mit ainander bruederlich tailn, und welcher nit hab, dem tailt der annder mit. So ein musgeer frumb ist und erzaigt sich inen, so tailn sy ime auch mit, der girtler zu sandt Nicla sey kranckh gewest und auch ir brüeder, dem haben sy mittailt.

Sy haben oder begern kains frembden gut under inen allain, was ir sey, das tailt ainer dem anndern mit, und der Keil sey ir ausgeber.

Sy wellen niemant unrecht thun oder begern solchs zethun, allain gott ze dienen.

Dy predig sey bschehn bey ime, Stiglitz, und Herman Keiln, und das wort gottes sey inen furgehalten worden.

Ir erster maister und anfacher sey zu Wels, ain schulmaister gewest und haiss Christoff, ein lange person, sein hausfrau sun und tochter auch ehalten sein all in der Gesellschaft.

Die tauff sey dermassen, das man sy tauff in dem namen des vaters, suns und des heilign geists und mach ime ain creutz mit ainem nassn finger an dy stirn.

Herman Keil sagt, er sey ainmal taufft, hab sein gleich genug und taufft worden, da er ain kindt ist worden und nach dem beuelhd Cristy, und der in taufft haisst Hanns Hutt, den hab man zu Augspurg zu tod gereckht, hab sein weib auch tauffen lassen.

Ettlich prueder: Achatz Fleyschhagker, Reichmverger, weber, Seiml, weber, und die, wie vorgemelt.

Hab offt ainen auss bruederlicher lieb essn und trinckhn geben, der nichts gehabt, desgleichs ain patzen oder mer darzu. er sey aufgaber gwest, hab auch niemandt taufft, es sey kein register vorhanden, oder das sy einschreiben wer dy brueder sein.

Man hab predigt in sein und des Stiglitz haus, halt von kainem sacrament nichts, denn wie es Cristy beuelh, halt von unser tauff, wie es Cristus beuolhn und anderst nit, weil derhalben ein capitl oder siben zehne anzaigen, haben kain pundtnuss under inen gemacht yemandts args ze thun oder unrecht. — So er ain jung kind dasselb nit tauffen gelassen, dann bis er zu der vernunfft kem.

Wolfgang Sporer zaigt an, hab sich an nechst vergangem suntag tauffn lassn, und der in taufft sey von Prinn (Brünn) heiss Lienhart, sein freier will hab ine darzue pracht zum satler sich tauffn lassn, sein weib hab ime das gewert, er sich aber nichts daran kert, sy helltns bruederlich mitainander, wenn ainer nichts hab und bitt, so tailt man ime alls ainem brueder mit. sein brueder hab sich auch mit ime tauffn lassn, welln auch arbaiten wie vor, kainem nit unrecht thun oder umb das sein laichn. wer ime aber ainen anndern oder pessern weg zaigt, denn der sey, dem welle er gern geleben. hab das abentessen noch nit genomen, sey souil dabey nit gewest.

Hanns Stiglitz, sattlers sun, er hallt allain von der tauff Cristy und sey auch taufft nach dem beuelh Cristy und ordnung. wiss der namen nit, so ine taufft sy seien nit alhie, hab niemant taufft aber unnderwisen hab er sy des wort gottes, hab niemandt frembden hieher bracht, das gotzwort hab er gelert und seinen brüedern das fürgehalltn, halt auf die tauff nichts, so ainem erstlichn in der kindthait beschicht. Sy haben kain puntnuss nit anderstn, dan wie es Cristus mit seinen aposteln gethan hab, denn got wil uns cristen, nit haiden und türckhn haben. hab nit sin, das sy das, so sy haben nit verzern welltn und was Cristus vom sacrament gehaltn, das halt er auch, hab kainen brueder nit eingeschribn, warumben wolt man denen, die das reich gottes begern, seine wort nit anzaign und wissn machn.

Kathreine, ain dienstmaidl bey Wolganngen Sporer, bstet hab sy tauffn lassn und ainen iungen gsellen, so auch bey inen ligt, beschehen zum satler im haus. hallt nichts von unser tauff, dieweil ander leut nichts davon halltn, man predig und sag ine von Cristy und seiner ler, wen ainer kem, ain brueder, der nichts hiet, wolt sy ime, souer er das begert mittailn, was sy het. sey nit mer dann viermal bey den bruedern gewest und man halt ine das gotzwort fur. sy halltn vom sacrament nichts, allain, wie Cristus mit dem abentessn gethan, sy habs ainmal also genomen und der Hanns Stiglitz halt ine das fur und geb ine solhs als ain vorsteer.

Reichenwerger, leinweber, er sey taufft, da er ain kind worden und getaufft worden, nach beuelhd Cristus. Hanns Hutt ainer genant hab ine getaufft, sey beschehn in des Hans lezelters haus. hallt von der kindstauff
nichts, dann ain kindt kan nit glauben, sy verpinden sich zusamen in guetem
und nit ze übl, so ainer ain überfluss hab warum wolt er es nit ainem anndern seinem brueder geben und mittailn. wen ainer nit arbeiten kan, so mues
er das lernen, damit er sich auch gottes beuelh nach ernern meg und so ir
schon vil wern, so welltn sy bleiben und leben in frid. wie obgemelt Hanns
Hutt hab ine erstlich zu solchem pracht und das wort gottes furgehaltn,
sein knecht sey auch getaufft worden der tauff halben, wie Cristus spricht zu
den apostln geet hin in alle welt und verkundt das wort gottes und wer
glaubt und wird taufft, der ist heilwerttig. Hans Hutt hab ime das abentessn nach vermög und beuelh Cristus gebn und aus ain glass ze trinckhn
geben, sey zu dem satler oft gewest und dem wort gottes so frembd, auch
des satlers son inen furgehallten, predign hern und sagn, wie Cristus das
sacrament hat eingesetzt, also hallt er das auch.

Jorg Ruhler, Praunsmans aidam, hab sich ungeuerlich bey vier wochn
verschinen tauffn lassen zu Hermans Keiln [haus] und der in taufft haiss
Burgkhart von Ofen. hallt von der kindertauff nichts, dann sy haben kainen
verstandt, hab das abentessn ainmal nach dem beuelh gottes emphanngen,
sein hausfrau wiss umb sein tauff nichts, sy brueder wellen den allmechtigen
gott eren und lobn, weder schelltn und fluechn oder ander pess stuckh tan.
sy haben kainen andern punt nit, denn wenn ain armer brueder zu inen
kumbt, der nichts hat, dem tailn sy die gleichhait nach irem vermögn. haben
kainen punt oder contract nit gemacht, so ir schon vil wurden, yemandt pöses
laids ze thun, nemen oder beschwern, halt von kainem sacrament nichts, allain
wie der beuelh Cristy aufweisn und leren ist.

Maister Mathes, ain schuster, sey neulichn durch ainen, so er nit kennt,
haiss Wolff getauft worden, wiss umb die erst tauff nichts, zum Keiln sey
er getaufft, hab auch wie Cristus beuolhn, das abentessen geessen und genomen. Sy haltens bruederlich mit ainander, wer sy anderst tauffn last,
welcher nit hat, dem gibt der ander und tailt mit ime, und so nymer gellt
vorhanden, muess man arbaitn, denn Cristus lernt kainen feirn. wiss von
kainem sacrament, allain von dem abentessn und wie der beuelh Cristus
vermag.

Cristoff Krunhamer sagt, er hab sich bey 14 tagen lassn tauffn, haiss
brueder Lienhart, sey ain briester gewest, der in taufft, der himlisch vater
hab ine zu solchem bewegt, auch die wort und ler Cristy. hallt von der erstn
tauff nichts, desgleich von sacrament nichts, allain wie der beuelh Cristus
vermag und was er hab, das sey nit sein sunder seiner brueder, und wenn
sich kainer tauffn last, so geb er ime nichts. er hab das abentessn wie Cristus
beuillt auch genomen und geessen. er, Kunnhamer hat ainen klainen pueben
zaigt auch dermassn an, wie Kunnhamer bey 10 oder 12 jarn alt.

Brueder Lienhart, sey sechs meil wegs von Nürnberg dahaimbt und ain
priester zu Nürnberg gewest, bey vierthalbn iar, er hab gemaint, er sey
erstlich, so er aber ietzt befindt und solhs wider got ist, auch unrecht, sey
er von solch pösem weg abgestannden den rechtn weg zu der warhait an sich
genomen, hab bey vierthalbem iar mess gelesn, es reu ine aber, dann es un-

recht sey, hat viel capitl anzaigt. er hab ir auch nit viel getaufft, des reu inen, das er so wenig getauft, hab dise ler zu München auch getribn, er wolt er hiet die ganntz wellt also dermassn taufft.

1528. Juni 19.

Ernst etc.

Vnsern gunstlichen grus zuuor Edler besonder lieber Alls vns vor wenig tagen ist angezeigt worden, wie etlich widertaufft personen in dem marckt Engelhartzell zu fenckhnus gebracht seyen, vnd das eur furnemen sein soll dieselben hinab füren zelassen, haben wir euch warhaftigen bericht gethan, wie nach alltem bisanher stat erhaltenem gebrauch dieselben personen (nachdem Engelhartzell in dem landt vnd hochgericht vnsers stifts herschaft viechtenstein on mittl gelegen) aus demselben marckt alls ainer hofmarch in dasselb vnser landtgericht billichen geannwurt sollen werden, wie dann solhes vor allemaln on widerred gehalten worden vnd meniglich derenden kundt vnd offenbar. Nun ist aber solhes mit disen gefangnen nit beschehen, noch vns von euch antwurt zukhomen. Demnach vnd dieweyll Sy alls vmb ain hoch malefitz billichen in das berürt vnser lantgericht Vichtenstain wie von allter ye vnd allwegen herkhomen geantwurt sollen werden. So ist hiemit vnser genedig vnd gütlich bitt an euch, Ir wellet vns an solhenn vnsres stifts allten rechten vnd gebrauchen khain betrubung noch verhinderung thun, sonder eurs furnemens dieselben hinabzeführen absteen, Des wellen wir vns der billichait nach zun euch versehen, vnd mit allem genedigen nachbarlichen guten willen vmb euch gern beschulden, begern hierauff nur schrifftlichen antwurt, ob Ir solhem vnserm zimlichen ersuchen statthun wellet oder nit damit wir vns darnach haben ze richten Datum Passau am 19. tag Juny Anno 28.

An landshaubtman ob der Enns.

Ist am Montag Achatij bei Herrn Oswalden Caplan zu sand pauls herabgeschickt.

1529, 28/8 Linz.

Von gottes genaden Ernst Administrator des Stiffts Passaw.

Phalntzgraue bei Rhein, Hertzog in Obern vnd Nidern Bayern etc. Vnnsern grus zuuor Ersamer lieber getreuer, Wir sind bericht das ain Dirn der Widertauff halben, zu Ort in Fenckhnus ligeñ, vnnd solher Irer Irrung wider abzusteen, vnd der Christlichen kirchen versunt zu werden, begern soll, deshalben wir ersucht worden, Dir zu beuelhen das du Sy zu Christenlicher pus khomen lassest etc., dieweyll wir aber gelegenhait der sachen nemlichen wie lanng Sy in solher verfürung gestannden, vnnd wie Sy sich dar Inn gehallten vnnd was nach hinfüran Irem erzaigen nach bei Ir guts zu uerhoffen oder vbells zu besorgen seye nit wissen megen so beuelhen wir Dir hiemit das Du Dich zu der Dirn verfügest vnnd Sy deshalben besprächest, auch vnns darauff aller gelegenhait nemlichen wie Sy geschickht sej, wie lanng auch Sy in solher Irrung gewest, dergleichen welhermassen Sy sich dar Inn

14

gehallten, vnd annderer notdürfftiger vmbstannde aigentlich berichtest damit wir darnach zehandeln wissen, daran thustu vnnser mainung. Datum Lintz an Phintztag nach Bartholomej Anno CCVIII.

Die Aufschrift lautet:

Dem Ersamen Priester vnnserm liebén getreuen Johansen Allthamer. Vicarien zu Münster.

1529, 30/8.

Hochwirdiger, durchleychtiger, hochgeborner fürst. genädigister herr. Euren fürstlichen genaden seint mein Emssig furpitt zu gott, mit vnderdonnigen diennst, in aller gehorsam alzeytt zuuor an beyaytt. Ewrn furstlichen genadn schreybn mir ainer diern halben. so zu ortt von wegen der verfuerischn vnd khezerischn witertauff In fencknufs einkhumen, gethan, vnd Nun aber die selbig solchs Irs Irtumbs abzusteen vnnd der Christlichen kirchen versuentt zu werden begerens. auch wellicher gsalt E. f. gn. ich deshalben vndericht thuen solle, hab ich gehorsamlich empfangen. vnnd mit vngesparten fleyfs nach lengfs vernumen: mich auch dar auff zu der selbigen diern gein örtt verfuegt, vnd so weytt mit Ir beschpracht. das sy In sollichem Irtumb vngeferlich zu der zeytt. vmb das fest corporis christi. Jungst verschinen durch vber redumb ein gefallen, vnnd bey achtagen nagst darnach gefangen worden, auch das sy Nyemantz mit Ir sollichem Irtumb anzuhangen, zu bereden oder bewegen sich nyx vnderstanden, noch ainnygerlay sach daraufs sich wafs pöfs zu sorgn angericht, sunder sich Nun an mit an Nemen sollicher widertauff geIrrt habe bekhenntt, vnd In die gemaynn der heyligen Christlichen khirchen aufgenomen werden begertt sich auch furan vor der gleychen vnd ander Irtumb auffs höchst zu uerhuetten. Den sy auch ein Junge person vngeferlich in die XVI Jar alt ains schlichten ainfaltigen verstands vnd meins achtn khains pössen bei Ir zu besorgn ist. Des ich dan E. f. gn. auff derselben genädigen befelhen, weyter zu handln wissen zu grundlicher vnderricht hiemit anzaygen vnnd E. f. gn. mich in vnderdänigen gehorsam alzeytt befelhen thue mit diemuettigen pitt bei antwurttet dis brieffs wefs ich mich weyter hirIn halten solle genädiger vnd geschryftlicher antwurdt Datum Munster am montag vor egidij anno 29.

E. f. gn.   vnderdäniger gehorsamer

Joannes althamer vicarius
In munster. manu propria

Dem hochwirdigen, durchleuchtigen, hochgebornen fürstn vnnd hern. hern. Ernnst. administrator des Stiffts passaw. phaltzgraue bei Rein. Hertzogen In obern vnnd Nideren Bayern Meinem genedigisten Herrn.

1529 1/9 Lintz.

Ernst etc.

an den Besitzer von Ort H. Wolf von Stauffenberg.

Unsern grufs zuuor. Edler lieber getreuer, Alls Ir vns jüngst hieuor von wegen einer dirn so der widertauff halb in eur fenkhnus ligt vnd Ires Irtumben abzesteen vnd christenliche bus zu empfahen bereit das wir dem pfarrer zu Münster beuelh geben wollten, damit Sy zu bus, alls in gleichem fall mit ainer zu Gmunden auch beschehen wäre, aufgenomen würde, ersucht habt vnd aber wir aller gelegenheit ainer d . . . ., gewest die vns dann in des bemellten pharrers schreyben an heut zukhomen sich nit woll geburen welle dieweyll Bäbstlicher heylikeit . . . yetz alhie an der hant ist vns solhe füll anzemechtigen, dann wiewoll wir hieuor damit die widerkerenden dester leichter zu bus komen. ein indultum der absolution von Bebstlicher . . . . erlangt, so ist doch derselb . . . . . . gemessigt, allso das wir . . . . so were . . . dennoch haben wir euch zu-gefallen vnd der armen dirn zu gnaden mit dem Bebstlichen vicarius han-deln, vnd Ine ersuchen lassen, das er sich in dem fall gutwillig erzeige das er sich dem souill Ime gebüren welle gutwillig erboten, Darauff mocht Ir die sache bey gemellten legaten ersuchen lassen. Dabei würde man vnsers verhoffens guten bescheid finden, was wir denn genediger guter furderung darInn thun mogen sind wir auch geneigt vnd willig, wollen auff eur schreyben genedige

Datum Lientz am Mittwochen Sant Egidientag Anno 29.

Dem edeln vnserm lieben getreuen Wollffen Hern zu Stueffen-berg zu˅Ort.

Die Aufschrift lautet:

An Herrn Wollffen von Stueffenberg einer dirn so zu Ort der widertauff halb gefangen ligen

Anno 29.

NB. Das Original ist derart verblafst, dafs sich — abgesehen von der sehr schlechten Schrift — manche Worte absolut nicht mehr entziffern lassen. Es wurden in vorliegender Abschrift die unleserlichen Stellen durch Punkte bezeichnet.

1530 8/1 Passau.

Wollgebornen etc.

Wir sind yez in abwesen des hochwirdigen durchleuchtigen hochgebornen fursten vnsers gnedigen Hern zu Passau etc bericht, wie kurzuerruckter zeit ain namhafte anzall der widertauffer zu Lintz fenckhlich angenomen seye, vnd noch daselbs in fenckhnus enthalten werde, vnder welhen ain schneyder Wolff Pranthueber genant so etlich zeit vor diser stat in der hofmarch bej sant Niclas gewont, auch ainer sein soll, dieweyll dann derselb schneyder, alhie in der stat, auch diser orten auff dem landt mit verfürung des volcks gros vbel gestift vnd das gift seiner verfürischen leren so manigfaltig ausgossen hat, das wir aus vill anzaigungen besorgen müssen, wo nit mit guter fursichtigkeit dawider gehandelt werde, es mochte solhes vbel alhie vnd an andern orten vnsers gnedigen Hern gebieten abermaln wie uor einwurzeln, welhes aber wir souill an vns ist gern furkhomen wellten, in massen wir dann von vnsers genedigen hern wegen zethun schuldig sind, So ist demnach, vnd in ansehung das auch die khunigl ich Majestät, zu Hungern vnd Behem vnser genedigister her verschiner zeit an vnsern genedigen hern zu passau in sonderhait begert hat, das sein E. g. Ires thaylls moglichen vleys furwenden sollte, damit solh Irrung ausgereut werde, an eur herlichkeit vnser vleifsig bitte, die welle vns bej disem vnserm boten, des gemellten Schneyders vrgicht oder bekhantnusabschrift vnd ob auch der andern gefangen ainer oder mer ichts bekhent hetten, so vnsers genedigen Hern vnderthanen beruert dauon copej zu schickhen, damit wir vns in notdurftiger fursehung darnach richten mogen, das wellen wir vmb eur herlichkait mit vleys verdinen, auch desselben von des besten wegen nit verhalten, das vns angezaigt wurdet, wie im land ob der Enns nemlichen in der pharr zu Puhl noch etlich widertauffer in täglicher übung sein sollen, das gemain vnuerstendig volck von dem rechten christenlichen glauben abzuwerffen, vnd in Ir ergerlich verfürung zebringen, dagegen aber eur herlichkeit wie vns nit zweyfellt die notdurft ze handeln woll wissen vnd genaigt sein wurdet, wollten wir derselben bester maynung nit verhalten Datum Passau an Sambstag Erhardj Anno cccmo

vnsers etc.
An Landshaubtmann etc.

Die Aufschrift lautet:

An den Landshaubtmann zu Lintz von wegen der widertauffer Anno cccmo

---

1530 Budweis
10/1

Wir Ferdinand von gotes gnaden zu Hungern vnnd Behaim etc Khunig. Infant in Hispanien, Ertzherzog zu Österreich, hertzog zu Burgundj etc Römischer kayserlicher Majestät im heiligen Reiche Stathalter. Embieten dem Erwirdigen hochgebornnen fürsten vnnserm lieben Vettern hern Ernnsten Administrator des Stiffts Passaw, Phalnntzgraue bey Rhein hertzogen in Ober vnd Nider Bairn. vnnser lieb vnd fruntschafft. Erwirdiger hochgebornner Furst. lieber Vetter. Es ist kurtz verschiner zeit in vnnser Statt Linz, ain widertawffer vnd vorsteer, mit namen Wolfgang Pranthueber, ain Schneider von sand Niclas bey Passaw fencklich eingebracht, des vrgicht vnns furkemen, dieweil wir dann aus derselben befunden, das benanter vorsteer auf etliche, die Er zu Passaw in einem Wald, — Hintzinger so nu schon gericht worden, — Drächsel vnnd Steffan des Bernhardten kramers Sun, in die verfuerisch Sect eingewickelt vnd getaufft hab. bekennt, vnnd wir E. L. aus freuntlichem nachperlichem vnd vetterlichem willen nit gennen wolten, das die ketzerisch Sect in Ewr lieb Stifft vnnd Statt Passaw verre einbrechen, oder vberhanndt nemen solte. So haben wir E. L. solhes

also gegen widergleichung in solhem fall fruntlicher maynung nit vnange-
zeigt wellen lassen, Geben in vnnser kuniglichen Statt zum Wudweis am
zehennden tag Januarij. anno im dreifsigisten, vnnser Reiche im vierten.

Ferdinand.

H. Wising.

Die Aufschrift lautet:

> Dem Erwirdigen Hochgebornnen Fürsten vnnserm lieben vettern
> Herrn Ernnsten Administrator des Stiffts Passaw Phaltzgrafn
> bei Rhein Hertzogen in Ober vnnd Nider Bairn in abwesen
> seiner lieb Räten.

Zur Seite steht:

> khunig Ferdinands von wegen der widerteuffer so zu Linz ge-
> fangen worden vnd nemlichen Wollfgang Pranthuebers Schneyders
> zu sant Niclas.
>
> praesent. an Montag vor Sebastiani
> Anno cccmo.

1530 12/1 Lintz.

Mein diennst In guetem willen zuuor. Eur schreyben, so Ier mir, aines
Schneiders halben, Wolffganng Prannthueber genant, der verschiner zeyt, von
wegen der verfuerischen Sect der widertauff, sambt anndern, denen Er dieselb Ergerlich Lere vorgepredigt, auch etlich aufs Inen darzue bewegt hat,
alhie zu lynntz In vencknus kumen, vnnd auff solich sein böfs geübt übelthaten die Execution überstannden, hab Ich, sambt Eurem bett, Euch desselben Prannthuebers bekantnus (. demnach Er sich ain zeyt lanng zu
Passaw enthalten, vnd derselben orten auff dem Lanndt mit verfuerung des
Volcks, grofs übel gestifft hat.) zu berichten, vernomen. Vnnd schick Euch
hierauff aufs genants Pranndthuebers bekanntnus ainen Artiggl, wenn Er
vmb Passaw, Auch an was orten doselbst vmb Er getaufft, vnd In sein
Ergerliche Sect pracht hab, wie Ier an solichem Artiggl hie Inn verflossen
vernemen werdet.

Dann alls Ier In angeregtem Eurem schreyben vermellt, wie Euch anzaigt worden, das die obberurt ketzerisch Sect In disem Lannde, In der
pfarr zu Puehl, durch etlich widertauffer noch teglich geübt werden sulle,
Darauff Ich zu stunt den obrigkaiten derselben orten, auff solich verfuerisch
personen, guette kuntschafft zu hallten. Vnnd Sy zu vencknus zu bringen,
vnnd verrer gegen Inen wie sich gebuert zu uerfaren beuolhen, des Ich Euch
also auff das angezaigt Eur schreyben vnangezaigt nit lassen wellen, Datum
Lynntz am mitwoch nach Erhardj. Anno Im cccten.

Ciriac Freyherr zu Polhaim vnnd Wartemburg,
Lanndshaubtman In Österreich ob der Enns.

Auf einem inliegenden Zettel heifst es:

> Auff den dritten Artiggl hat Er bekennt wie Er zu passau in
> ainem Waldt, Steffan, des Liennharten kramers Sun, ainen Dräxl,
> vnnd ainen mit namen Hätzinnger, so doselbst zu passau gericht

worden. Auch etlich mer der namen, auch wo Sy hin khumen sein, nit anzuzaigen gewefst, In die verfuerisch vnnd ergerlich Sect der widertauff eingeslossen, überredt, vnnd getaufft habe.

Die Aufschrift lautet:

> Des hochwirdigen Durchleuchtigen vnnd Hochgebornnen Fuersten vnnd Herrn, Herrn Ernnsten Administratorn des Stiffts Passaw, Phaltzgrauens bey Rhein, Hertzogens In Obern vnd Nidern Bayrn etc. meines gnedigen Herrn, Hoffmarschalh vnd Räten, meinen gueten Frevnndt.

Zur Seite steht vermerkt:

> Haubtmans zu Linz antwurt von wegen der Widertauffer.
> präsent. am Freytag vor Anthonij anno cccmo.

1531 14. marzj Budweis.

Ferdinannd von gots gnaden Romischer zu Hungern vnd Beheim etc kunig Infant in Hispanien Erzherzog zu Österreich etc.

Erwirdiger hochgebornner Fürst, lieber andechtiger. dieweil wir glawbwirdig bericht sein worden, wie sich die verfuerlich aufruerig Sect der widertauf, von newem erregen, vnnd in vnnsern Niderösterreichischen Lannden einreysen vnnd anfanng gewinnen wollt. Vnnd vnns aber dieselb zugedulden, oder angeen zu lassen, nit gemaint noch leidlich ist, So haben wir aus Cristenlichem gemuet, vud aus dem, daz wir vnns als ain Cristenlicher Fürst. darzue schuldig erkhennen, von newem, an vnnser Niderösterreichischen Erblannden, auf solh widertaufferisch personen mit allem vleis achtung vnnd khundtschafften gehallten, wo Sy betretten, zu fennckhnus bracht, vnnd gegen Inen, nach ausweisung Römischer kaiserlicher Majestät etc vnnsers lieben Bruedern vnnd Herrn, Edict. Auch vnnser selbst General Manndaten. vnnd anndern Beuelhen hieuor ausganngen mit ernnstlicher straff gehanndlt vnnd verfaren werden sol. Dieweil dann nun vil personen von Frawen vnnd Mannfsgeslecht, etwo Jugent, oder vnuerstanndshalb. in disem Hanndl verfuert. vnnd zu der Sect beredt vnd bewegt werden, die villeicht, wo Sy guetlich, mit Cristenlicher leer vnnderweisen, dauon stuennden, solh Irrthumb verliessen, vnd sich als Cristennlich lewt hiellten, daz auch in angerurten kayserlichen Edict, auch vnnsern aigen General Mandaten, vnd andern Beuelhen, denselben gnad zuegelassen, vnnd die straff des lebens gemildert wirdet. Vnnd dann auch die also angezaigten massen verfuert mechten werden, nit vnwissent, vnnd an Cristenlich vnnderweisung, in dem Irrsall beleiben, noch deshalb, in die ernstlich straff des lebens fallen. So ist vnnser freundtlichs vnd gnedigs begern, Dein Andacht welle als ain geistlich obrigkhait in den districten vnd gebieten, die Deiner Andacht in vnnsern Niderösterreichischen Lannden gehören, etlich verstenndig, gelert, vnnd der heiligen geschrifft Khunndig personen verordnest denselben beuelhen vnnd ordnung geben, so Inndert widertewfferisch betretten vnnd gefanngen wurden, damit Sy die, von derselben Irrigen Sect, mit gueter Cristenlicher leer zuweisen guetlich versuechen vnnd vnndersteen, vnnd Iren pefsten vleis dar

Innen gebrauchen, wie dann dein Andacht solchs zum pefsten vnnd notturff-
tigisten zu bedennckhen vnnd zuuerordnen wirdet wissen. Auch von Ambts-
wegen schuldig sein, daz wellen wir darzue vnnsern halben gern freundtlich
beschulden. Geben in vnnser Stat Beheimschen Wüdweifs den XIIII^{ten} tag
Marcj Anno im cccj vnnserer Reiche des Römischen im Ersten vnnd der
annderen im Fünfften.

Ferdinand

Ad mandatum domini

Regis proprium.

Die Aufschrift lautet:

> Dem ,Erwirdigen hochgebornnen Ernnsten administrator des
> Stiffts Passaw, Pfaltzgrauen bei Rein Herzog in ober und nidern
> Payrn, vnnserm Fursten vnd lieben Andechtigen.

1531. $\frac{22}{3}$ *Wien.*

Wir Ferdinand von Gots genaden, Romischer, zw allen zeiten merer des
Reichs, zw Hungern, vnd Beheim etc. Khunig Infandt in Hispanien, Ertzhertzog zw Osterreich, Hertzog zw Burgundy, Steir, Kärndten, Crain etc.
Embieten. N. allen vnnd yeden unnsern Preläten, Grauen, Freyen, Herrn,
Rittern, vnnd khnechten, Landsmarschalhen, Landshauptleutten, Vnderhaubt-
leuten, Vitzthumben verwesern, Phlegern, Ambtleutten, Burggrauen, hands-
grauen, Landtrichtern, Burgermaistern, Richtern, Räthen, Burgern, Gemainden,
vnnd sonnst allen anndern vnnsern Vnderthonen, Geistlichen vnnd weltlichen,
in was Stannds, wirden, oder wesens, die allenthalben in vnnsern Erblichen
Fürstenthumben, vnnd Landen gesessen vnnd wonhafft sein, vnnd fürnemblich
die gericht, obrigkhait, oder aber derselben verwaltung in beuelh haben, vnd
denen dieser vnnser brief fürkhumbt, oder sonst khundt oder zu wissen gethan
wirdet, vnser gnad vnnd alles guts, Euch ist sonder zweifl noch ingedenckh,
wie vnnd was massen, wir neben andern, von R. K. M. vnnsers lieben Bruedern vnd herren, auch vnnser selbst Edicten vnnd mandaten, von wegen des
Neuen verfürlichen Irthumbs, der sich ein zeit her, an manigen Ortten vnnd
enden, Teutscher Nacion, in vnnserm heiligen Christlichen glauben, laider beschwärlich zugetragen vnnd eingerissen, beuolhen. Auch hernach öfftermals
vnnser sonder ernstlich mandat, gnuegsam vnnd volkhomenlich, auch aus-
drügklich beuelch gegeben, vnnd ausgeen lassen, dabei anzaigt, welcher gestalt wir auch vnnser vnd des heiligen Römischen Reichs Chur, vnd Fürsten,
sambt anndern Ständen, auff vor verschinen in vnnser vnnd des heiligen
Reichs Stat Speir gehalten Reichstag, da zumal Ainträchtigkhlichen, in dem
aufgerichten Reichs Abschid, berürtter Newer verfürlichen Secten, vnd vn-
glaubens halben, ain Constitution, Ordnung, vnnd Satzung, wie khinfftigk-
lichen gegen den Widertauffern gehandlt werden solle, beschlossen, vnnd gemacht haben, von welcher Constitution vnnd ordnung, aber hir Inn diser Zeit
ferrer vermeldung zu thun, von khürtz wegen vnderlassen beliben, vnnd
hetten in khainen Zweifl gesetzt, den, es würde also derselben durch
menigclich, aufs Christlichem schuldigem vnnd Rechtmässigem gemut, gehor-

samlichen nachgangen, auch dahin geraitzt vnnd bewegt, dermassen auf die
widertauffenden vnnd getaufften personen mit allem vleis zusehen, deren war
vnd acht zu haben, Inen nach zu forschen, nachzestellen, vnnd wo die erfaren, vnnd betretten, zur gefengknufs zubringen, vnnd volgends gegen Inen
nach ordnung berürtter Edicten, Mandaten beuelhen Constitution, Ordnung,
vnnd Satzung, mit ernstlicher straff gehandelt vnnd verfaren, So langt vns
doch glaublich an, das sich solcher obgemelter verfürlicher Irrthumb der
Widertauff, für vnnd für, an vil Orten in, vnnd ausserhalb vnnser erblichen
Fürstenthumben vnnd Lannden, von newen widerumb meren, erweckhen, vnnd
nemblich, das sich dieselben personen, in mergkhlicher antzal versamblen,
vnd so sy an anndern Orten im heiligen Reich, nit platz haben, sonder die
straff besorgen, So sollen sy sich, in vnnsere Niderösterreichische Lannde
thun, vnd dar Innen haimblichen mit Practickhen Ires fürnembens enthalten.
Darab wir dann, nichts annders, dann Läfsliche hanndlung, vnd vnuolziehung
ernennter Kayserlichen vnd des heiligen Reichs, vnnd fürnemblich vnnser als
herrn vnnd Landfs Fürsten Edicten, mandaten, Constitution, Ordnung, vnnd
satzung, gegen solchen Widertaufferischen vnnd Sectischen personen, hieuor
ausgegangen, spüren vnnd abnemen muessen, Solten nun dieselben vnnd vorigen, dises Irthumbs befleckht personen, in disen vnnsern Niderösterreichischen Erblannden, geduldet vnd gelitten werden, ist nit annderst, dann wie
Ir selbst leichtlich zuerwegen habt, groslich zubesorgen, dann das sy disen
Iren Samen vnnd verfürlichait weitter dar Innen auspraitten, sich zw letst
auch dermassen versamblen, hauffen vnd mit solchem Irem verfürlichem wesen,
dahin Raichen, das sy zu handthabung desselben, Inndert mer volgks zw
vnru, vnnd ainem aufstandt erweckhen, vnnd nachmals mer vnnsers hailwertigen Glaubens vnnd Christenlichen pluts, verfolger vnnd erbfeindt, den
Türckhen zw ainem Ruckhen, annemen vnnd anzuhangen, weder aus Christlicher lieb, vnd von wegen desselben vnnsers waren, löblichen glaubens, etwas
zu thun gedenckhen, vnnd fürnemben möchten, damit aber sölher sorgfeltig-
kait, beschwärlichen vncristlichen wesens, vnnd obligunden lassts, nochmals
zeitlich fürkhomben, vnd dise Irrige Oppinion abgestelt, vnnd vorigen ausgegangen Edicten, Mandaten, Constitution, Ordnungen vnd Satzungen, auch
fürnemblich hochgedachter Rö. Ka. Ma. Churfürsten Fürsten, vnd Stennde
des heiligen Römischen Reichs weitter fürnemben vnnd Beslus nach, so In
yetz Jüngst gehaltem Reichstag zw Augspurg, der widertaufferischen Sect
halben, beschehen. Welhen Bslus wir dann, neben gedachter Ka. Mt. Chur-
Fürsten, vnd Stende des Reichs gleichermassen bewilligt, vnnd einganngen,
vnd sich wol gebürn will, wie wir dann des sonst, auch aus Christlichem
gemuet, genaigt sein, vnnd schuldig erkhennen, berürtem entalus, also nach-
zegeen, vnd vnnsern halben voltziehungen zuuerschaffen, gehorsamlichen gelebt, vnd nämblich die Sectischen personen, wo die ausgekhuntschafft, erfaren,
betreten. ausgereut, vnnd wie sich gebürt, nicht vngestrafft beleiben. Demnach so empfelhen wir euch allen, vnd ainem yeden in sonderhait, mit sonderm
ernst, vnd wollen, das Ir in allen, vnd yeden, vnnsern, vnd euern herschafften
gebietten, vnnd Ambtsuerwaltungen, auf die widertaufferischen, vnnd neu-
sectischen personen, mit allem vleis guete khundtschafft, aufmerckhen, nach-
sehen, vnd nachforschen haltet, vnnd bey den Euren zehalten vnnd zuthun,
verordnet, bestellet, vnnd verschaffet, vnd wo die dermassen strafflich, argkh-

wänig, vnd verdachtlich gespurt, vnnd gefunden, die Ires Irrsals nicht absteen, noch sich dauon abweisen lassen wollten, oder die vor hin eins malfs
dauon gestanden, widerrufft, vnnd aber zum anndern mal, darein gefallen,
vnd die wider augenomen haben, das dann dieselben, durch ein yetlichs Landtgericht, oder Hochgericht, vnnd obrigkhait, dar Innen die verprecher gefunden,
vnd einkhumen, nit mit besitzung der Rechten, oder verurteyllung, wie sonst
in Malefitzischen sachen ordnung vnnd geprauch ist, Sonder vonstundan, nach
ausweisung mergemelter khayserlichen, vnnser vnd des Reichs Chur, vnnd
Fürsten, vorigen Edicten ausgegangen Publicirten, General-Mandaten, beuelhen,
ordnung vnd Satzung, mit ernst vnnd beinlich, verfaren, gestrafft vnnd damit
kain zweiflige ausflucht, oder Disputation gesucht, Ir sollet auch, allenthalben
in vnnsern, vnnd euren Herrschafften, gebietten, vnnd verwaltungen, die
Zuchtiger, wo der zw Straff, der vnwiderkherenden personen not beschiecht,
vnnd sy in solchem faal, von den obrigkhaitten vnnd gerichten ordenlich er-
suecht, vnnd angelangt werden, dartzu schaffen vnnd verordnen, vnd das die
Zuchtiger dar Innen khain Waigerung, oder ausflucht suchen, Sonder sich
dartzu gehorsamlichen vnnd vnabsaumig gebrauchen lassen, vnnd das solhes
alles wie obsteet, dester statlicher vnnd fürderlicher fürgenomen vnnd gehanndelt, So wöllen wir allen Ertzbischouen vnnd Bischouen die in berürten
vnnsern Niderösterreichischen Fürstenthumben vnnd Erblannden, District, vnnd
Geistlich Oberkhait haben, schreiben vnnd begern, damit der yegkhlicher in
seiner District, ain, oder mer geschickht, verständig, vnnd erber personen,
verordne, so solch widertaufferisch personen, betretten, vnd zu gefenckhnufs
gebracht werden, damit Sy dieselben guetlich vnnd Christlich vnderweisen,
vnnd von Irem Irrsall zu wenden vndersten, vnnd versuchen sollen, ob sy
solch Personen bekhern, Iren Irrsall widerrueffen, vnd dauon steen wolten,
das Inen die straff, mit widerrueffung, puswertigkait, vnnd andern, wie wir
auch vorhin beuolhen, vnnd die ausgegangen Mandat, Constitution, vnnd
Ordnung vermügen, aufgelegt werden solle. Wo aber solch Irrig vnd widertaufferisch personen, nit zuweisen, noch von Irer Sect zu bewegen sein wurden,
Das dann gegen denselben mit fürderlicher vnnd ernstlicher peinlicher straff,
als hieuor genugsam gemelt, stragks gehandelt vnd verfaren. Insonders, so
ist auch vnser ernnstlicher willen und beuelch, das die heuser dar Inn solch
Secten gelernt, gephlantzt, vnnd die widertauffer wissenlich enthalten, vnd
gedulden, so vil es an schaden vnnd nachteil, der anndern neben heusern sein
khan, verprent. Wo das aber on schaden oder annders nit sein khündt, nidergerissen, vnnd in grundt abgeprochen, vnnd hir Innen kainen müglichen vleis
sparet, noch saumig seiet, auch euch selbst hier Inn, vor solher verfürlicheyt
vnd übeln, enthaltet, vnd vor nachtail vnnd schaden verhuettet, Wie wir
vnns dann der zu euch allen, vnnd euer yedem in sonderhait, als vnnsern
gehorsamen Christlichenn vnderthanen, der pillichait vnnd grossen notturfft
nach, gnedigclichen versehen, vnnd in kheinen zweifl setzen wöllen, Wolten
wir euch gnediger maynung nit verhalten, vnnd beschicht gäntzlich daran,
vnnser ernnstlicher willen, Geben In Vnnser Stat Wienn Am zwenvnndtzwain-
zigisten tag des Monats Martij Anno Im ainvnddreifsigisten, Vnnserer
Reiche des Römischen Im ersten, vnd der andern Im Fünfften.

Ain kh. Mandat wider die widertaufferisch sect.

1531. 18/4 Marrpach.

Edler vnnd Gestrennger Herr Hoffmarschalh auch ander Erwierdig hochgelertt, Edl vnd vest genädig vnd gebietend Herren mir ist an montag nach quasimodo genitj ain khöniklicher beuelich, den Ich dann e. gn. hiemit seines Innhalts zu uernemen zuesennde, zuegestellt worden. Genädig Herrn, der mir dan meiner gehorsamen gepuer nach, e. gn. nit zu uerhalten vnd darauff verrers beschaids, vnd beuelichs, mit widersenndung hochgedachts khönikliches beuelichs von e. gn. gehorsamlich bin erwarttend, mich auch, auff des fuederlichist, darnach hettew zu richten, Genädig herrn So wais Ich yedoch in Meinen pflegs verwesung khainen Widertauffer, besonnder Was sich In dem aygenn, zu Sarleinspach gehörig gen dem Sprintzenstain zuegetragen, vnd noch nuer daselb merett. als Ich dann, das e. gn. vormals auch zuegeschriben hab, darauff meines achtens, khöniklichen beuelich nach Woll daselb einzugreiffen macht hett, aber dennoch aus besunderm, e. gn. beuelich, daselb einzugreiffenn mich nit vnndersten will, thue Ich e. gn. als ain gehorsamer nit verhalten, vnd dem nach genädigs beschaids bin gehorsamlich erwarttend Datum Marspach am erichtag nach quasimodo genitj Anno etc. Im cccj^ten Jar.

E. G. gehorsamer

Christoff Heritzer
pfleger daselbs.

Die Aufschrift lautet:

Phleger zw Marspach an die herrn Passau hofräthe, des kunigklichen Mandats, die Widerteuffer belangend, halben.

Auf der Rückseite stehet weiter geschrieben:

Dem phleger hierauf zeschreiben, das er sich eygentlich erkhunde, was er von Obrigkhait vnd gebrauchs wegen der orten, da sich die widerteufferischen halten sollen, zehandeln macht habe, vnd was von nöten, von pefster gewifsheit wegen, sich zum Herrn Landshauptmann gein Lintz verfüege vnd deshalben bescheids pätte vnd was er sich also erkhundigt vnd für bescheidt erlangt, schrifftlich verfasse vnd mit solher schrifften zum fürderlichisten alher für die Herrn Hofräthe verfüeg vnd weiters bescheids vnd beuelhs darauf gewarte, das haben Ir Herren beuolhen.

Actum et conclusum 19. Augustj 31.

1531 Lyntz 5. Juni.

Hochwirdiger Durchleuchtiger hochgebornner Fuerst genediger Herr. E. F. Gn. sein mein gehorsam willig diennst zuuor. Nachdem Römische Königliche Majestät vnnser allergenedigister Herr verschiner zeit zu aufsreittung vnnd vertilgunng der vnnchristlichen lern vnd Secten der widertauff in disem lanndt Generall Mandat welher massen gegen denen So in derselben Secten veriert, vnnd darauff verharen, auch die aus ainfalt darein Khumben, dauon absteen vnnd puefs thain wellen, gehanndlt werden sulle, genediglichist ausgeen lassen, Dieweyll dann guetlich zu gedennckhen das der merer taill mer aus verfüerung weder aigner bewegung in disen Irsall fallen, vnnd verwickhelt werden, vnnd sich gepiert vnnd Cristlich ist, Sy dauon zuweisen, hat mir demnach Ir Königliche Majestät beuolhen E. F. Gn. als ornliche geistliche Obrigkait in disem lanndt anzuruefen vnnd zu schreiben, damit E. F. G. etlich gelert vnd verstanndig personnen, die der schrifft geschickht vnnd Erfarn sein, zu uerornen, die mit allem vleis versuechen solh veriert personnen mit gueter Christenlicher ler zu vnnderweisen vnd von solhem Irsall zu wennden. Sodann alhie zu Lynntz auch zu Hall in der Hoffmarch vnnd anndern orten mer in disem lanndt, Etlich personnen die mit der obberürten vnchristlichen Secten beflect sein, zu venckhnus pracht worden, die sich auch auff die Christlichen Ermanung so derhalben an Sy beschehen, Erpieten wo Sy mit der Heilligen schrifft vnnderwisen werden, das sy von Irer Khetzerischen oppinion absteen vnnd dieselb Christlich vnnderweisung annemen wellen. Damit nun denselben verfürten personn solh hailsame leer nicht verzigen, vnnd Inen absolhem Irem Irsall geholffen werde, Ist demnach in namen hochgemellter Königl. Majestät mein begern niement halben mein gehorsam bit E. F. Gn. well in disem lanndt Etlich geschickht vnd gelert personnen verornen vnd Inen beuelh geben, das Sy mit den widerthaufften personnen die in disem lanndt in vennckhnufs sein, oder Kunfftigclich darein pracht werden, mit allem vleifs hanndlen, vnnd mit der heilligen schrifft von disem Ierem Irsall abweisen, vnd zu der verainigung der Christlichen Kirchen bringen, wie dann E. F. Gn. solh Christlich werckh sonnders zweifls zu fuedern genedigclichen genaigt ist, vnd Ich thue mich E. F. Gn. gehorsamblich beuelchen, Datum Lynntz den 5. tag Junij, Anno Im cccjten.

E. F. Gn.

Gehorsamer

Ciriac Freyherr zu Polhaim vnd
Wartenburg Lanndshaubtman
in Österreich ob der Enns.

Die Aufschrift lautet:

Dem Hochwirdigen Durchleichtigen vnnd Hochgebornnem Fürsten vnnd Herrn, Herrn Ernnsten Administratorn des Stiffts Passaw phaltzgrauen bey Rhein Hertzogen in obern vnnd nidern Bairen meinem genedigen Herrn etc

In abwesen seiner f. gn. Marschalh vnd Räten daselbst.

———

1531 Passaw 10ten Juny.

Wolgeborner lieber Herr, Ewr Herlichait sind vnnser willig dinst mit vleis zuuor, wir haben in Abwesen des hochwirdigen durchleuchtigen hochgebornen fürsten, vnnsers gnedigen herrn zu Passaw ewr herlichait schreiben an sein f. gn. lautend, des datum steet den 5. tag Juny, Jetz lauffenden Ainsvnddreifsigisten Jars, die widertauffer vnd der selben Sect anhenger belangend, emphangen, vnd seins Inhalts vernomen, vnd fuegen ewr herlichait darauff zuuernemen, das wir verschiner zeit, auff dergleichen von Römischer

khöniglicher Majestät vnnserm allergnedigistn herrn an hochbenantem vnnserm gnädigen Herrn zu Passaw beschehn begern, auff all vnd yed pharrer
vicari Seelsorger vnd derselben Prediger, so seiner f. gn. Jurisdiction vnder-
worffen sein beuelh vnnd Mandat haben aufsgeen lassen, Inhaltend das die
selben In Iren bredigen, die Christglauwigen, sich vor sölhen vnglauben vnd
Irrsall zu uerhuetten, auff'höchst ermanen sollen, sich auch beuleifsen, wo
sy zu den gefallen, eruordert wurden, denselben christlich vnd trewlich zu
begegnen, sy von Irem Irrsal zu weisen, vnd wider zum Christlichn glauben
zebringen, wir sind auch der gentzlichn versehung es werde sölhem vnserm
beuelh mit fleis nachgegangen, wir haben auch solhs, höchstgedachter khönig-
lichen Majestät auff angesezt Ir begern zugeschriben, der vndertheniglistn
trostlichen zuuersicht, Ir khönigliche Majestät seie daran wol ersettigt,
merers wir diserzeit vnd in abwesen hochgedachts vnnsers gnedigen herrn
nit thun mögen Das haben wir ewr herrlichait auf Ir schreiben gueter Maynung antzaigen wellen.

Datum Passaw an Sambstag nach vnsers Herrn Fronleichnambstag
Anno cccj^{mo}.

Vnnsers gnädigen Herrn zu Passau etc.
Geistlichen Räthe.

Die Aufschrift lautet:

Dem Wolgebornen Herrn Ciriacen Freyherrn zu Pelhaim vnd
wartnberg Landshaubtmanen in Österreich ob der Enns, vnnserm
lieben Herrn.

IV.

Nürnberger Stadt-Archiv. Anspacher Religionsakten.

*Antwurt des Ambrosy Spitelmeir von Lintz seinner artikell halb,
das er in der ordnung bekendt hab.*

Erstlich bekendt er, das er mit seinem namen heifs Ambrosij; der selbig
nam ist jm in der kindtlichen tawff von den pffaffenn auff gesetzt worden,
da pey bleybt er.

Zum andernn bekendt er, das er in der gesellschafft der etlichenn zw
Kunigsperck nie gewessen sey oder jr kundtschafft hab.

Zum drittenn bekenndt er, das er sich von newen thawffen hat lassenn,
den die thawff in seiner kindtheit helt er fur nichts, als von den menschen
erdicht, vnnd nit von Cristo aufgeseczt.

Zum virten bekendt er, er hab zw Gallnewkirchen ein meyll wegs von
Lincz einen gethawfft, mit namen Hanssen ein junger des lederhandtwergs;
er het auch mer gethawfft, szo er mer gehabt het; da pey ist gewessen Toma
Meuerer vnnd sein weyb, die auch gethawfft sindt worden.

Zum funfften bekendt er, jn hab gethawfft Hans Hutt ein dinner gottes
vnnd ein gesandter apofstel von got zu disser letzter vnnd aller geuerlich-
stenn zeit.

Zum segstenn sagt er, sie prauchen nit andre wordt, den der, „ich
thawff dich im nomen des vaters, sons vnnd des heyligen geists", vnnd nemen
ein wasser in ein schussell oder pecher vnnd zweyen fingern eingetaucht in
das wasser, machen sie dem menschen ein creutzlein an das hirren, vnnd das
ist die furm, weys vnnd art jrer thawff; aber vor predigt man das wort
gottes in den creaturenn, vnnd glawbt er den worten, das es jm alfso sey,
darnach mag man jn thawffen, doch vnbezvungenn.

Zum sybenten bekendt er, er sey zw Lintz gethawfft worden ycz zw
sandt Jacobstag verschinen, dar pey ist gewest Hans Schuester vnnd sein
weyb, Simon Kurschner vnnd sein weyb; er bekendt auch, zw Augspurg sey
auch einer gethawfft worden mit nomen Conradt Nesler vnnd sein weyb; er
bekendt auch, Hans Hutt vnnd seyne gesellen haben zu Lintz, Steyr vnnd
Wels gethawfft haben (!), aber jrer namen wis er nicht.

Zum achten geben sie sich aufs nit fur prister oder apostell, sunder fur
cristen vnnd brueder in Cristo.

Zum neuntenn bekendt er, si seins nit des willens, die obrikeit zw ver-
tielgen (!) oder verschmalich zw halten, auch anders niman; was stants er
sey; sy sendt des willens jrer obrikeit zw geben, was jr zugehort. Aber von
dem wordt gottes wollen sie sich nit durch fürstlich gepot, die wieder got
sein, abtringen lassenn machenn.

Zum zehenten, wie sie an einnander erkennen, wen eyner zw dem
anndern kumbt. so spricht er „grufs dich got, dw cristlicher bruder", andt-
wordt er im „dank dir got, dw cristlicher bruder", redt er weytter „pistu
ein cristlicher bruder, do pey ich dich erkenen kan, szo sag mir. wen
ist dir Cristus ins fleisch komen, oder wan hastu Cristum entpffangen", ist
er ein cristlicher bruder, eingeleybt in dem leyb Christj vnnd ein glidtmas
mit im, so andtwurdt er mir, do mir sein gotlicher wyll verkundiget ist
worden, vnnd mich dor ein verwilligetht hab".

Zum xj das jr handlung nichts anders sey, wen sie pey ain ander sein,
den das sie reden von dem wort gottes vnnd krafft des ewangelij vnnd sunst
von nichtte, wie man sie zeycht.

Zum xij bekendt er, sie halten nichts von der kinder thauff, dan sie
ist nit von got oder seinem sun Jefsu Cristo eingeseczt, sonder nach der
apostell zeit von den Bapsten durch yr furwitzikeit jn jr cristlich kirchen
eingeseczt, vnnd für recht zu halten, durch pebstlich pullen vnnd manndat
ernstlich dem volg zu haltten gepotten.

Zum xiij halten sie kurcz nichts von dem sacramendt des altars gleich
wie von der thawff, den das sacramendt ist zwgleich wie die thawff von dem
pabst eingesecz worden aufserhalb des beuelich Cristj, wie er es den mit
der geschrifft genugsam die vnnd ander artikel beweyfsen will; die andern
sacramendt ist jn keins, keins.

Zum xiiij sagt er, er wis nit, wo der Nadler oder ander sein oder sie
wonug haben, dan wie mir der Hans Hutt hat angezeigt.

Zum xv sagt er, er hab anders nit eingen wollen zu des Hans Nadlers
frawen, dan er hab gehort, sy sey auch ein frume cristin, vnnd er sey muett,
er hab ein dack oder zwen bey jr ruen wollen oder nachtselig haben wollen,
vnnd sie weytter in cristlichem weg, wo sie jret wer, zuuntterrichten durch
die krafft gottes.

Zum xvj artikell antwurt er, er woll predigen vnnd thawffen vnnd die
leudt zum cristlichem glawben pringen, wellchs annemen wollen, den vrsach
gott hab sy auff gesezt durch seinen son Cristum nach seiner vrstendt.

Zum xvij andtwurt er, er woll dar jn verharren, der vrsach Cristus
hab sy alfso auffgesetzt vnnd seynnen aposteln alfso beuollen, seynnen
beuelich nach zukumen.

Zum xviij, sy haben kein oberstenn, es sey einer wie der ander eben
all gleich in der dinstperkeit vntereinnander; er wis auch nit, wo sie sein,
dann sie konnen an eynnem ort nit lang pleyben.

Zum xviiij, si haben kein obersten vntter jn, aber wen sy etwo in ein
hawfs oder garten aber waldt wollen zu einnander komen, so sagts ayner
dem andern zuvor vnnd thust (!) jn zu wifsen.

Zum xx, wen sie bey einnander sein, ist jr handlung nichts anders zu
reden von dem wort gottes vnnd eynner den andern bruderlich zw vnter-
weyfsen.

Item dar auff hab ich jn bespracht vor dem burgermeistern vnnd vieren des ratts, vnnd gegenwertig des zuchtigers, hab ich weytter nichts von jm konnen pringen; dar auff wyll ersterbenn als ein frumber crist, got sey mit jm.

Item zum letzten bekendt er, wue er gefsen ader gedruncken aber vber nacht gelegen sey von Lintz auff vnnd auff pis gen Erlangen, in stetten vnnd mercken dorffernn angeregt die leudt zu der newen thawff zu pringen, aber efs habs keyner annemen wollen.

Item ich halt darfur, er sey ein ppfaff, aber ich hab jn der guten nicht von jm konnen pringen, dan: Cristus hab jn zw eynen pffaffen gemacht, wue man im nit glawen woll, sol man gen Lintz schicken, do hab er noch vater vnnd mutter, do soll man die warheit erfaren.

1527 13. Sept.

Mein freundtlichen dinst zw vor, liben herrn vnd freundt. Ewren bevelich nach — Ambrosius von Lintz — zu besprachenn gutlich, schick ich euch hierinn verzeygendt auff ytlichenn artikell, wie er geandtwordt hat, vnd ist dar auff mein freundlich pith, mich ferner zw wifsen zulafsenn, wie ich mich ferner gegen jm halten soll; auch gib ich euch zu versten, das ich den nachrichter dieweyll hie behalten hab pis auff ferrnern ewern bescheydt.

Auch schick ich euch hiemit ein credencz von den von den von Nürenberck, vnnd ist ir beger gewest, wue man jn peynlich gefragt wurdt haben, das sie auch gerren leut dar pey gehabt haben; hab ich jn noch kein antbort gebenn wollenn, vor euch anzuzeygenn vnnd gen hoff gelangen lafsen; gib euch auch zu verstenn, das die von Nurenberck yczt kurzlich mer leudt der gleychen angenumen haben, weyb vnnd man, das hab ich euch auch nit wollen verhalten vnnd pith auch (!) des auch einer andtwurt.

Datum Erlangenn am freytag nach Nativitatis Marie Anno jm x x vij jare.

Erckinger von Seckendorff
Ambtman zw Erlanngenn.

Denn hochegelertenn gestrenngen edellen vnnd vestenn stathalter vnnd rethe jm haws zw Onnolczbach meynen libenn herren vnnd guthen freunnden.

Registraturnotiz:
Ambtman zw Erlang vberschickt Ambrosij von Lincz vrgicht.

1527. Sept. 20.

Ambrosius Spitelmeyr von Lintz ist auf heindt freytag zw nacht nach crucis exaltacionis im 27 jar gütlich mit troung gegen jme peinlich zu hanndeln, wie er dann gebunden wurde, jn bey sein Sebastian Weysmairs vntervogt, Michel Schmid vnnd Pauls Schneyders bede des raths:

Item zum ersten fürgehalten artickhel gesagt: nymandt hab jn sonnderlich in diese lanndt geordnet, dann Hanns Huet; von wann er sey, wifs er nit; der hab jnen zw Lintz getaufft vnnd nachuolgends jme beuolhen gen Erlang zuziehen, do werde er ainen Hannsen Nadlern, der auch von neuem getaufft sey, finden, dobey er eſsen vnnd drincken haben werde. Darnach werde er wol weyter an andere ort forschung haben.

Item zum andern artickhel wie im ersten gesagt vnd des mer: sein fürnemen sey gewesen, wo er zw der Nadlerin khome, wolt er bey jr ein tag verhart vnd sy in christlichem glauben vnterricht haben vnnd bey ir weyter nach anndern brüdern vnnd schwestern der neuen tauf gefragt haben.

Item den dritten artickhel will er jm ersten verantwort haben; — dergleichen zum vierten gesagt wie im ersten; aber wo der Hanns Huet jtzundt sey oder aus was ort er geborn, jme verborgen, aber die rede zeige jnen als ein frannckhen an.

Zum fünfften gesagt: zw der widertauff hab jnen bewegt, das er hab wollen ein rechter christ werden, wie dann Cristus seine junger, do er von jnen geschieden, gelernet hat, nemlich do er gesprochen „get hin in die ganntze welt vnnd predigt das Euangelion; welcher glaubt vnnd getaufft, der wirt seylig"; dan die predig gotlichs worts soll vor vnnd nit nach der tauff gen etc.

Zum sechsten: er hab einen jungen gesellen vnnd nit mer, der wer ein lederer gewest, vngeuerlichen vierzehen tag vor Bartholomey zw Galneunkirchen getaufft; er wiſs aber aygentlich nit, von wannen er sey, aber seins achtens sey er an gemelten ort, do er jnen getaufft hab, dohayme.

Den siebenden artickhel will er im sechsten verantwort haben; er mag wol noch zw Galneunkirchen sej (!), aber er wiſs aygentlich nit.

Zum achten: er hab jme das gotlich wort vnd ob er getaufft, auch ob jme zuuor das gotlich wort gepredigt worden sey, fürgehalten; hab er jme geantwort, er wiſs von keiner tauf nichts, dann er klein der zeit der tauff gewest; vnnd hab jnen durch fürhaltung der Creaturn jn gottes erkhanntnus gefürt, nemlich wie alle vnuernünfftige thier vil von des menschen wegen, ehe sy dem menschen nutz werden, leyden müſsen; dergleichen hab Cristus vil von des menschen wegen gelitten; vnd mit solchem vnnd dergleichen fürhalten hab er jnen zw der widertauff bewegt; vnnd wie die creaturn von der menschen wegen leyden, also müſsen die menschen von gotlichs worts wegen auch vil leyden etc.

Zum neundten: er wiſs in solcher gesellschafft kainen obersten, dann wan einer vil oder wenig taufft, so get er nachuolgends an andere ende mer zw tauffen vnnd vbt solchs solanng, biſs er vertrieben oder verjagt würdt; darzw sey vnter den rechten cristen kain obriester, sonder es thue ein jglicher dem andern dits jhenig, das er gern jme vom andern wollt gescheen; Auch hab Cristus gesagt, „welcher vnter euch der gröst sein will, der soll der kleinest sein" etc.

Zum zehenden: das sey jr fürnemen, das sy gern wollten, das alle menschen recht cristen wurden vnnd mit dem pfunt, wie Cristus sagt, wucherten.

Zum aylfften: dieweil er von kainem obriesten der gesellschafft wiſs, hab er desselben kleydung kain wissen.

Zum zwelfften gesagt: gleicher weyſs, wie sich ein mensch, der sich tauffen lest, dem zeychen der tauff das ist dem waſser vnterwürfft, also soll er sich got dem almechtigen auch vnterwerffen, also wan er mit gefenngknus marter oder andern betrübtnüſsen angefochten oder angegriffen wirdt, bestendig zu pleyben; dar zw wirdt kainer zw solcher widertauff benottigt, es sey dann sein gueter will, vnnd das er spreche, die lere Cristj sey gerecht.

Zum dreyzehenden sagt: das solch bruderschafft kain sonderlich lofs, dardurch sy einander erkhennen, haben; dann wann er zw einem kome, sey erstlich die frag, ob er ein rechter crist sey? sagt er ja, so frag er in weyter, ob er Cristum jm fleisch oder geist erkhenne? was er auf solch sein frag antwort, woll er baldt erkhennen, ob er sey auf einem rechten cristlichen weg oder nit; erfindt er jnen gerecht vnnd das gotlich wort annymbt, pleyb er ein tag also, erkhenne einer den andern.

Zum 14. 15. vnnd 16. sagt: das sy sonndere ort, do sy zusame khomen, nit haben; dann wo fried vnnd einigkait ist vnnd noch der jhenigen, so wider getaufft, kainer vertrieben, komen sy, wo sy dieselben wifsen, zusame, vnd schickht einer zw dem andern durch ein puben oder meydle, vnnd so sy nun versamlet sind, thun sy nichts, dann das sy einander das gotlich wort lernen, vnd frag einer den andern: wie verstestu diesen spruch? also das vnter jnen ein emfsige vbung gotlichs worts sey vnnd gar nymands nichts zuthun gedennckhe, vnnd was sy efsen oder trincken, das bezalen sy.

Zum 17. sagt: er hab kain sonnderlich offenbarung, dann wan er jn ein wirtzhaus kome, sey das erst, das er nach dem prediger desfelbigen orts, ob er das euangelium predig oder nit, frag, auch wafs das Euangelium sey; item halt auch demselbigen menschen für, wie er Cristum erkhenne, ob er auch ein rechter crist sey oder nit, vnd annder dergleichen cristlicher stuck, wie oben auch gemelt, furhaltendt.

Zum achzehennden sagt: es sind zweyerlaj kindt, erstlich die jheningen so erst aus mueter leyb geborn werden, die andern, welche nicht von got wifsen noch jnen als jren schöpffer erkhennen; ob sy gleich dreysfigk oder mer jar alt sind, werden sy dannoch für kinder gegen got gehalten; aber von der ersten kinder tauff halt er nichts, dan jnen das gotlich wort zuuor nit gepredigt, das dan vor der tauff sein soll, wie oben gemelt.

Zum 19 geantwort: ein rechter crist, der ein crist mit namen vnd werckhen sein will, der soll gar nichts aygens haben, vnnd ob er gleich weyb kinder vnd gueter hat, soll er sich dermafsen halten vnnd erzeigen, als ob er der kains hette.

1527 Sept. 22.

Ambrosius Spitelmeyr von Lintz ist auf heindt sonntag zw nacht nach Mathie apostolj jm 27. jar gütlich mit troung gegen jme peinlich zuhanndeln, wie er dann gebunden wurde, jn beysein Sebastian Weysmairs vntervogt vnnd Pauls Schneyders einer des raths.

20., Item sagt zum ersten artickhel: er halt, das die obrigkait, die jtzundt ist, von got sey aufgesetzt, aber nit jn got, dann wo recht cristen sein, so bedarff man khainer obrigkhait, so thut ein crist dem anndern, was im lieb ist; aber die jetzig obrigkhait die ist zw einer rutten vnnd straff der rechten cristen aufgesetzt.

21., Zum anndern sagt er: das die, so der obrigkhait von menschlicher forcht wegen das die seel vnnd das gewifsen betrieft anhanngen, nit seylig konnen werden; allain sy thun dann den beuelh Christj, wie er sagt „verlafs wafs dw hast vnd volg mir nach".

22., Zum dritten sagt er: das sathan oder gotlos gleich ein nam sey, darbey wirt verstannden, das die da leben nach wollüsten des leybs, die ghen nit ein jn das reich gottes, dann sy wurckhen vnd thun alhie bufs; das ist bufs gewurckht, wan sich ein mensch von allen lüsten vnnd begierden des fleyschs abwendt, vnnd den alten Adam jn jm ausdilgt.

23., Item zum vierten sagt er: das die heylig gotlich schriefft den jheningen, die cristisch leben, ein trost ist vnnd ein weg zw der seyligkait; aber den gotlosen ist die schriefft, auch ein spigel, dardurch sy erkhennen, wie sy widerumb zw got khumen sollen.

24., Item zum funfften artickhel sagt er: das das jar, stund, weyl oder zeit, in welcher got der almechtig die welt straffen wirt, das wifs er nit; es wayfs auch sein aingeborner son nit, aber zeychen haben wir, darbey wir erkhennen das endt der welt vnnd die zukhunfft des gerichts.

25., Zum sechsten sagt er: das die gotseyligen, die vorlengst gestorben sein, die wartten vnnd schlaffen jn dem herrn so lanng, bifs zw dem tag des gerichts vnnd darnach werden sy aller erst den lon empfanngen, vnnd eynnemen des (!) reych gottes hie auf dieser erden; aber hymel vnnd erdt wirt zw derselbigen zeit verneut werden.

26., Zum sibenden sagt er: wan wir zwgleich all cristen vnnd aynig wern in einem glauben vnd geist, so hetten sy alle guter gleich vnnd gemein.

27., Zum achten artickhel sagt er: wann wir all cristen wern, so hetten wir khain veindt vnnd plieben all ainig miteinander.

28., Zum neunten artickhel: kain rechter crist ghe nicht müfsig, sey auch kainer faul, es verlafs sich auch kainer auf den andern.

29., Zum zehennden sagt er: wan jr gleich hundert in der oder in ainer anndern stat wern, vnd wern derselbigen in der stat nur zehen, die irs glaubens nit wern, so begerenten sy doch kainem nichts zuthun oder zunemen, sunnder got für sy zubitten, das sy auch erleucht wurden mit dem gotlichen wort.

30., Zum aylfften vnd letzten sagt er: wann wir all cristen wern, so wurden wir all gleich arbaytten vnnd das prot in dem schweys vnnsers angesichts all gleich gewinnen.

31., Zum 31 (!): die kleinen kinder, dieweyl sy die vernunfft, das sy mogen erkhennen, was gut oder bofs ist, nit haben, sey inen die tauff vn (!) von notten, dann sy vor, wo sy in solcher jugent sterben, seylig sind; wann sy aber zw iren vernüftigen (!) jarn khumen, das sy wifsen, wafs gut oder bofs ist, alsdann sollen sy getaufft werden, vnnd wan sy alsdann in solchen jren vernüfftigen jarn dem gotlichen wort nit volgen, annemen oder darjnne verharren, werden sy verdambt, das aber den kleinen kindern die vernufft haben, nit geschicht.

32., Zum 32. sagt: ja, die itzigen prediger verkhunden nit das ewangelium lauter vnnd clar, wie es Cristus eingesetzt hab, dann sy des kein rechten grundt haben; darzw lernen sy die menschen vil vnnd thun selbst nit darnach, vnnd wan gelert bey jme weren, wolt er dits artickhels grundtlicher vnterricht geben.

33., Zum 33. gesagt: das er das abentmal Cristj jn aller gestalt vnnd maſs, wie es Cristus auffgesetzt hat, halte, vnnd halt, das prot fur lauter prot vnd der wein lauter wein sey, vnnd ob man des artickhels weyttern verstanndt haben will, sollen jme gelert leut zugeschickht werden, den will er gantzen clar lautern bericht geben, dann jme nit müglich auff fürgehaltne artickhel mit kurtzen wortten zubeschlieſsenn.

34., Zum 34. artickhel gesagt: das Cristus sein gesellschafft oder ein jeden cristen nit durch sichbare gesicht sterck, sonndern durch den geyst gottes sterck, layte vnnd lere.

35., Den 35. artickhel will er jm 34. verantwort haben.

36., Item zum 36. artickhel geantwort: dieweyl der ambtmann zw Erlang hat wollen wiſsen, an welchen enden mer seiner gesellschafft sind, die hab er durch solch zetel, die sein aigne hanndtschriefft ist, anzeigt, anders dardurch nichts vermeint.

37., Zum 37. artickhel sagt: nayn, hab obgemelter stetten kainen getaufft, sonnder zw Galneunkirchen, wie er ob anzeigt hat, einen getaufft.

38., Item zum 38. sagt, wie in negst gemeltem artickhel gehört.

39., Item zum 39: neyn.

40., Item zum 40. vnnd 30 artickheln sein vnwiſsenheit angezeigt.

41., Item zum 41. gesagt: er hab zw Erlang nichts gezert, sonnder nit lang dits orts gewest, sey er gefanngen worden; aber zw Nurmberg hab er in der satler herbrig gezert vnnd vber nacht aldo plieben, wiſs aber seins namens nit; item sagt: sey durch Schwabach gezogen, doselbst zw mittag geſsen, aber des wirts namen sey ime verborgen, auch der wirt zw Gunzenhausen.

42., Zum 42. hab annders nichts gethan, dann wo er jn ein herberig khomen, hab er von dem gotlichen wort geredt, wie dann oben auch gehort.

43., Item zum 43. artickhel gesagt: neyn.

44., Item zum 44. artickhel gesagt: wann einer vnter seiner gesellschafft von heymet auszeugt, geben ime seine eltern zerung, hob es seinen weg; wo sy aber zw brudern oder schwestern khomen, die geben jnen, ob sy nit haben zerung, domit sy weytter reysen mogen; thun auch solchs vngefordert.

Zum letzten artickhel gesagt: er sey wider die weltlich obrigkait nit, dann der soll man nach der lere Cristi geben, was ir zusteet; aber was die seelen oder menschen gewiſsen betreffen, dar-

uber sollen sy nichts zu gebieten haben, ir furnemen sey auch nit
auffrur zw stiefften, sonder ir gemüt allain zw fried vnnd ainig-
kait erstreckht, vnnd das gotlich wort zw lernen, vnnd begern, das
alle menschen zw erkhanntnus gottes gefurt wurden.

Antwurt des Ambrosy Spitelmeir vonn Lintz seiner artickel halb,
das er jnn der ordnung bekenndt.

Erstlich bekenndt er: das er mit seinem namen heyfs Ambrosy; derselbig nam ist im jnn der kintlichenn tauff von den pfaffenn aufgesetzt
worden; dabey bleibt er.

Zum andernn bekennt er: das er inn der geschelschafft der etlichenn
zw Kungsperck nie gewesen sey oder jr kuntschafft hab.

Zum drittenn bekennt er: das er sich vonn newen tauffen hat lafsenn;
den die tauff in seiner kindhait helt er fur nichts als vonn den menschenn
erdicht vnnd nit vonn Cristo aufgesetzt.

Zum viertenn bekennt er: er hab zw Gallnewkyrchenn ein meylwegs
von Lintz einen getaufft mit namen Hannsen ein junger des lederhandwergs;
er het auch mer getaufft, so er mer gehabt het; dabey ist gewesfenn Toma
Meuerer vnnd sein weyb, die auch getaufft sind wordenn.

Zum fünfften bekenndt er: inn hab getaufft Hans Hutt ein dinner gottes
vnnd ein gesanndter aposftel vonn got zw dieser letzter vnnd allergeuer-
lichstenn zeyt.

Zum segstenn sagt er: sie prauchen nit anndere word, den der „ich
tauff dich jm nomen des vatters, sonns, vnnd des heyligenn geists", vnnd
nemen ein waser jnn ein schüfsel oder pecher, vnnd zweienn fingernn eingetaucht in das wafser machenn sie dem menschenn ein creutzlein an das
hirrenn, vnnd das ist der furm weys vnnd art jrer tauff; aber vor prediget
man das wort gottes in den creaturenn, vnnd glaubt er den wortenn, .das es
jm also sey, darnach mag man in tauffen, doch vnbezwungenn.

Zum sibennden bekenndt er: er sey zu Lintz getaufft wordenn jtz zw
sandt Jacobstag verschinnenn; darbey ist gebest Hanns Schuster vnnd sein
weyb, Simon Kursner vnnd sein weib; er bekenndt auch, zw Augspurg sey
auch einer gethaufft wordenn mit nomen Conradt Nesler vnnd sein weyb; er
bekenndt auch, Hanns Hutt vnnd seine gesellenn habenn zw Lintz, Steyr
vnnd Wals gethaufft habenn (!), aber jrer namen wis er nit.

Zum achtenn: geben sie sich aufs nit für priester oder apostell, sunder
für christenn vnnd brüder in Cristo.

Zum neuntten bekenndt er: si seins nit des willenns die obrikeyt zu-
uerdilgenn, oder verschmalich zuhaltenn, auch annders niemontz, was stants
er sey; sy send des willenns, irer obrikeyt zugebenn, was ir zugehort; aber
vonn den wordt gottes wollen sie sich nit durch furstlich gepot, die wider
got sein, abtringen lafsen machenn.

Zum zehennten, wie sie aneinander erkennen, wen eyner zw dem anndern
kumbt? so spricht er „grus dich gott du cristlicher bruder", antwurt er jm
„dannck dir got du cristlicher bruder"; redt er weytter „pistu ein cristlicher

bruder, (dabey ich dich . . . . . .) dabey ich dich erkennen kann, so sag mir, wenn ist dir Cristus ins fleisch komen oder wan hastu Cristum enntpfanngenn?" Ist er ein cristlicher bruder eingeleybt in dem leyb Cristj vnnd ein glidtmas mit jm, so antwurt er mir: do mir sein gotlicher will verkundigt ist wordenn, vnnd mich darein verwilligeth hab".

Zum aylfftenn: das jr hanndlung nichts annders sey, wen sie bey einannder sein, denn das sie redenn vonn dem wort gotts vnnd krafft des euangelij, vnnd sunst vonn nichts, wie man sie zeycht.

Zum zwelfftenn bekenndt er: sie haltenn nichts vonn der kinder tauff, dann sie ist nicht vonn gott oder seinem sun Jesu Cristo eingesetzt, sonnder nach der apostellzeyt vonn denn bapstenn durch die furwitzigkeyt jnn jr cristlich kyrchenn eingesetzt, vnnd für recht zu haltenn durch bebstlich pullenn vnnd mandat ernstlich dem volg zuhalltenn gepottenn.

Zum dreyzehenndenn halten sie kurtz nichts vonn dem sacrament des altars gleich, wie von der tauff, den das sacrament ist zugleich wie die tauff vonn dem babst eingesetzt wordenn aufserhalb des beuelchs Christj, wie er es den mit der geschrifft genugsam die vnnd ander artickel beweyfsenn will; die anndernn sacramendt ist jnn keins.

Zum virzehenndten sagt er: er wis nit, wo der Nadler oder ander sein oder sie wonung haben, dann wie mir der Hanns Hutt hat angezaigt.

Zum fünfzehennden sagt er: er hab annders nit eingen wollenn zu des Hanns Nadlers frauenn, dann er hab gehort, sy sey auch ein frume cristin, vnnd er sey muett, er hab ein dag oder zweenn bey jr ruenn wollenn, oder nachtselig habenn wollenn vnnd sie weytter in cristlichem weg, wo sie jret wer, zuuntterrichtenn durch die crafft gotts.

Zum sechzehennden artickell anntwurt er: er woll predigenn vnnd tauffenn vnnd die leut zum cristlichenn glauben pringenn, welchs annemen wollenn, den (!) vrsach, gott hab sie aufgesetzt durch seinen son Cristum nach seiner vrstendt.

Zum sibenzehenndenn anntwurt er: er woll dorjnn verharn, der vrsach, Cristus hab sy aufgesetzt, vnnd seinen apostellnn also beuolhenn, seinem beuelch nachzukomenn.

Zum achzehennden: sie habenn kein oberstenn, es sey einer wie der annder, ebenn all gleich in der dinstparkeyt vnntereinnander; er wis auch nit, wo sie sein, dann sie konnen an eynnen ort nit lang pleyben.

Zum neuntzehennden: si habenn kein oberstenn vnntter jnn; aber wenn sy etwo in ein haufs oder gartten oder wald wollenn zueinander komen, so sagts ayner dem anndern zuuor vnnd tuts jn zuwifsen.

Zum zweintzigistenn: wenn sie beyeinander sein, ist ir hanndlung nichts annders zu redenn vonn dem wort gotts vnnd eyner den andern bruderlich zuuntterweyfsenn.

Vnnser willig dienst eur gestreng vnd erberkeit zuuor. Gestrengen hochgelerten edeln vnd veſsten! Eur erberkeit antwurt vns itzo der zwaier sachen, nemlich vnsers gefangen Jorgen Lutzen vnd dann des gesandten widertauffers halben vff vnnser schrifftlich bettlich ansuchen vbersendet haben wir alles innhalts vernomen vnd bitten eur erberkeit dienstlichs vleis, dieweil vns gedachter Jorg Lutz fur ain jungen fromen schlechten gesellen vnd sein handlung fur vngeuerlich angezeigt wurdet, eur erberkeit wölle des richters zu Schwabach angeben, der sich gegen vns vnd den vnnsern on das so gar vngeschickt vnnachtpaurlich vnnd aigen nutzig erzeigt, das er vnnsers vnzweifenlichen achtens viltäglicher gezenck vnd vertiefſung zwischen vnnsern gnedigen herrn den marggrauen vnnd vnser nit ain geringe vrsach ist, wie wir das auch zur notturfft weſsten anzuzeigen, dieses fals nit glauben geben, sonder sich zuuor ains vnpartheilichen grunds erkundigen vnd sich dann gegen dem armen geübts frefels halben, also zuerzaigen, domit wir daraus befinden mögen, das eur erberkeit zu handhabung des altten nachtpaurlichen geprauchs die frefel betreffend vnd fridlicher gutter ainigkeit genaigt sein. Souil aber die newen vergifften sect der widertauffer belangt, ist vnser gemuet aigentlich dahin gestelt, nit vns selbs, sonder die eer gottes, auch handhabung gemeines nutz, wider die bede die angezeigt verpundnus zum höchsten streittet vnd furgenomen wurdet, zusuchen vnd die souil an vns ist mit vleis helffen aufszureitten; achten dafür, eur erberkeit sey zw solchem auch nit weniger gewilligt; wiwol wir nun gantz willig wern, eur erberkeit der gefangen vrgichten, die wir bemeltter sachen halben zu fronfest annemen laſsen haben, zuzuschicken, achten wir doch solche vrgichten gantz fur vnfruchtpar vnd zw erkundigung ainichs grunds in diser sachen vnnutz, dann diese gefangen synd arm pauers leut, die nit selbs getaufft, sonder die tauff aus verfürung dieser sect lermeistern mer aus ainfallt vnd das sy das fur gut geacht, dann mit furgesetzter geuerde empfangen vnd von den hawbtartickeln solcher verpundtnus (die sy vndereinander gantz gehaimbd haltten.) nit wiſsen haben; wir wöllen aber eur erberkeit nit pergen, das vns vnser besonder lieb vnd gut freunde die von Augspurg yetzo geschriben vnd angezeigt, das sy neben andern diser sect verwandten auch den rechten principal Johannsen Hut erobert vnd inn fangknus pracht; den haben wir schrifftliche fragstuck, darauff gedachter Hut beſspracht werden mag, vberschickt, die wir eur erberkeit darumb zusenden, den gefangen Albrechten, weil er sich fur ainen Apostel vnd senndpotten diesen (!) Johannsen Huts auſsgibt, zubemeren; deſsgleichen haben wir vns auch entschloſsen, die vnnsern auff dem lannd zw warnen, wie eur erberkeit jnnligends vernemen, das wir aber eur erberkeit nit darumb anzeigen, dieselben zuweisen oder zulernen, was sy hierjnn thun söllen, weil wir eur erberkeit so für verstendig achten, das sy aufserhalb vnnser vnderrichtung woll wiſsen, was hierjnn fürzunemen sey, sonnder aus ainem vertrewlichen gutten willen vnd domit eur erberkeit dester mer vrsach haben, jnn dieser sachen statlich vnd mit vleis zuhandeln, wie auch warlich die notturfft will erfordern, dann vnnsers ächtens hindter dieser verpunndtnus mer schedlichs giffts, dann sich yemand vermutten mag, verporgen ligt.

Sein der hoffnung eur erberkeit werden solchs vnnsernhalben im peſsten

vermercken, dann wir synd genaigt, eur erberkeit dienstlichen willen zu-
erzeigen.

Datum montag 23. Septembris 1527.

Burgermeister vnd rate
zw Nurmberg.

Den gestrenngen hochgelertten edeln vnnd vefsten der durchleuchtigen hochgebornen furften vnnserer gnedigen herrn der
marggrauen zw Branndennburg etc. hoffmaistern stathalltern
vnnd räthen zw Onoltzpach.

1527.

*Fragstuck darauff der gefanngen Albrecht von Lynntz, wie er
sich nennt, bespracht werden mag.*

Erstlich wie er hayfs vnnd wie sein rechter aigenntlicher name sey, dieweyl er nach gelegennhait seiner person vnnd claidung ainen annndern namen
haben soll?

An welchen ortten er am nächsten sein wonung gehabt, was auch sein
hannttierung vnd narung gewest sey?

Ob er Johannsen Dencken, Johann Hetzer, Johann Hut vnnd doctor
Balthasar Fridberger [difs sindt die furnembsten principal dieser newen sect],
so inn Merhern sein wonung gehabt, kenne?

Ob er auch vmb dieselben gar oder jr einstayls vnnd vmb welche ge-
wönet vnnd mit denselben gemainschafft gehabt hab? an welchem ort vnnd
wie lanng?

Wo dieselben personen diser zeyt jr wonung haben? ains yeden anwesen
vnnterschiedlich anzuzaigen.

Ob derselben aine oder mer jnn der stat Nurmberg oder jnn anndren
ains rats flecken vnd dorffern gewest sein? wie dieselben flecken hayssen vnnd
zu welcher zeyt?

Ob er neben vnnd mit denselben personen oder fur sich selbs allain jnn
eins rats zu Nurmberg gepieten gewest sein? zu welcher zeyt vnnd an was
ortten?

Was sein oder derselben personnen hanndlung vnd geschefft gewest sey?

Durch wen er oder die benennten personnen jnn der stat Nurmberg oder
anndern ortten ainem rate zugehorig yedes mals haimlich oder offennlich
vntergeschlaifft worden sein vnd durch was personen, die aigenntlich zu-
benennen?

Welche personnen diser newen sect der widertauffer als die furnembsten
principal oder lermaister aufserhalb der obbenannten mer verwanndt sein.

Wer jre discipel oder Apostel seyen, die sie an anndere ort geprauchen
vnnd aufsschicken, vnd wo sich dieselben pfleglich einnhalten?

Ob sich ainer oder mer diser principal zu Augspurg itzo ennthalten vnd
was personnen daselbst sellicher sect von namhafften verwanndt sein?

Item aigenntlich zu fragen, was sein vnd der anndern leermaister diser
sect lere vnd die artickel jrer verpundtnus vnnd bruderschafft gewest seyen?

Vnnd nemlich, was die siben artickel oder die siben vrtayl (wie sie die nennen), so sie vnntereinandter gehalten vnnd anndere fur warhafft gelernnt haben, seyen? die Vnnterschiedlich anzuzaigen.

1. Ob er jnn solchem sein vnwifsen sagen wolt, jne zufragen, was sie aufserhalb jrer vermainntten widertauff fur einannder zaichen jrer punndtnus mit wortt oder bedeuttungen haben.

2. Was sie von Cristo halten? Ob der auch fur aller mennschen sunndt gnug gethann hab?

3. Was sie von der leyblichen zukunfft Cristj vnnd dem newen reich, so Cristus auffrichten soll, gelernnt haben?

4. Ob sie auch dafür halten, das vnntter den criften gesatzte oberkaiten sein sollen vnnd ob aller gewallt vnnd oberkaiten von got seyen?

5. Was jr anschleg gewest sein, gegen den oberkaiten mit der that zuhanndeln vnnd ob sie nit die vertilgung der oberkaiten durch das schwert Gedionis, so sie furen werden, bedeuttet haben?

6. Was sie vom sacrament des leybs vnnd pluts Crisftj halten?

7. Wann sie die zukunfft des ennds der wellt gesatzt haben vnnd aus was grundt, so doch got der allmechtig ime dieselben zeyt zuwifsen allein vorbehalten hab vnnd des Cristus im evangelio mit lauttern worten selbs clerlich bedeuttet?

8. Ob sie sich aufserhalb der widertawff mit aids oder anndern pflichten zusamen verprudert vnnd verpunden haben, vnnd jnn was gestalt?

9. Wohin er oder die anndern principal diser sect jre mitverwanndten oder bruder, die sie zuuerkauffung jrer gutter beredt, zukumen beschieden haben, vnd was jr anschleg defshalb gewesft.

Augsburg. 1527. Oct. 15.

Den wolgebornen, edlen, gestrengen, hochgelerten, erbern vnnd vesten, vnnserer gnedigen herren der marggrauen zu Branndenburg etc. stathaltern vnnd raeten jm haws zu Onoltzbach, vnnsern gnedigen vnnd lieben herren embieten wir die ratgeben der stat Augspurg vnnser vnnderthänig fruntlich vnd willig dienst alltzeit beuor, wolgebornen, edeln, gestrengen, hochgelerten, erbern vnnd vesten, gnedigen vnd lieben herren Als E. G. vnnd gunst vnns jetzo von wegen jrs gefanngen Ambrosy Spitalmairs von Lynntz geschriben, auch darjnn vnnsers gefanngen Hannsen Hut vrgicht begert, das haben. wir sambt mererm jnnhalt vernomen vnnd sein vrbuttig, E. G. vnnd gunst dieselb des Hut vrgicht, so sich aus dem lannd zu Franncken von Heyn nennet, vnnd vnnder den von Bibra gesefsen zu sein anzaigt, dweil die ettwas lang ist, abschreiben zu lafsen vnnd bey aigem botten furderlich zuzeschicken.

Des genanten Spitalmairs will Hut kain wifsen haben, aber wir gedenncken vns bafs an jme zuerkonnden. Ist hierauff vnnser fruntlich bete, souer mitler zeit derselb Spitalmair bifsher oder weitter gefragt were oder wurde, vnns sein vrgicht auch mitzutailen vnnd fertigen zulafsen, damit, so vnnser pot gen Onoltzbach komet, die daselbs entpfachen vnnd vnns zubringen möge. E. G. vnnd gunst daneben vnnderthänigklich vnnd fruntlich zugedienen, wern wir alltzeit berait vnd willig.

Datum auff den xv tag des monats Octobris. Anno etc. xxvij.

Den wolgebornen, edlen, gestrengen, hochgelerten erbern vnnd vesten, vnnserer gnedigen herren der marggrauen zu Branndendurg etc. stathalternn vnnd raeten jm haws zu Onoltzbach, vnnsern gnedigen vnnd lieben herrenn.

1527. October 25.

Antwuert Ambrosi Spitlmayr auff die furgehaltn fragstükh. Actum am freytag nach Vrsule Anno 27.

1., Erstlich hays ich Ambrosi wie oben vnd vormals offt von mir gehört worden ist, vnd solchen namen hab ich in meiner khindlichen tauff empfangen, vnd solchen namen behalt ich noch, aber die khindlich tauff nicht; wir haben Act. 10.,* das der Cornelius von Philippo getauft nicht verneut hab seinen namen, sondern behalten wie er in in seiner beschneidung empfangen hat.

2., Hab ich mein wanung am nägsten zu Lintz, da mein vatter vnd muetter sein, gehabt, vnd wie ich vnd ander zu Lintz vertriben sein worden, ist mein zug strags herauff gen Augspurkh gewest — andre meine brueder haim zusuchen, sonst hab ich mich ni dort aufgehalten; ehe ich aber zu diser tauff khumen pin, hab ich mich mit der schuel enthalten, wie ich den ein student pin, wie den mein khleydung anzaigt, wie wol ein wenig verwent on alle pfartl (?), die khlaidung macht kain frum noch pöfs, sonder das hertz.

3., Ich khenn jren khainen nicht, ich wais auch nicht, was ir christlicher wandl sey.

4., Ich wais gar vmb khain, ich hab pej khainem gewandt, noch jren khainen gehört noch gesehen, den ich pin von Lintz, nachdem ich getauft worden, nie wökh khumen pifs hie her.

5., Ich wais auch gar nichts.

6., Ist Hans Hutt des malls zu Lintz, wie ich da getauft worden pin, der furnemlich ist lermaister geweest; sonst ist da geweest Lienhart Teutsch schreiber, Christofferus sein brueder schulmaister zu Wels inj meyll von Lintz, Hans Khierschner von Wels; jtem ich hab gehört von Hans Hutten, wie der Caspar Nesler zu Augspurkh auch in diser sect sey.

7., Ist ainer mit namen Conrat ein pinter gesell, der selb von Hans Hutt verorndt wie Timotheus vnd Titus von Paulo, die brueder vnd schwester zu vnter weyfsen; vnd ander meer zu christlichem glauben pringen. Es ist auch ainer mit naman Herous (?), auch Lienhart, diser paider zunennen (!) wais ich nicht, den wie sy zu Lintz pey mir

---

* sic = Apost.gesch. c. 10.

vnd ander gewest sein, wo sy aber jetzunt sein oder pflichtlich enthalten wais ich nicht.

8., Ich wais warlich nicht, wo sy sich enthalten, den es ist wol xij wochen, das sy zu Lintz gewesen sein.

9., Ist vnser leer nichts anders den von dem ewigen lauter wort gottes, also wen ich oder ein ander zu ainem khumbt, der dises glaubens nicht ist, so frag ich jn am ersten, ob er ein christ sej, was sein christlicher wandel sey, wie er sich gegen seinen brueder halt, ob er mit samt andern alle ding gemain halt vnd sy her widerumb gegen im, ob khainer vntter in an speis oder khlaidung mangel leidt, ob sy bruederliche straf vnter einnander halten, wie sy sich mit der brauchung aller creatur gegen got halten vnd wie sy got vnd Christum darinnen khemen etc etc. Ist den sach, das sich ainer oder meer gegen vns alls vnwifsunt erzaigen, sy wifsens nicht, vnd so es ainer begert solchs zu wifsen, den so zaigen wir im den willen gottes khlärlich an durch alle creatur ainen yedlichem darnach er ein hantwerkh khan — durch seinem werkhzeug (Job 12 Joan. 15. Math. 4. Luc. 9 Math. 21), wie den Cristus geleret hat, das er durch sein hantwerkh als durch ein puch, das im got geben hat seinen willen zu lernen, also auch ainem weib durch jren flags, den sy spint, oder ander arbeit im haus, die sy täglich im prauch hat. In summa ist vnser leer nichts anders, den das wir allen menschen den willen gottes durch die creatur lautter als durch sichparliche ding die vnsichparliche ding zuerkhenen geben, darumb sy gott den dem menschen fur augen gestelt hat. Also haben auch seine apostel gelernt, den die gantz geschicht ist nichts anders den ein creatur etc.

Die verpintnus aber vnd bruederschaft, die wir vntereinnander halten, damit wir vns mit einnander verpflichten, ist nichts anders, den das wir, wo wir peyennander sein, bruederliche straff halten wullen, wo ainer den andern yrrunt siecht vnd befint, wie vns Christus beuolchen hat; das wir auch mit nichte von einnander schaiden wöllen in aller vnfser widerwertikhait vnd khainer den andern ergern wöll, das ainer dem andern nichts vor wöll behalten, sonder alle ding gemain haben, es sey in geistlichen oder zeitlichen gaben, das wir khainem khain laidt thun wöllen, wenig oder uill, fur all vnfer feint pitten vnd in guets thain vnd alfo die geliptnus zwischen got vnd vnser hallten wollen, die weyll leib vnd leben wert; solche geliptnus geschiecht, wen wir das nacht mall Christi halten.

Es ist vnser mainung furwar nicht, das wir lant vnd leit wöllen verratten oder vbergeben, das sey weit von vns, oder auffruer machen; die aufruer, die noch vber alle menschen khumen wirt, die wirt sein von got von wegen der sint, die täglich hauffen weis geschiecht wider got. Ich sag euch wacht! wacht! steet auff von den sintten, so wirt euch Christus erleichter wern! alle menschen tragen ein todte sell in ainem lebendigen leib, sy solten ein lebendige seell in ainem todten leib tragen.

10., Es sein siben Vrttl in der geschicht, durch wölche die den willen gottes gäntzlich beschliefsen, aber in der geschrift stuckhweis begriffen wie hernach uolgt:

Das erst vrttl von dem punt gottes, welchen punt got mit den seinigen macht, so ers zu khindern auffnimbt; dieser punt geschiecht im geist tauff vnd trinkhung des khölchs, das Christus haist die tauff des plüts * (Math. 20. 26. Luce 22. 1. Cor. 11), das wir vns gegen got verpintten in ainer lieb geist glaub vnd tauff (Ephes. 2) pej im zu pleiben; herwiderum verpint sich got vnser vatter zu sein, vns in aller vnser triepsall beistendig zu sein, wölcher verpintnus die gantz hejllig geschrift uol ist.

Das ander vrtll von dem reuch (!) gottes Wölches got allain geben wirt, die aines armen geist sein (Math. 5 Luce 6 po 50 **); dieses reich khan niemant einemen, den wölche hie arm sein mit Christo, das ain Crist nichtis aigens hab, ja nichts da er möcht sein haup möcht hin naigen; ein rechter wahrhaftiger Crist sol auff dem gantzen ertreich nicht so uil haben, da er mecht mit ainem fues steen, nicht das er khain herwerch haben soll oder in ainem walt ligen, äkher vnd wifsen nicht haben, oder nicht arbaitten, sonder allain im nichts fur aigens zueprauchen, das er sprechen wolt, das haus ist mein, der akher ist mein, der pfening ist mein, sonder alles vnser; wie wir den sprechen „vatter vnfs: jn summa ein crist sol nichts aigens haben, sonder alle ding mit seinem brueder gemain halten, in nit nodt lafsen leiden, nit das ich arbait, damit mein haus uol wer, das mein haffen uoll mit vleisch sey, sonder auch schaue, was mein mitbrueder hab; ein crist schaut mer auff seinen nägsten den auff sich selbs (1. Cor. 13); wer aber hie reich will sein, das im nur gar nichts abgee am leib oder an guet, das er auch hie vor den menschen hoch gesechen sej vnd in alle menschen fürchten vnd sich nicht fur die fus des herren legen wie Madale, wie auch der khunig zu Niniue, der khunig Dauit, der mues dort geniedert wern (Luce 22. 18. — 1. Petri 5). Das reich gottes wirt hie auff dieser erdt sein (Math. 5), aber himel vnd erdt wirt vor durch feur verneut wern (Esaie 66).

Das drit vrtll von dem leib Christi, Also das alle, die Christo durch sein göttlichs wort anhengig sein, die sein seine glidmas, das ist hendt fues oder augen; solche glidmas muefsen an Christo geistlich sein, nicht sichparlich. Christus warer mensch im vleisch ist solcher glidmas das haup, durch wölchs die glider regiert wern; mit sölchem haup vnd glidern gets eben zue wie in ainem sichparlichen leib; den wie in ainem leib uil glider sein, doch mit vngleicher wurchung, doch denacht ains mit einander vnd dienstlich, den was ain glid hat, das hat das ander auch; es sein auch die glider diemietig, vntereinander vnd ains dem andern gehorsam (Luce 22. — 1. Cor. 12. — Rom. 14).

Das viert vrttl von dem endt der welt.

Nämlich das die zeit hie ist, in welcher got alle ding durch feur

---

* frag: warinnen geschicht die verpuntnus?

** sic!

erdtpiden (!) plitz vnd tonner purgieren wirt, * alle gepey zu poden
stefsen vnd zunicht machen, wie den geschechen ist der grofsen stat
Bablonia (Habacuc 4, 6. 7.); da mues aller trutz vnd wejshait der welt
mit jrem reichtumen geschmeltzt werden, da mit das das reich der
himmel auffgericht khun werden (Ezech. 7. Here. 30).

Das funft vrtl von der zukhunft.

vnd von dem gericht:

Nachdem alle ding zu poden gestofsen wern vnd alle menschen
sterben wern, den so wirt Christus khomen (Math. 25. — 2. Cor. 5) in
seiner herlikhait zu richten lebendig vnd todt; da wirt ainem jedem
geben nach seinen werchen (Math. 20), ** wie wir hie gesät haben, also
wern wir dort schneiden. Es hat khain verdampter sein verdamnus
noch nit eingenomen, so hat auch khain sälliger etwas empfangen.

Das sechst vrttl von der Aufferstehung:

Nämlich das alle menschen wern auffersteen mit leib vnd seel, die
gotsälling wern auffersteung haben zum leben, den sy sein hie todt
gewest (Rom. 6), die gotlosen aber wern ersten zum todt, wen sy
haben hie gelebt (Ezech. 18), wen sy haben hie gelebt in freiden vnd
lusten diser welt vnd jr himelreich hie gehabt (Math. 19. — Luce 12,
16. — 1. Timo. 6).

Das sibent vnd letzt vrttl von dem ewigen vrtl:

Nämlich das die gotlosen muefsen einnemen die verdamnus vnd
geen in das ewig feur (Hebr. 4. Math. 25), das vnuerzerllich ist, da
wirt anheben zu nagen in dem hertzen der gotlosen der pejfsunt wuerm,
da wirt sich anheben wain vnd khlang (!) vnd grifsgram der zent, den
sy haben hie gelacht vnd in allen jrem leben fridt gehabt (Math. 23).

11., Pin ich ja widerumb getauft worden, wie oft soll ich euchs sagen,
wölt jr auch meine brueder werden vnd khinder gottes (Joan. 9).

12., Hat mich getauft Hans Hutt ein warer prophet von got gesant
(Here. 1. 23) durch anzeigung der creatur, in welchen der willen gottes
verschlofsen ist, vnd da ich getauft worden pin, pin ich 30 jar wie
Christus alt gewest, vnd im Jordan getauft worn.

13., Ich halt in summa nichts von meiner ersten tauf, den sy ist mir nit
im wenigisten nutz; als oft ein khindel getauft wirt, als oft wirt
Christus gelestrit, den das khindl ist vor rain nach seiner seel, wie wol
es in der erbsint enpfangen vnd geporn ist worden, — als lang das
seinen verstant guetrs vnd pös gewirnt (Ezech. 28. Esaie 7. Math. 4).[1]

14., Wir verpflichten vns mit einander in nichts anders den wie im 9. artikl
angezaigt ist.

15., Wir haben khain auswendigs zaichen nicht, das sichparlich wer, sonder
ein vnsichparlichs[2] zaichen, das vns got geben hat, darpej got vns
erkhent; mit dem grues, den got den juden geben hat, griessen wir

---

* frag: wer hat dir solchs gesagt?

** Christus sagt zum mörder „heut wirstu sein bey mir im paradifs"
Luce 23.

[1] Probir das.

[2] Was ist das vnsichtparlich zeichen?

einnander vnd mit dem heyligen khufs, davon Paulus vil sagt, da
khennen wir aneinander wie Maria vnd Elizbet khent haben (Luce 1)
vnd Christus, da er spricht „der frit sey mit euch" (Joani. 20. 21).

16., Wir halten vnd glauben, das Christus ist gewesen ein rechter wesentlicher mensch hie auff erden wie wir sein mit vleisch vnd pluet, ein
son Marie nach der menschait, den von jr hat er vleisch vnd pluet genomen, doch nit dermafsen wie wir, den er ist an mändlichen samen
empfangen worn durch den glauben, den Maria geben hat den worten
des engls; vnd also nach der menschait zu reden ist er gewesen ein
son Marie, ein son des menschen, wie er sich den selbs nent; aber nach
der gothait ist er gewesen ein naturlicher son gottes von ewikhait in
ewikhait, geporn in dem vätterlichen hertzen durchs wort wie Joan. 1
sagt; Christus warer got vnd mensch, das haup aller seine glider hat
allain den ewigen zorn des vatters gegen vns mit seinem leiden aus-
gelescht (Esaie 51) vnd vns gegen im zufriden gestelt vnd veraint vnd
vnser ainiger mitler worden vnd mit seinem leiden vnd sterben vns das
himelreich, dauon wir gefallen sein durch Adam, auffgeschlofsen; nun
wöllen wir als seine glider zu tag des gerichts das reich der himel
einnemen, so miefsen wir auch der mafsen leben leiden vnd sterben,
wie er gestorben für vns ist als das haup; den wer nit mit leit, der
wirt nit mit erben; wir miefsen auch trinkhen den khölch, den er getrunkhen hat (Math. 20 von den zwayen sin Zewedej); wer aber hie
nit leiden will, der mues dort leiden in feurigen tricht, vnd also zu
reden hat Christus nit genüg than für die sint der gantzen welt, sonst
würt khainer verdambt, nain nain; Christus sprach am abentefsen „das
ist der khölch des neuen testaments in meinem pluet, das für eug vnd
für uil vergofsen wirt in nachlafsung der sint. Er sprach nit für all
menschen; die sind die wir in vnserm leib thain, die miefsen wir auch
selbs piefsen, wie Paulus Rom. 6. — Colloph. 1. — Philip. 1 sagt.
Marci 16 Math. 25. — Kinnet das sein, hietten (!) wir guet machen,
nain! nain!

17., Christus wirt mit glorifciertem leib khumen zu richten lebendig vnd
todt (Joan. 19 Math. 25) vnd nachmals das reich gottes mit allen seinen
glidmafsen einen vnd jr khing sein.

18., Alle obrikhait, die gewesen ist von der zeit Adams her vnd yetzunt
ist, ist alle von got eingesetzt worden, aber nit in got pliben, den sy
hat sich jres gwals vbernumen vnd vbernimbt sich noch heut. * Die
obrikhait oder gewalt ist darumb von got anfenklich eingesetzt worden,
das sy solt richten wort vnd werch, die wider got vnd den menschen
geschechen; aber sy richt allein wort vnd werch, ** die wider den
menschen geschechen, aber die wort vnd werch, die wider got geschechen, richt sy nicht, darumb ist sy plint vnd furer der plinten, den
sy suecht nuer was jr ist vnd nit das jhenige das got zue gehört, darumb ist jr vrttl falsch; aber nun hebt die obrikhait an zu richten
wort vnd werch, die sy vermaint, sy sein wider got, vnd seint doch

---

* frag, ob sie alle gefallen sein von got?
** Probir das!

mit got vnd nit der weis ist sy dem Pilato gleich wie er Christum vervrttlt hat.

Die rechten warhaftigen cristen, die im geist vnd warhait cristen sein, wie er den spricht Math. 11 „lernt von mir, den ich pin sanftmietig vnd aines diemitigen hertzen", betierffen khainer obrikhait, schwert oder gewalt, den sy thain gern williklich die gerechtikait, wie Paulus redt 1. Timo 1; dem gerechten ist khain gsetz geben, aber die cristen die nuer mit wortten cristen sein, herr herr, die dierffen zu aller zeit jrer obrikhait zu jrer frumkhait, sonst stäch ainer den andern die augen aus; solche frumkhait, die zwungen sein mues, gefelt got nicht, got will ein willigs werch haben, wie er zu dem reichen jungling sprach (Math. 19); wern die juden zu der zeit Christi recht juden gewesen vnd rechte khinder Abrahe, sy hietten khaines richter oder khayser bedierffet, darumb sy den von got 40 jar nach der vrstent Christi hörtiklich gestraft sein worden.

19., Wir wifsen vmb khain anschlag nicht, den wir mit der obrikhait gemacht haben oder noch hinfuran machen wollen, wie oben im 9 verzaichnet ist.

20., Im prot vnd wein, welches sich die pfaffen in jrer mefs oder nachtmall brauchen, ist mit nichten der leib vnd pluet Christi, sonder allain ein spieglfechten vnd gauglspill, durch wels sy die menschen betriegen vnd jre sell dermörden, derbarms got, das alle welt so plint worden ist vnd noch heut plint ist. Das nachtmall Christi vnd der pfaffen ist so weit vnterschiedlich als schwartz vnd weis ist; das sy aber die wort Christi (Joan. 6), so steiff halten, da er spricht „wer da ifst mein vleisch vnd trinkht mein pluet, der wirt haben daz ewig leben", mues man die wort nit versteen, wie sy von aufsen erscheinen, sonder den puegstam hinwekh thain vnd den geist suechen, der im puegstam verporgen ligt; also ifst man aber' das vleisch Christi, der sych hie gibt zu ainem glidt Christj an seinem leib, in welchem Christus geistlich mensch wirt, wie er dan in Maria vleisch worden ist, jn welchem Christus geistlich empfangen, geporn beschnitten getauft vnd gepredigt wirt. Ein warer christ mues alles das thain in seinem geistlichen Christo, was Christus im vleisch sichparlich gethan hat; als den ifst ein solcher mensch das vleisch Christj Joan. 1. „das wort ist vleisch worden vnd wirt wonen in vns". Der trinkht aber das pluet Christj, wölcher gern williklich durch den geist gottes gibt vnter die zucht vnd ruetten des vatters mit allen dingen mitleiden mit Christo seinem bruedern im vleisch vnd all stunt berait ist, den khölch zu trinkhen wie in Christus getrunkhen hat (Math. 20. 26), damit das der khölch im pluet gewaschen werdt vnd getauft; also hat den leib vnd das pluet gefsen vnd trunkhen Abel Abraham Isaac Jacob vnd all prophetten. Wer nit also getauft mit Christo im geist wafser vnd pluet will werden, der mues dort im feurigen teicht getauft werden.

21., Alls oft Christus in der geschrift benent wirt mit disem namen, so wirt allain genent ein pur lauter mensch mit vleisch vnd pluet leidlich vnd sterblich wie wir, vnd also ist er nit got, sonder ein mensch, (das ist) ein werch zeug, durch welchen gottes wort ausgesprochen ist

worden; der nit die menschhait Christj von seiner gothait zu vnter-
schaiden wais, der stofst sich schwärlich an disen stain; das aber
Christus hie ein prophet nach dem vleisch gewesen sey, haben wir
Deute. 18: „Ich will ein propheten erwökhen aus euren bruedern", item
Luce 7 „wer der ein prophet, so west (!) er wol, wer das weib wär",
item Joan. 4, Math. 21, Luce 4 „khain prophet ist angenäm — in seinem
vatterlant".

22., Maria ist allain ein werichzeug gewest der menschait Christi, den er
hat von jr genomen vleisch vnd pluet, als den ist Maria als wol ein
mensch gewest als wir, leidlich vnd sterblich als wir, in erb sinten
empfangen vnd geporn als wir durch die vermischung paiderlay samen
Anne vnd Joachim. Das wir sy aber lange zeit vnd noch neben got
gesetzt haben vnd sy gehaijfsen ein muetter gottes,* ein muetter der
barmhertzikhait, vnser leben vnd hoffnung, vnser fraw, ein khinigin
der himel vnd ein fraw der enngl, ein fursprecherin fur vns vnd dergleichen meer, wirt got zu dem tag des gerichts hortiklich straffen,
den er spricht durch den propheten Esaia 42 „mein ehr will ich
khainem andern geben". Also haben wir gethan mit allen seinen geliebten oder heylligen, sy nothelffer genent; also auch mit dem heylligen
creutz, das das holtz, daran Christus gehangen ist, pöfser sol sein vnd
mer gelten den sonst ein holtz; also sein wir hueren vnd pueb waren
an got vnserm preitigam, gesindigt vnd gehuert mit allen creaturn,
wie sich got dem oft bekhlagt, da er spricht „mein praut ist mir zu
ainer huern warn"; got wird in der gschrift ein eyfrer genent, — der
das hertz des menschen gantz haben will.

23., Der tag vnd die stunt der zukhunft Christj ist allen menschen verporgen, ja auch seinem ainengepornen son, aber die gelegenhait vnd
endt der welt durch aufswendige zaichen ist genuegsam vorhanten, den
es ist ein reich wider das ander, ein volkh wider das ander, es ist nun
das pastumb zu grunt gestofsen vnd aller hochmuet diser welt ein
guettes tayll gestilt vnd noch jmmer zu gestilt wirt, pis nichts mer da
sein wirt; der feigen paumb** ist plieunt worden mit samt andern paumen,
es wirt der summer palt nacher khumen vnd der gotselligen erledigung.
Schaw ein yedlicher zu imselbs vnd stell hie sein rayttung vnd register,
da mit er vor seinem herrn besteen khin, den es mues ein yedlicher
rayttung geben vmb alle seine wort, werch vnd trit seiner fues, vmb
ainen yedlichen tag vnd stunt, wie er in verzert hat, vmb ainen
yelichen pfening wie er in eingenomen besefsen vnd wider aufsgeben
hat, wie er sich aller creatur geprauncht hab, wie er sein prot gefsen
hab, auch die gewaltigen diser welt fursten vnd herren bischolff vnd
pfarrer am allermaist, wie sy jr vnterthan geregiert haben als jre
schaffl, dauon sy die wol genomen haben, wie sy das ertrich besefsen
haben vnd jres gewalts gepraucht haben; da wirt khain ansechung der
person sein, da wirt khain procuratur helffen, silber oder golt; darumb
schauen wir all eben, auff das wir die zechen taufsent pfunt hie be-

---

* Probir, das sie nit sey ein muter gotes!
** Was deut er durch den feygenbaum?

zalen, wer wir es dort hin sparn, es wirt mhue wern, wer nit mit dem fugsschwantz will gestrichen wern, der mues dort mit der eyfsernen ruetten gehauen wern.

24., Wir wifsen khain verpintnus, die wir gemacht hetten aufserhalb der tauff, yemant lait zu thai.

25., Wir haben khain beret, das er etwas verkhauffen sol oder von haus vnd (!) geen vnd yemant dort oder da hin beschaiden solches guet in sinten verzern, Nein; so aber ainer verläfst weib oder khint, haus oder hoff, * das geschiecht durch got vnd sein wort, wie es den Christus von seinen jungern haben will; darumb ist das euangelium ein mächtikhait gottes; wir prauchen vns khaines anschlags als die schäffl auswendig vnd inwendig reyfsent wolff, das sey weit von vns.

26., Das sein die verjagten, dauon all prophetten schreiben, die hie khain pleibents stat haben khinnen, sonder jmmerzue von ainer stat in die ander verjagt vnd getriben werden, den es spricht Christus zu allen seinen jungern „ich pin nit khumen den frit zu sentten, sonder das schwert". Ein rechter christ khan khain rue hie haben, die gerechtikhait khan hie in diesem reich nit zu fridt pleiben; es mues khuertz gelitten sein, es sey hie oder dort, wir miefsen purgiert wern in wafser oder feur.

27., Diser artikl ist genuegsam verantwurt im 17. artikl vnd im 2. vrttl.

28., Sölchs wirt geschechen, wen das endt der welt schier gar ein endt haben ** wirt; als dan wern die gerechten aus allen endt der welt in ainen augenplikh (!), die noch vberpleiben wern zusamen khomen vnd alle gotlosen die noch leben derschlachen, ainer wirt taufsent, zween zechentaufsent derschlachen; solcher anschlag wirt durch got gegeben den seinigen (1. Cor. 15., die zwo epistl zu den Tefsaloniensern).

29., Got wirt yetzunt palt *** ein uolkh erwökhen, die wir die haiden vnd feint des creutz Christi hayfsen, das wern die Türkhen wern, die wern das recht creutz nit pringen, aber man wirt wenig lust darzue haben, den so wirt alles uolkh betriebt vnd geengstigt wern vnd aller menschen hertzen zerzagt wern vnd von allen iren waffen lauffen; da wirt khumen auff ein hauffen pestilentz teurung vnd khrieg vnd alles vngwitter von dem firmament, da wern die reichen dieser welt jr reichtumb guet vnd gelt fur vnrain halten vnd auff die gafsen werffen vnd härene khlaider anlegen vnd puesthai, aber es wirt nit helffen wern, dise pues wirt got nit gefallen. (Ezech. 7, Dani. 7, Luce 21.)

30., Ich pin in vergefsenheit khumen, warumb ich dem Munzer hin ein geschriben hab, wan ich das puechel siech, den so will ichs verantwurtten, aber in khen ich nit, gesechen oder gehört (?), ich wais auch nicht vmb sein sect oder hantierung, ich wais auch nicht, wo er nit wesen ist.

31., Ich hab den pfarrer von Ellterstorff nie gesechen, mit im nie geredt oder gemainschaft gehabt oder sein junger gewest.

---

* Probir das!
**) Probir das!
***) Wer hat dir das gesagt?

32., Zum letzen des fegfeurs halben ich wais vmb khain ander fegfeuer nicht, den wo ein crist sich hie gibt vnter das creutz Cristj vnd sich got vnd Cristum einwenig vnd auswendig an leib vnd sell mit geist wafser vnd pluet rainigen läst, das haist die purgierung vnd triepsall, die die geschrift das wafser haist, wie Dauit spricht „die wafser sein eingangen pis in die seel"; alle creatur, die vns nutz sein sollen, miefsen gerainigt wern durch wafser vnd feur, also wern die khinder gottes hie in wafser vnd verzerunttem feur, das got selbs ist, (Hebr. 4) purgiert wern, vnd die gothlosen dort in dem ewigen feur; sonst wais ich nicht vmb ein fegfeur wie pisher die herter (!) vnd selmerder der menschen furgehalten haben, wie si got den selbs bekhlagt durch den prophetten Hiere. „mein uolkh ist zu ainer verlasnen hert waren, den jhre hirten haben sy betrogen"; zum tag des gerichts wirt got jrer schhafflen pluet von jren hertten suechen wern. (Ezech. 18. 33. 34. — Michee 3. — Collo. 2. — Hiere. 27. — Math. 7.)

Hie hab ich die artikl mir furgehalten nach meinem hertzen geist vnd verstant, den mir got geben hat, auff das khuertzist verantwuert; wen ich durch die verordnung gottes für offentlich concilio gestelt wirt, will ich dise artikhl, sonderlich den glauben betreffent gnuegsam ver-antwuertten mit der göttlichen warheit, wie ich den zu dem tag des gerichts antwuert geben mues vor dem strengen richter, der alle hertzen der menschen khent vnd wais.

Ihr diener gottes, ich siech vnd merkh, das gantz enkher (!) mainung ist, alle ding zu wifsen, was got zu diser zeit handln wirt; nun wert jr von got vätterlich ermant pues zue thain vnd gewarnt euch vor sölcher grausamen straff zu hietten; wert es (!) euch dar-durch gepefsert, ist wol vnd guet, wo nit, wer es euch pöfser, jr het die artikl vnd gehaimnus nie gewest. Ich erman euch, bekhert euch zu got eurem herrn in wain vnd khlang (!) vnd zerschneit eure hertzen vnd nit eure khlaider! Lernt von dem khinig zu Niniue, welcher in ainer predig des propheten Jone pues that vnd die gantz stat mit im! Wert jr pues thain, so wirt eur lant uölkh auch bewegt wern. Schaut, das jr nit ergernus gebt! Macht eur raittung hie, wert jr euch dort hin sparn, es wirt mue wern! Schaut, was jr thuet vnd mit wee (!) jr vmbgeet! Wer augen hab zu sechen, der sech, wer ohren hab zu hörn, der hör.

Quiescitt agere peruerse, discite bene facere.

Nachdem menigklich gesehenn vnd vill leut empfundenn vnnd erfarn habenn, was grossenn vnvberwindtlichenn jamers vnnd not mordt todtschleg entwendung der gueter, vnnd annderer mercklicher vnrathe schadenn vnnd nachtail an leib, sele, eere vnnd gut aus negst gewesener peurischen aufrur eruolgt ist, welchs am allermaistenn von den winckelpredigern, die on beuelch vnerfordert vnnd vnausgesandt für sich selbs' aus aigem fürsatz das heillig ewangellium vnnd wort gots dem volckh verkerter vnnd widerwertiger maynung furgebildt vnnd sonnderlich gelert habenn, das alle gueter gemain sein sollenn, etc. vrsprünglichen herkombt:

16*

Dieweil nun Ambrosius Spitelmair, der sich von Lintz nent, verruckter weil jnn diser lannd art ankomen, vnnd meiner gnedigen herrnn der marggrauen zu Branndenburg etc. ambtleut vnnd beuelchhaber glaublichenn bericht wordenn sein, alls sich auch hernach dasselb mit der that also erfundenn hat, das er dergleichenn winckelpredig on ordennliche senndung vnnd erforderung auch furgenomenn, heimblich zu den leuten ganngen vnnd ein neue verpundtnus onntter dem zeichenn einer widertauf hat aufrichtenn wöllenn, sindt sie nit vnzeitlich bewegt wordenn, denselbenn zu gefenngknus anzunemenn, den armen gemain man vor neuer jrrsall oder annderer aufrur, die gewifslichen daraus eruolgenn mag, auch dem schwerenn jamer vnnd nott, der jnn negster aufrur gesehen wordenn ist, zubewarn, wie dann auf sollichs derselb Spitelmair zugefenngknus bracht vnnd, alls man seins jrrsals nachmals durch sein selbst antzaigen bericht empfanngen vnnd souil erkundigt hat, das solichs offennlich dem heilligen euangelionn vnnd wort gottes gestracks enntgegenn gewest, ist er von meiner gnedigenn herrenn der marggrafenn wegenn durch der heilligenn schrifft gelert, auch annder redlich verstendig personnenn nit allein ein mal, sonnder zum anndern, drittenn, viertenn vnnd funfftenn mal getreulichen gewarnt, das sein furnemenn jnn heilliger götlicher schrifft nit, sonnder allein auff aufrur, die vnntterthon wider die obrigkait vnnd alle erbarkait zubewegen gegrundt sej, vnd vfs vleifsigst ermannt, vonn sollicher aufrurischen jrrsal vnnd verfurung abzusteenn: Aber er hat sich derhalbenn jnn nichtenn weisenn lafsen wöllenn, sonnder ist enntlich vff seinem trutz beharrt vnnd, wo er sollich sein vnchristlich furnemen mit dem wort gottes nit hat veranntworten können, ist er zuletzt darauf bestannden, sein geist vnntterweifs jne sollichs etc.

Solch vnd ander vncristlich vnd auffrurisch furnemen will nun vnnsern gnedigen herrn den marggrafenn alls der oberherren mit der that zestraffen vnd auszereutten geburn, damit der gemain man reich vnnd arm dardurch nit vergifft vnnd zu abermals auffrurischem wesenn wider recht vnnd den lanndtfridenn an seele leib eere vnnd guet verfurt werde.

Vnd hat genannter Spitelmair sonnderlichenn nachgemellte artickel on martter bekanndt vnnd vff mer dann ainerlaj redhalltung darauf bestannden wie hernachuolgt, nemblich: das die aufrurischenn paurnn jrer sach recht gehabt, vnnd die, so sie gestrafft. jn vnrecht gethonn habenn.

Darumb so spricht er auch: alls Moises zum ersten an felfs geschlagern, hab der felfs kain wafser geben, sonnder als er zum anndernn mal daran geschlagenn, hab er wafer geben etc., damit er offennlich bedeutten will, dieweil den aufrurischenn paurn jr furnemenn zum ersten nit geratten sej, das es jn zum anndern mal, so sie wider aufrurerisch wurden, gerattenn werdt.

Item er hellt, das got jnn kurtz ain volckh erweckenn, der ainer zehenntausennt zetodt schlahenn soll.

Item das kain crist kein obrigkait sein soll.

Item das kain crist kain zeitlich aigenn oder sonnderlich gut habenn soll.

Item das alle schlofs vnnd beuestigung zerbrochenn werden sollenn.

Nebenn disenn aufrurischen artickeln hellt er mer vncristlicher artickel vnnd nemblich: das Cristus jnn erbsundenn geborn, vnnd das jm got der vatter veind gewest sej.

Item das der kindertauf nichts sej, sonnder so ainer zu sein jarn kom, das er des glaubenns vnnderricht sej, soll er wider-taufft werdenn, als er dann selbs auch widergetaufft ist wordenn vnnd anndere widergetaufft hat.

Item das im nachtmal Cristj nit wesennlich der leib vnnd plut Christj, sonnder allein schlecht wein vnnd prot genofsenn werdt.

Vnnd auf die frag: wer ine zu predigenn vnnd zulernnenn ausgesanndt? sagt er, sollichs hab sein himblischer vatter durch den Huttenn als seinen wergkzeug gethonn etc.

Welicher Hut nun zu Augspurg alls ein offennlicher auffrurer gefenng-lich angenomenn, sich jnn der gefenngknus selbs erwürgt, vnnd nachmals da-selbst alls ein vncristlicher auffrurischer vbelthetter verprendt wordenn ist.

Form der vrtail.

Auff clag annttwort vnd alles gerichtlich furbringenn, auch notturfftiger vnnd warhafftiger erfarung vnnd erfindung, so defshalb alles nach laut meiner gnedigen herrn der marggrafen zu Branndenburg etc. rechtmefsiger hals-gerichts reformacion geschehenn, dieweil Ambrosius Spitelmair, so gegenwertig vor gericht steet, ein vncristlicher rottierer vnnd aufrurer erfundenn, ist enndtlich zu recht erkanndt, das er alls ain vnchristlicher rottierer vnnd auf-rurer mit dem schwerdt vom lebenn zum tode gestrafft werdenn soll.

V.

Freistädter Stadtarchiv.

12./8. 1527.

*Ferdinand von gots gnaden zu Hungern vnd Behaim kunig, infant
in Hispanien ertzhertzog zu Osterreich hertzog zu Burgund etc.*

Getrewen lieben wir haben kurtzuerschiner zeit den anwald der haubt-
manschafft in vnnserm lannd ob der Enns geschriben vnd beuolhen das er
allenthalben in seiner verwaltung daselbst bey ew vnd anndern vnnsern steten
vnd merkhten, vnd auf dem lannde haimblich sein vleifsig aufsehen haben,
vnd khundtschafft halten, auch von vnnsern wegen bey ew vnd andern darob
sein, verfuegen vnd bestellen solle, damit brueder Hanns Hutt, vnd seine mitgesellen, die sich manigerlay valscher predig, leere vnd sect auch der newer
tauff gebrauchen vnd dem gemainen man verfurlichen einzepilden, vnd damit
ir conspiration vnd haimlich pos practickhen die zu aufruor vnd vngeharsam
diennet zubewegen vnd zeraitzen vnndersteen, wo die betreten fenngklichen
angenomen, vnd bis auf vnnsern ferrern beuelh wolle warlichen behalten.
Nun versehen wir vnns solches seye, durch genannten anwald dermassen beschehen wie dem, so werden wir doch bericht, wie derselb Hutt sambt seinen
gesellen, bey ew vnd anndern vnnsern steten vnd merckhten in berurtem
vnnserm lannd ob der Enns, daruber haimlichen vnd offenlichen aufgehalten,
beherbergt vnd sich etlich aus ew, desselben Hutten verfurlichen predig vnd
leere auch der tauff tailhafftig machen vnd zuuerachtung vnnser gebot hanndlen
sollen, des vnns von ew zu misfaln raichet, vnd kains weegs zugestatten nach
zuzesehen gemaint ist, wellen vnns auch deshalben die straff dieweil ir ze-
hanndln beuelh gnueg gehabt gegen ew vorbehalten gehabt. Vnd emphelhen
ew darauf mit allem ernnst vnd wellen, wo ir den obgemelten Hutten seine
gesellen vnd annder, so sich er newen predig, leere, sect vnd newen tauff gebrauchen, bey ew ankhombet vnd betrettet, das ir sy dann von stundan
fennglichen annembet, auch die so sy haimlich oder offenlich beherbergen vnd
irer predig nachuolgen vnd sich von newen tauffen lassen, geleicherweise zu
gefenngckhnus bringet vnd bis auf vnnsern ferrern beuelh wolbewart behalten
lasset, vnd alsdann selhes mit anzaigung derselben personen, namens vnd
wesens, vnnsern stathalter vnd regennten, vnnser Niderosterreichischen
lannde, in schrifft furderlichen berichtet, vnd ew hierinn nicht vngeharsam-
lich haltet das ist genntzlich vnnser ernnstliche maynung. Geben in vnnser

stat Wienn am zwelfften tag Augusti anno etc. im XXVII vnnser reiche im erssten.

Frh. z. Polhaim
stathalter.

Comm. dom.
reg. in com.
J. von Valching.

Wolgebornn gestrenng hochgelert edel vnnd vesst . k. mst. vnnsers gn. herrn etc. stathalter vnnd regennten. gnedig vnd gvnnstig lieb herrn. e. gn. vnnd gvnnst sein vnnser gehorsam vnnd ganntz willig dinst zuuor an heut dato ist vnns von bemelter ku. mst. ain beuelch brueder Hanns Hutten seine mitgesellen vnnd ire valschen predig leer vnd secten auch die newen tauff vnnd annderer practikhen so sy dem gemainen mann einpilden vnnd wie dieselben zum taill bey vnns wonen vnd alhie sich aufenthalten vnd beherbergen sullen bedreffend·zuekomen, den wir in allen gehorsam emphanngen vnnd vernomen, vnnd seyen des begierigen gemuetts solhem ku. mst. beuelh vnnserm hochsten vermugen nach voltziehung zu thun. Dieweill aber die ku. mst. darinnen meldung thuen, vnnd anzaigen als sollen wir auf vorig ir ku. mst. vnnd derselben anwalt ob der Enns beuelh vnns vngehorsamlich gehalten das ir ku. mst. zu grossen misfallen raiche, auch deshalbn die straff gegen vns vorbehalten haben welle werden wir verursacht e. gn. vnd gvnnst zuschreiben, nemlich vnnd der maynung, das vnns deshalben vormals kain beuelh zuegeschikht, noch wir kain wissen darumb emphanngen. Wo aber e. gn. vnnd gonnst oder aber ain anwalt ob der Enns vnns ainiherlay beuelh vberantwurten hetten lassen oder wir sonst gemelten Hutten oder seine anhenger erkhent wolten wir mit allem vleis gehanndlt denselben nachgefragt vnd sy so wir des erindert zu fanngkhnus pracht, vnd woll verwarlich behalten haben, wellen auch solliches numals auf bemelten ir ku. mst. beuelh mit allem vleis vnnd in gehaim.gehanndln, vnnd erforschen, souil vnns muglich. Bitten darauf e. gn. vnnd gonnst als vnnser genedig herrn wellen vnns deshalben gegen ku. mst. vnnser vnschuld nach enntschuldigen vnnd vor schaden verhuetten, das wellen wir vmb e. gn. vnd gonnst in allen gehorsam willigs vleis verdiennen vnd hiemit beuelhen haben. Datum Freistat den XX. tag Augusti anno etc. im XXVII.

e. gn. vnd gonnst
gehorsam vnd willig
Burgermaister, richter vnd rat
der stat Freistat.

An stathalter vnd
regenten zu Wien.

Wolgeborn gestreng hochgelert edel vnnd vesst ku. mst. vnsern gn. herrn stathalter vnnd regennten genedig vnnd gonnstig lieb herrn, e. g. vnd gonnst sein vnnser gehorsam vnd gantz willig dinst zuuor. von obgemelter ku. mst. ist vnns den XX. tag dits monats ein beuelh Hanns Hutten seine gesellen vnd ir leer bedreffend zuekomen den wir in aller gehorsam vnd reuerentz mit vnderthenigkhait emphahen vnd vernomen vnnd darauf souil vnns muglich vnsern pesten vleis nach in gehaim erkhundt vnd erforscht, das wir denselben des Hutten anhenger auf das sy das zaichen der newen tauff an sich genomen bekent, souil wir der diser zeit gewis behendigt vnd auf ku. mst. beuelh an gestern fenklich genomen vnd woll verwarlich legen lassen, vnnd sein das di personen nemlich aus Schoferl Hainrich Ponwitter, Hans Egtthart, Paul Goldschmid, jung Hans Tischler vnd Wolfgang Schei vnser burger alhie. Doch genedig vnd gonstig herrn ist an e. g. vnser vnderthenig pitten wellen vns genedigklich berichten was wir vns nun ferner mit sollichen gefangen halten solle ob wir sy auf ire begeren auf purgschaft zu widerstellung vnd verhor oder in annder weis mit inen handln sollen dan wir in aller vnderthenigister gehorsam ku. mst. vnd e. g. beuelh zu geleben gantz vnderteniklich genaigt sein thun vns e. g. vnd gonst vnser gn. herrn hiemit beuelhen. Datum Freistat den XXII. tag Augusti anno etc. XXVII.

Burgermaister richter vnd rat
der stat Freistat.

An stathalter
vnd regenten
zu Wien.

Vnnser dienst in guetem willen zuuor. Ersam weis guet freundt.

Wir haben ewer schreiben vnd entschuldigung so ir vnns yetzo auf der ku. mst. zu Hungern vnd Beheim etc. vnnsers gnedigisten herren, an ew ausgegangen beuelh, von wegen bruoder Hannsen Hutten vnd seiner mitgesellen, die sich verfuerlicher Zwinglischer leere vnd der newen tauf gebrauchn, sambt der personen suplication irer entschuldigung, so ir diser obberuerten verfuerlichen sachn halben, venklichen annemben habt lassen, zuegesanndt, irer innhalt nach lenngs vernomen vnd fuegen ew darauf zu wissen, das wir solher aller der obgemelten ku. mst zuegeschikht haben, vnd wartten desshalben irer mst. gnedigen beschaids, vnd emphelhen ew in namen irer mst. das ir die gedachten personen, mit der zeit, bis ew weitter beschaid zuegeschriben wirdet, in vengkhnuss haltet, daran tuet ir ku. mst. maynung. Datum Wienn am XXVIII. Augusty anno etc. im XXVII.

Der ku. mst. zu Hungern vnd Beheim, ertzhertzogen Ferdinanden
etc. vnnsers gnedigisten herrn stathalter vnd regenten der nider-
osterr. lannde.

13./9. 1527.

*Ferdinand von gots gnaden zu Hungern vnd Beheim etc. kunig
infant in Hispanien ertzhertzog zu Osterreich hertzog zu Burgund etc.*

Getrewen lieben. Wir sein glaubwirdig erinndert vnnd bericht worden, das sich ainer genant Hanns Hutt der sich durch sein verfuerisch zwinglisch ketzerisch pös leeren, das arm gemain volckh in vnnsern lanndn bescheerrlichermas von vnnserm hailwertigen glauben abzuwendn vnd in ander vncristlich wesen vnnd gebrauch zu bringen sambt seinen mitgesellen bey ewch ettlich zeit ennthalten, daselbst gelernt vnd ains tails vnserer vndertanen daselbst zu seiner verfuerischen leer bracht vnd bewegt haben soll, darumben wir dann gegen iren obrigkheiten hette zuuor gezimbt, seidt des auch schuldig gewesen, gedachten Hutten sein gesellen noch annder ires gleichenns verfuerisch lerer nit zu gedulden, sonnder nach zusellen vnnd in gefenncklhnus zu bringen. Vnnd ob ir des gleich nit wie angetzeigt sunderlich beuelh von vnnser regierung gehabt, hat ewch doch solhes auf vorausgangen vnnser offen mandat zeihnen vnd solhein gehorsam zubeweisen gepurt. Darumben wir des zu ewch nit clain misfallen wagen. Auch derhalb vnnser straff gegen ewch vorbehalten, vnnd ewch darnach wissen zu richten nit vnangetzeigt lassen wollen. Geben in vnserm kuniglichen geslos zu Ofen am XIII. tag Septembris anno etc. XXVII vnser reiche im ersten.

Ferdinand.

30./9. 1527.

Mein diennst zuuor. Fursichtig ersam vnnd weis. Nachdem sich etlich ewre burger vnd vnnderthanen Hannsen Hutten vnd seiner mitgesellen Zwinglischen verfurischen leer vnnd irrthumb der widertauff, vnnd in annderweg tailhafftig gemacht vnd dieselb angenomen, wie ir dann solh personen auff ku. mst. vnnsers g(nedig)isten herrn ausganngen beuelh vengclich angenomen vnd noch als in verwarung haltet, derhalben ewch ir ku. mst. gegen dennselben mit den rechten vnnd der straff, wie sich geburdt, zu hanndeln vnnd zuuerfaren beuolhen, innhalt ir ku. mst. derhalben an euch ausganngen beuelh, dieweill sich aber ettlich personen hierinnen zuentschuldigen antzaigen, hat demnach ir ku. mst. solh ir vnschuld vnnd enndschuldigung ab inen zuerkundigen, vnd ir ku. mst. stathalter vnd regenntten der Niderosterreichischen regierung zue zuschreiben beuolhen. Ist hierauff in namen hochgemelter ku. mst. an euch mit ernnst mein beuelh, das ir euch sambt den edeln vnnd vessten Georgen Sigharter zu lewmbach ku. mst. ratte vnd vitzthumb ob der Enns, vnnd Georgen von Lanndaw zu Pluemberg zum hawss, den ich solhs mit euch zu thun beuolhen hab, angeregter personnen vnschuld vnd irer verhanndlung aigentlichen vnd gruntlichen erkundiget vnnd erlernnet vnnd alsdann wie ir derselben enndschuldigung, in eur gehalten erkundigung erfindt, dasselb sambt gemelten vitzthumb vnd von Lanndaw in schrifft verfasset, vnnd mir nachmalls furderlichen vnd gruntlichen in schrifft zueschicket vnnd in dan nit saumig seid noch ainicherlai vleis sparet. Daran thuet ir ku. mst. ernnstliche maynung. Datum Lynntz am Monntag nach sand Michelstag anno etc. im XXVII.

Ciriac Freiherr zu Polhaim vnd Wartenburg
Lanndshawbtman in Osterreich ob der Enns.

Edel vnnd vesst, fursichtig ersam vnnd weis gunstig herrn, nachdem mich e. g. vnd w. an heut phintztag nach sannd Michelstag sambt anndern auf das rathaus alhie zu der Freinstat erfordert hat, vnnd vnns ain schraiben von vnnserm gnedigen herrn lanndshaubtman ob der Enns aus beuelh ku. mst. etc. furgehalten, vnnd horn lassen, Hannsen Hutten, Zwinglins vnnd annder verfirisch leer halben, betreffenndt des innhalt wir vernomen haben etc.

Darauf ist mein Jorigen Schoferl verantwurttung das mich weder Hannsen Hutten Zwinglins Lutters vnnd annder leer ausser des wortt gottes nichts bekhomen sol noch denselben glauben geben will, aber diser leer so ich aus dem wortt gottes angenomen, wie ich hiemit nach der lenng anzaig nach vermugen der heilligen geschrifft vnnd des euangellion, gestee ich aber das zaichen darauf sich dann die schrifft referiert ist mir nit verdeutscht, fur ain widertauff, dann ich gestee nit zwayer tauff, sonnder ainer nach cristenlich ordnnng, ob ich aber verirrt het mit dem zaichen, oder in misbrauch verstand will ich mich deshalben gern vnnderweisen lassn, vnnd dauon absteen das weis got, das ich solhs nun zu pesserung meins lebens angenomen, dann die saligkhait stet nit in der tauff sonndern in ainem waren cristenlichen glaubn etc. darauf lanngt an e. v. vnnd w. mein vleissig vnnd dinstlich bitten, wellet mich bey. ku. mst. seiner mst. stathalter vnnd regennten vnnd wo not ist entschuldigen vnnd im vessten verantwurt haben das beger ich vmb e. v. vnnd w. mit vleis zuuerdienen etc. Datum phintztags nach Michelis anno etc. XXVII.

e. v. vnd weishait

gehorsamer Jorg
Schoferl
manu propria.

Am anfanng ains cristenlichen lebens.

Ein begirigs hertz so es genaigt zu der warhait, dieselben zuuernemen vnd erkhennen mues derselbig mensch ain einkheren thuen gegen im selbs vnnd bekhenen seine tag von iugent auf wie er die verzert vnnd verbracht habe, so befindt er, das er albeg nach lust vnnd gemuet seins hertzn gelebt, oder aber darnach begirig gewesen, vnd dasselb noch an im befindt, ain solher mensch sicht in seiner aigen natur sich selbs vngeschikht zum werkh gottes wann er vermag nichts rechts geschaffens gegen got verbringen, aus ainem frelichen gemuet vnnd hertzen vnnd auch nit weiter khomen, dann wie er sich befindt, demnach mag er nit weiter khomen in im oder durch sich selbs wie ain waldpaum mag nit pesser werden an durch den gartner etc. einem solhen menschen ist von noten das er erst lerne das euangelion aller creaturen in welchem der menschen widerredt sicht da kain creatur zu der besteeung darzue es geschaffen ist, khainen kan den durch den menschen dem sy vnnder worffen ist vnnd bis sy erdult das werkh vnnd willen ires herrn, vnnd wie der mensch mit den creaturen vmbget. e. v. dann er sy zu pesserung in ir wesen bringt darzue sy geschaffen ist durch vill leiden vnnd wie die creatur in irm werckh an leiden nit khomen mag, alss wenig kan vnnd mag der mensch zu seinem wesen khomen, darzue er geschaffen ist, sonnder allain durch das werkh gottes vnnder welichem der mensch ain creatur gottes ist, vnnd got ain herr, vnnd wie alle creatur dem menschen vnnderworffen seind also sein die menschen got vnnderworffen, vnnd wie der mensch mit der creatur vmbgeet also geet got mit dem menschen vmb bis er dahin gebracht wirt darzue er geschaffen ist, sol sich der mensch ains thierleins frawen vnd gebrauchen, so mues es des menschen willen erdulden, das thierlein erwurg todt, kauff, koch, zerschneid vnd keut, vnnd wann es im verachtisten grat ist so ist es dem menschen am aller liebsten, also auch der mensch sol er darzue khomen zu was er geschaffen ist so mus er sich got seinem herrn vnnderwerffen, ergeben vnnd seinen willen leiden, dann durch vill leiden vnnd triebsaligkait mus der mensch darzuekomen Ach. 14, 12, Judit 8, Job 17, 12, Ro. 12. wie es auch Cristus sagt Math. 10, 16, Marcj 8, 15, Luce 9, 10, 14, Cor. 1, Phj. 3, Col. 1. also mus das euangelion gepredigt werden in allen creaturen wie Cristus selbs gethan hat, Math. 7. durch pawm distel vnnd dornen, vom haus 8, 5 von newem flekh in altem kleidt, von wein in alten sleuchen, Am. 13 vom akherman vnd von vill anndern creaturen bewisen, also haben all apostl mit Cristo das euangelion gepredigt durch oder in creaturen, Col. 1. sagt Paulus das euangelion das gepredigt ist in allen creaturen, wie Paulus zu den Rom. sagt das gottes vnsichtbars etc. dann Cristus hat di armen hayden in irn aigen hanndwerkhen das euangelion gelernet vnnd nit vill mit puechern vmbganngen allain vmb der halstarigen schrifft gelertn willen hat er schrifft gebraucht sy damit vberwysen vmb wellicher auch noch die schrifft gebraucht mues werden, vnnd nit vmb des gemainen mans willen, dann der gemain man ist mer zu vnnderweisn in den creaturen, dann durch die geschrifft nun sagt auch die ganntz schrifft nichts, dann was sy mit creaturen antzaigt, vnnd ist di ganntz geschrifft mit eyteln creaturen beschriben etc. Wellicher mensch nun hort das euangelion aller creaturn darinnen angezaigt wiert der gekreitzigt sun gottes, der da ist das mitl zum vatter der weg welliche alle menschen sollen sy sallig werden, geen muessen, zuuor vnnder dem kreitz vnnd glauben, das er annders dann durch leiden nicht kan salig werden, vnnd ergibt sich vnnder die gewalltig hanndt gottes sein werkh zu laitten nach seinem ewigen willen bisher gerechtuerttigt wirdt vnnd glaubt got werde im nach aller seiner zuesagunt verhaissung nit verlassen vnnd ob der mensch gleich schwach wirt vnd math ist, so wiert dennoch got seinen glauben an im nit verbrechen, dieweill er gerecht vnd warhafftig ist, auf solhs euangelion so er gehort hat vnnd glaubt verhaisst er got vnnd gelobt willig zutragn was im der vatter durch cristum auflegt vnnd nymbt darvber an das zaichen von ainer gemain, von ainem dienner des euangelion, der wierdt alda versichert vnnd gewis, das er ist angenomen ain kind gottes vnnd ain brueder oder schwester Cristi ain glid der gemain des ganntzen leibs ain solhes glaubt wie wol es nit volkhomen ist, vnnd noch vnbewert, so wirt es im doch zu der rechtuerttigkait gerechnet bis er gerechtuertigt vnnd probiert wiert, ain solher mensch der taglich des herrn erwarttet vnnd hofft, vnd trost hat auf got dem wiert sein hertz gesterkht, das er vnnder dem kreitz der willig das kreitz des herrn kan tragen alsdann haist solhes leiden, Cristus leiden vnd mit vnnserm leidn mit Cristo ainig sein, in vill gleidt muessen ain leib sein, auch viller leiden am leiden Cristus dieweill sy sich mit im verainigt vnnd verbunden haben durch das zaichn so nymbt er sich solher menschen an als seins aigen leidens vnnd ist sein aigen, dieweill sy sein glidmass sein. Zach. 2 Eph. 5 Math. 25 vnd Cristus leiden mues, in ainem yeden glid erfunden etc. Col. 1, dann Cristus lidn ist im anfanng der weldt getodt vnnd kreitziget worden Apot. 13 leidt nach allen glidmassen bis zum ennd der weldt bis das der ganntz leib vol wiert nach der lenng, braidt, tieff, vnd hoch nach aller volle gottes Eph. 1, 3 der glaub so man erlanngt vnnd vberkhumbt aus dem gehor wierdt gerechnet zur gerechtikait bis

der mensch gerechtuertigt wirt durch das kreitz wie das vnrain gold geleutert
wiert durch das feur dann wiert ain solher bewerter glaub geleich furmig
dem glauben gotts, vnnd wirt vnnser glaub ainig aus solhm glauben leibt
der gerecht mensch, zum ersten mus man hoch das wortt gerecht vnnder-
schaiden, auch den glauben gottes vnnd den glaubn der menschen gottes
glaub ist alle zeit war vnnd gerecht nach allen wortten wie er verhaissen
hat, vnnser glaub kombt aus dem gehor ist gleich wie das silber das noch im
artzt (erz!) stekht vnd vnprobiert ist, vol vnflats aber doch vor gut silber
geacht bis an die prob dar innen aller vnflat der sunnden abgesundert wiert,
also befindt dann der mensch zuuilmaln das all sein vertrawen vnnd glaub
ganntz vnnd gar verschwint vnd gar in vnglauben geslossen, das in bedunkht
er sey verlassen vor den augen des herrn alda mag in nichts getrosten alle
creatur o da ist der menschen in der hell mit Jonas, das haist dann das
zaichn Jona da Cristus Mathe 12 von sagt vnd kan in nichts erfrawn, dann
der in in vnfridt gestellt hat, wann der mensch widerumb von got getrost
wiert khombt er wider aus der hell, das haist dann di gerechtigkait die vor
got gilt vnnd das khumbt nit aus ainem vnbewerten glauben aber ain vnbe-
werter glaub erstrekht sich nit weitter dann bis zu der rechtuertigung, die
gerechtigkait gottes so er in vnns ybt durch das kreitz so ainem aufgelegt
wiert offenbardt dann gottes gab steet in seiner verhaissung in vnnserm
glauben, also das wir glauben das got warhafftig seinen glauben das ist sein
verhaissung beweist in vnnserm glauben, das ist zu vnnserm vertrawen
welhen wir haben von seiner verhaissung also wirt zerprochen vnnd aus-
gereidt in vnns der luste die wir in der creatur angenomen haben vnnd der
wellt ioch abgeworffen, also das die wellt vnns nit regiert sonndern Cristus
als dann wiert das gesetz vnnd der willen des vatters in vnns volbracht
durch Cristum als in seiner glidmass das ist zuuerbringen die gehorsam vnnd
ist sein purd leicht vnnd sein ioch siess, welliche mensch aber vnnder dise
zucht des herrn sich nit begeben will sonndern der welle anhenngig beleiben
wiert der mues zehen mal grossers schaden gewarttig sein, wann er gleich
zu got wirt schreyen sol er nit erhort werden prom. 1. seine das daraus dann
sy such allain iren got den pauch etc. darauf hab ich Jorg Schoferl das zaichn
emphanngen vrkhund mein hanndschrifft vnd ich Hainrich Panreyter vnd ich
Hanns Tischler vnd ich Wolfganng Tuechscherer vnd ich Paul Goldschmid
vnd ich Hanns Egkhart.

Edl vnnd vesst, fursichtig vnd weis gebietund herrn, nachdem mich
e. h. v. vnd w. phintztag nach Michaelis fur e. v. vnd w. erfordert vnnd mich
ain beuelh von meinem genedigen herrn lanndshaubtman ob der Enns aus ku.
mst. beuelh horn lassen, das inhalt ich vernomen, von wegen Hutten seiner
mituerwanten etc. verfuerische leer betreffend, ist das mein enntschuldigung
das ich weder von Hutten noch anndern nichts furfurisch hab gehort noch
gelesen, so gendt sy mich nichts an, dann ich nur allain dem wortt gottes
vnd der heiligen gschrifft glaubt hab, die mir clar anzaigt, das ich mich got
vnnderwerffen sol vnnd nach seinem vnnd seines suns vnnsers herrn Jesu
Christi willen leben sol vnnd meiner obrigkait gehorsam sein darauf hab ich

das zaichen angenomen ich gestee auch nur aine tauff wie zu Ephe. am
4. capitl stet, ain herr ain glaub ain tauff ain got vnnd vatter vnnser aller,
vnd hab mir furgenomen aus der ler Christi von sunden auf hern vnnd mein
lebn pessern, so vil mir got gnad verleicht dann an in mug wir nichts thun
darauf ist an e. v. heilikait vnd mein vnnderthanig bitten wellet mich gegen
meinem genedigen herrn landshaubtman oder wo es die not erfordert ausreden, das ich mir das got weis nit annders hab furgenomen vnnd nit annders
gelert bin dann allain fridlich ainig mit allen menschen leben beuelh mich
hiemit e. v. vnnd heilichkait vnd weishait im frost geschriben.

Hainrich Panreiter

hanndschrifft.

Edel vnnd vesst, fursichtig ersam vnd weis gunstigen herrn nachdem
ich an heut phinztag nach sannd Michelstag auf das rathaus zu der Freinstat sambt anndern erfordert daselbst mir von e. w. vnd w. ain schreiben
von meinem genedigen herrn lanndshaubtman ob der Enns aus beuelh ku. mst.
furgehalten vnnd verlesen ist Hannsen Hutten, Zwinglisch vnnd annder verfierischn ler halben betreffend das innhalt ich vernomen vnd mit schwerm
hertzen entphanngen, das ich darfur gehaltn oder gwacht sol werden ver-
fierische lere anzunemen wider das wortt gottes vnnd das heillig euangellion
das sey ferr von mir, aber aus furhaltung der gschrifft so Schoferl nach der
lenng antzaigt, hab ich das zaichen auch auch angenomen, nit als ain widertauff wie mans nennt sonder als ain brueder nach cristenlicher ordnung vnd
gestee nit zwayer tauff sonndern ainer ob ich aber mishanndlt oder geirrt
hab mit annemung der zaichen als ob es nit cristenlich sonndern verfurisch
wer, so hab. ichs doch nit weitter verstanndn will mich dauon gern weisen
lassen vnnd nit nach meinem bedunkhen hanndlen, sonndern dem rechten weg
nach der ler cristi nachzugeen verhoffen dauon nit gedrungen werde, darauf
ist an e. v. vnnd w. mein vnnderthan bitten mich gegen ku. mst. oder wo
not ist zu entschuldigen, das beger ich in aller gehorsam vmb e. v. vnd w.
altzeit zuuerdiennen thu mich dann hiemit vnnderthanigklich beuelhen.

Hanns Egkhart

hanndschrifft.

Edel vnnd vesst, fursichtig ersam vnnd weiss gebietund herrn nachdem
mich e. h. vesst vnd w. phinztag nach Michaelis fur e. v. vnd gunst erfordert, vnnd mich ain beuelh von meinem genedigen herrn lanndshaubtman
ob der Enns aus ku. mst. beuelh horn lassen, des innhalt ich vernomen, von
wegen Hutten seiner mituerwantn verfierischn ler betreffend, ist das mein
entschuldigung, das di leer die man mich gelernt hat nit verfierisch noch zu
aufrur gedint hab, dann man hat mich gelert ich sol ain gotselig cristlichs
leben anheben vnd mich ergeben vnnder di zucht des herrn, wie geschriben
stet prouerbien am ersten capitl, ich bin auch gelernt worden, das ich meiner
obrigkait gehorsam sol sein wie dann vnns sannd peter lernt in seiner epistl

vnnd in anndern geschrifften, mer ich bin auch gelernt worden, das ich nyemannd beleidigen sol in mein veind auch nit ich sol auch meinen nachsten
helffen, wo ich kan solhs vnnd dergleichen nach rechter ordnung cristi vnnd
seiner lieben iunger bin ich gelernt vnnd vnnderwisen worden di leer hab ich
angenomen vnnd mich verwilligt der nach zukhomen souil mir got gnad gibt
hab auch darauf das zaichen angenomen, das ich also leben well gegen got
vnnd meinem nachsten vnd verhoff e. v. vnnd weishait werd mir solhs nit im
ergesten aufnemen, ich bitt auch e. h. vnnd w. wolt mich gegen meinem gn.
herrn lanndshaubtman oder wo es di not erfordert ausreden das ich mir got
weis es nicht annders hab furgenomen, dann das ich leben well in cristlicher
ainnkait mit allen menschen vnnd bin ich hiemit e. v. vnnd heilikait vnnd
weishait

Paul Goldschmidt

hanndschrifft.

Edel vnnd vesst, fursichtig ersam vnd weiss gebiettund herrn, nachdem
mich e. h. v. vnd w. am phintztag nach Micheli fur e. v. vnnd gunst erfordert vnnd mich ain beuelh von meinem genedigen herrn lanndshaubtman
ob der Enns aus k. mst. beuelh horn lassen, des innhalt ich vernomen von
wegen Huttn seiner mituerwantn Zwinglisch vnnd annder verfierisch ler betreffend, ist das mein entschuldigung, das ich weder von Hutten noch anndern
nichts verfurisch hab angenomen noch gehordt dann nur das bur lautter wortt
gotts vnnd ich gelernt bin worden got allain zu diennen fur allen creaturn
vnnd meinen nachst lieb haben als mich selbs vnd der obrigkait gehorsam zu
sein vnnd strachs nach dem beuelh cristi leben vnnd mich vnnder di zucht
des vatters geben, darauf hab ich das zaichen angenomen etc. ich gestee auch
nur ainer tauff wie wir haben zu den Ephesern am 4. capitl etc. vnnd hab
mir furgenomen von stundan abzusteen, vnnd mein leben zu pessern, als lanng
mir got die gnad verleicht, darauf ist an e. v. h. vnnd w. mein vnnderthenig
bitten, wellet mich gegen meinem gnedigen herrn lanndshaubtman oder wo es
die not erfordert ausreden, das ich mir got weis nit annders hab furgenomen,
allain in freundlichen cristenlichen vnnd bruederlichen ainnkait mit allen
menschen zu leben beuilh mich hiemit e. v. vnnd h. w.

Wolfganng Tuchscherer

hanndschrifft.

Edel vnnd vesst, fursichtig ersam vnnd weis gunstig gebiettund herrn,
ich bin an heut phintztag nach sannd Michelstag auf das rathaus sambt
anndern fur e. v. vnnd w. erfordert, dass mir ain schreibn von meinem gn.
herrn lanndshaubtman ob der Enns furgehalten vnnd verlesen ist wie ich
vernomen hab des Hannsen Hutten, Zwinglns vnnd anndere verfierisch ler
betreffend nun wais got das ich vngern ainerlay verfuerisch leer wolt an
nemen weder von Zwingli, Hutten noch anndern di ausser des wortt gottes
wern vnnd vom rechtn weg ains ernstlichn lebens abfieren mochten. Bekhenen

das ich das zaichen emphanngen hab zu verainen bruederlicher lieb vnnd cristenlicher gemain nit zu erspaltung der tauff das ich zwier gethaufft sonnder halt mich ainer tauff nach cristenlicher ordnung, ob man mir aber mit dem zaichen welt etwas zuemessen das wider cristenliche ordnung wer, so hab ich das aus meiner ainfalt nit verstannden, will mich gern ob ich geirrt het vnnderweisen lassen, will mich hiemit gegen got vnnd der welt auch wo not ist enntschuldigt halten, ist mein vnnderthenig pitten e. v. vnnd w. welle mich auch an den ennden wo not ist enntschuldigen, das beger ich in aller vnnderthenigkait vmb e. v. vnd w. altzeit zuuerdinen.

ich Hanns Tischler

mein handschrifft.

Wolgebornner genediger herr lanndshaubtman etc. e. g. sein vnnser gehorsam willig dinst zuuor! Nachdem e. g. vnns iungstlich zwen beuelh der gefanngnen widertauffer halben zuegesanndt dye wir emphanngen vnnd ires innhalts vernomen, in denselben beuelhen vnns aber e. g, beuolhen, das wir vnns derselben personen vnschuld vnd ir verhanndlung aigentlichen vnd gruntlichen erkhundigen erlernnen, vnnd alsdann wie wir denselben enntschuldigung in vnnser gehalten erkundigung befinden, dasselb in schrift zuuerfassen, vnnd e. g. nochmals fuederlichen vnd gruntlichen in schrift zuezuschikhen, etc. Auf solch e. g. ausganngen beuelh wir die gefanngen personen fur vns erfordert, inen die sachen anzaigt vnnd zuuersteen geben, auch mit inen gehanndlt, das sy ir verantwurttung ain yeder besonnder(s) mit seiner vnderschreiben vnns schrifftlich zuegestelt vnnd geanntwurt haben. Darauf schikhen wir solich der gefanngen anntwurt so auf vnnser gethan erkhundung beschehen, wie sy die fur vnns gebracht, e. g. damit die verrer darinn zuhanndlen wissen hiemit zue, wellen vnns auch e. g. gehorsamlich beuelhen haben. Datum Freistat den V. tag Octobris anno etc. im XXVII.

Georg Sigharter zu Lebnpach ku. mst. etc.
rat vnd vitzthumb ob der Enns, Georg von Landaw
zu Pluemberg zu Haus vnd phleger der herschaft
Freistat N. burgermaister richter vnd rat der stat
Freistat.

An lanndshaubtman.

Ferdinand, etc.

Getreu lieb, nachdem wir auch hieuor von wegen der personen die sich Hannsen Hutten ketzerischn vnd verfuerischen leer halben tailhafftig vnd deshalben straffmessig gemacht, vnnd bei euch gefangen ligen, welhermassen vnd gestalt ir gegen denselben personen die auf solhem irem vncristenlichen vnnd verfuerlichem wesen vnnd vnglauben verharren vnnd dauon nicht absteen, noch gnad begeren wellen, mit recht vnnd vrtail, welh sich aber bekheren laut der begnadung in vnnsern herrschafften Harb vnd Rotemburg aufgericht, so wir euch vormals zuegeschickht zehanndlen vnd zuuerfaren, geschriben vnnd beuolhen haben, alles innhalt vnnsers beuehls, deshalben an euch ausganngen. Darauf fuegen wir euch zuuernemenn, das wir den erbern gelerten vnnsern getreuen lieben maister Wolfganngen Khunigl, zu ainem anclager gegen den schuldigen personen furgenomen vnnd verordennt haben. Demnach emphelhen wir euch mit ernnst vnd wellen das ir auf der gemelten schuldigen personen verhanndlung, die sy wider vnnsern löblichen alther-gebrachten crisstnlichen gebrauch beganngen vnnd der bekhentlich sein auf obgedachts vnsers anclagers begeren. Dar inn ir im von vnnsern wegen ge-baubn gebn sollet, furderlichen recht vnd vrtaill wie sich gebuert ergeen lasset, vnd euch hier inn nicht annderst haltet, das ist vnnser ernnstliche mainung. Geben in vnnser stat Wienn am XXIII. tag Octobris anno etc. im XXVII. vnnserer reiche im ersten.

An burgermaister richter
vnnd rat zu der Freinstat.

1527.

Ich Ciriac Freyher zu Polhaim vnd Warttennburg lanndshaubtman in Osterreich ob der Enns etc. embeut den erwirdigen wolgebornen gestrengen edeln vessten ersamen vnnd weisen N. allen prelaten grafen herrn ritterschafft stetten vnnd merkhten in berurtem ertzhertzogthumb Osterreich ob der Enns auch allen anndern denn diser brieff oder glaubhafftig abschrifft dauon zu-sehen, zulesen, oder zuheren furkhumbt, einem yeden seiner gebur nach mein dinst in guetem willen zuuor. — Ich wirdt glaubhafftig bericht wie in disem lannd an etlichen villen ortten allerlay pos verfurlich betrueglich leer secten verpundung vnnd versamlung vnnd furnemblich die new oder widerthauff gelert vnnd angenomen werde. Dardurch dann nicht annders zuuor in vnnserm hailwirdigen cristenlichen glauben nit clains ergernus zwispaltung vnnd zeruttung cristlicher ainigkhait, vnnd bruederlicher lieb sunder auch widerwillen auffruer abfallung der obrigkait vnnd besunderung des gemainen mans entspringt. Wenn solh retten zu erhaltung irer secten manicherlay vncristlich bos practikn suechen vnnd dieselben dem vnuerstanndigen man der massen betrieglich vnndter ainem schein cristlicher leer einpilden, das das inne des wie oben vermelt als zertrenung christlicher ainigkhait vnnd lieb, auch emporung so aus not von solher leer volgen mus, erstlich verporgen vnnd doch zulesst fur gotlich vnnd billich erkhennen vnnd dasselb zuerhalten vndersteen, wie sich dann bey villen erfunden vnnd mit der that erzaigt hat, dieweill dann solhs nit allain wider got den almachtigen, sunder auch all guet sitten erber policey gemainen frid vnnd ainigkhait ist, derhalben dann der weltlichen obrigkait zuuerhuettung newes vnrats, damit menigklich in rue vnnd guetem frid erhalten werde soer innen zeitliche zu thun gebieren will, wie dann ku. mst. vnnser genedigister herr als ain cristlicher khunig solh retten nynndert zugedulden sunder ganntzlich auszutillgen vnnd zustraffen beuilht. Ist demnach in namen hochgemelter ku. mst. an euch all vnd yeden besunder mit ernnstlichen vleis mein beuelh, wo ir dergleichen personen so solh verfurlich leer vnnd sect der newen oder widerthauff lereten, oder die solicher leer nachuolgeten vnnd sich von newen tauffen heten lassen. Darauf ich eur guet auffmerkhen vnnd khundschafft halten sulle, ankhumbet, betrettet, oder er inndert dieselben von stundan im fuesstapfen vennkhlich annembt, vnnd also bis auf meinen weitern beuelh woluerwarlich haltet vnnd mich solhs vnuerzogenlich, alher berichtet, auch in eurn gebiettn vnnd vnnderthanen mjt allem vleis sy vermainet warnet vnnd bestellet, auch ernnstlichen beuelhet, das sy sollicher widertauff in albeg muessig steen, alle winckhlprediger pos vnnd verfuerisch leer maister fliehen die nit annemen behaussen vnnderschlaipfen noch vndthaltn. Damit aber solhs menigklich in erinnderung khumb, vnnd sich vor soliher vncristennlicher vnnd betruglicher leer zu huetten wisse, vnnd hier innen nyemannd enndtschuldigen muge wollet demnoch das generall aigentlich abschreiben, vnnd dasselb bey allen pharrkirchn vnnd gotsheusern in eurm gebiet offenlich auff der canntzl mit ainer cristlichen ermanung vnnd einpildung, das solh sect vnnd widerthauff wider got den almechtigen vnnd bruederliche lieb sey vnnd das wider die anhennger obberurter leer vnnd sect mit ernnstlicher straff gehandlt werd verkhunden lasset vnnd in dem allein nit annders hanndlt noch sewmig bescheinet damit solh new leer vnnd sect der widertauffer verdillget vnnd auffruere, vnnd der gleichen vngehorsam so daraus entstehen mocht vnderkhomen werde vnd ir thut daran ku. mst. ernnstliche maynung. Geben zu Lynntz an sonntag vor sand Simon vnd Judastag anno etc im sibenundzwaintzigisten.

Ersam fursichtig weis lieb treu vnd freunde mein geneigt willig dienst zuuor. Ich fueg e. w. in namen ku. mst. etc. vnsers gnst. herrn zu wissen, das mich ir ku. mst. zu ainem commissari wie ir dan von mir vernemen werdet wider etlich personen so pei euch gefengklich gehalten vnd den Huttischen vnd seiner mitverwanten leer vnd sect anhengig sein vnd ain neue leer vnd ordnung wie die ku. mst. bericht ist worden wider der heiligen cristenlichen kirchen alt herkumen an sich genomen verordnen gegen den selben personen in beiwesen der beisitzer vnd verordenten von den funff stetten, so vormals auch darzue verordent, gegen denselben personen zu handln vnd in rechten zuuerfarn, ist deshalben an e. w. in namen ku. mst. mein begern wollen denselben von den funff stetten schreiben die des tag zu Steir auch zusamen kumen auch von den von Steir dahin erfordert, das si alsdan wan si daselbs abgefertigt von stund an hinuber zu euch reiten, so wil ich mich alsdan auch dahin in namen gemelter ku. mst. verfuegen vnd insambt e. w. vnd den von stetten rat vnd hilf in den sachen handln vnd muglichen vleis fuegend, damit des handlung zu rue vnd zu endt gebracht werde, solliches wil ich e. w. in namen ku. mst. vnsers gnst. herrn sich verrer darauf wissen zu nehmen gueter mainung hiemit antzaigt haben damit got dem herrn befolhen. Datum Steir am allerheiligen abent anno im 27.

Wolfg. Kunigl ku.
mst. etc. verordenter
comissari.

Vnnser dinst in guetem willen zuuor. Lieber herr Khunigl. Eur
schreiben vnns von wegen der so der newen thauff halben alhie gefanngen ligen gethan haben, wir nach lenngs vernomen dar inn ir anzaigt
wie ir von ku. mst. gegen denselben sambt der von stetten darzue mit ireu
rechtlich zuhanndlen verordent seidt. Es ist auch in namen bemelter ku. mst.
eur begern an vnns das wir denen von stetten so diser zeit zu Steir sein
werden schreiben vnnd sy auf ku. mst. beuelh alhie erfordern sollen solhem
eurem begern wir ku. mst. zu vnnderthenigem gefallen so es sein mocht zu-
uolziehen genaigt weren. Dieweill aber alhie bey der statt kain hochgericht
auch in peinlichen vnd dergleichen rechtlichen sachen nit zu hanndlen haben,
will vnns nit geburen vnns des zu beladen, sein auch des vnntzher vermitten
beliben. Wol ist vnns verschinen iar durch die ku. mst. beuolhen worden in
peinlichen sachen an anndern ortten helffen zuhanndlen als wir aber ir ku.
mst. bericht, das wir kain hochgericht haben vnns bemelte ku. mst. auf solh
vnnser antzaigen des albeg vnd bisher begeben, wir aber wie annder des
hochgericht hetten dann wolten wir vnns in solhem vnnd der gleichen fellen
zuhanndlen gar nichts verwidern. Wir haben auch der tauffen halben vormals auf ku. mst. beuelh so derhalben an vnns ausganngen vnnserm gn.
herrn lanndshaubtman gleichermas bericht vngezweifelt sein gn. hab ku. mst.
dasselb zuegeschikht. Darauf vnns bisher kain beschaid zuekhomben wolen
wir euch in pessten darnach haben zurichten vnangezaigt nit verhalten.
Datum Freistat den funfften tag November anno etc. im XXVII.

Burgermaister richter vnd ratt
der stat Freistat.

Mein guetwillig diennst zuuor, ersam fursichtig weis lieb herren. Ich
hab eur schreiben vernomen, dar in ir auf mein vorgethan schreiben antzaigt,
wie ir nit pan vnd acht vnnd kain hochgericht oder in peinlichen sachen
zuhandln habt, vnnd das ir auch eur gefangen person halbn, die der
anndern tauff tailhafftig sein werden, dem herren lanndtshaubtman zuege-
schriba habt, darauf euch aber von kö. mst. noch kain beschaid oder anntwort
zuekhumen etc.

Auf solich eur anntwort, fueg ich euch widerumb zuwissen, wie ich
euch dann auch vormals antzaigt hab, das die kö. mst. auch nachmalen
beuilcht, das ir vber die gemelten person ain recht besitzen innhalt kö. mst.
des vnnd vorausganngner befelch schickh euch gueter treuer maynung desselben beuelchs so ich euch in aigner person in kurtz vberanntborten will, ain
copei zue, darnach wert ir euch ganntz woll wissen zu richten, wo ir nun
ainicherlai irrung oder mangl habt, das ir solichem beuelch nit voltziehung
tuen mogt, mogt ir kö. mst. stathalter vnnd regenten, deshalben furderlich
durch eurn aigen poten berichtn vnd zueschreiben, damit ich vnd annder, so
mit mir zu euch kumen werdn, des rechtens nit lanng warten vnnd vnkostung
zuthuen bedorffen, dan e. w. wol mogen abnemen, das mir gantz schwar
sein wurde, das ich allererst lang aufzogen sol werden, aus den vrsachen,
dauon ir thuet schreibn mocht e. w. auch gegen der kö. mst. zu nachtail
raichen, wo ir auf disen beuelh nit furderlichen hanndln wurt, dem ir mitler

zeit leichtlich mogt vorkumen, was ir sunsten dem herren hautbtman oder der regierung in diser sachen zuegeschriben, trag ich guet wissen, mogt soliches auch aus diser copei woll abnemenn, will euch solichs auch zu seiner zeit mundtlich gnuegsam vnnd woll berichten.

N. Schimlperger ist auch hie gewesen, den ich deshalben zu mir erfordert hab, vnnd mir des dauon ir schreibt, auch also antzaigt vnnd euch entschuldigt, darumb groslich von noten ir zaigt soliches der regierung zu Wienn furderlich an, die euch dan in diser sachen verrer beschaidt in namen kö. mst. woll wurt wissen zugebenn, vnd dem phleger oder andern, so pan vnnd acht haben, das recht zubesitzen beuelhen. Wo ir aber mitlerzeit kain bschaid wurt erlangen, wurd ich, wan ich mitler zeit zu euch kum in diser sachen innhalt des beuelhs furderlichen zuhanndln vnangelangt nit lassen, soliches will ich e. w. abermals in namen kö. mst. fruntlicher gueter mainung hiemit antzaigt habn. Datum Steir am freitag nach Leonhardi anno etc. im XXVII.

Wolfganng Kunigl.
etc.

Ku. mst. vnsers ghst. herrn etc. stathalter vnd regenten der niderosterreichischen lande wolgeborn gestreng hochgelert edel vnd vesst gnedig herrn e. g. sein vnser gehorsam vnd gantz willig dinst zuuor. Nachdem ku. mst. vnser gnedigster herr vns ernstlich beuolhen vns aines tags zuuergleichen vnd vber die gefangen so der tauff halben alhie gefangen ligen das rechten zubesitzen vnd erkantnus zuthun solchen ku. mst. etc. beuelh wir in die haubtmanschaft vnd daneben muntlich anzaigt, das wir kain hochgericht pan vnd acht auch gegen den personen in peinlichen sachen nit zu richten noch zu handln haben vber solich vnser anzaigen aber vnser genediger her landshaubtman etc. laut hierinligund abschrift beuolhen sambt den edeln vessten herrn Georgen Sigharter zu Leubmpach ku. mst. etc. rat vnd vitzthumb ob der Ens vnd Jorgen von Landaw zu Pluemberg zu Haus vnd phleger der herschaft Freistat angeregter personen vnschuld vnd verhandlungen aigentlichen zu erkhundigen vnd alsdan seinen gnaden in schrift zuezusenden, solichen beuelh wir sambt vorbemelten herrn gehorsamblich gelebt vnd in schrift verslossen genanten vnsern gn. herrn landshaubtman zuegeschikt der es on zweifel e. g. vnverzogenlich vberantwurten lassen auf sollichs wir vntzther beschaidts wes wir vns verrer halten sollen gewartt, nun zaigt vns aber bemelter ku. mst. etc. commissari Wolfgang Kunigl an, mit anzaig vns darnach zu richten wann er willens sey anstat beruerter ku. mst. gegen den gefangen personen als anclager mit recht zuuerfaren vnd ine das recht vber sy zu besetzen an vns begert. Demnach wir aber alhie bey der stat kain hochgericht vnd wie vorgemelt kain pan vnd acht haben, sondern ainen phleger in dergleichen personlichen spruchen der das recht in dem vnd andern fallen mit den pawrn vnd erbarn leuten besetzen thuet zuhanndln zuesteet, will vns nit gepuren sollichs auf vns zu laden, haben auch kain recht. Das wir e. g. aus vnderteniger gehorsam die es anndern zu beuelhen vnd wir kain ordnung zugeben wissen, zu vnderricht damit vns auf ku. mst. ausgangen beuelh

17*

kain vngehorsam zuegemessen werde tun vns darauf e. g. vnsern gn. herrn gehorsams willigs vleis beuelhen. Datum Freistat den X. tag Novembris anno etc. im XXVII.

e. g.

ganntz willig
vnd gehorsam

An stathalter vnd regenten der niderosterreichischen lande.

Burgermaister richter vnd rat der stat Freistat.

Ferdinand von gots genaden zu Hungern vnd Behaim etc. kunig infant in Hispanien, ertzhertzog zu Osterreich, hertzog zu Burgundi etc.

Getrew lieb. wir haben ewr schreiben, so ir ietzo vnnserm stathallter vnd regenten vnser niderosterreichischen lannde der newgetaufften gefanngen personen halben, gethan, vernomen, vnd dieweil ir darinnen zuerersteen geben, das ir khain hochgericht noch pan vnd acht habet, haben wir vnserm getrewen lieben Georgen von Lanndaw vnserm phleger zu der Freinstat geschriben vnd beuolhen auf der erbern gelerten vnnsers getrewen lieben maister Wolfganngen Kunigl vnsers anclagers begern vnd ersuechen, das recht vber die schuldigen personen zu besetzen, recht vnd vrtail sprechen, vnd erkhennen zelassen, vnnd nachdem wir euch vormalls funff vnser beuelh an ettlich vnsere stet ob der Enns, das sy aus ainer jeden derselben stat, ain verstenndige vnuerwante person, auf ewr antzaigen zu dem angesetzten recht tag sambt euch zuuerhelffen zehanndlen, zueordnen sollen, zuegeschickht, souerr ir nun dieselben vnsere beuelh noch beyhenndig hett. Emphelhen wir euch, das ir dann dieselben gedachtem vnserm phleger dem von Lanndaw furderlichen vberantwurtet, damit er die ferrer zu dem angesetzten rechttag gebrauchen, vnd die personen eruordern muge, das wollten wir euch auf ewr schreiben nicht verhallten, vnd das ist vnnser mainung.

Geben in vnser stat Wienn am sechtzehennden tag des monats Nouembris im XXVII. vnnser reiche des Hungrischen im erssten vnd des Behaimschen im aanndern iaren.

Comm. dom.
reg. i. g.

Ruedolff v. Hohenfeld.

Ku. mst. vnnsers gnst. herrn vnd stathalter vnd regenten der niderosterreichischen lannde, wolgeborn gestrenng hochgelert edel vnd vesst genedig herrn . e. gn. sein ·vnnser vnnderthenig gehorsam vnnd gantz willig dinst zuuor. Nachdem e. g. guet wissen, das alhie bey vnns in der Freinstat etlich personen der newen tauff halben gefanngen ligen, vnnd die ku. mst. etc. ainen anclager gegen denselben zu hanndln alhier verordennt nie aber derselb hieher khumen, haben wir die personen fur vnns erfordert vnnd in gemelts anclager beysein auf ein eingelegte schrifftliche fragstukh vnnd begern ausser-

halb rechtens in der guette gehört wie es aber an vnnserm burger Jorgen
Schoferlen khomen, hat er auch auf all furgehaltn artigkl sein anntwurt
vnnd vnnderricht laut hiebeyligunder abschrifft mit „A." verzaichent gethan.
Vnnd sich ganntzlich in ku. mst. etc. gnadt vnnd straff gegeben auch sich
kains wegs widerwertig sonnder als ain vnndertheniger ku. mst. gehorsam
zuthun erpeten, auf solichs wir sambt gemeltem anclager ime dem Schoferl
die begnadung vnnd straff so zu Horb vnnd Rottenburg beschehen furgehalten, nach vernemung derselben hat in soliches hoch behertzigt vnnd vnns
laut hierinnligunder suplication mit O. verzaichent, auch muntlich gebeten
vnnd angelanngt ime an die ku. mst. oder e. g. furdrung vnnd furschrifften
damit ime soliche straff geringert wurdt gegeben, vnnd dieweill er sich dann
als vnnser burger als ain gehorsamer williger vnnderthan als lannge er bey
vnns gewont gehalten, sein wir verursacht ime soliches seines furbets nit
zuuerzeihn vnnd darauf anstatt ku. mst. an e. g. in aller gehorsamen vnnderthenigkait mit diemietigem vleis vnnser bitten e. g. wolle anstat bemelter
ku. mst. berurten Schoferlen solher seiner vnuerstenndigen verprechung mit
genaden genedigklich bedennkhen vnnd souil ime muglich begeben. Damit
er nit in forcht vnnd annder hanndlung oder vmbsteeung seine bewilligung
gepracht werde. Wir schikhen auch deshalben e. g. hierinn verslossen sein
des Schoferlen suplication an ku. mst. etc. lauttundt mit O verzaichent wie
e. g. auch vernemen werden, vnnd seyen darauf als die gehorsamen vnnderthanen ganntzlicher hoffnung e. g. werde solh vnnser furschrifften in gnaden
annemen damit er der genossen zu haben emphinde. Das wellen wir in aller
williger gehorsame vnndertkenigkait vmb e. g. glukhlich regierung zuuerdienen geflissen sein, vnnd thun vnns darauf e. g. vnnsern gnedigen herrn
beuelhen. Datum Freistat den XXVII tag Novembrs anno im XXVII.

e. g.

vnderthenig gehorsam vnnd gantz willig

N. Burgermaister richter vnd
rat der stat Freinstat.

Wir Ferdinand von Gots genaden zu Hungern vnd Behaim etc. Künig,
infant in Hispanien, Ertzhertzog zu Osterreich, Hertzog zu Burgundi, Steir,
Kärnndtn Crain vnd Wirtemberg etc. Embieten n. allen vnd yeden Bischouen,
Prelaten, Ordinarien oder derselben Officialen, ertzbriestern, Vicarien, vnd
nachgesetzten Gewallttragern, so allennthalben in vnnsern Niderösterreichischen Lannden, in geistlichen sachen, District vnd Obrigkhait haben, denen
dises vnnser General Mandat fürkomen oder getzaigt wirdet, Vnnser gnad
vnd alles guets. Wiewol wir kurtzuerschiner zeit aus Cristennlichem gemüet
vnd der lieb, die wir zu vnnserm hailsamen glauben tragen, von wegen der
vnchristenlichen pösen ketzerischen vnd verfüerlichnn Secten vnd Leeren,
die gemelltem vnnserm Crisstenlichem glauben zu wider, in wenig jaren von
ettlichen leichtfertigen muetwilligen pösen personen erweckht vnd aufgebracht,
dadurch vil treffenlich empörung, pluetuergiessung vnd annder pöss hanndlung, wie laider vor augen entstannden sein, vnd hinfüro, wo nicht zeitlicher

vnnd ernnstlicher einsehung beschehe, noch nicht weniger enntsteen, vnd zu merer verfuerung der armen ainfalltigen Cristen menschen raichen möchten in obgedachte vnnser Nider auch Oberösterreichische Erblannde zu ausreittung obbestimbten verfüerlichen Secten vnd Leeren vnnser offen Edict vnd General Manndat ausgeen vnd publiciren lassen. So haben wir doch in denselben von den Missbrewchen vnd beschwerungen die ettwo in menigerlay weeg dem armen gemainem volkh vber die Ordnung jüngstlich zu Regenspurg aufgericht vnd beschlossen von jren Pharrern vnnd briestern zuegefüeget werden, nicht gemeldet. Vnd damit sich der gemain Crissten mensch darüber zubeclagen, nicht vrsach hab, auch der ermellten beschwerdten erledigt vnnd jnen darjnnen geholffen werde. Emphelhen wir Euch demnach mit ernnst vnd wellen, das Ir bey allen yeden Pharrern, vnd anndern Briestern allennthalben in Ewr jedes District vnd verwalltung ernnstlichen darob seyet, verfüeget vnd einsehung thuet, das von denselben, der Ordnung, so vergangner kurtzer jar, wie obgemelt zu Regennspurg von wegen obgedachter der Geistlichen Missbretich vnd beschwerdten, die dem Armen gemainem volkh mit den Gotsrechten, Ophern, Seelgeräten vnnd in annder dergleichen weeg, von jnen zuegefüeget worden vnd sonnst zuegestannden sein, volkhömenlichen geleben, vnd genntzlichen nachkhomen, vnd darwider in khainerlay weiss noch weeg thün, noch hanndlen. Wir wellen vnd emphelhen auch Euch allen vnd yedem insonnders, das ir dises vnnser Manndat die bestimbten jar vnd zeit in obbemeltem vnnserm ausgangnen Edict begriffen, allegen auf den Canntzln öffenlich vnd menigclich verlesen, publicirn vnnd verkhünden lasset. Das ist vnnser ernnstliche mainung. — Geben in vnnser stat Wienn am sechzehennden tag des Monats Januarij im achtvndzwaintzigisten, Vnnser Reiche des Hungrischen im erssten vnd des Behamischen jm anndern jaren.

c. d.
r. i. c.

Ruidolff H. v. Hohenfeld.

Ferdinand von gots gnaden zu Hungern vnd Behaim etc. Kunig, infant in Hispanien, Ertzhertzog zu Osterreich, hertzog zu Burgunndi etc.

Getrewen lieben. Wir haben den ersamen gelerten, vnnsern getrewen lieben, Wolfganngen Kunigl abermalen von wegen der personnen, so bey ewch, der verfuerischen, ketzerischen Secten, vnd Leern, des widertauffs vnd annderer vncristenlichen artikhl halben, in vennkhnus ennthallten werden, zu vnnserm anclager der berurtn personnen fürgenomen vnd verordennt, vnnd ime deshalben, vnnser instruction, innhallt derselben zuhanndln, ferttigen vnnd zuestellen lassen. Vnd darauf dem edlen vnnserm lieben getrewen, Ciriacn Freyherrn zu Polhaim vnnd Wartemberg, vnnserm rat vnnd lannds-haubtman in Osterreich ob der Enns, geschriben vnd bevolhen, das er auf den tag, so im gemellter vnnser anclager benennen vnnd antzaigen wirdet, den funff stetten, nemblich Lynntz, Enns, Wells, Gmunden, vnnd Vogklaprugg von vnnser stat Freinstat verordnen, die neben vnnd mit sambt euch auf den obbestimbten tag, auf vnnsers anclagers ersuechen vnnd anlanngen das recht besitzen vnnd vrtl zu sprechen verhelffen, wie dann vormals gleicherweis beschehen, vnnd ist darauf an euch vnnser ernnstlicher beuelh, das ir sambt der benannten stet, zuvordennten personnen auf den tag, so gemellter vnnser anclager bestimben, vnnd an demselben die gefanngen schuldigen personnen anclagen wirdet, das recht zubesitzen vnnd vrtl zusprechen verhelffet vnnd was mit recht vnd vrtl erkhannt voltzogen werde, wie ir das zu furderung des rechtens vnnd zustraffung des vbls zuthun schuldig vnnd phlichtig seyet. Vnnd euch hierinnen gehorsamblichen erzaiget vnnd halltet, auch den gedachten Kunigl, von vnnsern wegen, auf sein anlanngen hilff rat vnnd beystanndt beweiset, damit er vnnserm beuelh, des stattlicher voltziehung thun mug, daran thuet ir vnnser ernnstliche maynung. Geben in vnnser stat Wienn am sechsten tag Februarij anno etc. im XXVIII. vnnserer reiche im anndern.

C. d.

r. i. c.

Ruedolff H. v. Hohenfeld.

Wir Ferdinannd von gottes genaden zu Hungern vnd Behaim etc. khunig, innfant von Hispanien ertzhertzog zu Osterreich hertzog zu Burgundi Steir, Kerndten, Crain vnd Wirttemberg, graue zu Tiroll etc. embitten in allen vnnd yeden vnnsern vnderthanen geistlichn vnd weltlichn so gericht vnnd obrigkait, oder derselbn verwaltung haben in was wirden, stannds oder wesens di allenthalben in vnnserm ertzhertzogthumb Osterreich vnnd ob der Enns wonhafft oder gesessen sein vnnser gnad vnnd alles guts. Nachdem wir vnnsern getrewen lieben Dietrichen von Hartisch vnsern Haubtman, vnser stat vnnd spanschafft Odenburg zu ausreuttung der ketzerischen verfuerischn secten vnnd leeren, daraus nichts anders den aufruer, emporung vnd pluetvergiessen zubesorgen sambt etlichn pherden abgeferttigt vnnd ime beuolhen haben, das er allenhalben, von ainem flekhen zu dem anndern sich verfuegen, dar ir di personen der ganntzen gemain eruordern auch aigenntlich erkhunden, welhe radefurer leer tauffer vnnd annder personen di soliche secten angenomen vnd sich derselben mit tauffen oder dergleichen verfurlichn artigkln taillhaftig gemacht vnnder inen sein, vnd wo er die betretten, erfragen vnd auskunndschafften mag zu seinen hannden nemben vnnd erfordern. Auch gegen denselben radlfurern vnd denen so auf solicher irer vncristenlichen verhanndlung verharren wollen strachs an alle gnad aussherhalb sollen miter des rechtens verfaren vnnd vnd denen so sich berewen von irem vnglauben absteen vnd gnad begeren von vnsern wegen gnad mittailn solle, doch das sy darumben pueswerttigkait thun alles innhalb vnnser innstruction, so wir ime deshalben vberanntwurtten lassen. — Demnach emphelhen wir euch allen vnnd ainem yeden insunderhait mit ernnst gebiettend vnd wollen, das ir genanntem Hortisch in solicher haanndlung kain irrung noch verhinderung zuefueget sonndern wo er ainem flekhen darinnen radlfurer oder annder newtaufft personen sein, zu schwach were vnnd sy daraus mit gewalt nicht nemben oder sonnst zuebeziehung seiner innstruction vnd beuelh, nach-

handln mocht vnd euch an den ortten ir eur obrigkhait gebiett oder verwalltung habt, mit disem vnserm brief vmb hilff vnd beystanndt anlanget
wie den dann ime dieselb mitteillet, vnd guete furderung darinnen beweiset,
wo er auch getaufften oder sunst khetzerischen personen in denselben euren
verwalttungen erfragen, betretten, vnd nach ausweisung seiner innstruction
damit hanndlen wollt, alsdann an irrung vnd waigerung zu seinen hannden
vberanntwurtten lassen vnd all notturftig hilff vnd furderung ime darinnen
erzaiget vnd euch hierinnen nicht annders dann gehorsamlichen halttet dadurch wir spiren vnd erkhennen mugen, das ir zuuerhuettung merer ybl vnd
vnrats so aus diser verfurlichen sect ennsteen mochte auch zuerhalltung aller
geber vnd erberkait vnns vnd euch selbst zu guet genaigt seiet wie wir
vnns dann zu euch allen vnnd yedem genntzlichen versehen vnd darauf verlassen wellen, vnd ir thuet daran vnnser ernnstliche maynung. Geben in
vnnser stat Wienn am XX. tag des monats marci im XXVIII. vnserer reiche
im anndern iare.

Ferdinand.

Wir hernachbenennt, Hainrich Panreiter, Hanns Egkhart, Hanns
Tischler, Paul Goldschmidt, vnnd Wolfganng Pirchenfelder, thuechscherer
burger vnnd innwoner zu der Freinstat, bekhennen fur vnns, vnnd vnnser
erben sament vnnd sonnderlich, vnnd thun khund, aller menigklich mit dem
brief, nachdem wir in kurtzuerschiner zeit im des durchleuchtigisten gros-
mechtigisten fursten vnnd herrn hern Ferdinanden zu Hungern vnnd Beham
etc. kunig prinzen vnnd innfannten in Hispanien ertzhertzogen zu Osterreich
etc. vmb das wir vnns von newen tauffen, auch annder verfuerisch ketzerisch,
vnnd dem cristennlichen glauben, widerwertig, new ler angenomen haben,
der wir dann bekenntlich gewesen, vnnd in fannkhnus einkhomen, vnnd in
ir ku. mst. straff gefallen, vnnd desselben ain zeitlang gefannkhlich gehalten
worden, vnnd vnnser verwurkhten straff halben vmb fristung vnnsers lebens
vnnd vmb gnad gepeten, nun aber hochgemelt ku. mst. aus milter furstlicher
gnad vnnd parmhertzigkait, als herr vnnd lanndsfurst vnnd ain hochgeadelts
pluet von Osterreich sich vber vnns als die so zum taill aus einfalt vnnd
vnnwissenhait in dise sach khomen, erparmbt vnnd von solicher fenkhnus aus
gnad muessig zulassen verschafft, doch der maynung das wir solich vn-
cristennlich new leer vnnd sect reuocirn vnnd derselben vnnser lebenlanng
also gannzlich absteen, rew vnnd laidt dar vber haben, vnnd dauon fallen,
solliches auch altzeit mit gutem cristennlichen wesen vnnd zaichen bestatten,
sollen vnnd wollen, demnach das wir vnns zu ewigen zeiten in solich noch
dergleichen, verfurischen vncristlichen leern, secten vnd verpindungen nit
mer geben einlassen, noch die annemen, sonnder wie annder cristen mennschen
zu den gewonlichen zeitten, mit der peicht vnnd emphahung des hochwirdigen sacramennts wie vnns das cristus vnnser haillanndt aufgesetzt
vnnd von der heilligen cristennlichen kirchen, lannge zeit her, also glaubt
vnd geordennt halten, vnnd glauben vnnd die puess so vnns nach rat yedes
peichtfatter aufgelegt gehorsamlich volziehen, darauf wir auch aus beuelh
kunigklicher maiestat vnnser allergenedigisten herrn, verordennten anwald

vor burgermaister richter vnnd rat der stat Freinstat, als vnnser furgesetzten
obrigkait, ain aufgerekhten geschwornen aidt gethan, das wir vnnd vnnser
yeder besonnder alles des wie dann abgeschriben stet, vnnser leben lanng
war stat vnnd vnwiderruefflich halten, auch altzeit desselben mit cristlichen
guetem werkhen erzaigen, auch weiter noch ferrer dergleichen oder annder
wider der heilligen cristlichen kirchen alt herkhomen loblich gebrauch vnnd
ordnung in kainerlay solicher oder dergleichen verfuerischen sachen mer einlassen, sonnder vnns wie annder cristglaubig mennschen in allem der heilligen
cristlichen kirchen ordnung vnnd aufsatzung gehorsamblich halten vnnd erzaigen wellen auch solicher vnnser gefennkhnus in ewig zeit kuniglicher
maiestat derselben vnnderthanen vnnd in sonnderhait ir maiestat verordennten
annwald burgermaister richter vnd rat des stat Freinstat noch yemannds
anndern nichts dester feinder sein, sonndern kunigklicher maiestat solicher
reich milden gnaden zum hochsten ewigklich dannkhper sein, auch des vmb
ir kunigklich maiestat vnnser lebenlang got zupitten nit vergessen, wo wir
das so hierinn begriffen aber nit thaten sonnder in ainem oder merern
artigkln dawider hanndlet vnnd dise vnnser verschreibung also war stat vnnd
vnzerprochen nit hielten, so sollen wir alsdann wie sich geburt vmb solich
verhanndlung von der kunigklichen maiestat oder vnnser furgesetzten obrigkait an all verror rechtlich erkanntnus an leib vnnd guet, als die so wider
ir aids phlicht vnnd verschreibung gehanndlt gestrafft vnd gepuest werden,
alles trewlich vnd vngeuerlich des alles zu war ein vrkhundt haben wir mit
vleis erpeten die ersamen vnd weisen Hannsen Horner der geschwornen
Pauln Burger vnnd Hannsen Lampl all burger zu der Freinstat, das sy ire
innsigil doch inn vnnd irn erben an schaden zurugkher aufgedrukht haben,
darunder wir vnns obgenannt funff personen bey vnnsern ern vnd trewen
allen obgeschriben innhalt des briefs war vnnd stat zuhalten verpunden, der
geben ist an Mitichen nach dem heilligen pallmtag nach cristi geburdt
Tausent funffhundert vnnd im achtvnndzwainnzigisten iare.

Mein diennst zuuor, fursichtig ersam vnnd weis. Nachdem ich ew
iungstlich auff ku. mst. vnnsers gnedigisten herrn beuelh auff die ketzerischen verfuerischen vnnd widertaufften personen in eurem gebiet allennthalben guete kundtschafft zuhalten, auch derhalben ain sundere person alls
ain kuntschaffter welher in gehaim auff eberuert verfuerisch leer vnnd derselben anhenger sein vleissig nachuorschen hab zubestellen beuolhen, wie
dann in demselben meinen beuelh an euch ausgangen lerlicher begriffen ist,
dieweil sich aber all yetzo bey disen geuerlichen leuffen allerlai bos muetwillig vnd leichtuertig leut neben berurten ketzerischen vnnd widertaufften
als abseger lanndn beschediger vnnd ander dergleichen vbelehrter in disem
lannd auffhalten sollen, damit aber die selben zue vencknus gebracht vnnd
irem verschulden nach gestrafft werden, emphilh ich ew in namen hochgemelter ku. mst. das ir auff solich muetwillen entsager vnnd lanndsbeschediger
gleicher weis wie auff obemellt ketzerisch personen eur vleissige kundschafft
haltet auch desshalben sundere personen zu kuntschaffter der gleichen weis
wie auff ab angezaigt ketzerisch personen innhalt angeregts meines beuehls

auff solich muetwiller sein auffmercken vnnd nachfragen hab bestellet vnnd
so ir derselben ainen oder mer erfaret, denn oder dieselben zu stundt veunk-
lichen annembt vnnd also bis auff meinen weittern beuelh woluerwarlich
haltet, auch mich solhes fuederlich alher berichtet, vnnd was euch also auff
solh kundtschaffter auflauffen wiert euch dasselb durch denn edlen vesten
Georgen Sigharter zu Leumbach ir ku. mst. rat vnnd vitzthumb ob der
Enns widerlegt vnnd bezalt werden. Vnnd in dem allem nit saumig noch
lessig erscheinet daran thuet ir ku. mst. mainung.

Datum Lynntz am Erichtag nach quasimodogeniti anno etc. im XXVIII.

Ciriac Freyherr zu Polhaim vnd
Wartenburg lanndshaubtman
zu Ostereich ob der Enns.

Mein diennst zuuor fursichtig ersam vnnd weys. Wiewol ku. mst.
vnnser genedigister herr zu ausreitung vnnd vertilgung der verfuerischen
vnnd ketzerischen sect der widertauf allennthalben general mandata ausgeen
lassen vnnd darinnen massen geben wie er mit den personen die mit solher
sect befleckt sein gehalten werden solle, so sein doch dieselben durch die
obrigkaiten in vngleichem verstannd gehalten vnnd voltzogen worden, darauf
seit ir ku. mst. gestallt, nun ginfur gegen den obgemelten widertauffern
personnen mit pues vnnd straff gehanndlt werden sulle enndslossen vnnd
ernnstlich beuolhen, nemblich das die so vor ausganng der zwaier monat in
der decleration vnnd der halben ausganngen manndaten bestimbt in vennknus
komen, vnnd doch nit aufwigler, vorsteer berurter sect sein, auch annder
nit widertaufft haben vnnd dauon genntzlich absteen wollen, das dieselben
die puess laut innligunder copei annemen vnnd volpringen sollen welh aber
nach vorscheinung der ernennten zwayer monat zu venknus gepracht worden,
das derselben kainer begnadt sonndern stracks mit der execution laut des
ausganngen mandats decleration vnns beuelhs gegen dennselben gehanndlt
werde, dann ir ku. mst. enntlich entslossen sei ir ku. mst. hinfur weder vil
noch wenig inn ir ku. mst. manndaten disputieren oder etwas enntziehen
vnnd mindern zu lassen, welhen ir ku. mst. beuelh vnnder ordnung ir zu-
geloben vnnd gegen den verschulten personen nach innhalt vnnd ausweisung
angeregter ir ku. mst. beuelh vnnd ordnung zuuerfarn vnd zu handlen wisset
auch hir innen verrers bschaids nit gewarttet noch von mir begert des ich
euch hiemit auf angeregten ir ku. mst. beuelh antzaigen wollen, es ist auch
in namen hochgemelter ku. mst. mein beuelh, was ir also mit den personen
ir ku. mst. beuelh vnd ordnung nach hanndlen lasset das ir mich solhs sambt
derselben personen nemen vnnd ergreihten, zu yeder zeit bereiht, daran thuet
ir ku. mst. maynung. Datum Lynntz am erichtag nach misericordia domini
a. etc. XXVIII.

Ciriac Freyherr zu Polhaim vnnd
Wartenburg lanndshaubtman
in Osterreich ob der Enns.

Auszug aus dem Mandat:

Welh aber irer verfuerlichenn sect vor ausganng vnnser sondern mandat, darinnen wir inen zway monat, in denselben sy sich bekeren vnnd gnad begeren sollen, aus gnaden zugeben absteen wellen vnnd nicht aufwigler, verfuerer tauffer oder lerer sein, die selben von vnnsern wegen begnadt, doch das ir von inen die also begnadt werden, ain verschreybung mit geschwornnen aydt in ir selb mit auffgereckhten fingern nenntder massenn, das sy sich zu ewigen zeiten in solhe noch der gleichenn verfuerischen secten vnnd leren nicht mer lassen, noch die annemen, sunnder sich wie annder cristenlich leut zu den gewonnlichen zeiten mit der peicht vnnd in emphahung des hochwirdigenn sacraments hallten, auch zu ainer welltlichen straff auff ain suntag, den ir inen benennen sullet in der phar bey dem hochambt so die menig des volks versamelt ist, mit plossem haubt parfues tragennt ain vnangezunte kertzen in der hanndt erscheinen vnnd daselbst von ainem briester ingemeinschafft der heyligen cristennlichen kirchen widerumb angenomen ire kertzen angezundet vnnd also in die kirchen gefurt werden darnach sollen sy alda vor dem altar niderknien vnnd nicht von dannen khomen bis das ambt volbracht wirdet vnnd so sy in solher pues dergestallt ankomen sein, sollet ir verordnen das durch den predicannten oder briester daselbst offenlichenn vngeuerlich dise mainung verkundet werde, wiewoll dise gegennwertig personen, die von vnsern heilligen cristlichen glauben abgefallen, wider satzung vnnd ordnung der kirchen swerlichen gehanndellt darzue wider vnnser vilfeltig ernnstlich ausgangen generall manndat auch gnedig wernung vnnd ermannung vngehorsam widerspennig vnd verechtlichen gefunden worden sein, dardurch sy nach ausweysung geistlicher vnnd weltlicher rechten auch inhalt berurter vnnser ausganngen manndat darinn solh peen vnnd straffen leutter vnd oter specificiert vnnd ausgezaigt sein gegen got vnnd vnns ir leib vnnd leben verwercht vnd in hochste straff gefallen dieweyll sy aber von solhem irem irrfall vnnd vnglauben bekeren wellen reu vnnd leid daruber haben vnnd von vnns genad begeren, haben wir inen, als ain gnedigster milder kung herr vnnd lanndsfurst, aus angebornner guettikait genad mitgetaillt vnnd solher irer beganngner verhanndlung halben zu ainer bues vnnd welltlichen straff, das sy auf disen gegennwurtigen sonntag allen denen so daselbst in vnser stat n. auch anndern ennden sein zu ainem ebenpillt vnnd genediger wernung sich vor der gleichen ketzerischen verfuerlichen secten vnnd bosen hanndlungen auch nachtaill vnnd schaden so inen daraus volgen mucht, zuuerhieten wissen, dis pues wie sy alda vor augen sein thuen, sollen auffgetegt, nach solher hanndlung sollen di puessenden personen vor dem altar knien bis zu ennde des ambts der heiligen mes bleiben vnnd got den almechtigen mit bereutem hertzen anrueffen vnnd vmb genad bitten, das er inen solh ir missethat barmhertzigelichen verzaihen vnnd vergeben welle darzue sy durch ainen briester ermant vnnd vnterwisen sollen werden, vnnd zu geistlicher straff sollen sy beichten absolution emphahen vnnd inen weter gaistlich puess mit petten vasten oder in ander weg onentgellt auffgesetzt werden, nach gelegenhait der sachen.

Wolgeborn gn. herr landshaubtman vnser dienst sein e. gn. vnersparts willigs vleis altzeit zuuor genedigster herr nachdem vns von k. mst. vnserm genedigisten herrn auch ewrn gn. etlich beuelh zugeschicht wie vnd wellicher massen wir mit denen widertaufftn personen handln vnd anstelln in vnserm purgkfrid vengklich annemen sollen, indem wir bisher vnnsern muglichen vleis k. mst. etc. auch e. gn. beuelhen voltziehung zu thuen nit gespart, sonnder etlich person so in disem vall beschien fur vns erfordert, die haben aber all gelaugnet vnd sich gantz vnschuldig angezaigt haben wir derselben zeit mit inen verrer nichts handln mugen die weil doch nyemants der sachen gegen in hat wellen ansag sein sy dar auf wider abgelassen doch mit furhalttung sich zuuerhueten aber vnlang darnach sein dieselben personen vil mer als vor in dieser handlung mit dem tauffen besambllungen vnd predigen in vbung gewest als wir desselben ain lauttern grundt gehabt funf person darunder zwen frauen angenomen dan ainer darunder sagt als pald er getaufft sey worden hab es in gerawen vnd dar vber peicht vnd das sacrament emphangen das mug er weisen der ligt auch noch in vengknus was aber mit im zuhandln bittn wir e. gn. deshalben vmb vnderricht aber etlich die auch in disem vall gewest sein entwichen ir sein auch noch vill die mit in verdacht wir mugen aber mit kainem grundt gegen denselben sy vengklich anzunemen handln es wer dan das die so in vengknus ligen auf dieselben bekennen wurden, so haben wir doch nach dem wir das hochgericht nit haben dan die anzunemen vnd nochmals verrer mit inen nichts zu handln, darauf e. g. mit aller vndertenigkait bittund vnsschrifftlich wissen zu lassen was verrer mit denen auch mit den so fluchtigt worden mit irem guet so sy noch in purgkfrid haben handln solln als vns die sach ansiecht ist zu besorgen wo nit einsehung bescheh, derselbs.

Dem wolgebornnen herrn herrn Ciriacken freyherrn
zu Polhaim vnd Wartenburg landshawbtman in
Osterreich ob der Ens vnserm genedigen lieben herrn

Burgermaister richter vnd rat der
stat Freinstat.

Mein diennst zuuor, fuersichtig ersam vnnd weis, alls ier in ainem eurem schreyben etlicher personen halben, so mit der widertauff befleckht, vnnd derhalben durch euch venncklichen angenumen, auch zum taill fluchtig worden sein, wie iers mit dennselben personen vnnd ieren guettern halten sullt, ainen beschaidt begert, nun hat ku. mst. vnnser genedigister herr auch ich auf derselben beuelh, was euch in oberuerter sachen zu hanndlen gebuert, durch ier mst. vilfeltig generall (mandat) vnd beuelh hieuor lautter zuegeschriben, derselben ier nachzuhanndllen vnnd zugeleben wist, des ich euch also auff angeregt eur schreyben zu anttwurt nit verhallten wollen. Datum Lynntz am sambstag nach Cantate anno etc. im XXVIII.

Ciriac freyherr zu Polhaim vnd Wartennburg
lanndshaubtman in Osterreich ob der Enns.

Wolgebornner genediger herr lanndshaubtman e. gn. sein vnnser gehorsam vnnd ganntz willig dinst zuuor. Nachdem wir e. gn. iungstlich der tauffen personen halben so alhie in gefenngkhnus ligen, vnnderricht vnnd anzaigen gethan, auch daneben e. gn. rats begert was mit inen zuhanndln sey, so hat vnns doch e. gn. allein auf ku. mst. ausganngen general (mandat) vnnd beuelh denselben nachzuleben anzaigen geben, vnd dieweill wir aber kain hochgericht auch von ku. mst. nit pan vnd acht haben, so mugen wir nach vermugen berurter irer ku. mst. generall (mandat) vnnd beuelh wiewoll wir demselben volziehung zuthun genaigt sein, mit den personen nit hanndln, darauf ist nochmalls an e. gn. vnnser vleissig pitten e. gn. wolle, vns was damit zuhandln sey nochmalls beschaidt zueschreiben oder aber solch personen zu e. gn. erfordern oder andern enden von vns hinzunemen beuelhen das wellen wir vns e. gn. vnsers gn. herrn gehorsams vleis verdienen vnd hiemit beuolhen haben. Datum Freinstat den XX. tag may anno etc. im XXVIII.

e. gn.

gantz willig
vnd gehorsam

burgermaister richter vnd ratte
der stat Freinstat.

Mein diennst zuuor, fursichtig ersam vnnd weis, wiewoll ir nun bisher von ku. mst. vnnserm gnedigsten herrn auch mir zum driten mall, der bösen gässigen practigkn, vnnd erschreckenlichem furnemen, so die widertauffer gebrauchen vnnd noch vorhaben, gewarnnt, vnnd derselben erinndert seit, so ist doch ir ku. mst. glaubhafftig bericht, wie yetzo kurtzlich von dennselben widertauffern, durch den Frugckh ain erschrecklichs, ergerlichs vnnd auffrurisch puechl vngeuerlich bei vier Sextern ausganngen sei dadurch, wo es nit nidergedruckht vil vbls verursacht vnnd daraus erwaxen wurde, demnach solhs zuuerhuetten, ist demnach in namen hochgemelter ku. mst. mein beuelh, das ir auf solhs puech in gehaim ewr guete erfarung vnd erkundigung haltet vnnd wo ir die betredt oder ankumet, das ir sy nidertruckhet, vnnd bei wem ir solhe puech ergreifft, den oder dieselben, wie sich geburd innhalt ir ku. mst. ausganngen beuelh straffet vnnd so ir derselben puech aines vberkumbt, mir dassalb furderlich zueschicket, daran thuet ir ku. mst. maynung. Datum Lynntz am montag nach dem suntag Exaudi anno etc. XXVIII.

Ciriac freyherr zu Polhaim vnnd Wartennburg
lanndshaubtman in Osterreich ob der Enns.

Wir Ferdinand von gottes gnaden zu Hungern vnnd Behaim etc. Künig, Infant in Hispanien, Ertzhertzog zu Osterreich, Hertzog zu Burgundi, Steyr, Kärndten, Crain vnd Wirtemberg, Graue zu Tyrol etc., Embieten n. allen vnd yeden vnnsern Preläten, Grauen, Freyen, Herren, Rittern, Knechten, Lanndtmarschalhen, Lanndshaubtletiten, Verwesern, Vitzdomen, Vögten, Phlegern, Burggrauen, Ambtletiten, Lanndrichtern, Burgermaistern, Richtern,

Räten, Burgern, Gemainden vnd sonst allen andern vnnsern vnnderthonen vnd getrewen, in was wirden, stands oder wesen, die in vnserm Ertzhertzogthumb Osterreich vnndter vnnd ob der Enns wonhafft sein, so Jurisdiction gericht vnd Obrigkait oder derselben verwaltung haben, vnnser gnad vnd alles guets. Vnd füegen euch zuwissen, das der Erwirdig hochgeborn Fürst vnnser lieber vetter herr Ernnst, Administrator des stiffts Passaw, Phallentzgraue bei Reyn vnd Hertzog in Obern vnd Nidern Bayrn, auf vnnser freuntlich ansynnen zu ausreyttung der valschen ketzerischen verfürlichen Leeren vnnd phlantzung des rechten waren Gottes worts. Auch ztierhaltung vnnsers heiligen Christenlichen gelauben, in berürten vnnsern Ertzhertzogthumbe seiner lieb Bisthumbs, Administracion vnd District als Ordinary etlich erber geschickt vnd wolgelert Prediger verordnen wirdet. Damit aber dieselben verordenten Prediget jrem ambt mit predigen vnd sonst götlichen ämbtern auswarten, sicher vnd vnuerhindert handlen, vnd dieselben voltziehen mügen. Emphelhen wir euch allen vnd ainem yeden in sonnders mit ernnst vnd wellen, das jr die angezaigten Predicanten, so gemelter von Passaw als Ordinary wie oben begriffen verordnen vnd schicken wirdet, in bestimbten Ewren Herrschafften, Gebieten oder Verwaltungen güetlich annemet vnd zülasset, Sy vor allem gwalt versicheret, schützet, schirmet, beherberget vnd von ainem ort zü dem andern wo not ist belaittet, vnd sonnst in allen jren fürfallenden obligen dermassen hilff, rat, fürderung vnd beystanndt beweyset vnd erzaiget, dardurch sy angeregtem jrem ambt mit predigen vnnd sonnst götlichen ämbtern sicher vnuerhindert handlen, vnnd demselben voltziehung thun mügen, daran thüt jr vnnser Ernnstliche mainung. Geben in vnnser stat Wienn am Achtzehenden tag des Monats Julij. Anno etc. im achtvndtzwaintzigisten, vnnserer Reiche jm anndern.

c. d.

r. i. c.

Hanns von Greysnneckh.

Wir Ferdinand von gottes genaden zu Hungern vnd Behaim etc. kunig, infant in Hispanien, ertzhertzog zu Osterreich, hertzog zu Burgundi, Steir, Kernten, Crain, vnd Wirttemberg, graue zu Tiroll etc. embieten N. allen etc. als wir verschiner zeit vnsere mandat zu ausreittung der newerstanden ketzerischen sect vnd leren in berurten vnsern erblichen furstenthumben vnd landen ausgeen vnd offenlichen anslahen, auch der massen verkhunden haben lassen dardurch nit allain vnsere inwoner, sonndern alle frembdt vnd auslender, so vnsere lande gebrauchen, sich der ausgesetzten straff, in den selben vnsern mandaten, lautter beriffen zuuerhuetten notturfftigklich vnd genuegsam gewarnnet sein, dieweil dann durch den trukh yetzo, alles vbl vnd vnradt erwechst, vnd als wir bericht werden, obberurt ketzereyen, aus andern landen in bestimbte vnsere furstenthumb gebracht, derhalben solh personen, so nit allain wider bemelte vnser ausgangen mandat, sondern zu offenbarer vngehorsam romischer kay. mst. vnsers lieben bruedern vnd genedigen herrn, vnd aller stennde auf etlichen gehalten reichstagen im heilligen reich ausgangen edict vnd abschiedt, auch der Regenspurgerischen reformation, die angezaigten buechl truckhen, fueren oder vailhaben, billich ir geburlich straff, als die so alle lande vnd ainfeltig volkher vergifften, in dem sy an seel, leyb, leer vnd guet, gegen rat vnd iren weltlichen obrigkaiten verfurt werden, emphahen, demnach emphelhen wir euch vnd ainem yeden in sonderhait mit ernst vnd wellen, wo ir hinfuran dergleichen trukher oder puechfuerer, so als obsteet, mit den ketzerischen verpoten puechern haubtverfuerer vnd vergiffter aller lande sein, dardurch auch die menig der menschen aus ainfalt vnd vnuerstandt von got vnd aller gehorsam abgewisen worden, in vnsern erblanden betrettet oder ankomet, das ir sy strachs an alle gnad am leben mit dem wasser straffet vnd ir verpoten waaren mit dem feur verprennen lasset. Darneben gebietten wir auch allen puechtrukhern in vnsern Niderosterreichischen landen, das sy nun hinfuran in denselben vnsern niderosterreichischen lannden in kainem schlos, stat oder flekhen, wie der genennt werden mag kainen trukh aufrichten oder weitter halten allain in der haubtstat aines yeglichen lands, nemblichen in vnserm ertzhertzogthumb Osterreich vander vnd ob der Enns, zu Wien vnd Lintz, in Steir vnd Gratz in Kernten vnd Clagenfurt, vnd in Crain zu Laibach, auch auf kainerlay beuelch noch ainich begern oder ansynnen, durch wen das beschehen mocht weder geistlich noch weltlich sachen nit trukhen. sy haben dan solhes zuuor vnsern stathalter vnd regenten berurter vnser Niderosterreichischen lande oder vnserm haubtman des lanndts, darinnen dieselben puechtrukher wonen, zuuor angezeigt, vnd dar vber von inen zuegebung vnd verwilligung emphangen, bey vermeidung vnser schweren vngnadt vnd straff, das wolten wir zu ainem vberflus vnd genediger warnung sich menigklich darnach zurichten, vnd vor schaden vnd nachtail zuuerhueten wissen, vnangezaigt nicht lassen, daran beschiecht vnser ernstliche maynung. Geben in vnser stat Wien, am XXIIII tag des monats iulij anno etc. im XXVIII vnserer reiche im andern.

c. d.

r. i. c.

Ruedolf von
Hohenfeld.

Wir Ferdinand etc. wie wol wir verschiner zeit zu austilgung der verfurlichen ketzerischen newerstanden secten zu mermallen vnser general mandat auch vilfeltig ernstlich beuelh ausgeen haben lassen, das ain yedlich in seinen gericht oder gepiet, der gleichen ketzerischen personen, wo die betretten werden, vengklichen annemen, vnd gegen denselben mit straff nach ausweysung berurter vnser ausgangen mandat, handln vnd verfaren sol, so werden wir doch bericht, das sich etlich vnser landleut, deren holden vnd vnderthanen in andern frembden gerichten vnd herschaften sitzen, sich ob den landgerichten beschwaren, vnd vermainen, das dieselben landrichter ire vnderthanen, die in solhen frembden landgerichten sitzen, vnd mit der widertauf oder sonst vnerfordert antasten, sondern nach gebrauch der landgerichts ordnung: sy zuuor von inen, als vnderthanen grundtherrn erfordern sollen,

dergleichen das die jenigen, so des mallefitz gerichts halben, sonder freyhait
haben, auch nit gestatten wellen, das yemandts von landtsgerichts wegen
dar in solh strafmessig vnderthanen sitzen, sy straffen, sonder allain ir herr
in crafft seiner freyhait, gegen inen verfaren mug dieweil .dan dieser faal
der widerthauf vnd ander schedlich verdamblich ketzereyen, die laider bey
vnsern zeyten erscheinen, nicht gemain malefitz, sonder schwarer, vnd
schwarer, vnd furnemblichen wider vnser ausgangen mandat, vnd ernstlich
beuelch groslichen, vnd mit dem hochsten, in was landgericht die zubetretten,
zuuerhuetten vnd zuunderkhumben sein, demnach vnd sonderlich in be-
denkhung, das die widertauffer, protprecher vnd dergleichen vnchristenlich
thatter sich in haymblich vnversehen versamblung verfuegen, vnd daselbst
allerlay pos prakhtikhen, aufzurichten, sich vndersteen vnd doch also in
solher irer handlung vnd versamblung nit langwerig noch beleyblich sonder
sich palt von einander widerumben zertrenen dardurch die gegenthat, gegen
inen kainen lengern verzug, noch verrer verkhundung, oder erforderung er-
leiden will sondern als palt sy ausgekhundtschaft furnemblich an warer that
irer verhandlung vnd versamblung angetast werden muessen, demnach emphelhen wir ew allen vnd ainem yeden in sonderhait, so wie obsteet, landgericht haben, in was standt ir seit, niemandts ausgenomen, ernstlich vnd
wollen, wo ir die widertauffer, vnd dergleichen verfuerisch vnd ketzerisch
personen in euren landgerichten betrettet auskundschafftet oder ankhumbet,
das ir dan vnangesehen der gemainen landgerichts ordnung, an alle er-
suechung oder erforderung, des grundtherrn oder anderer irer oberkhait, darunder solh sectisch vnderthanen mit ruckhen sitzen, auch vnangesehen der
herschafften oder landleut, so fur die landgericht, mit irn vnderthanen, wie
oben vermelt, gefreit sein mochten, nach aigentlicher erfarnhait der verprechung, von stundan auf solhe thatter greiffen, die venklichen annemen,
vnd nach inhalt merbestimbter vnser ausgangen mandat an verzug straffen
lasset, vnd ir derselben thatter grundtherrn oder ander oberkhaiten den
landtgerichten in disem faal der secten kain irrung noch verhinderung thuet,
noch yemandts von ewren wegen zuthun gestattet, dardurch solch verfurlich
ketzereyen so hoher vnd schwarer, dan ain gemain mallefitz ist, ausgereut,
auch nachtail vnd schaden, der ausberurt irer aufruerigen handlung gewis
entsteen wurde, zeitlichen vnderkhomen vnd verhuet werden muge, doch
menigklichen an der landgerichts ordnung, in gemainen, auch denen so irer
vnderthanen halben, fur frembde gericht gefreidt sein mochten, darzue gemainen landtsbrauch an iren rechten freyhaitten, gueten gewonhaiten, vnd
in ander weeg vnuergriffen, an nachtail abpruch vnd schaden, das mainen
ernstlichen. Geben in vnser stat Wien am XXVIII. tag iulij anno etc. im
XXVIII. vnserer reiche im andern.

Wir Ferdinand von gottes gnaden zu Hungern vnd Behm etc. khinig
infant in Hispanien ertzhertzog zw Osterreich hertzog zw Burgundi Steyr
Kharnden Khrayn vnd Wirtnbergkh graue zw Tyroll etc. empietn allen
vnsern N. prelaten, grauen freyn herrn rittern vnd khnechtn haubtleytten

lantmarschalln verwesern vitztumbenn pfannttschefftern pflegern purgraffen ambtleitten lantrichtern burgermaystern richtern retn burgern gemaynden vnd sonst allen vnd yedem vnsernn vnttertanen geystlichen vnd weltlichen in wurden standts oder wesens dye allenthalben in vnsern nider Osterreichi- schen furstentumbn vnd landen in sonderhait in vnserm hertzogtumb Oster- reich vnnder vnd ob der Enns gesessen vnd wonhafft sein den, die vnser brieff gezaigt wirdet oder glaubig abgeschrifft, da von furkhumbt vnser gnad vnd alles guts. Nachdem wir verschiner zeytt aus angeborner lieb, so wir zw vnserm warrem cristenlichn glauben tragen vnd zw ausreyttung der newen verdampten verfurischen khetzrischn lern, die wenig iaren vnsern hailigen kbristnlichn khirchen satzungen vnd ordnungen zw wider an mer ortten eingefurtt aus praytt vnd einpflantzt sein worden auch derselbigen verfuerischen sekte lerer auspraytter vnd prediger ettwa vil vnser ernstle mandat haben ausgen lassen so wird vns doch glaubwirdig angetzaigt, wie sich wider bemelt vnser mandat vnd verpot etwa vil abtrinig aufgelassen ordnung vnd ander geystlich person die sich wider ir aygn gelubt ordenn vnd der heyligen cristnlichen khirchen satzung beheyratt auch sonst solhen verfurlichen leren anhinngig in vnsern Niderosterreichischenn erblanden vnd besonder in vnserm furstntumb Osterreich vnder vnd ob der Enns enthallten vnd wanen so sollen sich auch ettlich die in offenwaren lesterlichen sunden leben auch painiger todsleger vnd die mit gedachtm khetzerischen leren be- fleckht gewondliche pues zethun vnd von iren ordinerien oder derselbigen nach gesetzten obrikhait laut des regnspurgerischen recess absolucion zw veben verwidern, sonder betrangen ettwa die gesell priester oder ander die solhs wider fueg noch gewalt haben sy absoluiren, dan so solln ettlich aus aigner vermessenhait wider dy geschriben recht vnd der khirchen ordnung zw solher zeit cristenliche gehorsamb der peicht vnd emphahung des hoch- wirdigen sacraments vntterlassung vnd so diselbigen ableyben werden sy von irer frentschafft mit gewalt vnd wider der pfarrer willen in das geweicht begraben, es sollen sich auch ettlich wider dy Regnspurgerisch ordnung ierer abgestorben freunden den erstn zw haltn, dergleichen auch ierem pfarrern vnd sellsorgern den zehent vnd ander pfarliche recht wie von allter der prauch gewest ist vnd auch di samlunng der heiligen allmusen zw dem thuen vnd andern khirchen vnd spitalln zw raichen vnd solh samlung zuuerkhunden auch ain zwbringen verkhunden vnd verbietn sambt dem das sich die zech probst vndersten sollen mit den khirchguettern aus der pfarrer wissen vnd willen vnd ieres gefallens zw handln vnd die zw alteriern, dieweil denn selhs wider all loblich cristenlich lang hergepracht satzungen vnd ordnungen wider di Regenspurgerischn reformacion auch vorgemeltn vnser offt ausgangen mandat vnd in sonder wider iungst gehaltn visitacion vnd den frumen be- standigen cristen hoch ergerlich vnd vns als dem cristenlichen khonig ferrer zw gedulden kheinesweg gemaynt ist, so befelhen wir euch alln eur yedem in sonder pey vermaydung vnserer straff vnd vngnad in vnserm voraus- gangen general mandat begriffen vnd wollen das ir fur an all obgemelt artikhl vnd solh muetwillig verfurlich vnd bes handlung in vnserm ertz- hertzogtumb vnder vnd ob der Enns vnd sonst allenthalbn in vnsern erb- lantn nach vernemung offt gedachter vnser vorigen mandat vnd Regens- purgerischn recess gantzlig abgestelt, sollichen verrer khains wegs thuet

noch andern zu thuen gestattet desgleichen wo dy ordinerien vnd ir nach
gesetzt geistlich obrikhaitn aus irem bischofflichen ordenlichen ambt wider
solh verprecher nach ordnung der recht loblichen altn gebrauch vnd den
recess zw Regnspurkh gemess vnd geburlich execucion furnemen vnd thuen
wollen das ir sy daran khains wegs verhindert sonder inen auf ire begerung
alle fuederung hilff rats vnd beystant erzaiget vnd beweyset daran beschiecht
vnser ernnstliche maynung.

Geben in vnser stat Wienn amb sechtzehenttn tag nouembris anno
domini im funfftzehenhundert vnd im achtvndzwaintzigistn vnnsers reichs im
drytten.

Ferdinand.

---

1. August 1529.

Getreuen lieben: Nachdem wir glaubwirdig bericht sein, das Thoman
Tanntzer, weillundt wolffganngen Tanntzers son von wegen der verfuerischen
Sect der widertauffer, damit er verwart fluchtigen fues gesetzt vnnd sich
vnnder den anndern widertauffern an den Ennden, da sich dieselben auff-
hallten beheirat; derhalben Ir in Krafft vnnser aussganngen mandat desselben Tanntzer gelassen guet bey seinen Stieffvatter Starckl Hanns, in
arrest vnnd verpot gelegt haben sollet. Dieweill nun solch des Thoman
Tanntzer hab vnnd guet vnns aller herrn vnnd lanndsfürsten von wegen
seiner misshandlung hamigefallen vnnd confisciert in haben wir dasselb
vnnserm Thuerhueter Gilgen Kuetzen vmb seiner taglichen vleissigen vnnd
getreuen diennst willen vnnd von besonndern gnaden frey vbergeben vnnd
zuegestellt. Emphellen euch darauf mit ernnst, das ir mergemelts Thomann
Tanntzer gelassen hab vnd guet wie ir das in arrest gelegt habt vnnd
souill desselben in euren gerichts zwanng vorhannden ist, es sey ligundt
oder varunndt, nichts ausgenomen, bemelten bemelten vnnserm Thuerhueter
Gilgen Kuetzen auf sein ersuechen on verzug einanntwortet, zuestellet vnnd
inne dabey von vnnsern wegen bleibenn lasset vnnd hanndt habet; Auch
vnns des werts solches guets, wie hoch sich der erstreckht berichtet; Daran
thuet ir vnnser ernnstliche maynung. Geben Lyntz am ersten tag Augusti
Anno etc. im XXIX.

An Burgermaister vnd Radt in der Freinstat.

1530. Februar 7.

Dem fursechtigen ersamben vnd weissen Qurein Frelich der zeitt
Burgermaister zu der Freinstat, embeut ich Gillig Kuertz ku. mst. zu
Hungern vnd Behaim, Ertzhertzogen zu Osterreich etc. thuerhuetter mein
willig dinst zuuor und fuege e. w. zu wissen, das mir von obbemellter ku.
mst. die anligunden vnd varunden gueter so Thaman Tantzer gewest vmb
seiner widertauff halben so er an sich angenomben vnd fluchtigen fuess gesetzt, zu aigen gantz frey in mein gewalt gegeben, vnnd eingeantwurt

worden, alss das ich es sei mit innhaben nutzen niessen versetzen verkauffen
vnd in ander weis damit hanndln mag wie mich verlust darauf ich von gemelten guetern ain hauss in der Freinstat zwischen Thaman Schinagl vnd
des Puechleiters erben heysern gelegen, dem erbern Hannsen Hayder, burger
zu der Freinstat Margarethen seiner hausfrawen innhalt eines kaufbriefs so
ich e. w. hiemit furbring verkauft, wie ir vernemen werdet, demnach ist an
e. w. mein vleissig bitten, ir wollt solchen kaufbrief mit eurem insigil verfertigen vnd so alsdann solches bestehen geloben vnd versprich ich fur mich
mein erben vnd die ihenigen so spruech zu den guetern suechen wolten oder
möchten in e. w. innsigil vnd verfertigung nichts zu reden noch dawider zuthun in gar kain weis ongeuerde zu vrkundt mit meinem aigen zuruckauf-
gedructen petschad verfertigt vnnd zu pesser zeugkhnuss hab ich mit vleiss
erbetten den ersamen weissen Chunraten Lampl des rats vnd burger zu der
Freinstat, das er sein petschadt neben mein hierauf gedruct hat, doch im
sein erben vnd petschadt anschaden. Der geben ist an Montag nach sand
Dorothea tag anno etc im XXX.

1530 Februar 7.

Dem ersamen vnnd weisen Adamen Schintlperger der zeit statrichter
zu der Freinstat, embeut ich Gillig Kurtz ku. mst. zu Hungern vnnd Behaim,
ertzhertzogen zu Osterreich etc. Tuerhuetter mein willig dinst zuuor vnnd
fueg e. w. zu wissen, das mir von obbemellter ku. mst. die anligunden vnnd
varrunden gueter, so Thaman Tanntzer gewest, vmb vmb seiner widertauff
halben, so er an sich genomen, vnnd fluchtigen fuess gesetzt, zu aigen ganntz
frey in mein gewalt gegeben vnnd eingeantwort worden, also das ich es sey
mit inhaben nutzen niessen versetzen verkauffen vnnd in annder weis damit
hanndln mag wie mich verlust, darauf ich von gemelten guetern ain haws
in der Freinstat zwischen Thaman Schinagl, vnnd des Puechleiters erben
heyser gelegen, dem erbern Hannsen Haider burger zu der Freinstat Mar-
grethen seiner hausfrawen innhalt aines kaufbriefs so ich e. w. hiemit furbring verkauf wie ir vernemen werdet, demnach ist an e. w. mein vleissig
bitten ir wollet solhen kaufbrief mit eurem innsigil verfertigen vnnd so als
dann solhes beschehen gelobe vnnd versprich ich fur mich mein erben vnnd
die ihenigen so spruch zu den guetern suechen wolten oder möchten, in ewr
insigil vnnd verfertigung nichts zu reden noch dawider zu thun in gar kain
weis angeuerde, zu vrkundt mit meinem aigen zurugkhaufgedructen petschad
verfertigt vnnd zu pesser zeugkhnuss hab ich mit vleis erpetten den ersamen
weisen Chunraten Lampl des rats vnnd burger zu der Freinstat, das er sein
petschad neben mein hierauf gedruct hat, doch im sein erben vnnd petschadt
anschaden, Der geben ist an montag nach sand Dorothea tag anno etc.
im XXX.

Ferdinand etc.

Getreun lieben alls wir hienor vnnserm turhueter Gilgen Kurtzen, Thoman Tanntzers zu der Freystat gelassen guet so vnns von wegen seiner des Tanntzer misshandlung der widerthauff halben confisciert vnd haimbgefallenn, zuegeaigent vnnd gegeben hat vns gedachter Kurtz verrer vnndertheniglich angelangt. Nachdem er aus solhn guet ain hauss in der stat vnnd ain peunten sambt ainen stadlstat gelegen am Pregarten so bemelter Tanntzer von Gabrieln Puechleuters khinder gerhaben erkaufft verrer Hanns Haider burger daselbst zuuerkhauffen willens, das wir bey euch gnediglich darob sein sollen, die brieff daruber nach ordnung zu fertigen. Demnach empfelchen wir euch mit ernnst so bemellter Kurtz mit gedachtem Haider sich des kauffs vmb angezaigt haus vergleich, das ir dann daruber nach eurem stat geprauch die khauffverschreibung vnnd was not thuet aufrichtet, vnnd hanndlet. Darann beschiecht vnnser ernnstliche maynung. Geben zu Prag am XIII. tag Marci anno etc. im XXX.

Fursichtig ersam weis, gunstig lieb herrn vnd freundt e. w. sein mein willig vngespartt dienst allzeytt zuuor. Eure weishaytt tragen vngezweiffellt wissen, wie mir dy ku. mst. Thoman Tantzer verlassen guet aus gnaden vmb meiner getrewen dienst willen gegeben vnd zuegestellt von welhen guetern ich dan seynem stiff vatter Hansen Haider, das haus in der stat so vill bemellter Tantzer daran gehabt vnd ein peienett am Pregartten gelegen mit e. w. wissen verkaufft, welhe verkauffung ich dan der ku. mst. antzaygt, da mit ir mst. auch wissen tragen meiner handlung vnd was vorhanden ist oder nit, darauff mir dan ir ku. mst. ein beuelh an e. w. geben wie e. w. vernemen werden, ist darauff an e. w. als mein kunftig lieb herrn vnd freundt mein vleyssig bitt wellen bemeltem Hans Hayder di verfertigung auff richten vnd volgen lassen, wie dan der beuelh vermag, da mit ich nach vermug des khauffs zu meinem gelt auch khomen mug, des ich mich dan zu e. w. der billikhaytt nach versieh, das will ich vmb e. w. als mein kunftig lieb herrn vnd freundt mit meinen willigen vngesparten diensten gefliessen sein zuuerdien, schikh e. w. hiemit di pett zettln, bin willens gewest selb hin vber zu e. w. zu reytten, so hatt mir der herr Hoffmaister nit erlauben wollen, meines dienst halben sondern di weyll di sach allso gestallt, soll ich e. w. schreiben, thue mich e. w. alls meinen kunftigen lieben herrn vnd freundt beuelhen. Datum Lintz den 27. tag Apprillis anno etc 30.

e. w.

williger

Gilg Kuertz
ku. mst.
thurhuetter.

1530. Mai 7.

Unnser dinst zuuor Lieber Kurtz, ku. mst. beuelh aucb ewr schreiben so ir vnns von wegen des Tanntzer behausung vnnd weilentn Keffers kinder peunten gethan vnnd zuegeschikht, haben wir seinen innhalt vernomen vnd fuegen euch zu wissen, das wir inhalt ku. mst. beuelh den kaufbrief souern ir oder annder von eurentwegen weidter bey vnns das ersuechen werdt vber das haws fertigen wellen, aber vber die peunten kunden wir nit fertigen dann euch ku. mst. des tanntzers, vnnd nit des Keffers kinder gueter bewilligt zulassen vnnd schikhen euch die zwo petzetteln vber die panten hierinn verslossen wider unnten zue. Darnach wisst euch zu richten. Datum Freinstat samstags nach Jany anno etc. im XXX.

Unnser dinst Richter vnd ratt der stat Freinstat.

„Zu Hungern vnnd Behaim etc. ku. mst. Turhuetter Gilligen Kurtzen vnsern guetten freundt.

1530 Juli 12.

Getreuen lieben. Sich hat vnnser Thurhueter Gilig Kuertz vor vnnser beschwert, vnnd vnnderthenigelich zu erkennen geben wie ir imo, vber vnnsern hievor aussgangen beuelh, mit fertigung der kauffbrief, vber ain haus vnnd peundten so vormalls Thoman Tanntzer zuegehört, vnnd wie imo dem Kuertzen alls vnnser confisciert guet zuegestellt, vnnd gegeben, vnnd in annderweg irrung vnnd verhinderung thun sullet, wie ir aus bey gelegter seiner supplication lerlich vernemen werdet, dieweill dann solh haus vnnd peundten in eurem purgkhfried gelegen, vnnd wir nit annders achten khonnden, dann das die fertigung der kauffbrieff durch euch beschehen solle. So emphellen wir euch nochmalls mit ernnst, das ir solhen kauff vmb angetzaigt haus vnnd peundten, in sein crafft vnnd vollziehung khumen lasst die brieff daruber eurm ratgebrauch vnnd ordnung nach fertiget vnnd hierinnen verrer khain waigerung suechet noch gedachtem Kuetzn vnbilliger weis irunng thuet, Das ist genntzlich vnnser ernnstliche mainung, Geben zu Augspurg an XII. tag July anno im XXX.

An die von der
Freinstat.

---

6. August 1530.

Mein diennst zuuor fürsichtig ersam vnnd weis; Mich hat romischer kuniglicher maiestat, vnnsers allergenedigisten herrn Thurhueter Gilig Kurtz auff den abschied der vorschinen tagen von wegen Thoman Tanntzers guet allhie in der haubtmannschafft erganngen ist, demnach auch in demselben abschied dieihenigen so zu ainer peunten auch fleischpannckh welche imo gedachter Kurtz alls gemellts Tanntzers aigennhafft guet innhallt ir ku. mst. beuelhen zu anntwurtten begert gerechtigkhait zu haben vermainen, gegen demselben Kurtzen zuerfordern aufferlegt worden, wie dann in solchem abschied mit mererm begriffen ist mit innligunder supplication vmb vernere hillff, damit er fuoderlichen ab der sachen khunt angerueffen, alls ir vernemen werdt; emphill auch demnach in namen hochgemellter ku. mst. mit ernnst, das ir die obgemellten taill so angeregter peunten vnnd fleischpannckch halben spruch zu haben vermain gegen gedachten Kuertzen auff ainen tag, den ir in disen sachen inner achttagen den nechsten benennen sullet fur auch erfordert vnnd innhallt des berurten abschiedts, was sich geburt hanndlet.

Dann so schickh ich auch hiemit ain verpettschafft gscatl darinnen etlich brieff so obgemelltenn Tanntzer vnnd dem erbern hannsen Haider betreffen moechten ligen sullen zue. Nachdem mich aber gedachter Kurtz vmb eroffnung solher gscatl, damit er die brieff darinnen seiner notturfft nach sehen muge angelanngt hat, vnnd sich aber kain taill hierunen aincherlai vbereillung beschweren muge. In abermallen in namen ir ku. m. mein beuelh, wo sich in solher verhör ain taill auff die angeregten verpettschafft brieff lenndet, dadurch man der zu mererm grundt der sachen notturfftig wuerdt. Alsdann mit eröffnung derselben gscatl vnnd in annder weg hierinnen was sich geburt handlet, vnnd in dem allem nicht verziehet, noch saumig erscheinet. Daran thuet ir ku. m. mainung. Dat. Lynntz den VI. tag Augusty Anno etc. im XXX.

      Ciriac Freyherr zu polheim vnnd wartennburg, landshaubtmann in Osterreich ob der Enns.

Den fursichtigen ersamen vnnd weisen n. Burgermaister Richter vnnd Rate der stat Freynnstat.

1530 September 9.

Unnser dienst zuuor, Lieber Kurtz. den kungklichen beuelh euch vnnd Tanntzers guetter bedreffent haben wir inhalts vernomen vnnd schikhen ku. mst. vnnsern grund hierinn etc darauf ain antwort hiemit zue die ire ire ku. mst. vberantwortn wisset, damit was euch lieb ist. Datum Freinstat den 9. tag Septembre anno etc. XXX.

      Vnnsern dinst richter vnd ratt der stat Freinstat.

Unnser dinst zuuor lieber Maisster Peter, den kunigklichen beuelh, so ir vnns anstat eures schwager Gilligen Kurtzen zuegeschikht, haben wir empfanngen vnnd schreiben deshalben dem Kurtzen hiemit dem wellets züeschiken. Der als dann verrer vnnserm schreiben nach wall dar inn zu handln wais. Datum Freinstat freitags nach Marie geburt anno etc. im XXX.

      Unnser dinst richter vnd ratt der stat Freinstat.

Durchleuchtigster grosmechtigister kunig genedigister herr. Eur ku.
mst. hat mir aines widertauffer mit namen Thoman Tanntzer verlassen guet
in der Freinstat genediglich geben, hab ich eur ku. mst. zu mer mallen antzaigt, wie mir die von der Freinstat nit allain hinderung sonnder vber ir
aigen hanndlung vnnd eur ku. mst. mermall ernnstlich beuelh gewelltiglich
hinderrugkh enntsetzt, ist nochmall mein vnnderthenigist bith, eur ku. mst.
welle mit den von der Freinstat nochmall, anndern so eur ku. mst. ernnstlich beuelh dermassen voraugen zu ainem ebenbild verschaffen, das si mich
sambt abgenomen nutzung wider einsetzen, den kauff so sy selb gemacht
verfertigen, den losst vnnd schaden darain sy mich vnbillicher wais aus aigen
hochmuet gefuert, abtragen, damit ich doch von irer muetwilliger hanndlung
erledigt werde. Das will ich eur ku. mst. alls mainen genedigsten herrn in
aller vnnderthenigisten gehorsam gefleissen sein zu uerdiennen.

Eur ku. mst.

vnnderthenigister

Gillig Khuertz
Thurhueter.

---

13. April 1531.

Ferdinand etc.

Edler lieber getreuer vnns hat vnnser thurhueter Gilg Kurtz mit hier
innbeslossener supplication vnnd schrifften beschward weis zuerkhennen geben
wie er von wegen aines widertauffers genannt Thoman Tanntzers verlassen
guet so wir ime aus gnaden gegeben durch die von der Freinstat vber
vnnsers ausganngen beuelh vnnd wider die billichait beschwert werde, als
die vernomen wirdet, damit aber die sachen der pillichait nach ain mall
zuenndtschafft kome. Demnach emphelhen wir dir mit ernnst, das du die
von der Freinstat gegen gedachtm Kurtzen oder seinem gewalthaber fur dich
eruorderest. Sy zu baiden taillen notturfftigclich verhörest vnnd darauf die
pillighait hanndlest dadurch wir von dem Kurtzen der sachen halb verrer
vnnangesuecht beleiben. Darann thuest due vnnser ernnstliche maynung.
Geben in vnnser stat Budweiss am XIII. tag Apprillis anno etc. im XXXI.
vnnser reiche des romischen im erssten vnnd der anndern im funfften.

Ferdinand.

Ad mandatum domini regis proprium.
Braswein.

An herrn lanndshaubtman
in Osterreich ob der Enns.

---

1. August 1531.

Mein diennst zuuor Fürsichtig ersam vnnd weis, von romischer kung-
licher maiestat vnnserm allergenedigsten herrnn, ist mir auff ir ku. mst.
thurhueter Giligen Kuertzen anlanngen, das ir imo Thoman Tanntzers guet,
welhs ir ku. mst. alls ain confiscation demselben Kuertzen aus gnaden geben,

vber ir ku. mst. beuelh vnbillicher weis vorhallten sullet, ain beuelh, alls ir
aus den innligunden schrifften zu uernemen habt, zuckhumen, darauff mich
gedachter Khuertz vmb verrere hanndlung angerueffen. Emphilh euch demnach in namen hochgemellter ku. mst. das ir durch eure gwaldtrager auff
den nechstkhumannden freytag alhie vor mir oder meinem anwallt erscheinet,
alda erwennter Kurtz auch sein sulle, wiert man die sachen horen, vnnd
darauff was sich geburt hanndlen, vnnd ir schaut daran ku. mst. mainung.
Datum Lynntz den ersten tag Augusti anno etc. im XXXI.

Ciriac Freyherr zu Polhaim vnnd Wartennburg
lanndshaubtman in Osterreich ob der Enns

Wolgeborner genediger her landshaubtman e. g. sein vnser gehorsam
willig dinst alzeit geneigts willens zuuor genediger her. an sant Jorgen
abent nechst verschinen ist vnns von eur genaden, sambt Gilgen Kurtzen ein
geschlossener vngrundiger supplication, ein beuelh zu komen des inhalt wir
in vndtertthenigen gehorsam vernomen haben, fugen darauf e. g. zu grund-
lichem beuelh zu wissen, das vns Gilg Kurtz mit seiner suplication wider
alle pillicheit mit vngrundt ermassen in e. g. tragen thut.

Dan erstlich der behausung halben darin ist er an alle vinhinterung
durch vnsern statrichter eingesetzt worden, das selches war sey, so hat gedachter Kurtz selche behausung dem Hansen Haider laut eines redlichen
kauffs kaufflichen zu kauffen geben. — Zum andern der peuntten halben hat
er der gestalt, als verschiner zeit Wolffgang Tantzer vleischhacker burger
allhie, selger mit tod abgangen hat er ein ordentlich testament aufgemacht,
darinnen er austrucklich verleibt, das er die angezeicht peundten vom
weilundt Puechleitners erben vmb neuntzg pfundt d. erkaufft hab, vnd die
war vnd sybentzg d. gehen Jorgen vnd Hansen den Keffern seinen schwagern
zu, so sy mit zu landt sein, darumb hat er den erwenten Keffern mit solcher
peunt seinen erben diese ausstruckliche ordnung laut seines testaments gegeben alss das mit solcher peuntten auf gemelter Kefern, oder iren leibs-
erben zu iar lang svl verzogen, vnd wo genanter Keffer oder ire erben in
mitler zeit nicht zu landt kömen, als dan sol solche peuntten auf Thoman
Tanntzer seinen son fallen vnd mitler zeit sol solche peuntt sein nachgelassen
wittib vnnendwenlich in henden haben; Genediger her auss dem volgt lautes
verstandts, das gemelter Kurtz vor verscheinung der 32 iaren solche peuntten
an stat Thoman Tantzers haben mag, von dan e. g. abschidt der gemelten
peunnten halber lauten vermag, das dem Kurtzen nach verscheinung gemelter 32 iar sein gerechtgkeit auf solcher peundten zustehen sol vorbehalten sein vnd obgleich des wittib vor aussgang der 32 iar gestorben ist,
das mag dem Kurtzen vor bestimbter zeit kein gerechtigkeit pringen, dan
des wittib, so sich nachuolgent zum Hanssen Haider burger alhie elich ver-
hayrat hat, der hat einen elichen leibs erben gelassen, derhalben Hans Haider
an stat des Kurtz der peundt biss zu aussgang der bestimbten 32 iar nach
volgt. Auch vor vns werdet Peter Tantzer durch Hansen Haider in verhor
gestannten solcher vnser abschidt fur e. g. gedingt werde, vnd der sachen
also inhangenden krig steet, darumben dan den Kurtzen laut des testament

vor verscheinung der 32 iar auf die peuntt wenig gerechtigkeit gestanden wirt.

Zum dritten der fleischpank halben haben wir dem Kurtzen zu mermals zu erkennen geben, das dieselbig fleischpanck durch Thoman Tantzer dem Peter Tantzer sey verkaufft worden, des aber Kurtz nit gesteen wollen der halben wir ime iungst alhie gegen genanten Peter Tantzer der fleischpanck halben ein verhorstag auf den sambstag nach quasimodogeniti, das ist den nechst kunfftig sambstag, ernent, auf den selben tag sol Peter Tantzer weisen, das solche fleischpanck also sein verkaufft gut sey, welchen verhorstag Kurtz nitch werden sprochen, wie er ine seiner vngegrundten suplication setzt, dieweil aber Kurtz demselben nitch nachkomen, so ist die sambsal an ime selbst vnd nit an vns e. g. vnd dieweil dan dem allen also ist, so erscheint lauten, das vns Kurtz mit vngrundt in e. g. getragen, mit vnterthenigen piten e. g. wollen dawider seinen vngegrundten sunpens keinen glauben geben, das haben wir e. g. als die gehorsamen auf der selben begern zu grundtlichen bericht der sachen nit verhaltn wollen thuen vns e. g. beuelh. Datum etc.

e. g. vndtertheniger

burgermeister richter vnd rat
der stat freystat.

Wolgeporner genediger her lanntshawbtman etc. e. g. hab ich mermals angezaigt das Thoman Tanntzer vnd Hanns Haider buerger zu der Freystat anstat seiner hawsfrawen auf ainen vertrag zwischen inen aussgangen, ettlich brief hinder [Micheln Widmer burger alhie nachuolgent hinder] herrn lanntschreyber erlegt, ist an e. g. mein fleissig bitten bemelten Hayder schreyben auf den nagstkomend erchtag alhieher sich verfüegt vnd bey eroffnung der brief seyner beger ich sambt der pilligkait vmb e. g. zuuerdiennen.

e. g.

gehorsamer

Gilg Küertz.

Wolgeborner genediger her lanntshawbtman etc. Nachdem mich der beganngen abschid auf die von der Freystat die ich warlich als mein widersacher wol befunden, vnd nemlichen daz sy antzaigen di fleischpannckh vnd peunten gehöre nit dem Tanntzer sonndern anndern zue etc, dahin weist vnd dieweil die sachen lang aufgezogen, ich auch mit Rom. vnd Hungrischer ku. mst. etc. meines allergenedigisten herrn diennst beladen, ist demnach an e. g. mein fleissig bitten, bemelten von der Freystat ernnstlichen zu befelhen, ynnerhalb achttagen die negsten ain enntlichen tag aussezen, mir vnd denselben vermaintn partheyen, so sy anzaigen dar zue verkunden vnd furtnlichen an allen verzug darynnen hanndln, beger ich vmb e. g. zuuerdiennen.

e. g.

gehorsamer

Gilg Küertz.

Wolgeborner genediger herr landshaubtman. Als ich mich vor e. g. zu mer mallen vber der bürger von der Freystatt vngegründt vnd muettwillig handlung, so sy wider mich treyben, beschwärt, aber noch khain enndt vber e. g. mer mallen abschidt erlangen mügen, da mit ich aber ain mall aus der handlung khumb, bitt ich e. g. genediklich zuuernemen. Genediger herr, auff ku. mst. beuelh, so ich den von der Freystatt im anfang des confisciert guett bettreffendt, vberanttwortt hab, haben sy mich auff ain spruch vnd nit testament gewisen, welher spruch mir dreie stukh so noch verhanden gewest, anzaygt hatt, dy bemeltem Tantzer sollen noch zuegehörig sein, nemblich ein haus, darauf hatt di fraw ir vermechtt, ain peundtn vnd stadlstatt, vnd ain vleyschpankh, in der behausung hab ich khain irrung gehabt, wan di fraw hat di possession lautt ires vermächt gehabt, wie dan Hans Hayder ir hauswirtt, nach irem abgang noch in possession ist. Der peundtn halb haben sich di von der Freystatt nit allain vnderstanden irrung zu thuen sunder diselb gar einzogen, di frauen so in rueyger possession, gar entsetztt, wie dan ir hauswirtt noch khain posses hatt, an dem allem nit erstettigt, ist Schintlperger frauenlich vor e. g. in offener verhör herfur gestanden, gesagt, die peundten sey nye des Tantzer gewest, sundern des Kheffer khinder, der brieff, den ich hab verlesen lassen daran doch der von der Freystatt ynsigl hangen, sey hynderrukh auffgericht, des erpeutt er sich zu weysen, aber solhe weysung ist noch nit beschehen, las diser zeytt also ruen bis zu gelegner zeytt aber stillschweigent nicht vergeben haben, dy von der Freystat nemen sich der Kheffer khinder als vnuogtper an von obrickhaytt wegen, der sy doch khain nye erkhendt noch auff heuttigen tag nit wissen, wer, wo oder von wan sy sein, es ist auch nye khain Kheffer in yrem purkfrid oder obrykhaytt gesessen, sein auch nye von nyemandt angelangt, wan nyemandt verhandn ist allain aus aignem muettwill mir zu widerdries mues also gedulten, möcht wol leyden das sy der Keffer halb ein leyttung anzaygten, wan ich zu irem guett auch zu suechen hett. Genediger herr auff mein vleyssig anrueffen, haben mir e. g. nochmals ein tagsatzung gethan dar in di von der Freystatt ein vermaintt testament fürbracht, das sy mir doch albeg vorhalltn, aus was vrsach wais ich nit, auff mein vilfeltig anrueffen weder original noch copie nye sehen lassen, wol auff ku. mst. beuelh auff ein spruch gewisen wie vor an zaygt vnd nit testament, in welhem testament ein artikl stett, wie hernach volgt, welhen artikl sy selb nye gehalltn, wellen sich sein doch gegen mir behelffen, wan sy di frauen der peundt, wie vor anzaigt gar entsetzt vnd noch in irer possession vnd gwallt haben, vermag auch der artikl nit den grundt einzuziehen, sunder ein suma gelts, sy haben auch ander guetter so des Tantzer gewest helffen verkhauffen, daruber gefertigt, so doch alles wider das vermaint testament ist, vnd sy es doch mit dem wenigsten nye gehalltn.

Genediger herr der fleyspankh halb, haben sy mir ein vermainttn inhaber gestellt, der sich ein Tantzer nent, welher ein khauff soll mit dem Tantzer troffen haben, des ich zu friden gewest, das er denselben khauff weys oder anzaig wer di spruchleytt gewesen sein aber bisher in das dritt iar nit beschehen hab auch solhs nit bekhomen mügen woll sein di von der Freystatt nit ersettigt gewest, das sy dem vermainttn inhaber rükh gegen mir gehallten wider di pillikhaytt, haben im als ich bericht yetz di vleisch-

pankh gar helffen verkhauffen, daruber gefertigt vnangesehen ku. mst. beuelh
vnd brifflich vrkhundt, so ich daruber eingetreg auch das bemelt vleispankh
in hangendem krieg stett. Genediger herr, ich bitt e. g. woll(en) solche gros
muettwillig handlung in das dritt iar ansehen vnd behertzigen, so ich e. g.
anzaig nit guett wär das solche muettwillige handlung vngestrafft belib gib
e. g. nit mas bitt allain vmb kenedig execution, e. g. wollen mir auff mein
gerechtikhaytt di posses des haus, der peuntt sambt der stadl statt di weyll
di fraw so bemelte peuntt zway vnd dreyssig iar sol ingehabt haben gestorben, vnd khain ander erb nach vermug ku. mst. gab vorhanden als ich
vnd der artikl in dem vermainttn testament vermag dy weyll auch der
muettwillig inhaber der fleyschpankh sein khauff nye gewisen, vermain woll
ich hab khain laytt vbereyllt, in drey iaren vnd der vleyschpankh genediklich
verschaffen bin ich verbüttig, wer zu bemelten dreyen stukhen zu sprechen
hatt vor e. g. auff ain tag welher e. g. gefellig zu veranttwortten wie sich
gepuert, thue mich e. g. als meines kenedigen herrn beuelhen

e. g.

gehorsamer

Gilg Kuertz
rom. ku. mst.
camer thürhüetter.

---

23. März 1533.

Mein diennst zuuor. Fürsichtig ersam vnnd weis. Was massen sich
romischer ku. mst. vnnsers allergenedigisten herrn, camerturhueter, Gillig
Kurtz, das er vber ir ku. mst. gnadt, damit ir mst. Thoman Tanntzennreder (!)
guet, so ir ku. mst. haimgefallen gebenn, dieselben gueter beschermcht geweltigt kuno worden, das ir imer auch in vill weg irrung vnnd verhinderung
daran thain sullet beschwert, vnnd mich hier innen vmb hillff vnnd einstehung,
damit er der halben verrer nicht auffgenegen werde, angerueffen, habt ir ab
innligunder supplication zuuernemen; Nun sein hieuor obberurt sachein halbenn
abschiedt durch mich erganngen, weill dann dieselben in ir crafft vnnd
wirckung komen ist in namen hochgemelter ku. mst. mit errnnst mein beuelh,
das ir ernennten Kuertzen, des so imo nach vernemung obberuerter ir ku. mst.
beuelh vnnd der ausganngen abschieden billich zuestet, vollgen lasst, vnnd
einanntwurttet, damit er derhalben zu weiter pillicher clag nicht verursacht
werde. Darann thuet ir kunigelicher maiestat mainung. Datum Lynntz den
XXIII tag des monats marci anno etc. im dreuvnnddreissigisten.

Ciriac Freyherr zu Polhaim vnnd Warttennwurg
lanndshaubtmann in Osterreich ob der Enns.

---

10. April 1533.

Mein diennst zuuor. Fursichtig ersam vnnd weis. Was massen sich ro.
ku. mst. vnnser allergenedigistenn herrnn camerthuerhueter Gilg Kuertz
wider euch, alls sullet ir ime vber ku. mst. gnadenn vnnd meinen beuelh,
von Thoman Tanntzers gueter, nicht mer dann sein der Tanntzer Kharll an

ainer behausung eingeanntwurt, vnnd von demselben guet noch ain peunt vnnd fleischpankhenn vorhaltenn, vnnd ime, der nicht geweltigt habenn, beschwerdt, vnnd mich vmb vernerr hilff, damit ime auff sein erpietenn, (das er meniglich, der zu disenn guetern, spruch zu haben vermaint, wie sich gebuerdt anntwurten welle) solh gueter vberanntwurt werd angerueffenn, habt ir ab innligunder supplication clerlicher zuuernemen, damit nun hierinn was sich gebuerdt gehanndlt werdenn muge. Emphelh ich euch in namen hochgelertenn ku. mst. das ir mich gestallt aller obberuerter sachenn, vnnd warnuchen ir gedachtem Kurtzen die angeregt peunten vnnd fleischpankhen innhalt meines beuelhs nicht eingeanntwurt habt, mit widersenndung der angeregten supplication, lautter in schrifft berichtet, vnd damit nicht verziehet. Darann thuet ir ku. mst. mainung. Datum Lynntz den X. tag Aprillis anno etc. im XXXIII.

Ciriac Freiherr zu Polhaim vnnd Wartennburg lanndshaubtman in Osterreich ob der Enns.

Wolgeborner genediger her landshaubtman. Ich hab e. k. offtmall vbergelassen vnd klagt, wie mir di von der Freystat vber k. m. gab vnd beuelh, di possess eines hauss, peundt vnd vleyspankh geweltiklich vorhalten mit vngrunde, vber mein meniklichs erpieten wer zu disen dreyen stükhen, oder bemelten Tantzer, da von di gab herkhumbt, zu sprechen hab, wel ich veranttwortten wie sich gepüert aber solhs alles hatt khain ansehen bey den von der Freystatt. Nun hat mir e. g. yetz ain beuelh geben sy sollen verttgen lassen, was mir nach k. m. gab vnd e. g. abschid zue stett, darauff sy nur nicht volgen lassen, dan des Tantzer taytt auff der behausung, der peundt hatt beteiben sy bey irem possess, dan sy als richter vnd clager di peundt in der frauen leben, zu iren handen genomen vnd einzogen, auch noch bey iren handen haben, des ich mir vor e. g. beklage vnd in verhör gewachsen, haben sy an zeygen der Tantzer sey der Keffer gerhab gewesen, darumb hab er in die peundt geschafft, von dem gefallen vnd offenlich gesagt, sy wellen weysen, das die peundt nye des Tantzer gewest, da gegen ich ein khauffbrieff so bemelter Tantzer gehabt eingelegt, haben sy gesagt der brieff sey hinderrukh auffgericht, daran doch ires richters, der täglich bey in im ratt sitzt sygl hengt, des auch nye bey bracht, zu terst ein vermaint testament furbracht, welches sy selb mit dem wenigisten nye gehalten, darin ain artikl, das ire zwayen Keffern auf der peundt 74 d schafft, die in langen iaren nye bei lannde gewest, vnd so vor sy nach dato in 3^n iaren nicht khomen, stet sein sun nicht mer schuldig sein, vnd sein verlassen wittib, stet di peundt di weyll bey iren handen behaltn wie dan der artikl lander vermag etc. Nun ist die frau gestorben, verhoff auff mein gerechtikhaytt werde mir di peundt billich in possess ein anttwortten vnangesehen der von der Freistat, geweltig handlung so sy mir mit allem vngrunde thuen, wan ich mich alles erpotten, das sy mir als dan Keffen oder gemaine statt zu mir zusprechen, wel ich veranttwortten wie sich gepüertt. E. g. mag wol gedenkhen wie schwär ein grundt zu veranttwortten, wan ainer di posses nit hatt.

Der fleyspankh halb sagen sy es hab ain binder khaufft, haist der Tantzer, sein auch desshalb fur e. g. gewachsen, hett sich bemelt Tantzer eines khauffs beruembt, well denselben weysen, des ich ymer zue begott, aber bissher nye bestehen, verhoff hab in nye vbereyllt in vier iaren, wol haben sy mir yetzt ain tagsetzung wellen thuen, des ich nit angenumen verhoff auch des nit schuldig zu sein, di weyll er in so langer zeytt nit gewissen.

Genediger herr bitt nochmals e. g. welle der von der Freystatt geweltig handlung, so sy mir mit vngrundt tham anstehen vber k. m. gab vnd beuelh, mir die possess auff mein vilfelltig erbietten verschaffen wer zu den guettern oder Tantzer desshalb zu sprechen hab, wel ich ich ainem yeden verhör, recht vnd aller pillikhaytt nit wider sein, khan auch di grundt nit wekhtragen thue mich e. g. als meins genedigen herns in aller gehorsam beuelhen

gehorsamer

Gillig Kuertz
ku. mst.
Camer Thourhuetter.

Zwischen romischer vnd kuniglicher mst vnnsers allergnedigisten vnnd gnedigisten herrn anwalden vnd ambtleuten clager an ainem, Hannsen Kratzern, Michel Gunthern, Jeorgen Lodertin von yllmugen, Peter Nunern, Hannsen Walchen etc. Auch frawen n. vnd n. etc. anntwortern am anndern tail, nach clag anntwort, red widerred vnd aller in recht, eingeprachter hanndlung, haben wir richter vnd vrtelsprecher zu recht erkannt, das die beclagten, sambt vnd sonnder, auf den marckht gefurt, auf ain gerusst (darzue verordennt) gestelt worden, alda in gegenwurte ains offen notari, vnnd glaubwirdiger zeugen mit aufgehalten fingern, auf das heilig ewangelium bey der heiligen drifaltigkait leiblich ayd zu got vnd den heiligen innhalt ains ayds, vergriffs vnd verfechds sweren, iren irrfall zuuerlassen, vnd furter der heiligen cristenlichen kirchen in irer ordnungen vnd satzungen, als gehorsam cristen getreulich vnd vleissig nach irem hochsten vermugen anhanngen, sich darwider bis zu ennd ires lebens weder mit worten noch werkhen, mit raten noch getatten, weder haimlich noch offennlich nit mer setzen noch hanndln.

Am anndern sollen die obgenannten manns vnd weibs personen siben sonntag, die nachsten nachainannder, volgennds alle sonntag wann man zusamen leut, bey dem fruemes altar versamelt sein, vnd parfues mit entdeckhten heupern, vnd fliegennden har (doch die weibs pild, ire heuper, mit stauchen bedeckht haben, in grawer wulliner beclaidung, dar inn ain zaichen aines taufstains von weisser farb, gemacht, vor dem chrewtz vnd procession, vmb die stifft kirchen wie gewendlich ist, geen, vnd yede person am lingken arm ain rueten, desgleichen ain prynnends wax kertzen in der rechten hanndt, zu offner penitentz vnd pues haben vnd tragen, nach solhem vmbganng fur den fruemess altar nider knieen, alda von dem briester mit dreyen straichen absolucion emphahen, vnd biss zu vollenndung des hohenambts khnyennde beleiben.

Zum driten sollen all beclagten manns vnd weibs personen, iar vnd tag obgemelte grawe bezaichnete klaydung anhaben vnd tragen.

Zum vierdten sollen obgemelte manns vnd weibs personen auf nechst-kunfftigen tag assumpcionis marie vnnder dem hochambt mit vorgeennder peicht das hochwirdig sacramennt emphahen.

Zum funfften sollen all beclagt personen, inn vnd ausserhalb irer heuser all haimlich vnd offennlich, gemainschafft vnnd gesellschafften, wie die genannt vnd gehaissen werden, meiden vnd abstellen, es sollen auch die manns per-sonen insonnderhait, all ir lebenlanng, kain annder weer, dann allain ain ab-gebrochen protmesser haben vnd tragen.

Vnnd zum letsten sollen all beclagten mans vnd weibs personen ge-mainclich vnd sonnderlich, furohin ir leben lanng aus der stat Horb, derselben zweigen vnd beimen nit mer khumen, noch webern, es geschehe dann mit genediger zuelassen, wissen vnd vergunden der obrigkait.

Vnnd wiewol in dem vierten artickhel begriffen ist, das die manns vnnd weibs personen auf negstkunnftigen tag assumpcionis marie vnnder dem hoch-ambt das sacramennt emphahen sollen etc vnd aber derselb tag niemalls ver-schinen, demnach so ist k. mst. beuelh, das die personen auf den tag Symonis vnd Jude hiezo komendt mit der peicht vnnd emphahung des hochwirdign sacraments demselbn articl ain bemuegen thuen, angesehen das mit den per-sonen dauon in ku. mst. befolhn meldung beschiht nach vernemung desselben beuelh erst gehanndlt werden muess.

Hernach uolgen der aidt vnnd artigkl der widertauffer so auf ku. mst. begnadung offenlich an dem platz auf ainer pun inen furgehalten werden soll.

Erstlich soll ainer es sey manns vnnd weibs person mit aufgehobten fingern, auf das heillig ewangelium bey der heilligen trifaltigkait leiblich aid zu got vnnd den heilligen innhalt ains aids vergriffs vnd vrfirhds sweren iren irrfall zuuerlassen vnd furter den heilligen cristenlichen kirchen in iren ord-nungen vnd satzungen als gehorsam cristen getreulich vnnd vleissig nach ewrem hochsten vermugen anhanngen, euch dawider bis zu ennd ewres lebens weder mit . . . (wie oben Einleitung).

VI.

Archiv des Linzer Museums.

20./8. 1527.

Königs Ferdinand in Ungarn und Böhmen, Ertz-Hertzogs zu Oester-
reich General-Mandat wieder die Lutheraner etc.

Wir Ferdinandus, von GOttes Gnaden, zu Ungarn und Böhmen König
etc. Entbieten den Ehrwürdigen unsern lieben Andächtigen, Edlen, Ehrsamen,
Geistlichen, und unsern lieben getreuen N. allen und jeden unsern Prälaten,
Grafen, Freyen, Herren, Rittern, Land-Marschallen, Lands-Haubtleuthen, Verwesern, Land-Vogten, Vögten, Pflegern, Schultheisen, Bürgermeistern, Richtern,
Räthen, Gemeinden, und sonst gemeiniglich allen unsern, und unserer Fürsten-
thumb und Land-Unterthanen unsere Gnad und alles Gutes. Uns zweiffelt
nicht, euer allen sey noch wissend und in frischer Gedächtnuß, welcher
massen der Allerdurchlauchtigist, Grofsmächtigiste Fürst und Herr CAROLUS
erwöhlter Römischer Kayser, etc. unser lieber Bruder und gnädiger Herr, wie
dann Seiner Kayserl. Majestät, als Christlichen Haubt und Beschirmer
unseres heylwerthigen Glaubens nachfolgend und bleibend in dem Fufsstapffen
Seiner Majestät Vorfahren Römischer Christlicher Kayser gebührt hat, aller
Christglaubiger Seelen Gefährlichkeit, damit die nicht durch etlich verführisch
ketzerische Secten und Lehren, so dazumahlen ihren Anfang genommen, und
durch etliche auszubreiten unterfangen, vom rechten Weeg der Seeligkeit gebracht, und unter einem Schein guter Unterweisung, durch Vermischung des
Giffts zu ewiger Verdambnifs gewiesen wurden, gnädigist behertziget: und
solch verführisches Lehren zuverhüten, und von mehrer Einwurtzelung abzustellen, den Ursprung und Anfang, davon die erstlich am meisten und höchsten
hergeflossen, Martinum Luther aufs Kayserlicher Mildigkeit für sein Kayserl.
Majest. an die Churfürsten und Stände des heil. R. Reichs gegen Worms
auff den Reichs-Tag in Glait und gnädigister guter Sicherheit, wiewohl des
Seine Kayserliche Majestät, über vorig gütlich und gnädigste Ermahnung
von Päbstlicher Heiligkeit an denselben Martinum Luther beschehen, nicht
schuldig gewest, zu Verantwortung gnädigst kommen lassen; daselbst nach
Erzehlung etlicher seiner der meisten falschen und verführischen Artickuln in
Kayserl. Majestät und nachfolgend durch einen Churfürsten und andere ehrbare gelehrte Personen gnädiglich und brüderlich unterwiesen, von selben

seinem unbilligten fürnehmen abzustehen, sich selbst zu bedencken, und sein aufsgangen wifsentliche Bücher und Geschrifften zu revociren, dafs ihme aufs Löbl. Exempel der heil. Vätter zu Behaltung seiner Seel, Ehr und Leibs gewifslich folgen wurde. Solches alles aber bey ihm unachtbar und unangesehen gewesen, und sich darüber mit ungebührlichen Worten hören lassen, darumben die Kayserl. Mayestät samt allen Churfürsten mit zeitlichen Rath und guter Vorbetrachtung beschlossen, gedachten Martinum Luther von wegen solcher seiner Bücher unchristlicher Lehr von Gemeinschafft der Christgläubigen abzusöndern, zu verwerfen, und in Acht zuthun, auch dieselben sein und seiner Anhänger und Nachfolger Büchlein sambt andern unziemlichen Gemählen und Briefen zu drucken, sail zu haben, zu kauffen, zu verkaufen, zu lesen und zu behalten bei schweren Poenen zu verbieten wie das alles und mehrers nach Längs und mit mehrern Ausdruck in denselben Seiner Kayserl. Mayestät Edict nothdürftiglich und gründlich angezeigt und erklärt ist.

Dahin Wir Uns hiemit gezogen, und dieselben Edict wiederumb verneuert haben wollen. Welche Wir auch durch Unser Neben-Mandat mehrmahlen zu halten befohlen, darzu nachfolgend sambt andern Fürsten und etlichen Bottschafftern zu Regenspurg demselben Edict nachzukommen, und in allen andern unsern Landen zugeleben, und darein geleibter Vereinigung vergleicht und entschlossen.

Wie dann von uns beschehen, und solche Mandata zu mehrmalen publicirt worden seyn. Demselben nach Wir Uns gäntzlich zu euch allen und jeden als unsern gehorsamben und verpflichteten Unterthanen versehen, und keinen zweiffel gesetzt hätten, ihr wurdet euch also darinnen, wie euch wohl gezimt und zu gestanden, gehorsamblich, und solchen Kayserl. Majestät auch Unsern Mandaten gemäfs, erzeigt und gehalten haben, so werden Wir doch berichtet, ist auch fast am Tage, dafs vorberührt verführisch frembde Lehren an etlichen und viel Orthen nicht allein nicht abgestellt, sondern in stätige Mehrung und Auffnehmung gewachsen, und insonderheit neue erschröcklich unerhörte Lehren, die Uns von wegen der unverschambten Gottslästerung nicht zu offenbaren, noch zu melden seyn, und Wir mit gantz beschwärlichem Gemüth vernommen haben, auffkommen: unter welchen die Verneuerung der Tauffe, und Mifsbrauch des hochwürdigsten Sacraments defs zarten Fronleichnambs Christi begriffen, und das noch viel ärger ist, von etlichen, so dem Carlstadio, Zwinglio, und Oecolampadio und derselben Anhängern nachfolgen, gar verworffen, verläugnet, freventlich und verächtlich davon geredt; dafs weder der heil. Leichnamb Christi, noch sein Blüt im Sacrament des Altars unter der Gestalt Brods und Weins seye. Dieweil aber nun offenbar und am Tage ist, dafs die Taufe von Zeit der Aposteln in Gemeinschafft der heiligen Christlichen Kirchen bifsher, wie die noch durch die gantze Christenheit im Gebrauch, gehalten, auch nicht wider, sondern mit dem Evangelio ist; darzu vor viel hundert Jahren (*) die Wider-Tauffe nicht allein von den heiligen Vättern, die ihren Glauben mit ihrem ehrbaren guten Christlichen Leben und Blutvergüsssn bewährt haben: sondern auch von den Kayserlichen Rechten, wie die Geschrifft auszeigt, für ketzerisch verdambt, dargegen aber der

---

(*) Hier stehet in der Edit bey Luth: falsch: für zwey hundert Jahren.

Kinder-Tauff, wie der von Unsern Eltern und Vordern an Uns kommen, für Christlich zugelassen und approbirt. So ist auch das hochwürdigste Sacrament des Altars von Christo wahren GOtt und Menschen unserm Erlöser an seinem letzten Nachtmahl uns zu gedächtnufs seines Leidens und Vergebung unserer Sünden zunüssen eingesetzt, zu letzt gelassen, und sein Leib und Blut bekennet, defs auch die vier H. Evangelia, sambt dem H. Paulo, wie an viel Orthen erscheinet, klärlich und unzweiffentlich aufsdrucken, und unsere Eltern, als lang die Christenheit gestanden, mit aller Andacht gebraucht, geglaubt, gegeben und empfangen haben, auch auff Vergehtung desselben vor viel langen auch kurtzen Jahren ansehnliche Zeichen gefolgt und geschehen seyn. Wo dann solches von euch Christglaubigen veracht, verschmäht, mifsbraucht, oder nicht gehalten werden soll, habt ihr zuerwegen, dafs solches zusambt höchster Gotts Lästerung, zu nicht kleiner Gefährlichkeit eurer Seelen, Ehre und Leib, auch in eurer aller Leben dahin gewifslich reichen würde, dafs ihr, wie leider an vielen orthen erscheinet, noch in vielmehrer und schwärere Irrthumb, Verführung und Gotteslästerung wider unsern heil. Gläuben fallen, und also zu besorgen, zuletzt ohne alle Erkantnufs GOtt unsers Heylmachers, wie das Vieh auff Erden leben, und euer Zeit verbringen würdet.

Dieweil nun, wie obbemeldt, solche Articul vor viel hundert Jahre ketzerisch geacht und verdambt, auch nicht allein von Geistlichen, sondern den Kayserl. Rechten bey schwären und höchsten Poenen der Ehre, Leib, Lebens und Guts verhütet und verbotten; Nemblich damit ihr deren Theil Erinnerung und Wissen empfahet, wie nach gemeldt wird: Welcher freventlich und beharlich hält und glaubet wider die zwölff Articul unsers heiligen Christlichen glaubens, auch wider die sieben Sacrament der Gemeinschafft der Heil. Christlichen Kirchen, dadurch er für einen Ketzer ordentlich erkennet wird, dafs derselbige nach Gelegenheit und Gröfs seiner Frevelung, Verstockung, Gotteslästerung und Ketzerey am Leib und Leben möge gestrafft werden. Item, welcher in obgeschriebener Meinung für einen Ketzer, wie obgemeldt erkennet in die Acht fällt, Item, das er alle Freiheyt, so den Christen gegeben seyn, verliere, Item dafs er Ehrlofs, und demnach zu keinem ehrlichen Ambt tauglich sey, noch gebraucht werden mag. Item dafs niemand schuldig seye, demselben Verschreibungen oder andere Verbündungen zu halten, noch zu vollziehen. Item dafs er nicht macht habe zu kauffen, zu verkauffen noch einig Handthierung oder Gewerb zu treiben. It. dafs er nicht zu testiren, oder Geschäfft und letzten Willen zu machen habe, auch anderer Testirung und letzten Willen, so ihme zu nutz kommen möchte, nicht fähig seyn. Item dafs ein Christgläubiger Vatter seinen Sohn, der ein Ketzer ist, rechtlich alles Vätterlichen Guts, und entgegen der Sohn seinen Vatter in gleichem Fall enterben mag.

Dieweil aber nun solche Poenen und Straffen allein über die Haubt-Ketzer gesetzt und geordnet, und aber sonst dieser Zeit andere viel neue un Christliche Articul wider unsern Heylwertigen Glauben, und H. Christliche Ordnung aufkommen und gebraucht werden, und dann der Straffe halben gegen demselben, so in solchen überwiesen, von den Obrigkeiten nicht Zwayung, Unverstand, noch Zweifflung gehabt werden, Wir etlicher Ubertretungen ihre gebührliche Straff hiemit anzuhängen und zu bestimmen, gnädiglich bedacht; meinen und wollen ernstlich: Welcher, oder welche die

Gottheit oder Menschheit Christi, oder auch desselben Geburth, Leiden, Aufferstehung, Himmelfarth, und dergleichen Articklen, mit freventlichen Reden,
Predigen und Schrifften antasten, oder verachten, die sollen ohn alle Gnad mit
dem Feuer gestrafft werden. Welche die ewig reine aufserwöhlte Königin
Jungfrauen Mariam verachten, schänden oder schmähen, also, dafs sie sagen,
halten, schreiben oder predigen, sie sey ein Weib, wie ein ander Weib jetzo
auf Erdreich ist, gewesen: sie sey eine Todtsünderin: nach der Geburth nicht
eine ewige Jungfrau geblieben: nicht eine Gebährerin (*) GOttes, gegen
Himmel nicht kommen: die sollen umb difs und dergleichen Ketzereyen und
Irrung am Leib, Leben oder Guth nach Gelegenheit und Grösse der Verschuldung gestrafft werden. Item die, so die Mutter GOttes Mariam, Apostlen
und Evangelisten, Märterer, und andere liebe heiligen GOttes, auch ihre Verdienst, Fürbitt, und bewährliche Wunderzeichen, verachten, verwerffen, und
schmählich von ihnen reden, sollen mit Gefängnifs, Verbietung des Landes
und anderer Straffen nach Gelegenheit der Verbrechung gestrafft werden.
Item wenn einer die Form oder Ordnung defs Taufs, der Mefs, oder heiligen
Oelung, anderst, dann die von Alters in Christlichen Kirchen hergebracht,
abstelt und verändert, derselbe soll nach Gestalt der Handlung der Ver-
änderung mit Gefängnufs, Verbietung des Landes oder in andere Weg gestrafft werden. Item welche beyeinander nach ketzerischer Meinung defs
HErrn Nachtmahl (wie sie es nennen) also begehren, dafs sie Brodt und
Wein einander reichen und nehmen, die sollen als Ketzer an dem Leib, Leben
und Gütern gestrafft, auch die Häuser, darin solches begangen, confiscirt,
oder nach unserm Gefallen zu ewiger Gedächtnufs niedergerissen werden.
Item an welchem Orth die Tauffstein, Sacrament-Häuser und Altar niedergerissen, sollen die wider bey Verliehrung aller Freyheiten in Monaths-Frist
auffgericht werden. Alle die, so nicht nach der Ordnung der Christlichen
Kirchen zu Priester geweihet, und sich doch berühmen, sie haben auch Gewalt
zu consecriren das hochwürdigste Sacrament, wie dann an vielen Orthen
freventlich und fürsetzlich leider beschehen: so sie defs überwunden, sie sollen
mit dem Feuer, Schwerdt oder Wasser nach Erkantnufs der Richter gestrafft
werden. Item welcher die Priester-Beicht verachtet, und nicht nach Ordnung
der Kirchen zum wenigsten einmahl dieselbe thut im Jahr, oder auch welcher
zu dem Sacrament ohne Priesterliche Beicht gehen wird, derselbe sol mit
Gefängnufs, Verbiethung des Orths seiner Wohnung oder andern Straffen, an
dem Gut gestrafft werden. Welche Mönch oder Pfaffen seine Kutten oder
Priesterliche Kleidung hingeworffen, oder die Platten verwachsen lassen, auch
Weib genommen hätten, und nicht als Priester gefunden würden, sie sollen
angenommen, ein Monath im Gefängnufs mit Wasser und Brod unterhalten,
darnach die Priester ihrer Pfründen entsetzt, ob sie der hätten, die Mönch so
im Land, darin sie aus ihrem Orden gefallen, betretten, wider dahin ihren
Obrigkeiten zu weiterer Straff nach ihrer Orden und Regel geschickt: aber
die aufser Landes wären ausgefallen, darzu die obbemeldten Priester nach
Regenspurgischer jüngst fürgenommener Ordnung, vom land ewiglich verwiesen, und dergleichen soll mit ihrem Weib auch gehalten werden; es wäre

---

(*) in der die Edition beym Luthero heist es wieder unrecht: Gebeterin
GOttes.

dann, dafs sie in andere Ketzereyen darneben gefallen; demselben nach sollen sie wie andere Ketzer nach Gelegenheit ihrer Verbrechung die Straff empfahen. Item welche Ehemänner mehr dann ein Weib, und herwieder ein Eheweib mehr dann ein Ehemann genommen, oder noch nehmen würden, sollen nach der Landen Gebräuch und Gewohnheit gestrafft werden: es soll auch niemand, der wider die Ordnung der Christlichen Kirchen in verbotenen Graden der Freundschaft, Sippschaft oder Gevatterschaft bey einander wohnen, gelitten, sondern des Lands verwiesen werden. Item ob jemand die Bildnifs unsers HErrn JEsu Christi am Creutz, oder sonst dergleichen, unserer Lieben Frauen und anderer Heiligen zerstören, verbrennen, oder sonst freventlich entehren würde, der soll nach Gestalt seines Frevels an Leib oder Gut gestrafft werden. Item welche in den viertzig Tagen der heiligen Fasten, an denen Feyertägen oder Sambstägen oder andern gebotenen Fast-Tägen Fleisch zu Aergernufs ihrer Nechsten freventlich essen, sie sollen, so viel Tag, als das von ihnen beschehen, in einem Gefängnufs mit Wasser und Brod büssen. Item welcher freventlich hält und defendirt, dafs denen armen Seelen nichts Gutes mag geschehen nach Verdienstnufs oder Nutzbringen soll, dieselben sollen des Lands verjagt und vertrieben werden. Und als verschienener Zeit grosse Empörungen und erschröckliches Blutvergiefsen aus dem entstanden, dafs unter dem gemeinen Mann mit falscher Lehr die Christliche Freyheit ausgebracht, als ob alle Dinge gemein, und kein Obrigkeit sein soll, welche Lehre, denn an vielen Orthen von neuem in den Winkeln den armen unverständigen eingebildet; Darumben setzen und wollen Wir, welcher solches hält oder lehret, und defs überwiesen wird, dafs er mit dem Schwerdt, wie dann solchs die Kayserlichen Rechte sonst aufs drucken vnd vermögen, soll hingerichtet werden.

Wir wollen euch auch der Poenen und Straffen, die denen, so solche Ketzer auffhalten, höfen, behausen, defentiren, schützen und beschirmen, in weltlichen Rechten aufgesetzt, erinnern. Erstlich, überdafs sie in dem Bann seyen, wo sie gütliche Vermahnung verachten, nicht annehmen, und nach solcher Ermahnung über ein Jahr beharren, ipso facto und in Fufsstapffen Infames, und aller Ehren entsetzet seyn, zu ehrlichen offentlichen Aembtern noch in Rath genommen, zu keiner Zeugnufs zugelassen werden, kein Geschäft noch letzten Willen machen mögen, was ihnen verschafft ist, noch anderer Erbschafft fähig seyn. Niemand schuldig ist, ihnen in Gericht vmb was Sachen das seye, Antwort zugeben, aber wider sie männiglichen das Recht offen seyn, dafs auch ein solcher kein Advocat noch Redner sey, und vor dem Rechten keinen Beystand thue. Item kein Notarius seyn, und defselben Instrumenta nicht gelten sollen. Solchen erkanten und noch viel höhern Poenen und Straffen nach, die in geschriebenen, sonderlich in geistlichen Rechten begriffen, und Wir aber da und jetzt zumahl zu melden unterlassen, und allein den Kayserlichen nachzukommen gedacht, hätten Wir gegen denen, die hierinnen wissentlich übertreten, und sich straffmässig gemacht, wohl verfahren mögen, Uns auch als einenn löblichen Christlichen Fürsten und König zuthun nicht allein wohl gezimt, sondern auch nicht anderst gebühret hat; haben Wir doch der armen unverständigen und einfältigen unwissenden Christen Menschen, die allein von etlichen bösen unChristlichen Personen verführt, und dermassen fälschlich und betrüglich unter dem Schein des

Evangelii vnterwiesen worden, gnädigst Erbarmung und Mitleiden getragen, der gnädigen Zuversicht, so sie durch unser offen Verbott ermahnt, dafs sie davon abzustehen, und solche irrig verführische Artickel zumeiden bewögt würden: Darumben Wir aus angebohrner Güte, Mildigkeit und Barmherzigkeit gnädigist bedacht, an euch alle nochmahlen gnädigiste Warnung ausgehen zulassen. dafs Uns solch verführische Lehren und Ketzerischen Secten, die zu meist in den Wincklen und heimlichen Schulen und Versammlungen von etlichen bösen und muthwilligen leichtfertigen Persohnen beschehen, und die an dem grossen jämmerlichen Blutvergiessen, so verschiener Jahr daraufs erfolgt, nicht ersättiget, sondern noch neue Meuterey und Practicirung zu Erweckung alles Ungehorsams und Auffruhrs, daraufs nichts Guts, sondern alles Ubels, als Brand, Mord, Raub, Vertilgung aller Obrig- und Erbarkeiten erfolgt ist, zu üben und zu verrichten sich unterstehen, keines weeges zugedulden, noch weiter ohn Straff hingehen zulassen gemeint: sondern nothdürfftig Einsehen zu haben, schuldig und verpflicht, dafs auch zu thun entschlossen seyn. Demnach wollen Wir euch allen und jeden sonderlich, hiemit obberührter Kayserlicher Majestät unsers lieben Bruders und gnädigen Herrn Edict, auch unser Mandat erinnert, und darauf gnädiglich ermahnt haben, denselben aller ihrer Inhalt und Begreiffungen zu geleben, nachzukommen, und Vollziehung zu thun, und sonderlich der Wider-Tauff, nachdem der heil. Tauff einig von GOtt dem Allmächtigen eingesetzt, und also, wie vorstehet, viel hundert Jahr von Zeit der heiligen Apostel her gehalten worden, auch der Gotteslästerung, Verachtung und Mifsbrauch des hochwürdigsten Sacraments defs Altars anderst, weder das von der heiligen Christlichen Kirchen angenommen und gebraucht ist, darzu der verächtlichen Reden, so derohalben getrieben, und anderer ketzerischer Artickel, so daraufs folgen, und dieser Zeit aufsgebreitet, und deren einestheils oben gemeldet worden, haben und wissen zu verhüten, abermahls gnädigster Meinung zu Ermahnung und Warnung nicht unangezeigt lassen. Dann welcher unter euch hoch oder niedern Stands sich solcher Unser gnädigster Warnung nach nicht gehorsamblich halten, sondern über das noch vorbemeldt verführischen Secten und Lehr ergeben, oder die erweckte halten, denfendiren und schützen, sich also von unserm H. Glauben, wie der von Christlicher Kirchen Gemeinschafft bifs hieher im Gebrauch gewesen, auch diesen Unsern Mandaten widerwärtig erzeigen und davon nicht weichen oder kehren würde: Gegen dem oder denselben wollen Wir uns Uns, und unsere nachgesetzte Anwaldten und Ambt Leuth, nach Aufsweisung geschriebener, sonderlich Kayserlicher und Weltlicher Rechten, auch vorgemeldten Kayserl. Edicts und vorgesetzten unsern erklärten Poenjustitz halten; Aber gegen denen Ungehorsamben unsern Unterthanen, die solches zusehen und gestatten, mit Straff nachfolgender mafs verfahren lassen: also wo derselbe einer unser Officir, Rath-Diener Pfleger, oder anderer Ambtmann wär, und solches ihm bewisen würde, ihn von Stund an seines Diensts, Ambts, Pfleg oder anderer Versehung, so er von Uns hat, entsetzen, und darzu hinfür nicht mehr kommen noch tauglich seyn lassen. Wo aber die Städt oder Rathständ darinnen solches den Bürgermeistern und Richtern zu sehen, und nicht zu Vollziehung unserer Mandat ermahnen, und halten würde, dieselben Städte aller ihrer Privilegien priviren und von ihnen aufheben, und sonst gemeiniglich gegen allen uns unterworffenen Obrigkeiten, darunter Ketzereyen gehöget und aufgehalten, so sie dieselbe nach dieser Unserer gnädigen Ermahnung zu gebührlicher Zeit nicht ausrotten würden, unsere Straff vorbehalten. Damit dann solcher Irrthumben und Ketzereyen die maiste Raitzung und Ursach auch benommen, und männiglich sich desto füglicher davor zu hüten und fürzusehen hab, wollen und befehlen Wir hiemit ernstlich, dafs niemand in den erblichen und andern unsern Landen Lutherische, Zwingelische, Oecolampadische, noch andere derselben Anhänger und Nachfolger, Bücher, Schrifften, Gemähl, oder andere unzimbliche Deutungen, drücken, schreiben, fail haben, verkauffen, kauffen, lesen noch behalten soll; Und wollen, niemand ausgeschlossen, welche derselben Büchlein, Schrifften, Gemähl, oder dergleichen Bedeutungen, wie die genennt mögen werden, in ihrer Gewaltsamb hätten, dafs sie dieselbe alle von dato dieser Unserer Mandaten Publicirung in zweyen Monathen negst-kommend jeglicher der Obrigkeit und Gericht, darunter er gewidmet, gesessen, und gehörig ist, gewifslich zu stellen und überantworten: welcher aber solches nicht thät: und Wir defs erinnert werden, wollen Wir gegen demselben auch mit gebührlicher Straff verfahren, und handeln lassen. Unter zu guter gründlicher Erkundigung und Erfahrung solcher obberührter Verhandler haben Wir bewilligt, als Wir dann hiemit thun, wer jemand, der sich obbeschriebener oder anderer Lutherischen, ketzerischen und verführischen irrigen Artickel gebrauchen, und davon nicht weisen lassen, also, dafs er derhalben in unser Straff fallen, und erkennet würde, der Obrigkeit anzeigt: das Wir den Anzeiger aufs solchen Straffen, welcher oder so vil der an Gut beschehen, allwegen den dritten Theil zustehen, folgen und gehen lassen wollen. Gebieten darauf allen unsern Stadthaltern, Regirungen, Land-Marschallen, Lands-Haubtleuthen, Verwesern, Pflegern, Ambtleuthen, Bürgermeistern, Richtern, und allen andern, so Jurisdiction, Gericht, und Obrigkeit haben, hiemit ernstlich und wollen: dafs ihr allen und jeden, die sich in einem und mehrern vorgemeldten un-Christlichen, ketzerischen Artickeln wider ausgegangene Kayserl. Edict und difs unser Mandat, wie obstehet, einlassen, und desselben, wie sie gebühret, überwisen und zu ihnen gebracht würde, dafs ihr dann von Stund an, und ohne alle weitere Erkänntnufs gegen denselben nach Aufsweisung oben erleuterten Pön und Straffen handelt und verfahret, und zur gutten Wifsenheit allenthalben in euren Gerichts-Mängen und Gebieten mit allem Fleifs nachforschet, Erkundigung auf sie haltet, dasselbe auch durch andere bestellet, wo jemand dermassen, als angezeigt, betretten würde, den oder dieselben von Stund an, gefänglichen annehmen lasset, defs auch bey andern zu beschehen verordnet, dieselben wohl bewahret, und obbeschriebener Unserer Meinung nach mit ihnen handlet, und in ander weeg diesen unsern Mandaten gelebet, und nachkommet: Allein euch würde irgends ein zu schwärer Artickel, so oben nicht angezeigt ist, fürfallen, alsdan desselben Uns, oder Unsern Stadthalter und Regierung unserer Lande, darunter solches beschehen, fürderlichist berichtet, dardurch Wir oder sie von unsert wegen darinnen weitere Ordnung und Befehl der Straff halben thun und geben mögen. Wir wollen auch, dafs ihr zehen Jahr die nechsten nach dieser unsers Mandats Eröffnung bey allen Pfarren in unsern Landen darob seyet, und verfüget, dafs sie zu den jährlichen zweyen nemblich zu den hoch feyerlichen Festen, Ostern und Weynachten jeder seiner Pfarrmänge solches an der Cantzel verlesen, und offentlich verkünden sollen. Daran thut ihr all und jeder besonder unsere ernstliche Meinung.

Gegeben in unserer Stadt Ofen am zwantzigsten des Monats Augusti im funfzehnhundert und sieben und zwantzigsten, unserer Reiche im ersten Jahre.

Ad Mandatum Domini Regis
proprium.

17./11. 1528.

Königs Ferdinandi Edict, die Kränckung der geistlichen Jurisdiction des Passawischen Bischoffs in Oesterreich betreffend.

WIr Ferdinandus von GOttes Gnaden etc. Entbieten allen und jeden Haubtleuthen, Land-Marschallen, Grafen, Freyen Herren, Rittern und Knechten, Verwesern, Vicedomben, Pflegern, Burg-Grafen, Ambtleuthen, Land-Richtern, Bürgermeistern, Richtern, Räthen, Bürgern, Gemeinden, und sonst allen und jeden Unsern Unterthanen, Geistlichen und Weltlichen, in was Würden, Stands oder Wesens die allenthalben in Unsern Nider-Oesterreicheschen Fürstenthumben und Landen gesessen, und wohnhafft seyn, den dieser unser Brieff gezeigt wird, oder glaubliche Abschrifft davon fürkombt, Unsere Gnad und alles Gutes.

Wiewohl wir verschienener Zeit aufs Christlichen Königl. Gemüth, und der angebohrnen Liebe, die Wir zu unserm heylsamen Christlichen Glauben tragen, von wegen der unchristlichen ketzerischen, bösen und verführlichen Lehren, die gemeltem unserm Christlichen Glauben zuwider, in wenigen Jahren von etlichen leichtfertigen, muthwilligen, abtrinigen Personen, Geistliches und Weltliches Stands, erweckt und ausgebreitet, dadurch dann wildtreffliche Empörung, Blut-Vergiessen, und andere böse Handlungen (wie leyder für Augen) erfolgt und entstanden seyn: Und wo bishero durch Uns, und andere Fürsten und Herren nicht zeitliche und ernstliche Einsehung beschehen, noch nicht weniger entstanden, und zu mehrern Verführung der armen einfältigen Christen-Menschen gereichen möchten, in alle Unsere Nider- und Ober-Oesterreichische Lande zu Aufsreitung obbestimbter verführerischen ketzerischen Secten und Lehren Unser offene Mandat aufsgehen und verkündigen haben lassen; So seyn wir doch aufs denen Acten und Handlungen Unserer jüngst gehaltenen Visitation und Inquisition, auch in ander Weeg glaublich bericht und erinnert worden, dafs in Unsern Nider-Oesterreichischen Erblanden, da dann der Ehrwürdig, Hochgebohrne Fürst, Unser Lieber Vetter Herr Ernst Administrator des Stiffts Passau, Pfaltz-Graf bey Reihn, Hertzog in Ober- und Nider-Bayern, die geistliche Jurisdiction als Ordinarius zum Theil hat, so seine Liebd. oder derselben nachgesetzten Obrigkeiten, Officialen und Dechanten gegen solchen falschen verführerischen Predigern mit gebührlicher Straff gerne fürnehmen und Exekution thun lassen wolt, dafs Sein Liebd. und ihre Officiale und Decani, durch Unsere nachgesetzte Obrigkeiten einestheils daran verhindert, und ihnen auch Hülff und Beystand von denselben auf seiner Liebd. Anlangen verziehen werden, zu dem dafs etwo vil

Weltliche Personen in gemelten Unsern Fürstenthumben und Landen Oesterreich unter und ob der Ennſs sich unterstehen sollen, die Geistlichen Personen
in seiner Liebd. District in allerley Sachen, auch in persönlichen Handlungen
für sich zu fodern, die zu beeydigen, in denselben auch andern Geistlichen,
als Zehend, Kirchen-Güter, Ehe-Händl, Testamenten die Priester, und dergleichen Sachen, so ohn Mittel des Geistlichen Gerichts Zwang zugehörig
seyn, zu erkennen, und mit Leib- und Geld-Straff gegen ihnen fürzufahren,
und auch in der Geistlichkeit Haab und Güter, wann sie etwan mit Kranck-
heit beladen seyn, und nach ihrem Ableiben, zu greiffen, die einziehen, und
ihres Gefallens darin zu handeln, zu erkennen, und zu urtheilen, defsgleichen
auch so die von der Weltlichkeit, besonders Adels-Personen, von Geistlichen
Gerichts-Zwang für Recht citirt und erfordert, wollen Sie nicht allein nicht
für sich selbst, sondern verbietend auch ihren Unterthanen, dafs sie vor der
Geistlichen Obrigkeit nicht erscheinen, betrangen auch die Officialen, und
Decan, das die nicht gebührliche Exekution und Vollziehung des Geistlichen
Rechtens gegen solchen ungehorsamen citirten Personen thun dörffen, Es
sollen sich auch etliche Unsere Unterthanen der Geistlichen Lehenschafften,
Beneficien, und löblichen Fundation ihrer Vor-Eltern unterfangen, derselben
Rent und Güld zu ihrem eigenen Nutz zuziehen und zuwenden, oder aber
versehen die mit verdächtlichen verführerischen Geistlichen Personen, so nicht
von Geistlicher Obrigkeit, der sie ohne Mittel unterworffen seyn sollen, examinirt, und laut des Regenspurgischen Recefs zu der Seelsorg und deren
Göttlichen Priesterlichen Aembtern zugelassen seyn, verwidern sich auch aller
Zehend, Opfer, und andern Pfärrlichen Rechten, wie von Alter hergebracht,
und in Regenspurgischen, auch jüngst gehaltener Unserer Visitatorn Recefs
begriffen, zu reichen. Dieweil aber solches wider alle Geistliche und Welt-
liche-Recht, auch gemeiner Priesterschaft Freyheit und Privilegii ist, damit
sie dann vom Pabsten und unsern Vorfordern Römischen Kaysern, Königen
und Ertzhertzogen zu Oesterreich begabt und befreyet seyn, und dadurch die
Geistliche Jurisdiction, die in den Göttlichen Schrifften eingeleibt, gantz ge-
sperrt, die gemeine Priesterschaft bey hohen, und nachgehends bey niedern
Stands in höchste Verachtung und Verleumdung kommet, welches dann nicht
wenig zu aller Ungehorsamb, bösen Sitten, Empörung, Hegung der verdambten, verführischen ketzerischen Secten Ursach geben hat, und Uns als
einen Christlichen König ferner zuzusehen, noch zu gedulden keineswegs gemeint ist; demnach so befehlen Wir euch allen und einen jeden insonderheit
mit Ernst, auch bey Vermeidung Unserer schwären Ungnad und Straff, dafs
ihr füran den berührten Unsern Vettern, dem von Passau, und Seiner Liebden
nachgesetzten Geistlichen Obrigkeit, Officialen, und Decan, an Vollziehung
ihres ordentlichen Geistlichen Gewalts und Ambts, in allen und jeden obbe-
rührten und andern Sachen, die Geistliche Jurisdiction betreffend, kein Ein-
griff, Verhinderung noch Ungehorsamb erzeigt oder thut, noch solches andern
zu thun gestattet, auch euch in solchen Geistlichen Händlen nicht zu handeln
unterstehet, sondern die für seine Liebd. oder nachgesetzten Geistlichen
Obrigkeit weiset, und auch Sein. Liebd. und gedachte Officialen, und Decan,
bey demselben ihren Geistlichen Gerichts-Zwang schützet, schirmet und hand-
habet, ihnen Beystand seyet, so offt sie solches an euch, und euer jeden begehren: und wann Sie je zu Zeiten straffmäfsigen Geistlichen Personen nach-

stellen, und gefänglich annehmen, und gebührliche Exekution gegen denselben thun wollen, dafs ihr sie daran nicht hindert, sondern dieselben unverhindert folgen lasset, auch ihnen darinn auf ihr Begehren hilfflich und beyständig seyet, auch dieselben gefangenen Geistlichen Personen, bis in seiner Liebd. Herrschaft oder Flecken, oder aber an die Gränitzen auf seiner Liebd. Köstung und Unterhaltung begleiten und überantworten. Defsgleichen soll sich auch keiner füran der Geistlichen Lehenschafft, Fundation, Zinfs, Rent und Güld unterfahren, die einzuziehen, oder dieselben Lehenschaften mit Personen, so von der ordentlichen geistlichen Obrigkeit, nach Vermög der Freyheiten, Rechten, und den Regenspurgischen Recefs examinirt, und zu der Seelsorg und Priesterlichen Aembtern zugelassen, versehen, dann wo nach Verscheinung, so der Lehen-Herr eine geistliche Person wäre, 6 Monat solche Geistliche Lehenschafft mit tauglichen Priestern der Geistlichen Obrigkeit zuvor, und wie oben ermelt, praesentirt, und von derselben zugelassen, nicht versehen, oder die Zinfs, Rent und Güld zu den Stifftungen, wo die darvon verändert, verkaufft, oder in ander Weeg entzogen wären, wider wenden würden, soll und mag alsdann der Ordinarius eines jeden Orths, laut der geschriebenen Rechten, Macht haben, auff dasselbige mahl solche Lehenschafft und Stifftungen seines Gefallens einem Priester zu verleihen, denselben wollen Wir dabey handhaben, schirmen und schützen; defsgleichen auch die gewöhnlichen Pfarrlichen Rechten, wie von Alter, und nach Vermög offtgemeltes Regenspurgisches und Unserer Visitatoren Recefs unverweigert reichet, und euch füran in der lebendigen, und abgeleibten Priester verlassenen Haab und Güter nicht einlasset, unterfahet, noch einziehet, oder darinn erkennet, sondern dieselben verlassenen Güter, vermög geschriebenen Rechten, und gemeiner Priesterschafft Freyheiten, an die Orth, da sie gebührlich hingehören, folgen lasset, alles auf den guten Grund, dardurch der Dienst und die Ehr GOttes, und das Recht gefordert, der Geistlichen Leben und Wesen zu gutem Exempel gebessert, und der Unwillen und Aergernufs der Weltlichen ob den Geistlichen, und hinwiederumben der Geistlichen ob den Weltlichen aufsgereutet werde; das alles wollen Wir euch nicht verhalten. Und ist also etc. 17. Novemb. 1528.

Linzer Museum. Ennser Archivalien.

Unnsern getreuen lieben u. Richter und Rat inn der Stat Enns.
(Auf der Rückseite.)

Ferdinand von gots gnaden zu Hungern, und Behaim Künig, Infant in Hispanien, Ertzherzog zu Oesterreich, Herzog zu Burgund.

Getreu lieb. Nachdem in unser stat Steyr kuertz zuuor etliche personen, so sich Hannsen Hutten, und desselben ungesellen verfuerischen, und ketzerischen leere, mit der newen tauf und in ander weg tailhafftig gemacht, aus unsern bevelch bemäkgtigen, angenomen und daselbst in verwarung gehallten worden, Und damit dann gegen denselben personen ihrem vornemen nach Handlung für genomen und begnufs glauben und verfürlich, unchristliche übung aufgerewt und andern zu einem Ebenpild nicht ungestraft bleiben, demnach so haben wir unsern getreuen, lieben Bürgermaister, Richter und

Rat unser stat Steyr hiemit geschrieben und beuolchen, dass sy sambt etlichen verständigen unverwannten personen nemblichen aus unsern Steten bei Euch zu Enns, Lyntz, Welfs, Gmunden und Voclapruck auf ainen fürderlichen tag den Sy defselben fürnemben und Euer zeytlichen benemmen das Vergt Recht über die schuldigen personen besitzen und alsdann nach gehabter Irer bekanntnufs durch unser ausgegangen mandat ihrer straff halben urtl sprechen und erkennen sollen, doch mit ettlicher genediger Condiction und gnad in denselben unnsern bevelch deshalben mit unserm (?) Innhalt an Sy ausgangen vormell. Darauf bevelchen wir Euch wann Euch die gedachten von Steyr mit diesem unnsern brief annlangen und einen Vorgttag berurte sachen halber benennen das Ir dann aus Eurer mitt ain verständige unverwandte person auf denselben tag so Sy Euch also ansagen werden, daselbstigen gen Steyr schichet, die sambt jnen und der andern unser sieben gesanndten die Sy dahin gleicherweyfs auf unnser bevelch verordnen werden über die obbemelten personen das Recht zu besitzen und urtl sprechen und ferner innhalb unseres befelchs an die von Steyr ausgangen, zu handeln vor [unleserlich] und Euch hierinn nichts Irren lasset noch ungehorsam seyt. Das ist unsere ernstliche Mannung.

Gegeben in unfser stat Wien am zwanzigsten tag des Monats Novembris anno dom XXVII, unser Reiche im Ersten.

Althan
Statthalter.
Wabentzky (?)
O. Canzl.

Unleserlich.
Unleserlich.

Kollonitz.

VII.

Innsbrucker Statthalterei-Archiv.

Aus Hanns Schlaffers Verantwortung.

. . . Wortt . . . .

Auff das Mainung, verstanndt vnd grunndt Ich priesterlich ambt vnd standt angeNomen. Mich vor 16 Jaren underwunden hab, das wais Gott und mein gewissen. Hoff auch, guet verstendigte mögens zum Tail selbs ermessen.

So ich aber nachmals aus Zeugknuss des wortts Gottes er Inndert, also, das man zu solchen ambt und standt allain von Gott berufft wie Aron und Cristum, sein kundt, den beruffen Knechten, damit zu wuchern, übergab, und beuder und Gott selbs über die Propheten, welche da tüeffen und nit gesandt waren. Klggt, das gieng mir zu Hertzen, und beschwäret mir nit wenig (waiss der Herr). Jedoch befluss Ich mich hernach das lauter Evangelion. Als vil mir Gott gnad gab, (wo es begert wor) zu predigen.

In derselben Zeitt war Ich Im Lanndt ob der Enns, villeicht nit nott zu nennen Bei wem.

Leonharden Schiemers bekandnus.

Erstlich hab in sein vatter vnd muetter die eines erbern wesens sein, auff der Eer vnd Forcht gottes erzogen, vnd gen schuel lassen geen. Als er nun etliche Jar zu wien vnd anndere orten (aber nit auff der hohen schuel) gelernet wär er zu ainem pfarren in Osterreich komen vnd so er dapey vnd gueten wesen erfaren, hab er gedacht Kain pfaff zu werden vnd im fürgenumen zu einen pessern vnd christenlicher stant zu kumen vnd als die par füesser münich, der sich wol vnd demmätiget erzaigen tuen. Der halben er dazumal kein pessern gewüst, oder zu fein gedacht, hab er sich geübt in iren orden zu kumen, des im eruolgt vnd pey sechs Jaren darinnen gewesen, vnd als sy im brauch haben allwegen über ein Jar yeden brueder in ein ander Chloster zu schickhen, sey er in sechs Chloster geschickht vnd alwegen ein Jar in Jedem Chloster gewesen. Auch wan einer am ersten hinemkumbt, stellt man das erst Jar, alt munich oder brueder, die ein bettet! wesen füeren, zu den Jungern, lassen die Junger Ir fach, was sie sunst zu Hanndln haben, nit sehen, das einem ir sachen wol gefelt, daz er darnach gar profefs thuet, das er auch thon hab, da er aber in den sechs Jahren Ir wesen vnainigkhait vnd gleichfuerey erfaren, daruon lang zu reden wär' hab er in gedacht, mit solchem leben das Himelreich nit zu vberkommen vnd zu Judenburg aus dem Chloster gangen. Da selbs hab in ein burger gewand vnd ein gulden zu einer zerung geben, wär er gegen Nürenberg zogen, vnd mit hilf der kauffleit, das schneider hantwerg gelernt, über etlich zeit in Österreich gen Nickhlsburg zogen.

Daselbs hab er von den doctor walthauser, von disem wesen tauff vnd

(feindt)

leer hören sagen, dem er am ersten veint gewesen, vnd dieselben verfolgt vnd als er vernumen, wie etlich zu wien versamlet wären, sey er dahin gezogen vnd mit list in ein Haufs in der Kärnergassen kumben daselbst einer Johanes Hut, den er erkhent Ir leer maister gewesen. Als er in die Stuben gangen, hat derselb sorg auf ihn gehabt, Er lienhart werd sy verratten. Etlich zu der thür aufsgangen, seines bedunckhens, ob sy auch sorg auff in gehabt, sy zuueratten, des gemüets, er aber nit gewesen vnd vntter anndern Er von Johannes beschaid begerdt, was er doch denen für leer fürhalt! In das hören zu lassen, gefall es im vnd war es etwas guets. Und von Gott, so woll er es auch annemen. Inndem in der Johannes von dem wort gottes her erzelt, das er pey zwei tagen zue gehört, vnd als er nichts pöfs Sunder nur das wort Gotts gehört, hab er sich auch in solich leben begeben vnd sich durch einen Oswald Glaidt genannt tauffen lassen, Nochmals vnd Jungst vor Pfingsten in Steyr zogen, das Hantwerk gearbeitet, daselbs er vil volkh taufft so er nit Ken, diselben In zu einem leer maister gebetten vnd ausgeschickht, das volkh zu lernen. Demnach er an vil orten, stet, markht, dorffer durch daz painlandt zogen, vnd gelernet auch getaufft, welcher ort namen Hie von Kurtzwegen vnnterlassen seyn vnd vnder in ditzlanndt zogen etlich personen taufft, vnd het willens gehabt, zu Schwatz vil volkhs zu tauffen, doch besorgt der Brueder Renhart, den er erkhent; wurd in verratten, dann die vnttern Chloster in Österreich haben vil vleifs angelegt, daz sy in zu gefencknus bracht hetten; Vnd sey Im auch laidt das er nit vns getaufft hab, Sonnder die erst nacht (So ich alda her gen Rattenberg kumen) gefangen worden.

Vnd als im angezaigt, wie pöses daraus kum, Auch mit weibern vnd sunst alle ding gemain gehalten sey vnd zu schäntlichen sachen vnd lusten gebraucht vnd aus einem fläschlein, man weis nit was, den leiten zu drinckhen geben. Des wider got sey mit merern fürhalten. Darauff er diese antwurt geben. Er wifs warlich nit vom fläschl vnd pösen, das daraus entstee. Dann er hab nur das wort gottes glauben vnd christliche Liebe geduld vnd treu an einander zu beweisen, vnd nach gottes gepotten zu leben gelernet, Wird so ain person den glauben, Vnderweisung gehört vnd einer solichen nachkommen, vnd nach den gepotten Gottes, souil Im müglich ist, geleben well, So hab er zween finger in ein wasser gedunckht, den leitten auff das Haupt gelegt vnd taufft: Im dem namen gottes vatters, suns vnd Heiligen geists. Wo man aber solichs für vngerecht vnd Ketzerisch zu Hes acht, so sei sein verbietten das man im geleert leit, doctores münnich oder pfaffen zu im bring, mit im daruon zu disputieren. Befind es sich den, an iren disputieren vnd waren grundt der geschrifft, das er vnrecht daran sey so mog man Inn darauff straffen, als für einen vngerechten, vnd noch zu einem merern gonnt der warheit erbiet er sich: Welcher geleerter In mit der warhait der heiligen gschrifft überwindt; das sein leer nit pillich; Vnd die heillig gschrifft sei, so soll man Im durch den Henckher, als offt er von einen vberwunden wirdt, ein glid von seinem Leib abreissen. Und wan er kein Glid mer hab, Alsdann die rippen aus dem pauch zu ziehen, pis er gar sterb, wan man in aber ye mit zuuerhör vnd disputierung, Sonndern als vnnerhört tödten vnd richten lassen well. So pit er die gezeugen diser vrgicht vnd alle vmbsteende, daz sy des am Jüngsten gericht — zeugen sein wellen, vor gott dem Almechtigen, Amen. —

Auffsoliches In die rechtsprechen verurteilt zuuor prennen, wie wol nachmals er zum schbret (!) kumen vnd alles von wegen Christo vnd seiner brüeder mit begierigem gemüet vollent vnd geduldt vnd vns allen mit seinem pluet bezeugt vns zu einem fürbild vnd trost. —

Geschehen am 14. Tag January In. 1528 Jar.

Auszug aus dem Sendbrief Wolfgang Brandhubers aus Linz an die Gemeinde zu Rattenburg am Inn 1529.

1529.

Ein Send Brieff von unserem Lieben Brueder und diener Jesu Christi Wolfgang Brandhueber.

An die Gmain Gottes zu Rattenburg am In.

Inhalt:

Erstlich will er sie zu einem gröfseren Ernst, Fleifs u. Eyffer Raitzen und warnet sy darneben von allen unordentlichen schein des widersachers. Aber die Zierdt des Fleischs haiset er sy mit anzaigung der Straff meiden, auch die so in Christo schwer urttel, gericht, steuer in Krüeg und andere unzumliche Ding erhalten wöllen: meldet auch die malzaichen des Thiers, und wie den frommen, ja allen, die sich von solchen absondern, ein prob des Glaubens und vil Truebsal begegnen werde u. vil andrer Leer und vermanung von Christo, der waren lieb an des herren dienst für zu faren mit sambt dem gruefs.

Wolfgang ein unwürdiger diener Christi, berueffen durch die Gnad Gottes, welche mir Gott mitgetheilt hat der gmain zu Rattenburg am Inn mit sambt allen Heiligen, die mit mir u. auch sein theilhaftig werden des glaubens in Christo . . Gnad sei mit Euch u. Fried in Gott unserm vater . . . . . .

Ir vil geliebten Brüeder. Euch ist kund u. zu wissen wie der barmherzig Gott bei Euch zu Rattenburg so gewaltig und wunderbarlich wirket und euch mit väterlicher Zucht züchtigt . . . . so seid nun geduldig in allen dem das Euch vom Wort Gottes zusteht. . . . . . Man sagt es sei unrecht, dass man die güter gemain halt . . . . das hais ich aber unrecht. Das aber sol sein, das man alle ding als vil zum Preis Gottes dieselb gemain halt

[In margine: Gemainschaft sol sein] Als die weil wir in dem gröfsten — der Kraft Gottes — Christi gemainschaffter sein, warumb nit in dem klainsten, — das ist in dem zeitlichen . . . . So merket, das solches alles in der lieb Gottes weg getan werde, so wirt euch alle Züchtigung ring sein . . . .

Weiter will ich euch vermant haben, ir wollet aus Christo keinen mosen machen lafsen als jetzt etliche komen, die das schwert erhalten wöllen und wöllen das ein Christ zum Tod urtailen u. richten, das uns doch das gnädig lämblein nie gelert . . . . In Summa merket mit fleiss auf die Prob, welche uns kömmt aus denen, die mit dem schwert aus dem Gsetz Mose umbgeen. . . . . Zum andern merket auf des kriegs halben, das ir euch nit vergreift, eieren leib zu verfechten, als woltet ir der obrigkait gehorsam leisten in diesem fall . . . . sonst in allem, was nit wider Gott ist, soll man der obrigkait gehorsam leisten . . . . Der kindertauff ist ein greyl und lesterung unseres gottes . . .

Leset die Epistel mit fleifs und aufmerksamkeit . . .

Es grüfsen Euch alle Brüeder und Schwestern zu Lintz im Herren, vermanen euch für sie und uns alle zu bitten . . . desgleichen wir auch thun, grüfsend euch unter einander mit dem kuss der liebe . . .

Ich hab vernomen, wie ir gern das buechlen het (et) von der Tauf, welches ich Euch jetzt nit schicken kann, da mir wer der geschrifft zu vil worden. So irs aber nit habt, thuet mir es schriftlich zu wifsen, so soll es euch zugestellt werden, wie wol die geschrift des Herzens der ware grundt ist, die kann mir niemand urtailen dan allain Gott . . . . . In Lintz. Im Landt ob der Ennfs seinen Geist. Im feuer, gott seinen himmlischen Vattern auffgeben und bevolhen u. also auch ein opfer worden im Jar Christi 1529.

Verzeichnis der gedruckten Quellen.

Alantsee, M., Orationes Viennae Austriae ad divum Maximilianum Caes. Aug. aliosque illustrissimos Principes habitae in celeberrimo trium regum ad Caes. conventu. Anno MDXV.

Aschbach, Jos. R. v., Die Wiener Universität und ihre Gelehrten. 1520 bis 1565. Wien 1888.

Beck, Josef, Dr., Die Geschichtsbücher der Wiedertäufer in Österreich-Ungarn etc. Wien 1883 in fontes rerum Austriacarum herausgegeben von der histor. Com. der Akad. der Wissenschaften in Wien, 2. Abt. XLIII. Band.

Biographie, deutsche, hrsg. auf Veranlassung Sr. Majestät des Königs von Bayern durch die histor. Kommission der k. b. Akad. der Wissenschaften. Leipzig.

Bucholtz, F. B. v., Geschichte Ferdinand I. Wien 1838.

Bullinger, H., Der Widertäuffer ursprung / fürgang, Sekten, Wäsen und Gemeine irer leer Artikel etc. Zürich 1560.

Carriere, Moriz, Die philosophische Weltanschauung der Reformationszeit. Leipzig 1886.

Cornelius, C. A., Geschichte des Münster'schen Aufruhrs. Leipzig 1860.

Czerny, Albin, Der erste Bauernaufstand in Oberösterreich 1525. Linz 1882.

Denifle, S., Taulers Bekehrung in „Quellen und Forschungen" etc.

Dieckhoff, A. W., Die Waldenser im Mittelalter. Göttingen 1851.

Döllinger, Johannes, Die Reformation, ihre innere Entwicklung und ihre Wirkungen. Regensburg 1846—1848.

Dudik, Beda, Geschichtliche Entwicklung der Buchdruckerkunst in Mähren vom Jahre 1486—1621. Brünn 1879.

Egli, E., Aktensammlung zur Geschichte der Züricher Reformation. Zürich 1879.

Egli, E., Die Züricher Wiedertäufer zur Reformationszeit. Zürich 1878.

Erbkam, H. W., Geschichte der protestantischen Sekten. Gotha 1848.

Frank, Sebastian, Chronika, Zeitbuch u. Geschichtsbibel. Strafsburg 1531.

Frank, Sebastian, Chronika III. Augsburg 1543.

Frank, Sebastian, Paradoxa und 280 Wunderreden aus der Schrift. Ulm 1533.

Fries, Gottfried, Dr., In „Studien und Mitteilungen aus dem Benediktiner- und Cistercienser-Orden" 1881.

Gerbert, Camillo, Dr., Geschichte der Strafsburger Sektenbewegung zur Zeit der Reformation 1524—1534. Strafsburg 1889.

Gindely, A., Geschichte der böhmischen Brüder. Prag 1857.

Grimm, Deutsches Wörterbuch. I.

Hagen, Carl, Dr., Deutschlands litterarische und religiöse Verhältnisse im Reformationszeitalter. Frankfurt a. M. 1868.

Hartmann, E. v., Die Philosophie des Unbewufsten. Versuch einer Welt- anschauung. Berlin 1869.

Haupt, Herrmann, Waldensertum und Inquisition im südöstlichen Deutsch- land bis zur Mitte des XIV. Jahrh. Deutsche Zeitschrift f. Geschichts- wissenschaft 1889 I.

Heberle, J., Die Anfänge der Anabaptisten in der Schweiz, im Jahrbuch für die D. Th. 1858.

Hosek, F. X., Balthasar Hubmayr a počátkove novo Krestanstva na Morave v Brne.

Hottinger, Joh. Jac., Helvetische Kirchengeschichte. Zürich 1707.

Janssen, Johannes, Geschichte des deutschen Volkes seit dem Ausgange des Mittelalters.

Jäkel, Josef, Zur Geschichte der Wiedertäufer in Oberösterreich und speciell in Freistadt. 47. Jahresbericht des Mus. Franc. Car. in Linz anno 1889.

Jörg, J. E., Deutschland in der Revolutionsperiode von 1522—1526. Frei- burg 1851.

Keller, Ludwig, Dr., Zur Geschichte der altevangelischen Gemeinden, Vortrag gehalten zu Berlin am 20. April 1887.

Keller, Ludwig, Dr., Die Reformation und die älteren Reformparteien. Leipzig 1885.

Keller, Ludwig, Dr., Johann v. Staupitz und die Anfänge der Reformation. Leipzig 1888.

Keller, Ludwig, Dr., Ein Apostel der Wiedertäufer (Hanns Denk). Leipzig 1882.

Köstlin, J., Luthers Theologie in ihrer geschichtlichen Entwicklung. Stutt- gart 1863.

Linden, Otto zur, Melchior Hofmann, ein Prophet der Wiedertäufer. Harlem 1885.

Loserth, J., Die Stadt Waldshut und die vorderösterreichische Regierung in den Jahren 1523—1526. Archiv für österr. Geschichte, Band 17, 1. Hälfte.

Luther, Martin, Dr., Kritische Gesamtausgabe seiner Schriften.

Meindl, Conrad, Geschichte der Stadt Wels. Wels 1878.

Meyer, Christian, Die Anfänge des Wiedertäufertums in Augsburg in der Zeitschrift des historischen Vereins für Schwaben und Neuburg. 1. Jahr- gang, 2. Heft. Augsburg 1874.

Monumenta boica Band 19.

Oecolampadii et Zwinglii epist. Libri N. Bas. 1536.

Panzer, G. W., Annales typografici IX. Nürnberg 1793—1803.

Pfeiffer, Georg, Deutsche Mystiker des 14. Jahrh. Leipzig 1845—1857

Preger, Wilhelm, Beiträge zur Geschichte der Waldesier im Mittelalter in den Abhandlungen der historischen Klasse der königl. bayr. Akad. der Wissenschaften. München 1875. Bd. XIII.

Preger, Wilhelm, Der Tractat des David von Augsburg über die Waldesier in den Abhandlungen der histor. Klasse der königl. bayr. Akad. der Wissenschaften. München 1876 B. XIV.

Preger, Wilhelm, Geschichte der deutschen Mystik im Mittelalter. Leipzig 1874.

Preger, Wilhelm, Über das Verhältnis der Taboriten zu den Waldesiern des 14. Jahrhunderts in den Abhandlungen der hist. Klasse der königl. bayr. Akad. der Wissenschaften. München 1887, XVIII. Bd.

Preger, W., Tischreden Luthers aus den Jahren 1531 und 1532 nach den Aufzeichnungen v. Joh. Schlaginhaufen. Leipzig 1888.

Ranke, Leopold, Deutsche Geschichte im Zeitalter der Reformation.

Raupach, Bernhard, Evangelisches Österreich, 6 Bände. Hamburg 1741.

Röhrich, Th. W., Zur Geschichte der Strafsburger Wiedertäufer. Zeitschr. für hist. Theologie 1860, Heft I.

Röhrich, Th. W., Geschichte der Reformation im Elsafs. Strafsburg 1830.

Schellhorn, Johann Georg, Sammlung für die Geschichte, vornehmlich zur Kirchen- und Gelehrtengeschichte, I. Band. Nördlingen 1779.

Schreiber, H., Taschenbuch für Geschichte und Altertum in Süddeutschland. Freiburg 1839. Artikel über Balthasar Hubmayr 1840.

Schwertlin, Joh., Geschichte des Hauses Starhemberg. Linz 1830.

Tauler, J., Predigten. Basel 1521.

Ueberweg, Friedrich, Dr., Grundrifs der Geschichte der Philosophie der patristischen und scholastischen Zeit. Berlin 1873.

Ulmann, H., Reformatoren vor der Reformation vornehmlich in Deutschland und den Niederlanden. Hamburg 1841 u. 1842.

Vischer, W. und A. Stern, Baseler Chroniken, Leipzig 1872.

Weinhold, Carl, Bayrische Grammatik. Berlin 1867.

Weinkauff, F., Sebastian Frank in Alemannia, Zeitschrift für Sprache, Litteratur und Volkskunde des Elsasses und Oberrheins, V. Jahrgang, 1. u. 2. Heft 1877 und Folge.

de Wette, W. L. M., Luthers Briefe, Sendschreiben und Bedenken. Berlin 1825—1828.

B. Alphabetisches Orts- u. Personennamen-Verzeichnis.

(W. bedeutet Wiedertäufer.)

Abstorfer, Sebastian 81. 85.
Achatius aus Franken, W. 205.
Achatz, Fleischhacker, W. 206.
Aegidius, Bischof 69.
Ägypten 146. 148. 154.
Aichberg 34.
Aichinger, Stephan 82.
Aichlberg 34. 207.
Albrecht, Bruder, W. 82. 232. 233.
Albrecht III., Herzog 65. 66.
— IV., Herzog 65.
Alexberger, Leonhardt, W. 44. 74. 79.
Althammer, Joh. 34. 34 Anm. 3. 312.
Althan, Statthalter 297.
Altmünster 34.
Aman, Hanns, W. 42.
Anaso (Enns) 63.
Anderle, Frau, Seilersgattin, W. 197.
Anspach 83 Anm. 3. 51. 223.
Anton, W. 201.
Antwerpen 21.
Apolonia aus München, W. 191. 193.
Arbesbach 19.
Attergau 16. 32. 63.
Augsburg 12. 22 Anm. 2. 25 Anm. 3.
  27. 27 Anm. 4. 52. 62. 69. 102. 103.
  106. 107. 108. 108 Anm. 2. 114. 115.
  119. 188. 191. 192. 194. 196. 199.
  200. 204. 206. 207. 209. 217. 218.
  223. 230. 232. 233. 234. 235. 245. 277.
Austerlitz 24 Anm. 5. 25 Anm. 6.

Babenberger, Hanns, W. 29. 197. 198.
Bablonia (Babylon) 59. 238.
Bader, Augustin, W. 130.
Bamberg 191. 205.
Bamberger, Hanns, W. 191. 204.
Barbara aus Wels, W. 100. 187.
Basel 26 Anm. 3. 130. 130 Anm. 1.
Bayern 1 Anm. 1. 18. 42. 69. 91
  Anm. 1. 185.
Bayrische Oberpfalz 24 Anm 2.

Beck, Balthasar 126.
Bedrotus, Jacob 127.
Behaim s. Böhmen.
Behohia s. Böhmen.
Benedict, Paulus, W. 190.
Benfeld (Elsaſs) 113.
Berlin 3 Anm. 3.
Bernhard v. Passau, Bischof 64.
Bernhard, Stephan, W. 214. 215.
Bernhard, Krämer, W. 214.
Bertel, Hanns, W. 119.
Beurberg 1 Anm. 1.
Beutler, Sigmund, W. 44.
Biber (auch Bibra) in Franken 22
  Anm. 2.
Bibra, Ritter Hanns v. 22 Anm. 2.
Bilgra (s. Marbeck Pilgram), W.
Binder, Carius, W. 27. 27 Anm. 3. 4.
  101.
Binderlin s. Bünderlin.
Bischof, Christof 95.
Bischofer, Georg 82. 83.
Bischofer, Hanns 79.
Blaurock, Georg, W. 40. 41. 42.
Böcklin, Richter in Straſsburg 118.
Böhme, Jacob 139 Anm. 2.
Böhmen 67. 68. 120 Anm. 1. 168. 171.
  174. 183. 188. 190. 193. 195. 204.
  214. 216. 217. 246. 248. 260. 261.
  262. 263. 264. 269. 272. 275. 287.
  296.
Brandenburg 52. 102. 233. 234. 235.
  244. 245.
Brandhuber, Wolfgang, W. 29 Anm. 2.
  30. 31. 32. 37. 50. 50 Anm. 3. 101.
  300.
Braswein 279.
Bruchen, Hanns, W. 119.
Brünn 27 Anm. 4. 102.
Bruno, Giordano 139 Anm. 2.
Bucer, Prediger in Straſsburg 111.
  117. 121. 128. 129.

Feymel, Weber, W. 200.
Fischer, Andrae, W. 31. 100. 187.
Fischer, Hanns, W. 33.
Fischer, Lienhart, W. 102.
Fischer, Wunderl, W. 1 Anm. 1.
Fleischhagker, Achaz, W. 209.
Forster, Michael 14.
Frank, Sebastian 47. 120. Anm. 1. 122. 123. 123 Anm. 1. 124. 124 Anm. 2. 125. 139. 141. 156. 157.
Franken 11. 234.
Frankenhausen 22 Anm. 2.
Frankenland 27 Anm. 4.
Frankenthal 66.
Frankfurt 124 Anm. 2. 129. 129 Anm. 1. 131 Anm. 1.
Frankh, Paul, W. 188. 200.
Fredengast, Peter 16.
Freiburg 25 Anm. 3. 106 Anm. 1. 123 Anm. 1.
Freinberger, Wolfgang 81.
Freisinger, Valentin 14.
Freistadt (auch Freinstadt und Freynstadt) 21. 23 Anm. 1. 29. 31. 34. 37. 37 Anm. 1. 38. 43. 43 Anm. 1. 46. 47. 70. 85. 87. 87 Anm. 1. 88 Anm. 1. 90. 99. 162. 168. 170. 171. 172. 176. 190. 193. 195. 198. 200. 203. 206. 207. 247. 248. 249. 253. 255. 256. 258. 259. 260. 261. 262. 277. 281. 282. 284.
Frelich, Quirein 274.
Freysingen 179.
Friedberg 25 Anm. 3.
Friedberger, Balthas., W. 233.
Fuchsmagen, Joh. 4.
Fuxberger, Hanns 84.

Gabriel, Riemenschneider, W. 189.
Gärtner, Michael 82.
Gallneukirchen 1 Anm. 1. 20. 28. 31. 32. 223. 226. 229. 230.
Gamp, Victor 8.
Garsten 34. 92. 92 Anm. 2. 101.
Gasser, Conrad, W. 130.
Gaunold, Hieronymus 82.
Georg v. Haus Jacob s. Blaurock.
Gerbmer, Wolfg., W. 192. 204.
Giefsen 128. 128 Anm. 1.
Gilly v. Salzburg, W. 202.
Gleink 35 Anm. 4. 92 Anm. 2.
Gleit, Oswald, W. 24 Anm. 2. 108. 299.
Glut, Hanns, W. 188. 200.
Gmunden 2. 21. 32. 34. 82. 86. 101. 206. 213. 262. 297.
Goldbrunner, Georg, W. 33.
Goldschmied, Paul, W. 47. 85. 86. 248. 252. 254. 264.
Gori, ein Schreiber, W. 196.
Graffenau 189.

Gran 42. 88. 172. 173. 194.
Gratz 271.
Grebl. Conrad, W. 37. 40. 41. 43. 45. 46. 61.
Grebmer, Wolfg., W. 188. 194. 195. 200.
Gregor XI. 65.
Gregorius, Schneidergehilfe, W. 190. 203.
Greifenstein 109.
Grein 21. 24 Anm. 4. 29. 32. 35. 98. 193. 195. 201. 208.
Greysenegk, v., kais. Rat 181. 270.
Grieskirchen 63.
Grofs, Jacob, W. 113.
Gruber, Michael 44. 74.
Gstettner, Georg 82.
Guettenstein 176.
Gunther, Michael 285.
Gunzenhausen 52. 229.
Gutenbrunn 90.

Haag 63.
Hätzer, Jacob, W. 107.
Hafner, Wolfel, W. 198.
Hain bei Schweinfurt 22 Anm. 2.
Hainspach 188.
Haitzinger, Hanns, W. 198. 214. 215.
Hall in der Hofmarch 221.
Hamberger, Michael 82.
Hamburg 7 Anm. 1.
Hampach 200.
Hanns, W. 119.
Hanns v. Burghausen, W. 190. 191. 192.
Hanns, Lebzelter, W. 207.
Hanns, Lederer, W. 223. 230.
Hanns, Schreiber, W. 201. 205.
Hanns, Schuster, W. 200. 206. 223. 230.
Hardegg, Herr v., auf Kreutzen 24 Anm. 4. 29. 35. 188. 200.
Harlem 108 Anm. 2.
Hartisch, Ditrich v. 70. 97. 98. 99. 184. 185. 263.
Haselberger, Achatz, W. 190. 203. 208.
Haselberger, Margarethe, W. 203.
Haslinger, Lienhart, W. 108. 187.
Haugk, Jörg, W. 153 Anm. 1.
Haus, Schlofs 259. 286.
Hausruck 16. 63.
Hayder, Hanns 275. 276. 278. 280. 281. 282.
Hayder, Margareth 225.
Hedio, Prediger in Strafsburg 117. 121.
Heher, Hanns, W. 44. 74. 83. 84.
Heilbronn 9.
Heiling, Georg 81.
Hellmondsödt 19.
Herberstein, Siegmund 182.

20*

Berichtigungen.

S. 1 Anm. 1 soll es statt: „Bensberg" heifsen: „Beurberg".

S. 4 Anm. soll es statt: „credidit" heifsen: „aedidit".

S. 85 Anm. 1 soll es statt: „Styrienses" heifsen: „Styrenses".

Druck von Leonhard Simion, Berlin SW.

CPSIA information can be obtained
at www.ICGtesting.com
Printed in the USA
BVHW030859031220
594764BV00003B/19